Erbunwürdigkeit und Elternunterhalt im Internationalen Privatrecht

Studien zum vergleichenden und internationalen Recht - Comparative and International Law Studies

Herausgeber: Bernd von Hoffmann†, Erik Jayme und Heinz-Peter Mansel

Band 186

PL ACADEMIC RESEARCH

Michael Nehmer

Erbunwürdigkeit und Elternunterhalt im Internationalen Privatrecht

Eine historisch-rechtspolitische Betrachtung

PL ACADEMIC RESEARCH

Bibliografische Information der Deutschen Nationalbibliothek
Die Deutsche Nationalbibliothek verzeichnet diese Publikation in der DeutschenNationalbibliografie; detaillierte bibliografische Daten sind im Internet über http://dnb.d-nb.de abrufbar.

Zugl.: Heidelberg, Univ., Diss., 2013

D 16
ISSN 0930-4746
ISBN 978-3-631-64998-5 (Print)
E-ISBN 978-3-653-03816-3 (E-Book)
DOI 10.3726/978-3-653-03816-3

PL Academic Research ist ein Imprint der Peter Lang GmbH.

Peter Lang – Frankfurt am Main · Bern · Bruxelles · New York · Oxford · Warszawa · Wien

Dieses Buch erscheint in einer Herausgeberreihe bei PL Academic Research und wurde vor Erscheinen peer reviewed.

www.peterlang.com

Meinen Eltern

Vorwort

Die vorliegende Dissertation wurde im November 2012 bei der juristischen Fakultät der Universität Heidelberg eingereicht. Die mündliche Prüfung fand am 12. Juni 2013 statt.

An erster Stelle möchte ich meinem Doktorvater, Herrn Prof. Dr. Dr. h.c. mult. Erik Jayme, danken für die hervorragende Betreuung meiner Arbeit und die Unterstützung, die er mir hierbei hat zukommen lassen. Herrn Prof. Dr. Christian Baldus danke ich herzlich für die zügige Erstattung des Zweitgutachtens und die wertvollen weiterführenden Hinweise, welche ich versucht habe, weitestgehend in die Druckfassung aufzunehmen.

Die Mühen des Korrekturlesens hat Anja Gebauer auf sich genommen. Auch darüber hinaus war sie während der von Höhen und Tiefen geprägten Promotionszeit – und nicht nur dann – stets für mich da. Ohne sie wäre diese Arbeit aus vielerlei Gründen nicht entstanden.

Der größte Dank jedoch gebührt meinen Eltern. Sie haben mich während meiner gesamten Ausbildung in jeder nur erdenklichen Weise unterstützt. Ihnen sei diese Arbeit gewidmet.

Stuttgart, im September 2013 *Michael Nehmer*

Inhaltsverzeichnis

Einleitung

Mit der vorliegenden Arbeit sollen zwei Rechtsinstitute in den Blick genommen und mit einander verknüpft werden, denen bislang keine allzu große Aufmerksamkeit in der Rechtswissenschaft geschenkt worden ist,[1] nämlich die Erbunwürdigkeit und der Elternunterhalt. Dabei soll der Akzent auf der Erbunwürdigkeit der Eltern liegen, die ihre Elternpflichten verletzt haben; es wird aber auch das allgemeine Verhältnis zwischen den Vorschriften der Erbunwürdigkeit und unterhaltsrechtlichen Pflichten zu analysieren sein. In diesem Zusammenhang ist die Frage der Unterhaltsverwirkung von Relevanz. Gerade beim Elternunterhalt kommt diesem Anspruchsausschließungsgrund vergleichsweise große Bedeutung zu, wie ein Blick gerade in die jüngere Rechtsprechung zeigt.[2]

Der Vergleich mit ausländischen Rechten zeigt, dass Unterhaltspflichtverletzungen gegenüber den Kindern nach ausländischen Rechten zur Erbunwürdigkeit der Eltern führen können, während sie im deutschen Recht unter den Erbunwürdigkeitsgründen (§ 2339 BGB) nicht erscheinen. Die Divergenz der Rechtsordnungen führt im Übrigen zu Konflikten, die durch das Internationale Privatrecht gelöst werden müssen. Ähnliche Fragen tauchen auf, wenn es um Unterhaltsansprüche der Eltern gegenüber ihren Kindern geht, die ihrerseits in ihrer Jugend keine Unterstützung durch ihre Eltern erhielten oder grobe Pflichtverletzungen erleiden mussten. Von trauriger Aktualität ist die Thematik der Kindesmissbrauchsfälle. Es bleibt abzuwarten, inwieweit diese künftig – etwa im Rahmen der Unterhaltsverwirkung – noch die Gerichte beschäftigen wird.

Was die Erbunwürdigkeit angeht, so kann deren praktische Bedeutung nicht als überragend bezeichnet werden. Auch das Erbrechtsreformgesetz[3] hat diesen Bereich – im Gegensatz zum Pflichtteilsentziehungsrecht – ausgespart. Allerdings haben sich die Gerichte immer wieder mit punktuellen Fragen des Erbun-

---

[1] Vgl. *Muscheler*, ZEV 2009, 58, demzufolge die Erbunwürdigkeit in der erbrechtlichen Literatur *„eher ein Schattendasein"* führt. Siehe aber *Zimmermann*, FS Koziol, S. 463 ff.

[2] BGH, Urt. v. 15.9.2010 – XII ZR 148/09, NJW 2010, 3714; Urt. v. 19.5.2004 – XII ZR 304/02, NJW 2004, 3109; OLG Celle, Urt. v. 2.9.2008 – 10 UF 101/08, FamRZ 2009, 1076; Urt. v. 26.05.2010 – 15 UF 272/09, NJW 2010, 3727; OLG Karlsruhe, Urt. v. 18.9.2003 – 2 UF 35/03, FamRZ 2004, 971; OLG Koblenz, Urt. v. 14.3.2000 – 15 UF 605/99, BeckRS 2000, 30100966.

[3] Gesetz zur Änderung des Erb- und Verjährungsrechts vom 2.7.2009, BT-Drucks. 16/13543, vgl. hierzu etwa *Lange*, DNotZ 2009, 732 ff.; *Langenfeld*, NJW 2009, 3121; *Klinck*, ZEV 2009, 533 ff. (speziell zum Zuwendungsverzicht zulasten Dritter).

würdigkeitsrechts auseinanderzusetzen.[4] Zudem hat das Bundesverfassungsgericht in einer Entscheidung[5] betreffend das Pflichtteilsentziehungs- und Pflichtteilsunwürdigkeitsrecht zur verfassungskonformen Auslegung der Erbunwürdigkeitsgründe der Tötungsdelikte gemäß § 2339 Abs. 1 Ziff. 1 BGB Stellung genommen, daneben aber auch grundsätzliche Überlegungen hinsichtlich des Verhältnisses zwischen Testierfreiheit und einer dem Grunde nach unentziehbaren wirtschaftlichen Mindestbeteiligung naher Angehöriger des Erblassers an dessen Nachlass angestellt. Auf die Entscheidung wird im Laufe der Untersuchung noch einzugehen sein. In der Folgezeit hat der Gesetzgeber darauf mit einer Neufassung der Pflichtteilsentziehungsgründe reagiert. So erlaubt § 2333 Abs. 1 Ziff. 4 BGB nun auch die Pflichtteilsentziehung, „wenn die Unterbringung des Abkömmlings in einem psychiatrischen Krankenhaus oder in einer Entziehungsanstalt wegen einer ähnlich schwerwiegenden vorsätzlichen Tat[6] rechtskräftig angeordnet wird".

Dies wirft Fragen nach möglichen Konsequenzen für die Auslegung der Erbunwürdigkeitsgründe in § 2339 Abs. 1 Ziff. 1 Alt. 1 und 2 BGB auf, die im Rahmen der Reformgesetzgebung nicht geändert wurden.[7] Festzuhalten ist an dieser Stelle, dass auch die jüngsten Entwicklungen in den Rechtsordnungen einiger europäischer Länder[8] eine Tendenz zur Ausweitung der Erbunwürdig-

---

[4] Jüngst hatte sich beispielsweise das LG Nürnberg-Fürth mit der interessanten Frage zu befassen, ob dem Erbunwürdigen ein Zugewinnausgleich zusteht (Urt. v. 28.2.2012 – 7 O 8624/11, ZErb 2012, 175); OLG Rostock, Beschl. v. 31.8.2011 – 3 W 58/11, ZErb 2012, 90 zur Aussetzung des Erbenfeststellungsverfahrens bei anhängiger Erbunwürdigkeitsklage.

[5] BVerfG, Beschl. v. 19.4.2005 – 1 BvR 1644/00 u. 1 BvR 188/03, ZEV 2005, 301.

[6] Bezugsobjekt ist hierbei § 2333 Abs. 1 Ziff. 4 Satz 1: Verurteilung wegen einer vorsätzlichen Straftat zu einer Freiheitsstrafe von mindestens einem Jahr ohne Bewährung; Nachlassteilhabe für den Erblasser deshalb unzumutbar. Schwierigkeiten bereitet dies für den Richter im Pflichtteilsprozess, da dieser gleichsam eine hypothetische Strafe für den Pflichtteilsberechtigten bilden muss, um eine Entscheidung zu treffen (so *Muscheler*, ZEV 2008, 105, 106; *Mayer* in BeckOK-BGB, § 2333, Rz. 28).

[7] *Holtmeyer*, ZErB 2010, 6, 7.

[8] Vgl. das italienische Reformgesetz vom 8.7.2005, Art. 463 Abs. 3 bis) Codice civile: *„Chi, essendo decaduto dalla potestà genitoriale nei confronti della persona della cui successione si tratta a norma dell'articolo 330, non è stato reintegrato nella potestà alla data di apertura della successione della medesima"*. Auch Frankreich nahm mit dem Reformgesetz vom 3.12.2001 eine Umgestaltung des Rechts der Erbunwürdigkeit vor. Nach den novellierten Vorschriften der Art. 726 ff. n. F. *Code civil* sind künftig neben zwingenden Erbunwürdigkeitsgründen sog. fakultative Erbunwürdigkeitsgründe zu unterscheiden. Nach Art. 728 n. F. *Code civil* soll nunmehr auch eine durch eine testamen-

keitsgründe erkennen lassen. Es ist Bewegung in die „von einer gewissen Beharrlichkeit geprägte(n)“[9] Materie der Erbunwürdigkeit gekommen, die Anlass zu rechtspolitischen Diskussionen gibt. Wie die Rechtsvergleichung insbesondere auf europäischer Ebene zeigt, sind die Unterschiede im Hinblick auf die Ausgestaltung der Erbunwürdigkeitsgründe teilweise beträchtlich.[10] So ist etwa nach allen Rechtsordnungen erbunwürdig derjenige, der den Erblasser vorsätzlich und widerrechtlich getötet hat. Im Detail zeigt sich jedoch eine Vielzahl von Modifikationen sowohl hinsichtlich der konkreten Ausgestaltung der Erbunwürdigkeitsgründe als auch – in dogmatischer Hinsicht – betreffend die Rechtsnatur und die systematisch-funktionale Konzeption des Instituts an sich. Bemerkenswert im Hinblick auf die vorliegende Untersuchung ist die Tatsache, dass es einige Rechtsordnungen gibt, die – anders als das deutsche Recht[11] – die Unterhaltspflichtverletzung als Erbunwürdigkeitsgrund kennen.[12] Dies wirft Fragen nach etwaigen Parallelen zwischen Unterhalts- und Erbrecht oder – ganz allgemein – zwischen Familien- und Erbrecht auf.

Die Existenz eines Erbunwürdigkeitsgrundes der Unterhaltspflichtverletzung verwundert umso mehr, als die Erbunwürdigkeit nach dem BGB sowie auch nach den Rechtsordnungen der anderen kontinentaleuropäischen Staaten auf das römisch-rechtliche Institut der Indignität zurückgeht, dem römischen Recht allerdings ein Erbunwürdigkeitsgrund der Unterhaltspflichtverletzung so nicht bekannt war.[13] Portugals *Supremo Tribunal de Justiça* hat in einer jüngeren Entscheidung[14] einem Vater, der seine Tochter in deren Jugend sexuell

---

tarische Verfügung ausdrücklich erklärte Verzeihung durch den Erblasser möglich sein. Die französische Regelung im Detail erfolgt an späterer Stelle (vgl. unten 1.2.1.1).

[9] So *Holtmeyer*, ZErb 2010, 6.

[10] *Zimmermann*, FS Koziol, S. 463.

[11] Vgl. aber zur früheren Rechtslage in der DDR Staudinger-*Olshausen*, § 2339, Rz. 20.: Das ZGB enthielt in den §§ 406 bis 408 die entsprechenden Regelungen. Hiernach war erbunwürdig, wer sich vorsätzlich der durch vollstreckbaren Titel festgestellten Unterhaltspflicht gegenüber dem Erblasser entzogen hat (§ 406 Abs. 3 ZGB); *Mampel*, NJW 1976, 593, 601 weist in diesem Zusammenhang auf die *„familienerhaltende Tendenz des Erbrechts“* hin, ein Gedanke, auf den an späterer Stelle noch zurückzukommen sein wird.

[12] Tatbestände mit unterhaltsrechtlichem oder – allgemeiner – familienrechtlichem Bezug finden sich etwa in Spanien, Österreich, Kroatien.

[13] Allerdings findet sich bei *Paulus* der in diesem Zusammenhang bemerkenswerte Vergleich, dass die Unterhaltsverweigerung einer Tötung gleichkomme: D.25,3,4: *„necare videtur, [...] qui alimonia denegat.“*; vgl. aber auch Nov. 115, 3, 12: *„wer sich des geisteskranken Erblassers nicht angenommen hat“.*

[14] STJ, 7.1.2010, C.J. Acordãos 2010/I, 10 ff., 13 f.

missbraucht hatte, im Ergebnis sein Erbrecht genommen. Begründet wurde dies mit dem Gedanken des Rechtsmissbrauchs, faktisch stellt sich dies als richterliche Rechtsfortbildung im Sinne einer Erweiterung des Erbunwürdigkeitskatalogs des Art. 2034 *C.c. port.* dar. Nach deutschem Recht wäre eine extensive Auslegung oder sogar Analogie bei den einzelnen Tatbeständen unzulässig. Allerdings stellt sich die Frage nach der Reformbedürftigkeit der Erbunwürdigkeitsgründe im Hinblick auf einen unterhaltsrelevanten Tatbestand aus rechtsvergleichender Sicht.

Unterhaltspflichtverletzung als Erbunwürdigkeitsgrund mag in Ansehung der praktisch relevanten Fallkonstellationen im Eltern-Kind-Verhältnis auf den ersten Blick merkwürdig anmuten, scheinen dort Fälle der Personenidentität zwischen Unterhaltsverpflichtetem und potenziellem Erben vordergründig eher konstruiert.[15] Die Kinder erben meist von den Eltern, ohne dass bis zum Zeitpunkt des Erbfalls eine konkrete Unterhaltsverpflichtung seitens der Kinder entstanden ist. Dieser Gedanke ist allerdings in zwei Richtungen zu korrigieren. Zum einen sind infolge der demographischen Entwicklung einer Gesellschaft, in der immer mehr Menschen ein höheres Lebensalter erreichen,[16] Fälle, in denen Eltern ihre Kinder beerben, zunehmend häufiger anzutreffen. Zum anderen erregen (umgekehrt) auch Fragen des Elternunterhalts – und damit der Unterhaltspflichten der Kinder – immer mehr das öffentliche Interesse. In Zeiten wirtschaftlichen Wohlstands und gesicherter Lage der öffentlichen Haushalte geriet in den Hintergrund, dass nicht nur Eltern für den Unterhalt ihrer Kinder zu sorgen haben, sondern umgekehrt Kinder auch für den ihrer Eltern. Auch das hat sich in den letzten Jahren als Folge der demographischen Entwicklung geändert. Meist sind es allerdings nicht die Eltern selbst, die ihre Kinder in Anspruch nehmen. So übernehmen in der Praxis zwar häufig die Sozialhilfeträger die kostenintensive Pflege, die Kosten werden daraufhin allerdings im Regresswege

---

[15] Dieser Gedanke ist zu unterscheiden von der Frage nach der praktischen Relevanz, ob also der bedürftige Erblasser überhaupt nennenswertes Vermögen hinterlassen wird. Palandt-*Weidlich* kann sich in seiner Kommentierung zu § 2333 BGB (Pflichtteilsentziehung) insoweit auf den knappen Hinweis, dass die Unterhaltspflichtverletzung (Nr. 3) praktisch bedeutungslos sei, beschränken. Dies liegt aber an der Konzeption des § 2333 BGB, der eine Verletzung der gesetzlich obliegenden Unterhaltspflicht in Geld voraussetzt. Hier ist von Bedeutung, ob man eine Unterhaltspflichtverletzung in der Vergangenheit für ausreichend erachtet, Bedürftigkeit muss kein Dauerzustand sein.

[16] Zur Frage, ob ein Fachanwalt für das „Recht der Älteren" nach dem Vorbild der USA („Elder Law Attorney") auch ein Modell für Deutschland sein könnte: *M. Roth*, Anwaltsblatt 2011, 671 ff.

von den Abkömmlingen zurückgefordert. In Zeiten knapper öffentlicher Kassen der letzten Jahre ist die Rückgriffsintensität deutlich angestiegen.[17]

Mit Recht schreibt Henrich: *„Unterhaltsrecht ist heute nicht mehr allein Zivilrecht. Es ist auch öffentliches Recht, Sozialrecht."*[18] Die Versorgung der Eltern und pflegebedürftigen Menschen ist nicht nur eine Angelegenheit der Familie[19], es ist auch eine staatliche Aufgabe. Sobald die Sozialbehörden diese Aufgabe wahrnehmen, wird aus der unmittelbaren Unterhaltsverpflichtung der Angehörigen eine mittelbare Verpflichtung. Fordernder ist nunmehr der Staat, zu Recht weist *Henrich* auf die damit einhergehende sinkende Opferbereitschaft hin.[20] Gerade auch aus diesen Gründen hat der Elternunterhalt in jüngerer Zeit an Bedeutung gewonnen.[21] Auf die Notwendigkeit eines ausgewogenen, generationenübergreifenden Interessenausgleichs mit Blick auf die Zukunftsverantwortung hat *Brudermüller* hingewiesen.[22] Insofern muss sich das Konzept des Elternunterhalts als Ausdruck familiärer Solidarität in modernen Gesellschaften stets aufs Neue behaupten.[23]

Die demographische Entwicklung zeigt, dass Fälle, in denen ehemals zum Unterhalt verpflichtete Eltern in der Praxis zum Kreis der Erben zählen, so selten nicht (mehr) sind. Der Zusammenhang von Unterhalts- und Erbunwürdigkeitsrecht ist nach wie vor offen.[24] Allgemeiner gesprochen: Die vieldiskutierte

---

[17] MüKo-*Born*, § 1601 Rz. 9 f; zur Praxis der Sozialämter s. die Beiträge von *Steinmetz*, FPR 1999, 13 und *Hoch*, FPR 1999, 20.

[18] So *Henrich* in Schwab/Henrich, Familiäre Solidarität, S. 1.

[19] Wie stark die Rechtsordnungen im Hinblick auf den Elternunterhalt divergieren, mag am Beispiel der Türkei verdeutlicht werden: Dort ist die Unterhaltspflicht von untergeordneter Bedeutung, da in der Gesellschaft intrafamiliäre Unterstützungs- und Pflegeleistungen weitgehend freiwillig erbracht werden (vgl. insoweit *Öztan* in Schwab/Henrich, Familiäre Solidarität, S. 246: *„Die Altersheime sind in der Türkei halbleer. Der Grund liegt in den Wertvorstellungen der Gesellschaft. Nahe Verwandte in ein Altersheim zu schicken, gilt als unwürdiges Verhalten."*)

[20] *Henrich* in Schwab/Henrich, Familiäre Solidarität, S. 1.

[21] Vgl. MüKo-*Born*, § 1601, Rz. 1 sowie Rz. 9–32; hierzu las man noch in der 3. Auflage des Münchener Kommentars, der Elternunterhalt komme in der gerichtlichen Praxis nur *„extrem selten"* vor. Das hat sich zwischenzeitlich geändert; die Fälle haben als Folge der demographischen Entwicklung deutlich zugenommen, der BGH hat zahlreiche Grundsatzfragen geklärt.

[22] NJW 2004, 633, 640.

[23] *Brudermüller*, NJW 2004, 633, 640.

[24] Das Verhältnis von unterhalts- und erbrechtlichen Vorschriften bereitet immer wieder Schwierigkeiten, wie auch eine neuere Entscheidung des BGH (NJW 2012, 1651 m. Anm. *Zimmer*) zeigt. Es ging um die Frage von Aufwendungsersatz für Bestattungskos-

Frage nach der Reichweite der in diesem Rahmen oft beschworenen, meist leider auch nur schlagwortartig vorgebrachten „Familiären Solidarität" stellt sich sowohl im Familienunterhaltsrecht als auch im Erbrecht. So gibt es kaum eine Diskussion um mögliche Reformen des Erbrechts, in der nicht irgendwann – sei es im Rahmen einer möglichen Neuregelung der Intestaterbfolge, sei es bei der immer wieder in Frage gestellten Pflichtteilsthematik – das Dogma der familiären Solidarität auf den Plan gerufen wird.[25] Auch im Rahmen der vorliegenden Arbeit wird diese Problematik zu thematisieren sein, insbesondere werden uns dabei die Grenzen des Solidaritäts-„Konzepts" interessieren.[26] Namentlich Verfehlungen des an sich Begünstigten werden sowohl im Unterhaltsrecht als auch im Erbrecht sanktioniert. Bemerkenswert ist insofern, dass der bei Störungen im Solidaritätsgefüge greifende Mechanismus jedoch durchaus unterschiedlich gestaltet ist: Unterhaltsverwirkung auf der einen, die Vorschriften der Pflichtteilsentziehung bzw. der Erbunwürdigkeit auf der anderen Seite. Die Frage wird lauten: Wie lassen sich die Sanktionsmechanismen der Unterhaltsverwirkung[27] auf der Ebene des Erbrechts um- bzw. fortsetzen?

Diese für die Ebene der Sachnormen eben angedeuteten Spannungen verstärken sich, wenn grenzüberschreitende Sachverhalte zu entscheiden sind. Dies hängt auch damit zusammen, dass nach den Regeln des Internationalen Privatrechts der Unterhalt und das Erbrecht verschiedenen Rechtsordnungen unterstehen können. Die Fragen des Unterhalts unterliegen dem Haager Protokoll vom 23.11.2007[28], auf welches Art. 15 EuUntVO verweist. Für das Erbrecht gelten übergangsweise noch die Art. 25 und 26 EGBGB, an deren Stelle aber bald ein

---

ten. Denkbar ist sowohl eine Inanspruchnahme des Erben (§ 1968 BGB) als auch des Unterhaltsschuldners nach § 1615 Abs. 2 BGB.

[25] Vgl. statt vieler *Lipp*, NJW 2002, 2201 ff.; *Horsch*, NVwZ 2010, 232 ff.; *Dauner-Lieb*, DNotZ 2001, 460 ff.; *Röthel*, ZEV 2006, 8 ff.

[26] Im Hinblick auf das Unterhaltsrecht interessant ist die Monographie von *Casabona* (Il dovere di assistenza verso il genitore in stato di bisogno); kritisch hinsichtlich der diffusen Reichweite des Solidaritätsmodells hebt er auf den Gedanken eines kompensativen Systems ab (vgl. etwa S. 76: *„[...] lo schema compensativo/retributivo dell'obbligazione alimentare, nella sua storicità, appare più realistico ed efficiente di quello diffusamente solidaristico che viene proposto nel nostro tempo [...]"*).

[27] Zur Begrifflichkeit: Soweit an dieser Stelle wie auch im Folgenden von Unterhaltsverwirkung die Rede ist, muss dabei immer bedacht werden, dass dieser Begriff auch die *„gröbliche Vernachlässigung der eigenen Unterhaltspflicht"* (vgl. § 1611 I BGB) umfasst.

[28] Haager Protokoll über das auf Unterhaltspflichten anzuwendende Recht vom 23.11.2007 (UnthProt), *Jayme/Hausmann*, Nr. 41.

Europäisches Erbkollisionsrecht treten wird.[29] Im Fall der Erbunwürdigkeit kann in internationalen Fällen zudem die Frage auftauchen, ob hier das Erbstatut oder das Personalstatut des Erben anwendbar ist.[30]

Ein Fall aus der gutachterlichen Praxis, anhand dessen sich neben den Divergenzen im Sachnormbereich auch damit verbundene verfahrens- und kollisionsrechtliche Fragen sehr gut darstellen lassen, soll in die Problematik einführen.

Fall aus der Praxis

Ein junger Kroate, der in Deutschland gelebt hatte, starb infolge eines Verkehrsunfalls.[31] Die kroatische Mutter war vorverstorben, er selbst war unverheiratet und hatte keine Kinder. Seine Tante und Großmutter mütterlicherseits lebten noch und standen ihm nahe. Der serbische Vater hatte die Familie früh verlassen und sich zeitlebens nicht um das Kind gekümmert. Ob der Vater noch lebte, war auch nach vielen Jahren nicht zu ermitteln. Der Nachlass bestand im Wesentlichen aus einer Versicherungssumme, welche die Haftpflichtversicherung des Unfallverursachers gezahlt hatte.

Das deutsche Nachlassgericht, das sich mit der Frage eines Erbscheins zu befassen hatte, wollte vor allem wissen, ob es selbst den Vater für erbunwürdig erklären könne. Verwandte hatten vorgetragen, dass der Vater gewalttätig gewesen sein und in keiner Weise sein Kind unterstützt habe. Das kroatische Erbrecht sieht die Unterhaltspflichtverletzung explizit als Erbunwürdigkeitsgrund vor, indem gemäß Art. 125 Nr. 4 des kroatischen Erbgesetzes[32] als erbunwürdig gilt,

---

[29] Verabschiedet wurde die *Verordnung des europäischen Parlaments und des Rates über die Zuständigkeit, das anzuwendende Recht, die Anerkennung und Vollstreckung von Entscheidungen und die Annahme und Vollstreckung öffentlicher Urkunden in Erbsachen sowie zur Einführung eines Europäischen Nachlasszeugnisses* (Verordnung (EU), Nr. 650/2012) vom Rat der Justiz- und Innenminister der EU-Mitgliedstaaten auf seiner Tagung vom 7./8. Juni 2012. Die Veröffentlichung im Amtsblatt der EU fand am 27. 7.2012 statt (abzurufen ist sie unter: http://eur-lex.europa.eu/LexUriServ/LexUriServ.do?uri=OJ:L:2012:201:0107:0134:DE:PDF), am 16.8.2012 ist sie in Kraft getreten (Art. 84 EuErbVO) und wird gem. Art. 84 Abs. 2 ab dem 17.08.2015 Anwendung finden.

[30] *Jayme*, Erbunwürdigkeit und IPR, S. 29, 34.

[31] Gutachten von *Jayme* vom 4.12.2008 und vom 21.1.2009 für das Notariat 3 – Nachlassgericht – Baden-Baden – Az. 3 NG 216/2004; vgl. hierzu *Jayme*, Erbunwürdigkeit und IPR, S. 26.

[32] In Kraft seit 3.4.2003.

„wer sich in schwerwiegender Weise gegen seine Unterhaltspflicht, welche er gegenüber dem Erblasser nach dem Gesetz hatte, vergangen hat, (und auch) wer dem Erblasser nicht die notwendige Hilfe leisten wollte, welche er dem Erblasser ohne Gefahr für sein eigenes Leben hätte leisten können, (oder auch) derjenige, welcher ihn unter für Leben und Gesundheit gefährlichen Umständen ohne Hilfe gelassen hat."

Problemaufriss – offene Fragen

Sachnormbereich

Der Fall wirft einige Fragen auf, denen im Folgenden nachgegangen werden soll. So zeigt er den in einigen Rechtsordnungen bestehenden und oben bereits angesprochenen Zusammenhang zwischen Erbunwürdigkeit und Unterhaltspflichtverletzung im Sachnormenbereich auf, den das BGB bekanntermaßen so nicht kennt.

Es stellt sich zunächst die Frage nach Gemeinsamkeiten der beiden Rechtsfiguren. So misst das BGB im Rahmen der Unterhaltsverwirkung einer „gröblichen Vernachlässigung der eigenen Unterhaltspflicht" oder einer „vorsätzlichen schweren Verfehlung gegen den Unterhaltspflichtigen"[33] zwar auf familienrechtlicher Ebene Bedeutung bei. Dieser Gedanke wird jedoch auf erbrechtlicher Ebene regelungstechnisch in anderer Weise umgesetzt. Lediglich dem Pflichtteilsentziehungsrecht ist ein ähnlicher Tatbestand bekannt.[34] Denkbar wäre aber auch, dass die Unterhaltsverwirkung ihre Fortsetzung in einem korrespondierenden Erbunwürdigkeitsgrund findet. Beide Rechtsinstitute beruhen auf einem wie auch immer gearteten Fehlverhalten eines potenziell „Würdigen"; hier tritt ein moralischer Aspekt zutage. Beiden gemein ist auch das Bezugsobjekt, nämlich eine dem Grunde nach unentgeltliche Zuwendung[35], die konzeptionell statusorientiert ist, ihre innere Rechtfertigung allerdings im Konzept der familiären Solidarität findet. Nimmt man die Pflichtteilsunwürdigkeit in den Blick, so zeichnen sich weitere Parallelen ab. Diese treten zunächst einmal auf personeller Ebene insofern auf, als sowohl Unterhalt als auch Pflichtteil nur den Kreis näherer Angehöriger betreffen. Beiden ist eine Versorgungsfunktion gemein, wobei dieser

---

[33] Vgl. den Wortlaut von § 1611 Abs. 1 Satz 1 Var. 2 und 3 BGB.

[34] § 2333 Abs. 1 Nr. 3 BGB: *„Der Erblasser kann einem Abkömmling den Pflichtteil entziehen, wenn der Abkömmling (...) die ihm dem Erblasser gegenüber gesetzlich obliegende Unterhaltspflicht böswillig verletzt (...)."*

[35] Vgl. auch die Parallele zum groben Undank im Schenkungsrecht; zum Verhältnis Elternunterhalt und Schenkungsrückforderung wegen Verarmung des Schenkers vgl. jüngst *Wedemann*, NJW 2011, 571 ff.

Punkt im Rahmen der Diskussion über das Pflichtteilsrecht oft auch in Abrede gestellt wird.[36] Andere Rechtsordnungen, dies gilt vor allem für den anglo-amerikanischen Rechtskreis, heben diese Parallele auch äußerlich hervor, indem sie die Nachlassteilhabe naher Angehöriger – funktional dem deutschen Pflichtteil entsprechend – als direkten Unterhaltsanspruch gegen den Nachlass konzipieren.[37] In Rechtsordnungen wie der deutschen, die ein Pflichtteilsrecht kennen, erfüllt dieses aber immer noch eine Versorgungsfunktion. Die Diversität in der äußeren Ausgestaltung gewisser Rechtsinstitute sagt über deren funktionale Äquivalenz nichts aus.

Beide Rechtsfiguren – Erbunwürdigkeit und Unterhaltsverwirkung – sind letztlich Reaktionen der Rechtsordnung auf ein sozial zu missbilligendes Verhalten, dem jedoch nur bedingt mit rechtlichen Mitteln abgeholfen werden kann. Solidarität als ethische Haltung lässt sich eben nicht erzwingen.[38] So bestimmt § 1618a BGB zwar: *„Eltern und Kinder sind einander Beistand und Rücksicht schuldig.“*; inwieweit sich aus dieser programmatischen Norm allerdings durchsetzbare Pflichten ableiten lassen, ist unklar. Was feststeht ist, dass das Recht die Handlungspflicht an sich nicht unmittelbar herbeiführen kann, nur auf indirektem Wege kommt eine Steuerungsfunktion in Betracht. Moralische Verfehlungen im Sinne von Verstößen gegen immaterielle Handlungsgebote können in diesem Bereich von der Rechtsordnung also lediglich über die Versagung bestimmter (vermögenswerter) Rechtspositionen sanktioniert werden. Hiermit ist ein grundsätzliches Problem des Familienrechts im weitesten Sinne angesprochen. Die Familie als sozialer Verband lebt gerade auch von psychischen Erwartungshaltungen, die sich etwa im Falle des Erbrechts zu materiellen Erwartungen verfestigen.[39] Die Arbeit wird sich mit der Frage zu beschäftigen haben, ob nicht die Regelungsmaterie des Erbunwürdigkeitsrechts geeignet wäre, Unterhaltspflichtverstöße als „justiziable“ Störung des intrafamiliären Beziehungsgeflechts zu ahnden.

---

[36] Die Versorgungsfunktion leugnen etwa *Schröder*, DNotZ 2001, 465, 469; *Dauner-Lieb*, DNotZ 2001, 460, 463; *Strätz*, FamRZ 1998, 1553, 1556; hierzu vertiefend noch an späterer Stelle, s. 1.3.1.

[37] So etwa die *familiy-provision*-Gesetzgebung im anglo-amerikanischen Rechtskreis. Auf Details wird im Laufe der Untersuchung noch eingegangen werden.

[38] So zum Unterhaltsrecht *Henrich* in Schwab/Henrich, Familiäre Solidarität, S. 1; vgl. hierzu auch *Schwab*, FamRZ 1997, 521: *„Das Recht produziert diese [familiäre] Solidarität nicht. Aber es berücksichtigt sie in seinem Rechtssystem (...).“*

[39] *Schröder*, DNotZ 2001, 465, 472.

Kollisionsrechtliche Fragen

Problematisch ist bei der Erbunwürdigkeit zudem die Frage nach dem anwendbaren Recht. Soll die Erbunwürdigkeit nach dem Erblasserstatut oder vielmehr nach dem Statut des potenziell Unwürdigen beurteilt werden? Naheliegend schiene es, in diesem Zusammenhang maßgeblich auf die Konzeption der Erbunwürdigkeit abzustellen. Die kollisionsrechtliche Anknüpfung wäre sonach bereits in den Sachnormen angelegt.[40] So begreifen einige Rechtsordnungen das Rechtsinstitut der Erbunwürdigkeit als einen Unterfall der Erbfähigkeit (relative oder partielle Erbunfähigkeit). Beispielsweise behandeln das österreichische (§§ 540 ff. ABGB), das schweizerische (§§ 540 ff. ZGB) und das spanische (Art. 756 ff. CC) die Erbunwürdigkeit als einen Fall der Erbunfähigkeit.[41] Insoweit sprächen gute Gründe dafür, die Frage der Erbunwürdigkeit dem Recht des Erben zu unterstellen, wie dies z. B. teilweise in Österreich vertreten wird.[42] Daneben stellt sich die Frage allerdings auch für die Rechtsordnungen, die ein eigenständiges, konzeptionell von der Erbunfähigkeit abgekoppeltes Institut der Erbunwürdigkeit kennen. Denn auch insoweit bestehen Systemunterschiede im Hinblick auf Sinn und Zweck der Erbunwürdigkeit, welche für die Beurteilung der Frage nach dem anwendbaren Recht (mit)entscheidend sind. Dies rechtfertigt eine genauere Betrachtung der historischen Entwicklung auch des Internationalen Privatrechts. Gerade im 19. Jahrhundert findet sich ein Reichtum an Lösungen zu diesen Fragen, der in Vergessenheit geraten zu sein scheint, sieht man sich die aktuellen Kommentierungen zur Problematik an, die – oft ohne weitere Ausführungen und Bedenken – die Erbunwürdigkeit kritiklos dem Erbstatut unterstellen. Ganz auf dieser Linie liegt auch die Europäische Erbrechtsverordnung[43], wonach – ebenso unreflektiert – die Erbunwürdigkeit ausdrücklich dem Erbstatut zugeordnet werden soll.[44]

---

[40] *Jayme*, Familie, S. 25, sieht es als gesicherte Erkenntnis an, dass die Probleme des Kollisionsrechts nicht ohne ein sorgfältiges Studium der Sachnormen gelöst werden können und betont in diesem Zusammenhang die Bedeutung des funktionalen Zusammenhangs der Sachnormen im Hinblick auf kollisionsrechtliche Fragestellungen. So ermögliche erst ein Vergleich der Privatrechtsordnungen, die Kollisionsnormen so zu formulieren, *„dass die rechtlichen Phänomene aller Privatrechtsordnungen der Erde umfasst werden"* (*Jayme*, a. a. O. unter Zitierung von *Rheinstein,* RabelsZ 29 (1965), 457, 462).

[41] *Lutz*, Erbunwürdigkeit, S. 123 nennt in diesem Zusammenhang auch das dänische Recht. Anzumerken ist indes, dass dieses nicht die Möglichkeit des Anfalls *ipso iure* ausschließt, sondern ein Urteil erfordert; erst dieses spricht die (relative) Erbfähigkeit ab.

[42] *Schwind*, Handbuch des Österreichischen Internationalen Privatrechts, S. 261.

[43] Vgl. hierzu oben Fn. 29.

[44] Art. 23 Abs. 2 d) EuErbVO.

Ist die Unterhaltspflichtverletzung[45] Erbunwürdigkeitsgrund, stellt sich die Frage, welchem Recht diese Pflichtverletzung unterliegt. Hier ergibt sich die Möglichkeit, den Unterhalt als Vorfrage – selbstständig oder unselbstständig – anzuknüpfen. Zu bewältigen ist hier möglicherweise das Nebeneinander zweier verschiedener anwendbarer Rechte. Ferner kann sich die Frage nach der Ersetzbarkeit des inländischen Systembegriffs „Unterhaltspflichtverletzung" durch ähnliche ausländische Rechtserscheinungen stellen. In der internationalprivatrechtlichen Literatur spricht man in diesem Zusammenhang von „Substitution". Auslegungsfragen des materiellen Rechts werden also anzusprechen sein.

Zuständigkeitsprobleme

Ein weiterer Problemkreis betrifft die Frage der sachlichen Zuständigkeit des Nachlassgerichts. Kann dieses selbst einen Erben nach ausländischem Recht für unwürdig erklären, auch wenn nach deutschem Recht eine Anfechtungsklage vorgesehen ist (§§ 2340 ff. BGB)? Im Unterschied zu anderen Rechtsordnungen[46] ordnet das BGB die Erbunwürdigkeit nicht kraft Gesetzes an sondern erst nach rechtskräftiger Anfechtung durch eine anfechtungsberechtigte Person. Bleiben die Personen, denen das Gesetz die Anfechtung überantwortet, untätig und betreiben sie nicht entsprechend den gesetzlichen Vorgaben die Anfechtung, so bleibt es ohne Weiteres beim Eintritt des Unwürdigen in die Erbenstellung. Dabei verlangt § 2342 Abs. 1 BGB ausdrücklich die Erhebung einer Anfechtungs*klage* innerhalb der Jahresfrist der §§ 2340 III iVm 2082 I BGB. Der Grund für das Klageerfordernis wird im großen Interesse des Rechtsverkehrs an Offenlegung und allgemeinverbindlicher Klärung der erbrechtlichen Verhältnisse gesehen.[47] Hinsichtlich der Rechtsnatur des Erbunwürdigkeitsurteils wird diskutiert, ob es sich um ein Anfechtungs- oder Feststellungsurteil handelt.[48] Hier zeigt sich, dass einem die in der Konzeption der Sachnormen angelegte Streitfrage, ob man die Erbunwürdigkeit *ipso iure* eintreten lassen möchte, bei Verneinung derselben auf prozessualer Ebene wieder begegnet. Mit Rechtskraft des stattgebenden Anfechtungsurteils wird die Erbenstellung des Unwürdigen *ex tunc* beseitigt. An die Stelle des Unwürdigen tritt derjenige, der berufen wäre,

---

[45] Zu verstehen als Unterhaltspflichtverletzungen im weiteren Sinne, also auch sonstige Verfehlungen mit unterhaltsrechtlichem Bezug.

[46] Etwa Spanien, Frankreich, Österreich, Belgien.

[47] So *Kurze*, in Damrau – Praxiskommentar Erbrecht, § 2342, Rz. 2.

[48] Im erstgenannten Sinn die herrschende Auffassung, vgl. MüKo-*Helms*, § 2342 Rz. 7 m. w. N.; *Lange*, Erbrecht, Kapitel 10, Rz. 83 m. w. N.; Staudinger-*Olshausen*, § 2342 Rz. 7; im letztgenannten Sinn etwa *Muscheler*, ZEV 2009, 101, 105; jetzt auch Palandt-*Weidlich*, § 2342 Rz. 3 (anders noch die Bearbeitung von *Edenhofer*).

hätte der Unwürdige den Erbfall nicht erlebt. Da das rechtskräftige Anfechtungsurteil mit *erga-omnes*-Wirkung unmittelbar auf die Erbfolge nach dem Erblasser einwirkt, ist es vom Nachlassgericht, welches die Rechtslage von Amts wegen zu ermitteln hat, ohne Weiteres zu beachten.[49] Ergeben sich Zweifel an der Richtigkeit des erteilten Erbscheins hat das Nachlassgericht – auch lange nach Erteilung des Erbscheins – von Amts wegen die Rechtslage zu ermitteln und einen unrichtigen Erbschein einzuziehen. Die im internationalen Vergleich unterschiedlich ausgestalteten Wirkungen der Erbunwürdigkeit – teils besonders ausgestaltetes Anfechtungsverfahren wie beispielsweise in Deutschland, teils Eintritt der Erbunwürdigkeit von Gesetzes wegen – führen zu Qualifikationsproblemen. So ist etwa die Frage nach der Reichweite des Verweisungsumfangs des Erbstatuts – nur materielle Normen oder auch das Anfechtungsverfahren betreffende Vorschriften – ungeklärt. Es stellt sich die Frage der Verwendung ausländischer „sachrechtsbezogener" Verfahrensvorschriften.[50]

Auf die in diesem Rahmen unter Umständen auftretenden Berührungspunkte zum Strafverfahrensrecht hat bereits *Jayme*[51] hingewiesen. So stellt sich die – vorliegend allerdings nicht näher zu behandelnde – Frage, ob Strafurteile, welche die vorsätzliche Tötung des Erblassers durch den präsumtiven Erben festgestellt haben, zivilrechtliche Wirkungen im Rahmen einer anwendbaren anderen Rechtsordnung entfalten können. Dies vor dem Hintergrund, dass nicht wenige ausländische Rechtsordnungen den Eintritt der Erbunwürdigkeit[52] ausdrücklich von einer strafrechtlichen Verurteilung abhängig machen.

Fragestellung der Arbeit

Ziel der Arbeit ist es zum einen, Parallelen zwischen den Rechtsinstituten der Erbunwürdigkeit und der Unterhaltsverwirkung aufzuzeigen. Diese sollen im Bereich der Sachnormen zu der Frage führen, ob ein neuer Erbunwürdigkeitsgrund der Unterhaltspflichtverletzung – oder allgemeiner: mit unterhaltsrechtlichem Bezug – eingeführt werden sollte. Aufgrund seiner praktischen Relevanz lässt sich dies am Elternunterhalt in besonderer Weise nachvollziehen.

Da ein unterhaltsrechtsbezogener Erbunwürdigkeitsgrund bereits in verschiedenen Rechtsordnungen vorgesehen ist, stellt sich zum anderen die Frage,

---

49 Eine Bindungswirkung erfolgt nur aufgrund eines rechtskräftigen Anfechtungsurteils; vgl. *Kroiß* in: AnwK-BGB § 2339 Rz. 14, auch § 2340 Rz. 8.

50 Zu diesem Begriff, siehe *Jayme*, RabelsZ 32 (1968), 323, 335 f.

51 *Jayme*, Erbunwürdigkeit und IPR, S. 33; *Ferid*, FS Beitzke, 479 ff.

52 Hier geht es meist um den paradigmatischen Fall der Tötung (bzw. des Tötungsversuchs) des Erblassers.

wie das Internationale Privatrecht auf diese Parallele reagiert. Fallen Erb- und Unterhaltsstatut auseinander, kann es zu Spannungen in kollisionsrechtlicher Hinsicht führen. Zunächst wird die Anknüpfung der Erbunwürdigkeit – Erbstatut oder Personalstatut des Erben – zu klären sein. In diesem Rahmen wird ein Blick auf die Entwicklung im Europäischen Kollisionsrecht zu werfen sein.

Weitergehend stellt sich bei den Rechtsordnungen, die eine Unterhaltspflichtverletzung als Erbunwürdigkeitsgrund kennen, die Vorfragenproblematik. In engem Zusammenhang hierzu steht die Frage der Substituierbarkeit einer unter fremdem Recht begangenen Unterhaltspflichtverletzung.

Zuletzt wird noch auf ein verfahrensrechtliches Problem einzugehen sein. Wird vom Erbstatut auf ausländisches Recht verwiesen, welches ein dem deutschen Recht vergleichbares Anfechtungsverfahren so nicht kennt, ist zu klären, ob dieses dennoch anzuwenden ist, oder ob hierauf verzichtet werden kann. Daneben wird auch ein Blick auf die internationale Zuständigkeit deutscher Nachlassgerichte zu werfen sein. Die früher in der Praxis angewandte „Gleichlauftheorie" ist mit Inkrafttreten des FamFG hinfällig geworden. Auch die im August 2012 in Kraft getretene Europäische Erbrechtsverordnung lässt Regelungen der Zuständigkeiten in ihrem Geltungsbereich nicht unberührt.

Methoden der Untersuchung

Rechtsgeschichte

Zum Verständnis beider Institute ist ein Blick in die Dogmengeschichte der Sachnormen unerlässlich. Hinzu tritt die historische Entwicklung des Internationalen Privat- und Verfahrensrechts. Festzuhalten ist allerdings bereits an dieser Stelle, dass es zur Geschichte des Instituts der Erbunwürdigkeit einige Studien[53] gibt. Diese betreffen allerdings nur den Sachnormenbereich, die kollisionsrechtlichen Probleme, welche in dem verschiedenartigen Verständnis der Sachnormen angelegt sind, werden nicht behandelt. Aus diesem Grund wird im Folgenden die geschichtliche Entwicklung nur insoweit aufgezeigt, als sie im Hinblick auf die Parallelen zum Unterhaltsrecht sowie die kollisionsrechtliche Problematik von Interesse ist.

---

[53] Aus jüngerer Zeit: *Zimmermann*, FS Koziol, S. 463 ff.; *ders.*, FS Hopt, S. 269 ff.; *ders.*, FS Knütel, S. 1469 ff.; aus der älteren Literatur seien beispielhaft erwähnt: *Eck*, Indignität und Enterbung; *Krüger*, Indignität und Erbunwürdigkeit; *Hempel*, Erbunwürdigkeit; aus neuerer Ziet ist die Monographie von *Lutz*, Erbunwürdigkeit, zu nennen.

Rechtsvergleichung

Im Rahmen dieser Untersuchung sollen auch rechtsvergleichende Aspekte nicht ausgeklammert bleiben. Das Institut der Erbunwürdigkeit eignet sich in dieser Hinsicht besonders gut, scheint es doch in nahezu jeder Rechtsordnung funktional entsprechende Regelungen zu geben. Der Gedanke, dass der Mörder des Erblassers – um gleich den plakativsten, zugleich aber auch klassischsten Fall der Erbunwürdigkeit zu nennen – durch seine Tat gleichsam in den Genuss der Erbschaft kommt, widerspricht in überaus krasser Weise den Gerechtigkeitsvorstellungen aller Rechtsordnungen.[54] Auch hier zeigt sich, dass alle Gesellschaften – vorausgesetzt sie stehen auf gleicher sozialer und wirtschaftlicher Entwicklungsstufe – ihren Rechtsordnungen im Wesentlichen gleiche Probleme aufgeben, die einer Lösung zugeführt werden müssen.[55] Von besonderem Interesse wird im Rahmen dieser Arbeit die geschichtliche Rechtsvergleichung sein.[56] Die

---

[54] Passend insofern das lateinische Zitat von *Ulpian* D.50,17,134,1: *„Nemo ex suo delicto meliorem suam condicionem facere potest"*; vgl. den so übertitelten Aufsatz von *Zimmermann* zur Erbunwürdigkeit (Vergleich des englischen zum kontinentaleuropäischen Recht) in FS Hopt, S. 269 ff.; nach *Zweigert* und *Kötz* vermag die Rechtsvergleichung – durch eine *„allmähliche Annäherung der Standpunkte"* und *„eine Relativierung dogmatischer Zementierungen"* – den *„Glauben an die Existenz eines einheitlichen Gerechtigkeitsgedankens"* zu vertiefen (Rechtsvergleichung, S. 3).

[55] *Zweigert/Puttfarken*, in Zweigert/Puttfarken, Rechtsvergleichung, S. 1, 2.

[56] Verstanden im Sinne von *Rabel*, Aufgabe und Notwendigkeit der Rechtsvergleichung, Text abgedruckt in *Zweigert/Puttfarken*, Rechtsvergleichung, S. 85, 87: *„die Erforschung des historischen Verhältnisses der Rechtsordnungen, durch welche festgestellten Ähnlichkeiten entweder auf gemeinsame Abstammung oder auf Rezeption oder auf selbstständige, aber parallel wirkende Faktoren zurückgeführt werden."*; zur (komplexen) Beziehung der Rechtsvergleichung zur Rechtsgeschichte s. *Zweigert/Kötz*, Rechtsvergleichung, S. 8: *„[...] enthält alle rechtsgeschichtliche Forschung ein vergleichendes Element. Denn der Rechtshistoriker betrachtet das Rechtssystem, dem er sich widmet – etwa das römische Recht – unausweichlich beladen mit den Vorstellungen seiner ihm vertrauten modernen Rechtsordnung; er treibt also – zumindest unbewusst, in der Regel aber bei der vorauszusetzenden Rationalität bewusst – auch Vergleichung. Die Rechtsvergleichung muss auch stets die historischen Bedingungen bedenken, unter den sich die verglichenen Rechtsinsitute und Verfahren entwickelt haben. Rechtsgeschichte und Rechtsvergleichung sind Holz vom gleichen Stamm. Sie sind Zwillingsschwestern, und wenn man auch darüber zweifeln kann, welche von beiden die schönere sei, so lässt sich doch nicht bestreiten, dass rechtsgeschichtliche Forschung in vielen Fällen ein Operieren mit der vergleichenden Methode ist und dass es umgekehrt Probleme gibt, die sich nicht sinnvoll rechtsvergleichend untersuchen lassen, ohne dass man nicht auch die historische Genese der zu ihrer Lösung entwickelten Regeln beachtet."*

Zum besonderen Wert geschichtlicher Rechtsvergleichung und deren Aktualität vgl. *Duve*, Von der Europäischen Rechtsgeschichte zu einer Rechtsgeschichte Europas in global-

Rezeption des römischen Rechts in Europa führt dazu, dass die meisten europäischen Rechtsordnungen das Institut der Erbunwürdigkeit dem Grunde nach kennen. Doch gibt es Verschiedenheiten im Detail. Gerade im Bereich der Erbunwürdigkeit (wie überhaupt im Erbrecht) ist die Macht der Überlieferung von großer Bedeutung. Hier offenbart sich in besonderem Maße das „Recht als Kulturerscheinung“[57]. *Zitelmann*[58] hat bereits darauf hingewiesen, dass der Mensch auch unter durchaus verschiedenen äußeren Bedingungen gewisse gleiche Rechtsvorstellungen entwickelt,[59] solche allgemein gültigen Entwicklungsgesetze des Rechts können daher mittels rechtsvergleichender Analyse aufgefunden werden. Dieser Befund entfaltet Bedeutung gerade auch im Hinblick auf die gesetzgeberische Tätigkeit. Nicht nur können Lösungen bestehender Gesetzgebungsprobleme gefunden werden, die Rechtsvergleichung bewirkt vielmehr auch, dass man sich neuen Gesetzgebungsfragen stellt.[60] Zu Recht betonen *Zweigert* und *Puttfarken* den international übergreifenden Charakter der Rechtswissenschaft.[61] Vorliegend würde eine umfassende Vergleichung der

---

historischer Perspektive, Text unter http://ssrn.com/abstract=2139312: *Duve* setzt sich kritisch mit den konzeptionellen Grundlagen der Wissenschaftsgeschichte auseineander. Ausgehend von einer Bestandsaufnahme der traditionellen Disziplingeschichte deckt er deren Schwächen (sehr kritisch zum Eurozentrismus der Debatten) auf und spricht sich für flexiblere Bezugsrahmen aus.

57 Zum Begriff vgl. *Rabel* in Zweigert/Puttfarken, Rechtsvergleichung, S. 85, 88.

58 *Zweigert/Puttfarken* in Zweigert/Puttfarken, Rechtsvergleichung, S. 11, 12 f.

59 *Zweigert/Kötz*, Rechtsvergleichung, S. 36, sprechen insoweit von der „praesumtio similitudinis“. Diese Ähnlichkeitsvermutung geht von der Hypothese aus, dass gleiche Bedürfnisse zu ähnlichen Lösungen führen. Rechtsvergleichung wird gleichsam zu einem Kontrollinstrument, welches – wie *Jayme* (Rechtsvergleichung, S. 14) zu Recht bemerkt – nicht selten zu einer Bestätigung der Norm des eigenen Rechts wird.

60 Vgl. zur kritikweckenden Funktion der Rechtsvergleichung *Zitelmann*, a. a. O., S. 13 f.: *„Das große Schwergewicht der Wirklichkeit, der Konservatismus der menschlichen Natur lassen eine Menge von Rechtssätzen von Geschlecht zu Geschlecht tralatizisch vererbt werden, ohne dass die innere Berechtigung ihrer Fortdauer geprüft würde. Man nimmt sie weiter hin, weil sie eben vorher da waren.“*

61 *Zweigert/Puttfarken* in Zweigert/Puttfarken, Rechtsvergleichung, 1, 4; dort findet sich auch ein Zitat von *Jhering*, Geist des römischen Rechts auf den verschiedenen Stufen seiner Entwicklung, I. Teil, 11. Aufl., Leipzig 1907, S. 15, aus heutiger Sicht visionär: *„[...] die Wissenschaft ist zur Landesjurisprudenz degradiert, die wissenschaftlichen Grenzen fallen in der Jurisprudenz mit den politischen zusammen. Eine demütigende, unwürdige Form für eine Wissenschaft. Aber es hängt nur von ihr selber ab, jene Schranken zu überspringen und den Charakter der Universalität, den sie so lange besaß, in einer anderen Form als vergleichende Jurisprudenz sich für alle Folgezeit zu sichern. Ihre Methode wird eine andere, ihr Blick ein weiterer, ihr Urteil ein reiferes, ihre Behandlung des Stoffes eine freiere werden, und so wird der scheinbare Verlust (scil. der formellen*

Rechtsordnungen im Sinne einer „Makro-Vergleichung"[62] den Rahmen der Untersuchung sprengen. Methodisch beschränkt sich die Arbeit daher darauf, einzelne Rechtsfiguren vergleichend zu untersuchen. Es geht vorliegend also um einzelne Rechtsinstitute oder Rechtsprobleme, d. h. Regeln, nach denen bestimmte Sachprobleme oder bestimmte Interessenkonflikte in verschiedenen Rechtsordnungen beurteilt werden. Freilich sind die Grenzen zwischen Makro- und Mikrovergleichung fließend, und vielfach kommt die eine Form vergleichender Arbeit ohne die andere nicht aus.[63] Denn dass ein bestimmtes Einzelproblem in einer ausländischen Rechtsordnung so und nicht anders gelöst wird, lässt sich oft nur dann verstehen, wenn man auch die jeweiligen *Verfahren* in die Betrachtung miteinbezieht, in denen die maßgeblichen Regeln in der Praxis durchgesetzt werden müssen. Im Hinblick auf die vorliegende Untersuchung ist dieser Befund von besonderer Relevanz insofern, als gerade im Erbunwürdigkeitsrecht häufig materiellrechtliche Vorschriften und Regelungen zur Geltendmachung der Erbunwürdigkeit, etwa die Durchführung eines Anfechtungsverfahrens, miteinander verflochten sind, und daher nicht isoliert voneinander betrachtet werden können.

Es ist heutzutage kein Novum, dass Rechtsvergleichung nicht rein formal betrieben werden darf, vielmehr ist namentlich die Funktion[64], die ein Rechtsinstitut erfüllen soll, für die vergleichende Rechtswissenschaft – will sie die Rechts*wirklichkeit* beschreiben – entscheidend.[65]

Die Rechtsvergleichung beschränkt sich indes nicht nur auf die Analyse der entsprechenden Sachnormen verschiedener Rechtsordnungen, sondern entfaltet

---

Gemeinschaft des römischen Rechts) in der Tat zu ihrem wahren Heile ausschlagen, sie auf eine höhere Stufe der wissenschaftlichen Tätigkeit erheben."

[62] Zum Begriff vgl. *Zweigert/Puttfarken* in Zweigert/Puttfarken, Rechtsvergleichung, 401.

[63] So *Zweigert/Kötz*, Rechtsvergleichung, S. 4.

[64] Zur funktionalen Methode vgl. *Jayme*, Rechtsvergleichung, S. 13, mit Verweis auf *Drobnig*, Methodenfragen der Rechtsvergleichung im Lichte der „International Encyclopedia of Comparative Law", in: Festschrift Rheinstein, Bd. I 1969, S. 221 ff.: *„Die funktionale Methode geht schrittweise vor. Ausgehend von einem tatsächlichen sozialen Bedürfnis befragt sie die jeweiligen Rechtsordnungen nach ihren jeweiligen Lösungen. Hiernach werden die Lösungen zwecks Typenbildung verglichen und schließlich wertend auf ihre Tauglichkeit hin geprüft."*

[65] *Zweigert/Puttfarken* in Zweigert/Puttfarken, Rechtsvergleichung, S. 401; zu den praktischen Zielen der Rechtsvergleichung aus heutiger Sicht, namentlich ihre Bedeutung für das Internationale Privatrecht, die Gesetzgebung und die Auslegung von international vereinheitlichten Sachnormen vgl. *Jayme*, Rechtsvergleichung, S. 12.

besondere Relevanz im Hinblick auf das Internationale Privatrecht.[66] Neben dem Kollisionsnormenvergleich[67] mit dem Ziel der Förderung des Entscheidungseinklangs kommt dem Sachnormvergleich bei der Auslegung der kollisionsrechtlichen Systembegriffe Relevanz zu. Das Nebeneinander verschiedener Rechte, insbesondere die Subsumtion ausländischer Rechtserscheinungen unter ein anderes Recht,[68] erfordert einen Vergleich verschiedener Rechte.[69] Betreffend die Wahl der zu untersuchenden Rechtsordnungen soll der Schwerpunkt auf den europäischen Rechtsordnungen liegen. Frankreich als „Mutterrechtsordnung" darf nicht fehlen und ist gerade im Erbunwürdigkeitsrecht aufgrund seiner konzeptionell ganz unterschiedlichen Herangehensweise interessant. Das österreichische ABGB bildet in diesem Zusammenhang den Gegenpol zum *Code civil* und darf aus diesem Grunde nicht unerwähnt bleiben. Die anderen europäischen Rechtsordnungen sind im Detail interessant, wie sich im Folgenden noch zeigen wird.

Gang der Untersuchung

In einem ersten Teil sollen zum einen die historischen Grundlagen, soweit sie für das Verständnis notwendig sind, beleuchtet werden. Zum anderen soll ein Blick auf ausgewählte ausländische Rechtsordnungen die Vielfalt an Lösungsmodellen aufzeigen. Die Untersuchung wird zeigen, dass das Erb- und Unterhaltsrecht für den hier vorgestellten Themenkreis nicht isoliert voneinander zu betrachten sind. Insoweit ist die Frage nach der Reformbedürftigkeit des geltenden Erbunwürdigkeitsrechts aufgeworfen. Der zweite Teil widmet sich kollisionsrechtlichen Problemen des Erbunwürdigkeitsrechts. Neben der Frage der Anknüpfung stellen sich Probleme vorfragentechnischer Art im Hinblick auf eine etwaige Unterhaltspflichtverletzung als Erbunwürdigkeitsgrund. Schließlich wird auch auf Fragen des internationalen Verfahrensrechts einzugehen sein, die sich im Hinblick auf die in den verschiedenen Rechtsordnungen bestehenden Modalitäten der Geltendmachung der Erbunwürdigkeit ergeben.

---

[66] *Zweigert/Kötz*, Rechtsvergleichung, S. 6 sprechen von der Unentbehrlichkeit der rechtsvergleichenden Methode für das IPR; zur besonderen Relevanz der Rechtsvergleichung im Rahmen der Lehre von der Qualifikation vgl. *Zweigert/Kötz*, a. a. O., S. 7.

[67] Vgl. hierzu *Jayme*, Rechtsvergleichung, S. 62.

[68] Die sogenannte Substitutionsproblematik spielt auch im Rahmen dieser Untersuchung eine nicht unerhebliche Rolle. Jene ist ohne die rechtsvergleichende Methode undenkbar.

[69] So *Jayme*, Rechtsvergleichung, S. 62.

1. Teil – Sachnormen

Der erste Teil der Untersuchung widmet sich dem Sachnormbereich. Ausgehend von der Skizzierung der verschiedenen Entwicklungsstufen in rechtshistorischer Sicht (1.1) folgt ein rechtsvergleichender Überblick (1.2). Im letzten Abschnitt folgt der Versuch einer Zusammenführung (1.3).

1.1 Rechtsgeschichte

1.1.1 Erbunwürdigkeit

Die heutigen Regeln der Erbunwürdigkeit haben ihre Wurzel im römisch-rechtlichen Institut der Indignität. Im Folgenden soll überblicksweise[70] die Entwicklungsgeschichte – ausgehend vom römischen Recht bis hin zur Regelung, wie sie in das BGB Eingang gefunden hat – skizziert werden.

1.1.1.1 Im römischen Recht

1.1.1.1.1 Entwicklung der Indignitätslehre

Die Erbunwürdigkeit im römischen Recht war kein in sich abgeschlossenes Institut; was die Ursprünge dieses Instituts anbelangt, so liegt dort vieles im Dunkeln.[71] Die Schwierigkeiten bestehen in der Abgrenzung der Indignität von anderen Instituten mit ähnlicher Wirkung. In diesem Zusammenhang ist zunächst die Konfiskation aufgrund strafrechtlicher Verurteilung zu nennen. So zog die Kapitalstrafe des *Cornelischen Gesetzes*[72] die Einziehung des Vermö-

---

[70] An dieser Stelle sei auf folgende Monographien, in welchen rechtsgeschichtliche Aspekte des Erbunwürdigkeitsrechts vertieft behandelt werden und die vorliegender Arbeit maßgeblich zugrunde gelegt sind, hingewiesen: *Nardi*, I Casi di Indegnità nel Diritto Successorio Romano; *Eck*, Indignität und Enterbung; *Krüger*, Indignität und Erbunwürdigkeit; *Hempel*, Erbunwürdigkeit – Historische Entwicklung und geltendes Recht; *Müller-Eiselt*, Divus Pius constituit: Kaiserliches Erbrecht; *Lutz*, Erbunwürdigkeit.

[71] Vgl. *Müller-Eiselt*, Divus Pius constituit: Kaiserliches Erbrecht, S. 244; *Biondi*, Successione testamentaria e donazioni, S. 155 sehr anschaulich: *„Storicamente [sc. l'indegnità] presenta un allargamento impressionante, ma non uno sviluppo organico. Si tratta di singoli casi, che diventano sempre più numerosi, introdotti per esigenze particolari, tra i quali non è possibile rintracciare alcuna derivazione storica, ed è quindi ozioso ricercare l'origine dell'istituto."*

[72] Die *Lex Cornelia de sicariis et veneficiis* (81 v. Chr.) ist Teil der in den Jahren 82 bis 79 v. Chr. von *Sulla* erlassenen Strafgesetze.

gens nach sich.[73] Nutznießer sowohl der mit Strafprozess und Verurteilung verbundenen Konfiskation als auch der im Wege eines Fiskalprozesses zu betreibenden Ereption[74] war daher in beiden Fällen die Staatskasse. Das Konkurrenzverhältnis zwischen strafrechtlicher Konfiskation auf der einen und Ereption nach den Grundsätzen der Indignität auf der anderen Seite ist mithin nicht ganz klar. *Müller-Eiselt* führt die Entwicklung der Indignitätslehre partiell auf Sachverhalte zurück, in denen die strafrechtliche Sanktion aus gewissen Gründen nicht eingriff.[75]

Abgrenzungsschwierigkeiten bestehen auch hinsichtlich weiterer dem römischen Recht bekannter Institute mit ähnlichen Rechtswirkungen. Konkret geht es um die römisch-rechtlichen Rechtsfiguren der Erbunfähigkeit und Erwerbsunfähigkeit.[76]

Erstere stellt eine Beschränkung der Rechtsfähigkeit dar. Folge dieser Unfähigkeit, als Erbe eingesetzt zu werden,[77] war, dass die Erbschaft dem Erbunfähigen überhaupt nicht anfiel. Ein Ausschluss der Erbfähigkeit als Sanktion ist in vielen nachklassischen Gesetzen zu finden.[78]

Mit der Einführung des Instituts der Erwerbsunfähigkeit (*incapacitas*) bot sich eine weitere Möglichkeit, einen missbilligten Erbschaftserwerb auszuschließen. Hintergrund bildete die *Lex Iulia et Papia Poppaea*, speziell für deren Zwecke wurde der Begriff der *incapacitas* geprägt. Mit der *Lex Iulia et Papia Poppaea* führte Kaiser Augustus aus sozialpolitischen Motiven eine Ehepflicht

---

[73] *Müller-Eiselt*, Divus Pius constituit: Kaiserliches Erbrecht, S. 245.

[74] Die Erbschaft wurde zunächst erworben, doch wurde dem Erben das Erworbene wieder entrissen (*eripere*, daher: *ereptorium* bzw. *bona ereptoria*); vgl. hierzu *Zimmermann*, FS Knütel, S. 1469, 1471.

[75] *Müller-Eiselt*, Divus Pius constituit: Kaiserliches Erbrecht, S. 283; so war erbunwürdig etwa derjenige, der den Erblasser fahrlässig ums Leben gebracht hatte (*Marcian* D 34, 9, 3).

[76] *Biondi*, Successione testamentaria e donazioni, S. 155 ff.; *Hempel*, Erbunwürdigkeit, S. 3.

[77] Sog. Mangel der *testamenti factio passiva*; die Erbunfähigkeit betraf beispielsweise eigene Sklaven, soweit sie nicht zugleich mit der Erbeinsetzung freigelassen wurden, Nichtbürger und eine Zeit lang auch Frauen von besonders vermögenden Römern, d. h. Mitgliedern der ersten Zensusklasse; vgl. näher hierzu *Zimmermann*, FS Knütel, S. 1469, 1471, m. w. N. dort in Fn. 7; vgl. hierzu auch ausführlich *Biondi*, Successione testamentaria e donazioni, S. 103 ff.

[78] So waren beispielsweise Kinder von Hochverrätern, Apostaten und Häretikern sowohl von der Erbeinsetzung durch Verfügung von Todes wegen als auch von der gesetzlichen Erbfolge ausgeschlossen (*Hempel*, Erbunwürdigkeit, S. 4, *Kaser*, Das römische Privatrecht, Zweiter Abschnitt, § 292 I. 2. m. w. N.

ein, Sanktionen gegen Ehe- und Kinderlose lagen unter anderem im Erbschaftserwerb, so konnten Ehelose überhaupt nichts, Kinderlose nur die Hälfte der Zuwendungen aus Erbeinsetzung oder Legat erwerben.[79] Der strukturelle Unterschied liegt in dem Umstand, dass *incapaces* zwar einsetzungsfähig aber nicht erwerbsfähig waren.[80] Im nachklassischen Recht kam es zu einer Rückbildung dieses Instituts, unter *Justinian* wurde es nahezu vollständig beseitigt.[81]

Schließlich ist das römisch-rechtliche Institut der Indignität zu nennen. Der Unwürdige ist zwar erbfähig und erwerbsfähig, aber das Hinterlassene wird ihm wieder entrissen, in der Regel als *bona ereptoria* zugunsten der Staatskasse, seltener zugunsten anderer privater Berechtigter.[82]

Die Entstehungszeit der verschiedenen Indignitätsgründe ist zum Teil noch ungeklärt.[83] Dies hängt unter anderem mit der – oben aufgezeigten – oft umstrittenen Abgrenzung des Rechtsinstituts der Indignität von verwandten Rechtsfigu-

---

[79] *Kaser*, Das römische Privatrecht, Zweiter Abschnitt, § 292 II; zur Erläuterung: Bei der *lex Iulia et Papia Poppaea* handelt es sich eigentlich um zwei Gesetze. In der 18 v. Chr. erlassenen *lex Iulia de maritandis ordinibus* wurde zur Erhöhung der allgemeinen Moral und zur Bekämpfung von Kinderlosigkeit angeordnet, dass nur noch standesgerechte Ehen geschlossen werden durften. Regelungsgehalt der im Jahre 9 n. Chr. erlassenen *lex Papia Poppaea* war eine Ehepflicht für alle römischen Bürger im heiratsfähigen Alter. Wer unverheiratet war, verlor das Anrecht auf Erbschaften, kinderlose Ehepaare das Anrecht auf die Hälfte einer Erbschaft. Paare hingegen, die Kinder hatten, wurden durch Privilegien gefördert (Kinderprivileg: *ius liberorum*). Die beiden Gesetze sind Teil des sozial-politischen Reformprogramms des Kaisers Augustus, sie wurden auch schon in der klassischen Zeit als Einheit (*lex Iulia et Papia*) angesehen (vgl. hierzu *Kaser/Knütel*, Römisches Privatrecht, § 58 Rz. 25; *Waldstein/Rainer*, Römische Rechtsgeschichte, § 28 Rz. 26).vertiefend die Monographien von *Mette-Dittman*, Die Ehegesetze des Augustus, sowie von *Astolfi*, La Lex Iulia et Papia

[80] Vgl. hierzu *Jörs/Kunkel/Wenger*, Römisches Privatrecht, S. 336; *Zimmermann*, FS Knütel, S. 1469, 1471; guter Überblick bei *Kaser*, Das römische Privatrecht, Erster Abschnitt, § 178 I 2; *Voci*, diritto Ereditario, p. 465 ff.; zum Ganzen auch *Biondi*, successione testamentaria e donazioni, S. 133 ff. mit Beispielen.

[81] So *Kaser*, Das römische Privatrecht, Erster Abschnitt, § 178 I (dort Fn. 2).

[82] Vgl. *Paulus* D 49, 14, 49; *Marcellus* D 48, 10, 26; der berühmte Aphorismus *„indignus potest capere, sed non potest retinere"* wurde wohl von *Cujaz* geprägt (vgl. *Zimmermann*, FS Knütel, S. 1469, 1471, Fn. 10).

[83] *Hempel*, Erbunwürdigkeit, S. 7. Die Frage, ob einzelne Indignitätsfälle bereits zur Zeit der *Lex Iulia et Papia Poppaea* entstanden sind, wird heute überwiegend verneint, vgl. *Hempel*, a. a. O. Fn. 1 m. w. N. Am Anfang hat – worauf *Zimmermann*, FS Knütel, S. 1469, 1471, unter Verweis auf *Müller-Eiselt, Divus Pius constituit: Kaiserliches Erbrecht*, S. 244 ff. (S. 254 f.) hinweist – vermutlich der paradigmatische Fall der Tötung des Erblassers gestanden.

ren zusammen. Soweit in den römischen Quellen der Begriff *„indignus"* auftaucht, stellt sich die Frage, ob die Römer diesen Begriff tatsächlich technisch im Sinne des Instituts der Erbunwürdigkeit gebrauchten. Hier zeigt sich als ein Phänomen des römischen Rechts dessen von pragmatischen Erwägungen geleitete rechtsschöpferische Kraft. Versuche, dem römischen Recht ein geschlossenes (äußeres) System zu unterstellen, sind daher nicht selten erfolglos. Ein Ergebnis, das dem modernen Juristen – stark verhaftet im heutigen Systemdenken der kontinental-europäischen Rechtswissenschaft – meist widerstrebt.[84]

Festzuhalten ist jedoch Folgendes: Einige der (späteren) Erbunwürdigkeitsgründe waren wohl schon in der frühen Kaiserzeit bekannt und dürften in Zusammenhang mit dem *Senatus Consultum Silanianum*[85] aufgestellt worden sein.[86] Diese wurden in der Folgezeit anhand kaiserlicher Konstitutionen und Reskripte fortgebildet.[87] *Müller-Eiselt* hat in seiner Untersuchung nachgewiesen, welch maßgeblichen Anteil Kaiser *Antoninus Pius* an der Entwicklung der Indignitätstatbestände hatte.[88] Praktische Bedeutung erlangte das Institut der Er-

---

[84] Dieser Punkt zeigt sich beispielsweise bei der Einordnung einzelner Indignitätsgründe. Häufig ist die Abgrenzung zwischen relativer Erbunfähigkeit und Erbunwürdigkeit umstritten. So kommt etwa *Nardi* (I Casi di Indegnità, S. 79 ff.) zu dem Ergebnis, dass nur 18 von 34 aufgeführten Fällen echte Indignitätsgründe darstellen. Nach seiner Meinung scheiden unter anderem jene Fälle aus, in denen Privatpersonen das Ereptionsrecht zusteht. In diesem Zusammenhang ist etwa die Vernachlässigung des geisteskranken Erblassers (Nov. 115, 3, 12) zu nennen. Hier besteht die Besonderheit, dass nicht der Fiskus zur Ereption berechtigt ist, sondern der Pfleger des Erblassers; vgl. auch die Streitstände bei *Hempel*, Erbunwürdigkeit, S. 14 ff.

[85] Bestand der Verdacht eines gewaltsamen Todes des Erblassers, verbot das *Senatus Consultum Silanianum* (10 n.Chr.) Testamentseröffnung und Erbantritt, ehe nicht alle Sklaven, die eng mit dem Getöteten zusammenlebten, der peinlichen Befragung über die Umstände des Todes unterzogen waren. Trat der Erbe gleichwohl vorher an, so entzog man ihm das Erworbene; vgl. hierzu näher *Wolf*, Senatusconsultum Silanianum.

[86] *Nardi*, I casi di indegnità, S. 276 ordnet diese bereits der Erbunwürdigkeit zu; dagegen *Müller-Eiselt*, Divus Pius constituit: Kaiserliches Erbrecht, S. 283, der *Antoninus Pius* als den Begründer der Indignitätslehre vermutet und frühere „Erbunwürdigkeits"-Tatbestände noch im strafrechtlichen Kontext sieht. Das allmähliche Zusammenwachsen verschiedener Tatbestände zu einem einheitlichen Institut macht eine genaue Datierung naturgemäß unmöglich.

[87] *Hempel*, Erbunwürdigkeit, S. 7 f.; *Müller-Eiselt*, Divus Pius constituit: Kaiserliches Erbrecht, S. 244 mit Verweis auf *Nardi*, I casi di indegnità, S. 275 ff.

[88] Erwähnt seien in diesem Zusammenhang drei Pius-Entscheidungen, die sich in D 48, 20, 7, 4 bzw. D 34, 9, 3 finden; zum Ganzen *Müller-Eiselt*, Divus Pius constituit: Kaiserliches Erbrecht, S. 244 ff.; *Zimmermann*, FS Knütel, S. 1469, 1470, nennt D 34, 9, 3 als frühesten Text zur Erbunwürdigkeit.

bunwürdigkeit vor allem in Fällen, in denen der oben genannte strafrechtliche Sanktionsmechanismus aus bestimmten Gründen nicht griff.[89] Unter *Antoninus Pius* wurde so etwa das Indignitätskonzept auch auf die fahrlässige Tötung erstreckt. Dies ist vor dem Hintergrund zu sehen, dass die fahrlässige Tötung eines Freien nur in wenigen Ausnahmefällen überhaupt bestraft wurde, wobei in aller Regel die Rechtsfolge der Vermögenseinziehung (*publicatio bonorum*) nicht eintrat. Eine Erweiterung der Indignitätstatbestände um die fahrlässige Tötung erschien so als wirksames Mittel, ohne Bemühung strafrechtlicher Sanktionen zur gewünschten Konfiskation zu gelangen. Unklar ist, ob die genannten Entscheidungen (*Antoninus Pius*) nur eine Fortschreibung eines – allgemein anerkannten – Erbunwürdigkeitsgrundes der vorsätzlichen Tötung sind, oder ob es einen solchen überhaupt nicht gab, da dem wegen Totschlags Verurteilten bereits aufgrund der strafrechtlichen Sanktion das Vermögen (und damit auch das vom Opfer durch Erbschaft Erworbene) entzogen werden konnte.[90] Unbestritten gab es bereits vor *Antoninus Pius* Fälle, bei denen erbrechtlicher Erwerb zugunsten des Fiskus eingezogen wurde.[91] Doch ist die Einordnung – strafrechtlich oder rein fiskalisch - umstritten.[92] Erst später vollzog sich die Entwicklung der Entpönalisierung der Erbschaftskonfiskation bei Verstoß gegen das *Senatus Consultum Silanianum*.[93] Im Rahmen dieser Untersuchung soll hierauf jedoch nicht näher eingegangen werden. Festzuhalten bleibt, dass die ursprünglich strafrechtliche Konzeption im Laufe der Zeit fiskalpolitischen Sanktionsmechanismen wich. Es kam zu einer Vielzahl neu geschaffener Indignitätsgründe, nicht zuletzt auch aufgrund eigennütziger fiskalpolitischer Interessen des Staa-

---

[89] In diesem Sinne ist das zweite Reskript in D 48, 20, 7, 4 zu lesen: Diese hat den Giftmord einer zur Erbin eingesetzten Haustochter zum Gegenstand. Da Erwerbsberechtigter nicht die eingesetzte Haustochter sondern deren Gewalthaber ist, ist in einem solchen Falle die strafrechtliche Konfiskation unzureichend. Insoweit wird der Indignitätstatbestand erweitert auf denjenigen, der einen Verwandten ermordet, ihn aber nicht allein durch eigenes Zutun, sondern erst kraft Weisung seines Gewalthaber beerben kann.

[90] Für Letzteres: *Müller-Eiselt*, Divus Pius constituit: Kaiserliches Erbrecht, S. 251.

[91] So im *Senatus Consultum Silanianum* (10 n.Chr.). *Krüger*, Indignität und Erbunwürdigkeit, S. 14, sieht in der *Lex Iulia et Papia Poppaea* die Grundlage der Indignität, unterscheidet aber nicht hinsichtlich strafrechtlicher Vermögenseinziehung und Ereption aufgrund der Unwürdigkeit.

[92] Im erstgenannten Sinne *Müller-Eiselt*, Divus Pius constituit: Kaiserliches Erbrecht, S. 252, mit Verweis auf die in den entsprechenden Digestenstellen auftauchende Begrifflichkeit *bonorum publicatio* (im Unterschied zu der auf Indignitätsfälle entsprechend anzuwendenden *vindicatio caducorum*).

[93] Hierzu *Müller-Eiselt*, Divus Pius constituit: Kaiserliches Erbrecht, S. 252 ff.

tes.[94] Soweit sich danach zahlreiche Gründe der Indignität finden,[95] die Verfehlungen des Betroffenen nicht entdecken lassen, ist dies eben jener Entwicklung geschuldet.[96] Justinian führte die Aufnahme der in der *lex Papia* und anderen Gesetzen, Senatuskonsulten und Kaiserkonstitutionen zerstreuten Indignitätsfälle in seine Kompilation durch.[97]

1.1.1.1.2 Wirkungen der Indignität

Im 19. Jahrhundert ist die Art der Geltendmachung der Erbunwürdigkeit nach römischem Recht heftig diskutiert worden. *Windscheid* etwa vertrat die Auffassung, die Ereption als Wirkung der Erbunwürdigkeit vollziehe sich *ipso iure*.[98] *Eck*[99] und ihm folgend auch *Krüger*[100] haben schlüssig dargelegt, dass es dem Berechtigten freistehe, die Ereption anzunehmen oder abzulehnen. Aus diesem Wahlrecht lässt sich im Umkehrschluss entnehmen, dass die Entreißung nicht ohne Weiteres erfolgen kann. Bis zu seiner Geltendmachung hat das Ereptionsrecht daher keinerlei Wirkung auf die Rechte des Indignus.[101] Was die Möglichkeit der Verzeihung anbelangt, so ist eine solche dem römischen Recht fremd. Die einmal eingetretene Indignität kann nicht wieder durch späteres Wohlver-

---

94 Zurückhaltend hierzu *Müller-Eiselt*, Divus Pius constituit: Kaiserliches Erbrecht, S. 285 f., der – zumindest im Hinblick auf die Regierungszeit *Pius* – auf Gerechtigkeits- und Ordnungsfaktoren im Erbrecht abstellt und die Zielsetzung der Indignitätslehre nicht primär in fiskalpolitischen Bereicherungsabsichten sehen will.

95 Vgl. die Nachweise bei *Krüger*, Indignität und Erbunwürdigkeit, S. 22 ff.; *Arndts von Arnesberg*, Pandekten, § 520, S. 842 (dort Fn. 2).

96 *Krüger*, Indignität und Erbunwürdigkeit, S. 14 spricht von einem *„willkommenen Vorwand zur finanziellen Unterstützung des Aerars oder Fiskus"*; *Müller-Eiselt*, Divus Pius constituit: Kaiserliches Erbrecht, S. 285, spricht von der *„bisweilen düsteren Zukunft"*, die den fiskalrechtlichen Tatbeständen unter den Severerkaisern gehörte.

97 *Krüger*, Indignität und Erbunwürdigkeit, S. 14; *Hempel*, Erbunwürdigkeit, S. 8.; verortet sind Regelungen der Indignität in den Digesten (D 34, 9; D 49, 14) und im Codex (C 6, 34 f.).

98 *Windscheid*, Lehrbuch des Pandektenrechts, § 674, S. 438; vgl. hierzu auch die Nachweise bei *Krüger*, Indignität und Erbunwürdigkeit, S. 29 f.

99 Indignität und Enterbung, S. 50 f.

100 Indignität und Erbunwürdigkeit, S. 30 f.

101 *Eck*, Indignität und Enterbung, S. 50; *Krüger*, Indignität und Erbunwürdigkeit, S. 31, auch *Hempel*, Erbunwürdigkeit, S. 19 zur praktischen Relevanz dieser Frage: Verfügungen über Nachlassgegenstände von Anfang an nichtig, mit Rückwirkung unwirksam oder gültig?

halten des Indignus erlöschen. Nur der Verzicht des Fiskus auf das Ereptionsrecht kann dieses aufheben.[102]

1.1.1.1.3 Entwicklungsstufen der Indignitätslehre

Zusammenfassend lassen sich folgende Entwicklungsstufen des Rechtsinstituts der Indignität ausmachen: Die Erbunwürdigkeit entwickelte sich aus einem strafrechtlichen Kontext heraus. In Fällen, die mit dem strafrechtlichen Konfiskationssystem aus bestimmten Gründen nicht erfasst werden konnten, kam den Erbunwürdigkeitsgründen eine Ergänzungsfunktion zu. Nach und nach kam es zu einer *„Entpönalisierung"*.[103] Gerechtigkeitsfaktoren und erbrechtliche Ordnungsinteressen bildeten die Zielsetzung der Indignitätslehre. Der öffentlichrechtliche Charakter wurde aber nie ganz aufgegeben, vielmehr verlangte ein Verstoß gegen die im Volke lebenden Gesetze der Moral im öffentlichen Interesse die Entziehung des Erbschaftsgenusses.[104] In der späten Kaiserzeit spielten zunehmend fiskalische Interessen eine Rolle.[105] Auch die Gesetzgebung Justinians hat den im *Corpus Iuris* zusammengetragenen Rechtsstoff nicht zu einem inneren System verarbeitet. Erste Versuche einer Systembildung (im Allgemeinen) gab es zwar schon bei *Cicero*[106] und *Gaius*, die systematische Durchdrin-

---

[102] *Eck,* Indignität und Enterbung, S. 42 (Fn. 33); vgl. hierzu auch *Nardi*, I Casi di Indegnità, S. 56.

[103] *Müller-Eiselt*, Divus Pius constituit: Kaiserliches Erbrecht, S. 283.

[104] *Hempel*, Erbunwürdigkeit, S. 8.

[105] *Müller-Eiselt*, Divus Pius constituit: Kaiserliches Erbrecht, S. 253; *Krüger*, Indignität und Erbunwürdigkeit, S. 14; *Hempel*, Erbunwürdigkeit, S. 9.

[106] *Cicero* fordert die sog. Dihairetische Methode, in seinem Werk „De oratore" führt er hierzu aus: *„Wenn es nämlich mir erlaubt wäre, das zu machen, was ich schon lange erwäge [...], zuerst das gesamte ius civile in ganz wenige Gattungen einzuteilen, hierauf gewissermaßen die Glieder ideser Gattungen zu zerteilen, dann die eigene Bedeutung jedes einzelnen (Gliedes) durch eine Definition zu erklären, dann werdet ihr eine vollkommene Kunst des ius civile haben, groß und fruchtbar statt schwierig und dunkel."* (Übersetzung von *Hattenhauer*, Johannes Althusius, Petrus Ramus und die Systematisierung der kaufrechtlichen Sachmängelhaftung, in: *Christoph Strohm / Heinrich de Wall (Hg.)*, Konfessionalität und Jurisprudenz in der frühen Neuzeit, Berlin 2009, S. 239, 242); vgl. hierzu aus jüngerer Zeit *Cuena Boy*, Das Ideal der Rhetorik bei Cicero und das „ius civile in artem redigere" (Übersetzung von *Christian Baldus* und *Massimo Miglietta*), in: Rivista di Diritto Romano VI (2006), 1 ff., Text unter http://www.ledonline.it/rivistadirittoromano/allegati/dirittoromano09bona.pdf. Zur Systemproblematik bei *Scaevola* vgl. *Julia Gokel*, Sprachliche Indizien für inneres System bei Q. Cervidius Scaevola (Diss. Heidelberg 2012, Druck Berlin 2014 in Vorbereitung).

gung des Stoffes erfolgte jedoch erst seitens der Pandektenwissenschaft.[107] Die Entwicklung des Erbunwürdigkeitsrechts kann als Paradebeispiel für die kasuistische Herangehensweise[108] des römischen Rechts – unter Verzicht auf (äußere) Systembildung[109] – herangezogen werden.

1.1.1.2 Erbunwürdigkeit im gemeinen Recht – Zusammentreffen mit germanischen Rechten

Mit der Justinianischen Gesetzgebung hat die Entwicklung der römischen Indignitätslehre ihren Abschluss gefunden.[110] Durch die Rezeption des römischen Rechts wurde die Lehre der Indignität in der deutschen Rechtsordnung subsidiär geltendes Recht; ein durchgebildetes Rechtsinstitut der Erbunwürdigkeit gab es bis dahin nicht.[111] Den germanischen Rechten waren die römisch-rechtlichen Institute der Enterbung, der Erbunfähigkeit, der Inkapazität und der Indignität fremd, ebenso wie die (subtile) Unterscheidung zwischen Anfall und Erwerb der Erbschaft.[112] Allerdings gab es Bestimmungen, dass Personen wegen einzelner Eigenschaften oder Handlungen[113] als nicht würdig galten, ihre Verwandten zu

---

[107] Zum Systemgedanken bei den Humanisten vgl. aber jüngst *Hattenhauer*, Johannes Althusius, Petrus Ramus und die Systematisierung der kaufrechtlichen Sachmängelhaftung, in: *Christoph Strohm / Heinrich de Wall (Hg.)*, Konfessionalität und Jurisprudenz in der frühen Neuzeit, Berlin 2009, S. 239–261, dort auch Ausführungen zum Systemgedanken im römischen Recht (*Hattenhauer*, a.a.O, S. 247).

[108] *Hempel*, Erbunwürdigkeit, S. 10.

[109] Vgl. hierzu *Baldus*, Gesetzesbindung, Auslegung und Analogie: Römische Grundlagen und Bedeutung des 19. Jahrhunderts, S. 30: *„Das römische Recht kreist nicht – wie die heutigen kontinentalen Rechte – um das Gesetz in einer auch äußerlich systematisierten Rechtsordnung. Vielmehr steht das innere System im Vordergrund, entstanden namentlich aus der Gutachtertätigkeit der Juristen [...]"*. In diesem Zusammenhang ist darauf hinzuweisen, dass man im römischen Recht eine moderne Systematik der Unwürdigkeitsgründe zwar nicht erwarten kann. Allerdings ließe sich die Frage nach einer inneren *ratio* im römischen Recht nur anhand einer Analyse der einzelnen Fälle zuverlässig beantworten. *Kaser*, Das römische Privatrecht, Erster Abschnitt, S. 726 (Fn. 35); Hier wäre insbesondere die Untersuchung interessant, welche Rolle der Gedanke an den Schutz der Testierfreiheit (möglicherweise) schon bei den klassischen Juristen spielte. Dies würde freilich den Rahmen vorliegender Arbeit sprengen.

[110] So *Krüger*, Indignität und Erbunwürdigkeit, S. 38 f.

[111] *Lutz*, Erbunwürdigkeit, S. 41.

[112] *Stobbe*, Handbuch des deutschen Privatrechts Bd. 5 § 280 II.

[113] *Krüger*, Indignität und Erbunwürdigkeit, S. 40, führt in diesem Zusammenhang die friesische Rechtsparömie *„Blutige Hand nimmt kein Erbe"* an; die Tötung des Erblassers – auch Hauptfall der römischen Indignitätslehre – mag, so *Krüger*, a. a. O., *„wohl Gemeingut aller, auch der primitivsten Rechtssysteme sein"*.

beerben.[114] Rechtsfolge war der Ausschluss des Erbschaftsanfalls; strukturell handelt es sich sonach um eine Form der relativen Erbunfähigkeit.[115] Erst im Zuge der Rezeption des römischen Rechts wurde man mit dessen Unterscheidung in Erbunfähigkeit, Inkapazität und Indignität vertraut. Vollständig durchdrungen, geschweige denn entsprechend selbst nachgebildet, wurde diese Unterteilung jedoch nicht, lediglich einzelne Gründe der Erbunfähigkeit und Erbunwürdigkeit wurden aus dem römischen Recht übernommen.[116] Auch waren das römische und das gemeine Recht grundsätzlich in der Behandlung des *Erepticiums* verschieden.[117] Ein Anfall an den Fiskus war den germanischen Rechten

---

[114] Eine eingehende Erörterung einzelner Rechtsbücher mag an dieser Stelle unterbleiben. Für die weitere Entwicklung wäre eine solche auch nicht allzu gewinnbringend, da der Einfluss der römischen Indignitätslehre aufgrund seiner den heimischen Rechten überlegenen Durchbildung auch im gemeinen Recht bestimmend blieb. Beispielhaft sei verwiesen auf die Nürnberger Reformation (1479), dort 15. Titel, zweites Gesetz: *„Von vellen, damit die kinder ir vetterlich oder muterlich erbschaft oder ertail verwurken, also das sie der durch gescheft irer eltern mogen enterbt werden."* Unter 10. heißt es dort (zit. nach *Kunkel/Thieme/Beyerle*, Quellen zur neueren Privatrechtsgeschichte Deutschlands, Band 1.1, Nnb 15.2 [S. 20]): *„so die kinder versaumen dem vater narung zegeben und notturftige erzney mitzeteilen, so der vater synlos und unvernüftig ist, und alsdann so durch freunde oder andere frömbde person dieselben kinde rechtichen ersucht worden weren, umb sölliche narung, erzney und pfleg irem vater mitzetailen; und so sie das darüber veracht hetten, sonder die freund oder ander personen sich des undestünden, so söllen diesselben personen an stat derselben ungetreuen kinder erben und inen sölliche erbschaft volgen."* Diese Regelung wurde übernommen von der Wormser Reformation (1498), vgl. dort den dritten Teil des vierten Buchs, Titel IV (*Kunkel/Thieme/Beyerle*, Quellen zur neueren Privatrechtsgeschichte Deutschlands, Band 1.1, Wms IV.3 [S. 153]); ähnliche Regelungen wie obenstehende finden sich im Freiburger Stadtrecht (1520) in der Bayrischen Landrechtsreformation (1518) und im Württembergischen Landrecht (1555), vgl. hierzu jeweils *Kunkel/Thieme/Beyerle*, Quellen zur neueren Privatrechtsgeschichte Deutschlands, Band 1.1, Frb III 5.60 [S. 302]; Bd. 1.2, Bay 49.5 [S. 57]; Bd. 1.2, Wtb III 1.13 [S. 142]; ausführlicher zu den örtlichen Rechten: *Hempel*, Erbunwürdigkeit, S. 21 ff.

[115] *Hempel*, Erbunwürdigkeit, S. 21.

[116] *Stobbe*, Handbuch des deutschen Privatrechts Bd. 5 § 280 II.

[117] *Krüger*, Indignität und Erbunwürdigkeit, S. 41, sieht in diesem Umstand auch die verminderte Bedeutung der Erbunwürdigkeit im gemeinen Recht; differenzierter hierzu: *Zimmermann*, FS Koziol, S. 463, 473: *„Ob dieses Ereptionsrecht des Fiskus als rezipiert anzusehen sei, war im usus modernus pandectarum umstritten. Für Holland, Utrecht und vermutlich die meisten anderen niederländischen Provinzen (außer Friesland!) wurde diese Frage verneint; in Deutschland war man demgegenüber eher geneigt, dem römischen Recht auch in diesem Punkt zu folgen. In verstärktem Maße galt dies für die deutsche Pandektendoktrin, die sich bei der Behandlung der Erbunwürdigkeit gänzlich auf das römische Recht stützte [...]"*.

fremd, vielmehr schloss man den Unwürdigen vom Erwerb aus und betrachtete den nächsten Verwandten als berufen.[118] Dies ist vor dem Hintergrund einer stark ausgeprägten Familiengebundenheit des Vermögens als Ausfluss der im deutschen Recht überragenden Stellung des Sippenverbandes zu sehen.[119] Hierdurch lässt sich wohl auch erklären, dass eine Reihe von Indignitätsgründen im gemeinen Recht nicht zur Anwendung kam. Aufgrund der Rezeption des römischen Rechts hat das Institut der Indignität auch Eingang in einige Rechtsbücher gefunden. Häufig wurden die in Nov. 115, 3–4 aufgezählten Enterbungsgründe, die überwiegend auch mit den Indignitätsgründen übereinstimmten, teils unter echter Enterbung, häufiger aber als relative Erbunfähigkeitsgründe (da die Enterbung in den germanischen Rechten meist nicht anerkannt war) dargestellt.[120] Das Aufeinandertreffen römisch-rechtlicher Vorschriften mit germanischen Rechtssätzen führte folglich dazu, dass die Begriffe Enterbung und Erbunwürdigkeit nicht immer klar auseinandergehalten wurden.[121] Bei *Siegel*[122] liest man:

---

[118] *Stobbe*, Handbuch des deutschen Privatrechts Bd. 5 § 280 II.

[119] Der Sippengedanke äußert sich beispielsweise auch in dem grundsätzlichen Misstrauen germanischer Rechte gegenüber testamentarischen Erbeinsetzungen. So kannten die germanischen Rechte ursprünglich keine Testierfreiheit entsprechend der germanisch-rechtlichen Maxime: *„Erben werden geboren, nicht gekoren"*; Damit stellte sich die Frage etwaiger Pflichtteilsrechte nicht (*Huber*, Pflichtteilsrecht, S. 8). Unter dem Einfluss der Geistlichkeit kam es zu gewissen Auflockerungen dieses Grundsatzes. Der Erblasser durfte der Kirche einen sog. „Freiteil" hinterlassen, *pro salute animae*, also zum Wohle der Seele des Erblassers. Näher hierzu vgl. Staudinger-*Haas*, Einleitung zu §§ 2303 ff., Rz. 7; *Trulsen*, Pflichtteilsrecht und family provision, S. 6 f.; *Hempel*, Erbunwürdigkeit, S. 23; speziell zum sog. „Freiteil" als Möglichkeit des Erblassers, in gewissem Umfang letztwillige Verfügungen zugunsten der Kirche und Armen zu treffen vgl. *Kipp/Coing*, Erbrecht, § 8 I 2, der auf die Entstehung der Lehre bei den griechischen Kirchenvätern hingewiesen hat.

[120] *Hempel*, Erbunwürdigkeit, S. 25 mit Verweis auf Art. 15 des Schwabenspiegels (um 1275), in dem unter der Überschrift *„Wie ein Kind das Erbe des Vaters und der Mutter verwirken kann"* alle 14 Fälle der Nov. 115 aufgenommen sind; zum Ganzen auch *Siegel*, Das deutsche Erbrecht, S. 131.

[121] *Hempel*, Erbunwürdigkeit, S. 25 zitiert in diesem Zusammenhang die Nürnberger Reformation (1479). Ausgehend vom Enterbungsprinzip (Tit. XV 2,3) und unter Anführung der Gründe aus Nov. 115, 3-4 findet sich unter Nr. 7 der Satz: Haben die Kinder den Erblasser am Testieren gehindert und stirbt er ohne Testament, so werden die Kinder trotzdem „enterbt" und ihr Anteil fällt an die nächsten Erben. (*Kunkel/Thieme/Beyerle*, Quellen zur Neueren Privatrechtsgeschichte Deutschlands, Band 1.1, S. 20).

[122] Das deutsche Erbrecht, S. 131; eine interessante Bestimmung (vgl. *Siegel*, Das deutsche Erbrecht, S. 132) findet sich im Schwabenspiegel (Art. 15 Abs. XV): Hiernach hat der Vater, sofern er gegenüber dem Sohn sich eines der Verbrechen, welche der Schwabenspiegel im Art. 15 als die drei ersten Enterbungsgründe aufführt, schuldig gemacht hat,

> „Diese Gründe [sc. die Enterbungsgründe Justinians] nahmen [...] einzelne Rechtsbücher auf; allein anstatt einfach auch die Folge daran zu knüpfen, die das römische Recht damit verbindet, entstand hier eine unsägliche Verworrenheit, indem man bald ein Recht zur Enterbung von Seiten des Erblassers annimmt, bald aber auch – und in diesem Falle suchte man, wenn auch unwillkürlich, das Fremde dem Einheimischen anzupassen – mit dem Eintritte eines solchen Grundes sofort einen Verlust des Erbrechtes auf Seiten des Erben erfolgen lässt.“[123]

Eine zunehmende Annäherung der Erbunwürdigkeit an die Enterbung ist auch in dem Umstand zu sehen, dass einerseits das Ereptionsrecht des Fiskus zunehmend in Abrede gestellt wurde,[124] andererseits dem Rechtsinstitut der Verzeihung – dem römischen Recht an sich fremd[125] – immer mehr Bedeutung beigemessen wurde.[126] Das Institut der Erbunwürdigkeit unterlag im Laufe der Zeit inhaltlichen Änderungen.[127] In geradezu eklektizistischer Manier bediente man sich jeweils derjenigen Indignitätsfälle, die mit den wandelbaren Sittlichkeitsvorstellungen vereinbar waren. Diejenigen Tatbestände, die spezifisch römischen Verhältnissen entsprachen, verloren nach und nach an Bedeutung.[128]

---

das künftige Erbe des Sohnes, sein Gut, verwirkt und dieser kommt sofort in dessen Besitz.

[123] Dies ist letztlich wohl auch der Grund für die noch heutzutage anzutreffenden unterschiedlichen Konzeptionen der Erbunwürdigkeit innerhalb der kontinental-europäischen Rechtsordnungen und deren Wirkungszusammenhang mit den Pflichtteilsentziehungsgründen. Italien etwa kennt das Institut der Pflichtteilsentziehung nicht; nur im Falle der Erbunwürdigkeit verliert der Pflichtteilsberechtigte seinen Pflichtteil. Österreich kennt beide Institute, allerdings wird im Pflichtteilsentziehungsrecht (auch) auf die Erbunwürdigkeitsgründe verwiesen.

[124] Die Einziehung zugunsten des Fiskus wurde als unzulässige Konfiskation angesehen (so *Kipp/Coing*, Erbrecht, § 85 I 1); differenzierend *Zimmermann*, FS Koziol, S. 463, 473: keine Rezeption des fiskalischen Ereptionsrechts in Holland, Utrecht und vielen anderen niederländischen Provinzen; dagegen in Deutschland (zumindest teilweise) Rezeption; zum römisch-holländischen Recht eingehend *Zimmermann*, FS Knütel, S. 1469, 1476 ff.

[125] Vergleiche aber zur auch dem römischen Recht bekannten Möglichkeit des Verzichts auf das Ereptionsrecht *Eck*, Indignität und Enterbung, S. 42; *Nardi*, I Casi di Indegnità, S. 56.

[126] *Hempel*, Erbunwürdigkeit, S. 27.

[127] Eine Ausnahme bildete der paradigmatische Fall der Tötung des Erblassers.

[128] So *Zimmermann,* FS Koziol, S. 463, 468 ff. auch mit Blick auf die verschiedenen Entwicklungslinien der kontinentaleuropäischen Rechtsordnungen; auch *Krüger*, Indignität und Erbunwürdigkeit, S. 40; Beispiele einzelner Indignitätsgründe, hinsichtlich derer Zweifel an der gemeinrechtlichen Geltung bestanden, finden sich bei *Hempel*, Erbunwürdigkeit, S. 30.

1.1.1.3 Die Erbunwürdigkeit in den Vernunftrechtsbüchern

Ab der Mitte des 18. Jahrhunderts entstehen die ersten Kodifikationen. Sie sind auf erschöpfende und systematische Neuordnung gerichtet und setzen die von den Naturrechtlern erarbeitenen Lehren fort.[129] Die modernen Gesetzgebungen in den einzelnen Staaten nahmen für die Erbunwürdigkeit überall grundsätzlich die gemeinrechtliche Indignität zum Vorbilde. Im Einzelnen ist Folgendes zu sagen:

1.1.1.3.1 Das preußische Allgemeine Landrecht

Nach preußischem Allgemeinem Landrecht ging, wer als Erbe oder Vermächtnisnehmer *„durch Vorsatz oder grobes Versehen"* den Tod des Erblassers verursacht hatte, des ihm zugedachten Vorteils verlustig,[130] wenn nicht der Erblasser *„dem Erben oder Legatario das Versehen, wodurch der Unglücksfall entstanden sei, verziehen habe."*[131] Die Besonderheit im Vergleich zu den anderen Kodifikationen liegt darin, dass das PrALR auch die grob fahrlässige Tötungshandlung erfasst. Es folgte damit der herrschenden Meinung im Gemeinen Recht, die jede schuldhafte Tötung ausreichen ließ.[132] Der Versuch hingegen ist ausgeklammert.[133] Merkwürdig ist die Regelung des PrALR im Zusammenhang mit der Möglichkeit der Verzeihung insofern, als diese nur für den Fall des groben Versehens, nicht aber hinsichtlich der vorsätzlichen Handlung anerkannt wird.[134]

---

[129] Zu der Frage, inwieweit es die Bestimmung des Naturrechts gewesen ist, eine Privatrechtskodifikation vorzubereiten, vgl. *Wesenberg/Wesener*, Neuere deutsche Privatrechtsgeschichte, S. 140 ff.

[130] 1. Teil, 12. Titel, § 599 PrALR.

[131] 1. Teil, 12. Titel, § 600 PrALR; natürlich kommt eine Verzeihung nur in jenen Fällen in Betracht, in denen der Tod in zeitlicher Hinsicht nicht unmittelbar der Tötungshandlung nachfolgt.

[132] Ausgangspunkt des Streits ist die Digestenstelle *Marc.* D. 34, 9, 3: *„Indignum esse divus Pius illum decrevit, ut et Marcellus libro duodecimo digestorum refert, qui manifestissime comprobatus est id egisse, ut per neglegentiam et culpam suam mulier, a qua heres insitutus erat, moreretur."* Vgl. ausführlich zum Meinungsstreit *Müller-Eiselt*, Divus Pius constituit: Kaiserliches Erbrecht, S. 249 ff.

[133] Zur diesbezüglichen Streitfrage im gemeinen Recht, *Zimmermann*, FS Koziol, S. 463, 469, Fn. 31.

[134] Kritisch *Zimmermann*, FS Koziol, S. 463, 470; positiv äußert sich *Eck*, Indignität und Enterbung, S. 84 f., allerdings steht *Eck* dem Rechtsinstitut der Verzeihung insgesamt skeptisch gegenüber und hält entsprechende Regelungen der *„neuere(n) Gesetze und Entwürfe"* (konkret: AGBGB, § 540; Sächsisches BGB, § 2279; Entwurf eines BGB, §

Zwischen Erbunfähigkeit und Erbunwürdigkeit wurde – wie auch schon im gemeinen Recht – nicht streng unterschieden. So äußerte sich beispielsweise der Entwurf zum PrALR in Teil I Abt. 3 tit. 4 § 15, Fn. 2:[135] *„Der Unterschied inter incapacem et indignum beruht auf einer äußerst subtilen und offenbar nur zur Begünstigung des Fiski erfundenen Distinktion. Viele Rechtslehrer zweifeln daher nicht ohne Grund an der Rezeption dieses Unterschiedes in den deutschen Gerichtshöfen überhaupt."* Allerdings wird eine Unterscheidung beider Rechtsinstitute insoweit getroffen, als die Erbunwürdigkeit nicht *ipso iure* eintritt, sondern im Klagewege geltend gemacht werden musste.[136] Das fiskalische Ereptionsrecht wurde ausdrücklich beseitigt.[137] Das PrALR betont insgesamt den strafrechtlichen Charakter des Instituts.[138]

1.1.1.3.2 Der französische Code civil

Nach dem *Code civil* war erbunwürdig, wer wegen Tötung oder des Versuchs der Tötung verurteilt worden war.[139] Da nach der Struktur des französischen Erbrechts die Stellung eines Erben nur mittels gesetzlicher Erbfolge erlangt werden kann, bezieht sich der Tatbestand der Erbunwürdigkeit lediglich auf Fälle der gesetzlichen Erbfolge. Für die Einsetzung eines Universalvermächtnisnehmers durch letztwillige Verfügung kommt die Erhebung einer Widerrufsklage nach Art. 1046 *Code civil* mit Verweis auf die Vorschriften des Schenkungsrechts in Betracht. Zu den Widerrufsgründen gehören die Lebensnachstellung und der durch *„sévices, délits ou injures graves"* bekundete Undank.

Unter den Kodifikationen des Vernunftzeitalters nimmt der *Code civil* insofern eine Sonderstellung ein, als er allein dem Rechtsinstitut der Verzeihung keine Bedeutung zumisst. Damit folgt er der Position des römischen sowie Tei-

---

2050; *Bähr*, Gegenentwurf zu dem Entwurfe eines Bürgerlichen Gesetzbuches, § 1820) für zu weitgehend, da nicht differenzierend.

[135] *Eck*, Indignität und Enterbung, S. 82; *Hempel*, Erbunwürdigkeit, S. 35.

[136] Vgl. hierzu *Dernburg*, Lehrbuch des Preußischen Privatrechts, S. 283, wonach demjenigen, der der Rechtsnachfolger des Erblassers wäre, wenn der Unwürdige nicht existiert hätte, eine Klage auf *„Rescission der Erbfolge des Unwürdigen und auf Herausgabe der Erbschaft"* zustand.

[137] 2. Teil, 16. Titel, § 18 PrALR: *„Die bloße Unfähigkeit oder Unwürdigkeit des gesetzlichen, oder durch Willenserklärungen berufenen Erben, gibt also dem Staate auf den Nachlass noch keinen gegründeten Anspruch"*.

[138] *Hempel*, Erbunwürdigkeit, S. 34.

[139] Art. 727 no. 1 *Code civil.*

len des gemeinen Rechts.[140] Dies erklärt sich vor dem Hintergrund der Auffassung, die Erbunwürdigkeit stelle eine im öffentlichen Interesse statuierte Strafe dar, über die sich der Erblasser nicht nach Gutdünken hinwegsetzen könnte.[141]

Was das Verhältnis der Erbunwürdigkeit zur Erbunfähigkeit nach der Konzeption des *Code civil* anbelangt, so ist zunächst festzuhalten, dass die Erbunwürdigkeit systematisch in unmittelbarem Zusammenhang mit der Erbunfähigkeit geregelt ist,[142] auch der Wortlaut des Art. 727 *Code civil* a. F. (*„...exclus des successions“)* rückt die Erbunwürdigkeit in die Nähe einer (relativen) Erbunfähigkeit. Dennoch ging man jedenfalls in der Lehre lange Zeit ganz überwiegend davon aus, dass es eines Urteils bedürfe, das den Prätendenten für erbunwürdig erklärte.[143]

1.1.1.3.3 Das österreichische ABGB

Das ABGB hat die Erbunwürdigkeit im Vergleich zu den anderen nationalen Kodifikationen am vielseitigsten ausgebildet.[144] Es sah eine generalklauselartige Regelung vor, die Tötung des Erblassers bildete sonach lediglich einen Unterfall: Wer den Erblasser, dessen Kinder, Eltern oder Gatten *„aus bösem Vorsatze an Ehre, Leib oder Gut beträchtlich verletzt oder zu verletzen versucht hat“*, ist so lange des Erbrechts unwürdig, als nicht bewiesen werden kann, dass der Erblasser ihm vergeben habe.[145] Ausgehend von der Vermutung, dass regelmäßig nicht als Erbe gewünscht ist, wer sich in schwerwiegender Weise gegen den Erblasser vergangen hat, ist der Rückgriff auf einen generalklauselartigen Tatbestand, der auf grobe Verfehlungen gegenüber dem Erblasser abstellt, nicht inkonsequent.[146]

Was die Wirkungen der Erbunwürdigkeit anbelangt, so führte diese zur Erbunfähigkeit kraft Gesetzes, das ABGB verstand die Erbunwürdigkeit sonach als

---

[140] *Hempel*, Erbunwürdigkeit, S. 36; *Zimmermann*, FS Koziol, 463, 469; *v. Schmitt*, Erbrecht, S. 112.

[141] *Zimmermann*, FS Koziol, 463, 470: Bis heute wird in Frankreich die Erbunwürdigkeit als eine (Privat-)Strafe betrachtet, vgl. *Lucas*, Code Civil, Art. 726, Rz. 1.

[142] Titre I, Chapitre II *Code civil* : *Des qualités requises pour succéder.*

[143] *Zimmermann*, FS Koziol, S. 463, 474, Fn. 67 m. w. N.

[144] §§ 540, 542 ff. ABGB; so *Krüger*, Indignität und Erbunwürdigkeit, S. 45.

[145] § 540 ABGB (1811).

[146] *Zimmermann*, FS Koziol, 463, 471 mit Verweis auf *Ehrenzweig*, System des österreichischen allgemeinen Privatrechts, Band II/2, 6. Aufl., Wien 1924, S. 339: *„Aufgabe des Gesetzes ist, dem Täter an Statt und im Sinne des Erblassers das Erbrecht zu nehmen“.*

einen Fall der Erbunfähigkeit,[147] was im Hinblick auf die Möglichkeit der Verzeihung – diese ist grundsätzlich möglich – etwas merkwürdig anmuten mag.

1.1.1.3.4 Präunitarische Rechte in Italien

Die italienische Rechtskultur bleibt bis zur Mitte des 19. Jahrhunderts weitgehend[148] den Napoleonischen Kodifikationen[149] verhaftet.[150] Zum Zeitpunkt der politischen Einigung kann man – mit *Ranieri*[151] – von einer „mittelbaren" Geltung des französischen Privatrechts in Italien sprechen. So verwundert es nicht, dass diese konzeptionell nicht zwischen Erbunwürdigkeit und Erbunfähigkeit trennen. Werden im *Codice Civile per gli Stati di S.M. il Re di Sardegna* (1837) die Erbunwürdigkeitsgründe als Unterfälle der Erbunfähigkeit genannt (§ 709: *„Sono incapaci, come indegni, [...]"*[152]), so taucht der Begriff der Erbunwürdigkeit in anderen Kodifikationen[153] gar nicht mehr auf, vielmehr findet man dort untechnische Wendungen wie *„non può succedere"* oder Ähnliches.

1.1.1.4 Die Erbunwürdigkeit in der Pandektenwissenschaft des 19. Jahrhunderts

Das programmatische Ziel der Pandektisten – die Rückkehr zum „reinen" römischen Recht – führte zu einer erneuten Diskussion auch des Erbunwürdigkeitsrechts. In diesem Rahmen wurden auch die schon im gemeinen Recht nicht

[147] *Krüger,* Indignität und Erbunwürdigkeit, S. 45; *Zimmermann,* FS Koziol, S. 463, 474; *v. Schmitt,* Erbrecht, S. 101.

[148] Nach der Restauration waren die in napoleonischer Zeit eingeführten französischen Gesetzbücher zwar fast in allen präunitarischen Staaten wieder außer Kraft gesetzt worden, allerdings orientierten sich die in der Folgezeit eingeführten Gesetze am französischen Modell. Vgl. hierzu sowie zur Ausstrahlungskraft der französischen Rechtsliteratur in jenen Jahrzehnten *Ranieri,* Europäisches Privatrecht, S. 154. Allgemein zur italienischen Rechtsgeschichte vgl. *Ranieri* in *Coing,* Handbuch, Teil 1, S. 177–396 und Teil 2, S. 2331–2401.

[149] Zum Zivilrecht Italiens unter französischem Einfluss vgl. *Ranieri,* Europäisches Privatrecht, S. 153 f.

[150] Eine Ausnahme bildet Lombardei-Venetien, wo seit 1814 das österreichische ABGB galt.

[151] *Ranieri,* Europäisches Privatrecht, S. 154. Interessant aber auch die in diese Zeit fallende Neuorientierung der italienischen Rechtswissenschaft zum deutschen Schrifttum, vgl. etwa zum Einfluss Savignys auf die zeitgenössische italienische Rechtswissenschaft, *Ranieri,* Europäisches Privatrecht, S. 99.

[152] Ähnlich auch im *Codice per lo Regno delle due Sicilie* (1819), § 648.

[153] Vgl. etwa *Codice Civile per gli Stati di Parma, Piacenza e Guastalla* (1820), §§ 627 ff.; *Codice Civile per gli Stati Estensi* (1852), §§ 721 ff.

mehr geltenden Indignitätsgründe vorgebracht.[154] In auffälligem Kontrast zur Rechtsprechungspraxis, die dem Ereptionsrecht des Fiskus in Deutschland keine Geltung mehr zumisst,[155] nimmt diese Frage in der Theorie breiten Raum ein und wird kontrovers diskutiert.[156] *Hempel* spricht in diesem Zusammenhang vom offenkundigen Gegensatz zwischen Theorie und Praxis.[157]

1.1.1.5 Das Sächsische BGB von 1863

Das Sächsische Bürgerliche Gesetzbuch von 1863 hat das Indignitätsprinzip des römischen Rechts, namentlich die Begründung der Erbunwürdigkeit mit moralischen Verfehlungen des Erben, verlassen und *„völlig neue Wege“*[158] beschritten. Die Ausschließung des Unwürdigen findet hiernach ihre Begründung darin, dass seine Handlungsweise einen Eingriff in die Testierfreiheit des Erblassers darstellt. Die einzelnen Unwürdigkeitsgründe sind in § 2277 Sächs. BGB niedergelegt. Im Gegensatz zum gemeinen Recht ist die Anzahl stark verringert worden. Dem Ereptionsrecht des Fiskus wird eine Absage erteilt, vielmehr sieht § 2778 Sächs. BGB vor, dass der Unwürdige wie vor dem Erblasser verstorben betrachtet wird. Auch ist die Unwürdigkeit des Erben *„nicht amtshalber zu berücksichtigen“* (§ 2280 Sächs. BGB). *Sintenis* sieht diesen letzten Punkt als selbstverständlich an, für einen *ipso-iure*-Eintritt bestehe deshalb kein Bedürfnis, weil *„ein öffentliches Interesse mit Wegfall des fiskalischen, nicht mehr hervor-*

---

[154] Vgl. etwa *Wächter*, AcP 23 (1840), 33 (51); *Hempel*, Erbunwürdigkeit, S. 31 mit dem Hinweis, dass die Frage nach deren Geltung kaum gestellt wird, vgl. *Thibaut*, System des Pandektenrechts, Band 2, § 1009, S. 333; Eine Systematisierung versucht *Windscheid*, Lehrbuch des Pandektenrechts, Bd. 3, § 669, S. 433; *Arndts von Arnesberg*, Pandekten, § 520, S. 841; *Puchta*, Lehrbuch der Pandekten § 559, S. 787 ff.; *Baron*, Pandekten, § 426, S. 745 ff.

[155] *Zimmermann*, Archiv für praktische Rechtswissenschaft 1880, 355, 390 etwa befürwortet den Ausschluss des Ereptionsrechts in den neueren Gesetzen, was *„als unterstützendes Zeugnis für die bessere Praxis aufgefasst werden kann“*. Der Gesichtspunkt, dass der Unwürdige so anzusehen sei, als sei er niemals Erbe geworden, lag schon der bisherigen Praxis zu Grunde.

[156] Vgl. statt vieler etwa *Sintenis*, Das practische gemeine Civilrecht, Band 3, § 205, S. 661.

[157] *Hempel*, Erbunwürdigkeit, S. 31, mit Beispielen.

[158] *Hempel*, Erbunwürdigkeit, S. 37; vgl. auch *Sintenis*, Anleitung zum Studium des Bürgerlichen Gesetzbuches für das Köngireich Sachsen, S. 537: *„Nach gemeinem Recht hat die Lehre von der Indignität im Detail eine ganz andere Gestalt“*. Allerdings gehen die Bestimmungen des Sächsischen BGB über die Erbunwürdigkeit weitgehend auf entsprechende Regelungen im Erbfolgemandat vom 31.1.1829 zurück (dort in den §§ 103 bis 110); wie es hierzu kam, bedarf weiterer Aufhellung. Derzeit werden die Materialien zum Sächsischen BGB am Lehrstuhl von *Herrn Prof. Hattenhauer* in Heidelberg aufgearbeitet.

tritt."[159] Die Verzeihung ist möglich (§ 2279 Sächs. BGB). Die Unwürdigkeit wird festgestellt durch eine von einem Interessenten zu veranlassende Unwürdigkeitserklärung.[160]

1.1.1.6 Die Erbunwürdigkeit nach dem BGB

Der große Einfluss des zu Beginn der Beratungen im Hinblick auf die Ausarbeitung des BGB gerade in Kraft getretenen sächsischen BGB im Rahmen der konkreten Ausgestaltung der Erbunwürdigkeitsregeln ist unverkennbar.[161] So sahen der erste Entwurf und die Motive den Grund der Unwürdigkeit ausschließlich in der Gewährleistung der Testierfreiheit[162]; ein zu dieser Zeit dem Erbunwürdigkeitsinstitut noch beigemessener Strafcharakter wird im Entwurf ausdrücklich abgelehnt.[163]

In den Beratungen der zweiten Kommission wurden Modifikationen der Unwürdigkeitsgründe diskutiert.[164] Ein erster Antrag ging dahin, zwischen Verfehlungen gegen das Leben und solchen gegen das Rechtsgut der Testierfreiheit

---

[159] Anleitung zum Studium des Bürgerlichen Gesetzbuches für das Königreich Sachsen, S. 537.

[160] *Krüger,* Indignität und Erbunwürdigkeit, S. 45 f.

[161] Zur heftigen Kritik, die die unter dem Einfluss des Sächsischen BGB erfolgte Regelung als „doktrinäre Prinzipienkunst" hervorgerufen hat, vgl. *Hempel*, Erbunwürdigkeit, S. 39, dort auch Fn. 3 m. w. N.

[162] Vgl. zur Entstehungsgeschichte der Erbunwürdigkeitsregeln im BGB den guten Überblick bei *Lutz*, Erbunwürdigkeit, S. 33 ff., an dem sich auch nachfolgende Ausführungen orientieren.

[163] Mot. V, S. 517: *„Der Entwurf geht durchweg davon aus, dass es in Ansehung der Unwürdigkeitsgründe nicht, wie bei den Gründen der Pflichtteilsentziehung (§ 2001), auf die besonders schwere gegen den Erblasser sich richtende Verfehlung ankomme, durch welche die einer Strafe ähnliche Zufügung eines Vermögensnachteils sich rechtfertigt. Vielmehr ist der Grund der Erbunwürdigkeit wesentlich der, dass der Erbunwürdige den Erblasser hindert, von seiner Testierfreiheit Gebrauch zu machen, oder dass er nach dem Tode des Erblassers einen hindernden Einfluss in Ansehung der Feststellung des Willens des Erblassers ausübt.";* vgl. auch die Erwägungen der 1. Kommission: *„[...] sondern der Grund der Erbunwürdigkeit sei wesentlich darin zu suchen [...], dass die Verfehlungen des Erbunwürdigen einen hindernden Einfluss auf den vollen Gebrauch der Testierfreiheit seitens des Erblassers oder vielleicht auch [...] nach dem Tode des Erblassers einen solchen Einflluss in Ansehung der Realisierung des letztten Willens des Erblassers hätten."* (*Jakobs/Schubert*, Die Beratung des BGB, S. 2045.

[164] *Mugdan*, Protokolle der Kommission für die zweite Lesung des Entwurfs des Bürgerlichen Gesetzbuchs, S. 817.

zu unterscheiden.[165] Ein zweiter Antrag ging grundsätzlich – in Übereinstimmung mit den Motiven – davon aus, dass Grund der Erbunwürdigkeit der Umstand sei, dass der Erbunwürdige den Erblasser hinderte, von seiner Testierfreiheit Gebrauch zu machen, oder dass er nach dem Tode des Erblassers einen hindernden Einfluss auf die Feststellung des Willens des Erblassers ausübte.[166] In einem dritten Antrag wurde davon ausgegangen, dass die Unwürdigkeitsgründe lediglich die Ergänzung der Vorschriften über die Anfechtung und die Pflichtteilsentziehung bezweckten, nicht aber dem Schutz der Testierfreiheit dienten.[167]

Die zweite Kommission vertrat letztlich den Standpunkt, bei der Erbunwürdigkeit handele es sich um eine Ergänzung der Vorschriften über die Anfechtung letztwilliger Verfügungen sowie des Pflichtteilsentziehungsrechts.[168]

In der XII. Reichstagskommission wurde interessanterweise die Einfügung des folgenden Erbunwürdigkeitsgrundes beantragt: *„Erbunwürdig ist, wer als Verwandter des Erblassers denselben in Krankheit oder Noth trotz ausdrücklicher Aufforderung hilflos gelassen hat, ohne durch eigenes Unvermögen an der Hilfeleistung verhindert zu sein.“* Erbunwürdige Verwandte sollten in diesen Fällen ihr Erbrecht gegenüber dem Erblasser zugunsten derjenigen Person, welche sich des Hilflosen angenommen hat, verlieren.[169] Allerdings wurde auch dieser Antrag mit der Begründung abgelehnt, dass eine entsprechende Regelung nicht in das System des Entwurfs, der auf die Beeinträchtigung der Testierfreiheit abstelle, passe. Aus heutiger Sicht stellt sich natürlich die Frage, ob nicht der Gedanke an den Schutz der Testierfreiheit namentlich der Tendenz des spä-

---

[165] *Mugdan*, Protokolle der Kommission für die zweite Lesung des Entwurfs des Bürgerlichen Gesetzbuchs, S. 816 f.; *Lutz*, Erbunwürdigkeit, S. 34, spricht von einem *„dualistischen Ansatz“*.

[166] *Mugdan*, a. a. O.

[167] *Mugdan*, a. a. O.

[168] *Mugdan*, a. a. O.; sehr kritisch stand man dem ersten Antrag gegenüber, da dieser – für den Fall der Tötung des Erblassers – von dem Grundsatz ausgehen wollte, dass blutige Hand kein Erbe nehmen sollte. Dieser Standpunkt würde – so die Stellungnahme der 2. Kommission – die Erbunwürdigkeit in die Nähe der römisch-rechtlichen Indignitätslehre rücken. Deren Rechtswirkungen (Eintrittsrecht des Fiskus) wollten aber selbst die Antragstellenden nicht. Weiter liest man: *„Abgesehen davon habe man bisher immer möglichst vermieden, eine Privatstrafe eintreten zu lassen.“* (*Mugdan*, a. a. O.).

[169] Dies war als Absatz 3 zu § 2312 E III beantragt, vgl. hierzu *Jakobs/Schubert*, Die Beratung des BGB, § 2343 (S. 2060); zum Ganzen auch *Lutz*, Erbunwürdigkeit, S. 36.

ten 19. Jahrhunderts geschuldet ist, wertende Erwägungen des Gesetzgebers mit privatautonomen Begründungsmustern zu versehen.[170]

1.1.1.7 Zeitgenössische Kritik

Die unter dem Einfluss des sächsischen BGB stehende Regelung des BGB hat wenig Beifall gefunden. Kritisiert wurde, dass gegen Kränkungen der Testierfreiheit oder Verdunkelung des Erblasserwillens andere Rechtsmittel, wie Anfechtung letztwilliger Verfügungen, einzutreten bestimmt seien. Die Erbunwürdigkeit hingegen habe sich mit den privatrechtlichen Folgen der moralischen, gegen den Erblasser gerichteten Minderwertigkeit eines Rechtsnachfolgers von Todes wegen zu befassen.[171] Dies entspreche der Logik und bilde eine Kontinuität der im römischen und gemeinen Recht vertretenen Auffassung.[172] Zu beachten ist freilich, dass es sich bei den kritischen Stellungnahmen um Sichtweisen des späten 19. Jahrhunderts handelt. Schwierigkeiten bereitet hierbei die Tatsache, dass entsprechende Auffassungen häufig die Tendenz erkennen lassen, wertende Erwägungen des Gesetzgebers in privatautonome Form zu gießen. Bei der Aufarbeitung des römisch-rechtlichen Materials wird die Privatautonomie als Grundwert betont.[173]

Bähr[174] vertrat in seinem Gegenentwurf den Standpunkt, dass die Ausschließung wegen Erbunwürdigkeit dem moralischen Ärgernis entgegentreten solle, das darin liegt, wenn jemand, der sich gegen den Lebenden schmählich betragen hat, von dem Toten Wohltaten in Empfang nehmen will. In seinem Gegenentwurf zum BGB liest man:

> „Die Erbunwürdigkeit ist freilich insofern von geringer praktischer Wichtigkeit, als Fälle derselben äußerst selten vorkommen. Regelt man sie aber, so muss es doch so geschehen, wie es der Natur der Sache entspricht. [...] halte ich es nicht für angemessen, wenn der Entwurf die Erbunwürdigkeit durchweg nur an die Verkümmerung der Testierfreiheit knüpfen will. Man sagt freilich: bei anderen Verfehlungen des Erben gegen den Erblasser kann dieser ja, wenn er den Erben dafür strafen will,

---

[170] Vor diesem Hintergrund stellt sich die Frage, inwieweit der privatautonome Begründungsstrang wirklich „neuartig" war. Den Blick der Spätpandektistik auf die römischen Quellen (aus heutiger Sicht) – insbesondere im Hinblick auf das Erbunwürdigkeitsrecht – näher zu beleuchten, wäre mit Sicherheit gewinnbringend. Dies sollten künftige Untersuchungen vertiefen.

[171] So *Krüger*, Indignität und Erbunwürdigkeit, S. 50.

[172] *Krüger*, a. a. O; zu beachten ist natürlich, dass

[173] Vgl. hierzu wie auch zu den gegenüber der Antike veränderten methodologischen Rahmenbedingungen *Badlus*, Die Auslegung nach dem Willen: und eine Heidelberger These von Otto Gradenwitz, in: Heidelberger Thesen, S. 207 ff.

[174] Gegenentwurf zu dem Entwurfe eines Bürgerlichen Gesetzbuchs, S. 393 f.

> ihn durch Testament ausschließen. Theoretisch ganz richtig! Wer aber weiß, wie umständlich und schwierig es für Viele ist, ein Testament zu errichten, dem wird es einleuchten, dass der gekränkte Erblasser zehnmal darüber wegsterben kann, ehe er dazu kommt, ein Testament zu machen. Ich möchte glauben, dass im Sinne unseres natürlichen Rechtsgefühls die Ausschließung wegen Erbunwürdigkeit dem moralischen Aergerniß entgegentreten soll, das darin liegt, wenn jemand, der sich gegen den Lebenden schmählich betragen hat, von dem Todten Wohlthaten in Empfang nehmen will."

Bähr fasste die seitens der Kommissionen favorisierten Leitgedanken der Erbunwürdigkeit mithin als zu engherzig auf, er selbst setzte sich für einen weiteren Schutzbereich ein; Erbunwürdigkeit solle daher auch bei Begehung eines schweren Verbrechens gegen den Erblasser verhängt werden. Ein von seinem Standpunkte aus sehr geeignet scheinender Grund ist die Pflichtvernachlässigung bei Notstand:[175] *„Erbunwürdig ist: (3.) wer bei einem Nothstand des Erblassers die ihm als nächstem Angehörigen obliegenden Pflichten gröblich hintangesetzt hat"*.

1.1.1.8 Zusammenfassung

Die Erbunwürdigkeitsvorschriften des BGB gehen auf die römisch-rechtliche Lehre von der Indignität zurück. Die Abgrenzung zum verwandten Institut der Erbunfähigkeit sowie der spezifisch römisch-rechtlichen Erwerbsunfähigkeit ist schon für das römische Recht bisweilen problematisch, hier ist auch heute noch einiges umstritten. Für eine genaue Umgrenzung des Wesens der Erbunwürdigkeit ergeben sich Schwierigkeiten, was letztlich darauf zurückzuführen ist, dass sich schon im römischen Recht die Zielrichtung im Laufe der Zeit wandelte. Moralische Erwägungen spielten jedoch – abgesehen von den fiskalpolitischen Interessen in der späten Kaiserzeit – stets eine Rolle. Die Idee, dass einem Erben der Genuss der Nachlassteilhabe in bestimmten Fallkonstellationen versagt sein sollte, beruht auf einem – wohl „zeitlosen" – Gerechtigkeitsgedanken, oder, wie *Krüger* es formuliert: *„Die soziale Rechtfertigung der Erbfolge muss sich in der Person des einzelnen Erben wenigstens insoweit erfüllen, dass die sittlichen Anschauungen des Volkes nicht allzu schroff verletzt werden."*[176] Im gemeinen Recht erfolgte die Rezeption der römischen Indignitätslehre, die in Rom durchgehaltene Trennung von Enterbung und Indignität verliert unter dem Einfluss germanischer Rechte an Trennschärfe. Das Rechtsinstitut der Verzeihung gewinnt zunehmend an Bedeutung, im Gegenzug wird das Ereptionsrecht des Fis-

---

[175] *Bähr*, Gegenentwurf zu dem Entwurfe eines Bürgerlichen Gesetzbuches, S. 394; hierzu auch *Krüger,* Indignität und Erbunwürdigkeit, S. 51 f.

[176] *Krüger,* Indignität und Erbunwürdigkeit, S. 47.

kus mehr und mehr zurückgedrängt. Im Laufe des 19. Jahrhunderts wird die Geltung gewisser, zu dieser Zeit praktisch bereits nicht mehr zur Anwendung berufener Erbunwürdigkeitsgründe diskutiert. Auch der rege Streit hinsichtlich des Bestehens eines fiskalischen Ereptionsrechts zeugt vom Versuch, zum römischen Recht in „reinster" Form zurückzukehren, ohne Rücksicht auf die praktische Rechtswirklichkeit.[177]

Von der auch im gemeinen Recht noch vorherrschenden Zielrichtung der Erbunwürdigkeitsregeln – Moralvorstellungen der Allgemeinheit – ist die Regelung des BGB unter dem Einfluss des sächsischen BGB-Entwurfs stark abgewichen. Diente im römischen und gemeinen Recht die Erbunwürdigkeit dazu, einen Erben auszuschließen, der *„die dem Erblasser nach allgemein-ethischer Anschauung geschuldete Pietät"*[178] nicht beobachtet hat oder gewisse Gesetzesverstöße begangen hat, sollte nun Grund der Erbunwürdigkeit allein sein, dass der Unwürdige den Erblasser hindert, von seiner Testierfreiheit Gebrauch zu machen, oder dass er nach dem Tode des Erblassers einen hindernden Einfluss in Ansehung der Feststellung des Erblasserwillens ausübt.[179] Moralische Verfehlungen spielen in diesem Zusammenhang sonach nur mehr eine mittelbare Rolle.

1.1.2 Unterhaltsverwirkung unter besonderer Berücksichtigung des Elternunterhalts

Die Entwicklung des Unterhaltsrechts im Allgemeinen sowie des Elternunterhaltsrechts im Besonderen im Laufe der Geschichte ist Thema des folgenden Abschnitts. Dabei werden insbesondere auch die Entwicklungsstufen der Unterhaltsverwirkung aufgezeigt. Die Arbeit beschränkt sich darauf, die Grundzüge darzustellen. Vertiefend sei auf die ausführliche Monographie von *Krause*[180] hingewiesen, welche die historische Entwicklung des Unterhaltsrechts zum Gegenstand hat und insoweit auch maßgebend dieser Arbeit als Orientierung diente.

---

[177] *Hempel*, Erbunwürdigkeit, S. 31.

[178] So *Eck*, Indignität und Enterbung, S. 38.

[179] *Krüger,* Indignität und Erbunwürdigkeit, S. 47.

[180] Die gegenseitigen Unterhaltsansprüche zwischen Eltern und Kindern in der deutschen Privatrechtsgeschichte, Köln 1982.

1.1.2.1 Im römischen Recht

Eine Rechtspflicht zur Unterhaltsgewährung familiär verbundener Personen gab es in der altrömischen Periode nicht.[181] Der Mensch erscheint dort als Glied der Verbände, in denen er steht. Die römische Kleinfamilie – als kleinste Einheit dieses Verbandes – bildet einen monokratisch aufgebauten Rechtsverband, bestehend aus dem *paterfamilias*, Hausvater, als Oberhaupt und den Personen, die seiner umfassenden Hausgewalt unterworfen sind.[182] Als Folge einer weitgehenden Autonomie des Hausverbandes bleiben innere Angelegenheiten der Familie der Selbstgestaltung überlassen.[183] Die *uxor in manu* und die Hauskinder sind zwar frei (anders als die Sklaven), aber einer Herrschaft ihres Hausvaters unterworfen, die bis zum Recht über Leben und Tod reicht.[184] In diesem Kontext versteht es sich von selbst, dass von einer *rechtlichen* Pflicht zur Unterhaltsleistung keine Rede sein kann.[185] Erst im zweiten nachchristlichen Jahrhundert, in einer Zeit, in welcher der einzelne Mensch – herausgelöst aus seinen Bindungen – als Individuum in Erscheinung tritt,[186] bildete sich die Schrankenlosigkeit[187] der

---

[181] *Koch*, in Schwab/Henrich, Familiäre Solidarität, S. 10.

[182] *Kaser/Knütel*, Römisches Privatrecht, § 12, Rz. 1 ff.

[183] *Krause*, Unterhaltsansprüche, S. 10: *„[...] die Macht der übergeordneten Verbände endet an der Schwelle des Hauses."*

[184] *Kaser/Knütel*, Römisches Privatrecht, § 12, Rz. 5 ff; *Koch*, in Schwab/Henrich, Familiäre Solidarität, S. 10 weist insbesondere auf das Recht des *paterfamilias* hin, neugeborene Kinder zu töten oder auszusetzen. Lediglich auf moralischer Ebene fand die missbräuchliche Ausübung dieses Rechts Missbilligung. Vgl. hierzu *Centola*, SDHI 72 (2006), 157, 172: *„Dunque, nell'età della monarchia ed in quella repubblicana non è certo possibile parlare di un obbligo giuridico semmai, specialmente con riguardo all'ultimo secolo della repubblica, solo di un obbligo moraale e sociale di assistenza tra padri e figli."*

[185] *Koch*, in Schwab/Henrich, Familiäre Solidarität, S. 10 spricht davon, dass Gegenrechte der in den patriarchalischen Hausverband eingegliederten Familienangehörigen schlichtweg „undenkbar" sind. Allerdings zeigt sich – etwa im Hinblick auf die Versorgung der Witwe im Nießbrauchswege –, dass für sich nicht erzwingbare Leistungen u. U. *post mortem* einer Regulierung zugeführt werden konnten.

[186] Als Grund für die im klassischen römischen Recht sich abzeichnende Individualisierung werden die Einflüsse hellenistischer und christlicher Gedanken und – damit einhergehend – ein verfeinertes Kulturbewusstsein genannt, vgl. *Krause*, Unterhaltsansprüche, S. 12; *Kaser/Knütel*, Römisches Privatrecht, § 12, Rz. 11.

[187] Dies soll indes nicht darüber hinweg täuschen, dass die Existenz sozialer Erwartungshaltungen dazu führte, dass die (moralische) Verpflichtung zur Unterhaltsgewährung sonach über außerrechtliche Mechanismen abgesichert wurde. Erst als solche Mechanismen versagten, zwang dies zu einer Verrechtlichung. Recht wird dann zum Korrektiv für als regulierungsbedürftig angesehene gesellschaftliche Entwicklungen. Zur *patria*

patria potestas zurück. Korrespondierend dazu wuchs die rechtliche Eigenständigkeit der Gewaltunterworfenen, kaiserliche Reskripte[188] statuierten prozessual einklagbare und durchsetzbare Unterhaltsrechte und -pflichten.[189] Der Kreis der agnatischen, ursprünglich allein alimentationsberechtigten Familie wird durchbrochen, die Berechtigung zur Unterhaltsforderung wird im Verwandtschaftsverhältnis gesehen. Später wurde die Unterhaltspflicht des Vaters auch auf die nicht mehr seiner Gewalt unterworfenen Kinder erweitert.[190]

Aus der Mitte des zweiten Jahrhunderts stammen die frühesten Zeugnisse einer Unterhaltsverpflichtung seitens der Kinder.[191] Kaiser *Antoninus Pius* bescheidet einen Mann namens Bassus, es sei gerecht, dass Kinder ihren Vorfahren in der Not helfen würden,[192] und die *divi fratres* teilen im Jahre 161 einem gewissen Celerus mit, dass seinem Sohn die Pflicht obliege, ihn zu unterhalten[193]. Zwei weitere Reskripte, welche *Ulpian* anführte, zeugen davon, dass es der Rechtswissenschaft und Praxis allmählich gelang, die Anerkennung dieser Gegenverpflichtung der Abkömmlinge durchzusetzen.[194] Ob man angesichts der

---

potestas im Hinblick auf das Rechtsinstitut des Sorgerechts vgl. *Corbo*, SDHI 77 (2011), 55, 87 ff., dort auch zur Abschwächung des Gewaltverhältnisses (*graduale temperamento della* patria potestas), vgl. etwa S. 90: *„La trasformazione della tradizionale* patria potestas *si evidenzia anche nell'uso di nuove locuzioni, quali* paterna pietas *o* paternus adfectus, *presenti con sempre maggiore frequenza in numerose fonti sia pagane che cristiane [...]"*.

[188] Die *rescripta* des Kaisers waren schriftliche Rückäußerungen auf Anfragen. In der spätklassischen Zeit ersetzten diese zunehmend die Rechtsgutachten der Juristen. Der Richter war an die in dem Reskript enthaltene Rechtsentscheidung gebunden, über den Einzelfall hinausgehend wurde den Präjudizien schon bald gesetzesgleiche Wirkung zuerkannt (*Waldstein/Rainer*, Römische Rechtsgeschichte, § 32 Rz. 9 ff.).

[189] *Koch*, in Schwab/Henrich, Familiäre Solidarität, S. 10.

[190] Vgl. *Sachers*, FS Schulz, S. 310, 319 mit Verweis auf *Ulpian* D 25, 3, 5, 1. Zur Einbeziehung der Seitenlinien vgl. *Koch*, in: Familiäre Solidarität, S. 11 mit Verweis auf *Modestinus* D 3, 5, 26, 1; *Gaius* D 26, 7, 13, 2; *Ulpian* D 27, 3, 2.

[191] *Krause*, Unterhaltsansprüche, S. 17 ff.; vgl hierzu auch *Centola*, SDHI 72 (2006), 157, 174: *„In particolare, per avere una prima regolamentazione della materia alimentare, bisogna attendere l'età die Antonino Pio e di Marco Aurelio e Lucio Vero."* Sehr instruktiv sind auch die Ausführungen und weiteren Literaturhinweise dort in Fn. 46.

[192] C 5, 25, 1 (Imp. Pius A. Basso): *„Parentum necessitatibus liberos succurrere iustum est."*; vgl. hierzu auch *Centola*, SDHI 72 (2006), 157, 175 (Fn. 47).

[193] C 5, 25, 2 (Divi fratres Celeri): *„Competens iudex a filio te ali iubebit, si in ea facultate est, ut tibi alimenta praestare possit."*; *Centola*, SDHI 72 (2006), a.a.O.

[194] *Sachers*, FS Schulz, S. 310, 347 mit Verweis auf *Ulpian* D 25, 3, 5, 16 u. 17. Zunächst war die Pflicht zum Elternunterhalt nur hinsichtlich der Söhne anerkannt (*Ulpian* D 25, 3, 5, 17.), schließlich mussten auch die Töchter zum Unterhalt des bedürftigen Elternteils beitragen (so *Krause*, a.a.O., *Sachers*, FS Schulz, S. 310, 349).

Einzelfallbezogenheit der Reskripte allerdings schon von einem allgemeinen Geltungsanspruch ausgehen kann, erscheint wohl zweifelhaft.[195]

Dass der Unterhalt unter Umständen verweigert werden konnte, wenn dem Berechtigten ein Fehlverhalten angelastet wurde, war im Kern bereits dem römischen Recht bekannt. In einem Bescheid der Kaiser *Severus* und *Antoninus* aus dem Jahre 197 wurde der Unterhaltsanspruch des Sohnes gegen dessen Vater unter die Voraussetzung gestellt, dass jener die seinerseits geschuldeten Pflichten erfüllt habe.[196] Ein weiterer „Verwirkungsgrund" liegt in der Denunziation des Vaters durch den eigenen Sohn.[197] Es kann jedenfalls gegen Ende der klassischen Zeit von einer gefestigten kaiserlichen Rechtsprechung ausgegangen werden, wonach die Unterhaltspflicht des Vaters unter Umständen entfällt; ob die Voraussetzungen dieses Weigerungsrechts im Einzelfall vorliegen, unterlag der Beurteilung des Konsuls.[198]

Auch *Justinian* lässt diese Bestimmungen im Kern unverändert. Allerdings gewinnen ethische Beweggründe an Bedeutung, naturrechtliche Begründungsmuster finden sich bei *Justinian*:[199] Die gegenseitige Unterhaltspflicht zwischen Eltern und Kindern ist nicht notwendige Ergänzung zur Erbberechtigung – hier zeigt sich eine interessante Parallele zum Erbrecht –, sondern sei vielmehr eine gesetzlich bestätigte Forderung der Natur.[200] Weiterer Ausdruck des verstärkten philosophischen und vor allem christlichen Einflusses ist der Umstand, dass den klassischen Juristentexten Begründungen zur inneren Rechtfertigung der Unterhaltspflicht angefügt werden.[201]

Justinian hebt hervor, dass auch Eltern einer nichtchristlichen Religion zum Unterhalt ihrer gläubigen Kinder verpflichtet sind, sofern den Kindern in ihrem

---

195 So auch *Centola*, SDHI 72 (2006), 157, 176.

196 *Krause*, Unterhaltsansprüche, S. 20 f. mit Verweis auf C 5, 25, 4.

197 *Ulpian* D 25, 3, 5, 11; vgl. hierzu *Krause*, Unterhaltsansprüche, S. 21.

198 *Ulpian* D 25, 3, 5, 11: *„Idem consul aestimare debet, num habeat aliquid parens vel an apter quod merito filios suos nolit alere:[...]"*; *Krause*, Unterhaltsansprüche, S. 21.

199 So *Krause*, Unterhaltsansprüche, S. 22.

200 C 6, 61, 8, 4d: *„Ipsum autem filium vel filios vel filias et deinceps alere patri necesse est non propter hereditates, sed propter ipsam naturam et leges, quae et parentibus alendos esse imperaverunt et ipsis liberis parentes, si inopia ex utraque parte vertitur."*

201 Vgl. die Aufzählung bei *Krause*, Unterhaltsansprüche, S. 23 (Fn. 65): *„Aequitas"*, *„caritas sanguinis"* bei *Ulpian* D 25, 3, 5, 2; *„pietatis ratio"* bei *Ulpian* D 25, 3, 5, 15; *„naturalis ratio"* bei *Ulpian* D 25, 3, 5, 16. An *Ulpian* D 25, 3, 5, 13 wird angehängt: *„Iniquissimum enim quis merito dixerit patrem egere, cum filius sit in facultatibus"*; philosophische Begründungen in Juristentexten weisen auf Interpolationen hin.

Verhalten gegenüber den Eltern kein Vorwurf zu machen ist.[202] Dies bestätigt die schon im klassischen Recht anerkannte Feststellung, dass die gegenseitige[203] Unterhaltsberechtigung verwirkt werden kann.

1.1.2.2 Die Glossatoren

Im Zeitalter der Glossatoren ist die gegenseitige Unterhaltsverpflichtung im Eltern-Kind-Verhältnis allgemein anerkannt.[204] Über das Wesen der wechselseitigen Versorgungspflicht besteht Unklarheit.[205] Hinsichtlich des Unterhaltsverweigerungsrechts stellen die Glossatoren mit Blick auf die im klassischen römischen Recht getroffenen Einzelentscheidungen den Grundsatz auf, dass kein Unterhalt bei Undankbarkeit gewährt zu werden braucht.[206] Hinsichtlich der Frage, welches Verhalten konkret als „undankbar" anzusehen ist, wird eine Parallele zum Erbrecht gezogen. Da nämlich die Fälle der Undankbarkeit ausdrücklich und abschließend in Nov. 115, 3 als Enterbungsgründe niedergelegt sind, werden die Voraussetzungen gleichgesetzt: Ein Recht zur Unterhaltsverweigerung

---

[202] C 1, 5, 19.

[203] Soweit Justinian an anderer Stelle (Nov. 12, 2) betont, dass der gesetzeswidrig verheiratete Vater gleichwohl von seinen Kindern ernährt und mit dem Notdürftigsten versorgt werden muss, da er, auch wenn er die Gesetze übertrete und sündige, ihr Vater bleibe, lässt sich hieraus wohl nicht entnehmen, dass der Elternunterhalt nicht verwirkt werden könne. *Krause* weist auf den vergleichbaren Fall der Enterbung hin, wonach ein Enterbungsrecht wegen Undanks nicht nur den Eltern, sondern auch den Kindern zusteht (Nov. 115, 3 u. 4.). Sonach liege die Ursache für die weniger strenge Beurteilung des väterlichen Verhaltens wohl eher darin, dass sein Fehlverhalten gegen die Gesetze des Staates, nicht aber gegen die Person des Unterhaltsverpflichteten gerichtet gewesen sei (so *Krause*, Unterhaltsansprüche, S. 24).

[204] Vgl. die Nachweise bei *Krause*, Unterhaltsansprüche, S. 33 f.: *Azo*, Summa aurea, C lib.5 tit. *„de alendis liberis a parentibus"* n.1 und C lib. 8 tit. *„de patria potestate"* n.7; *Accursius*, Corpus iuris civilis Iustinianei, Inst. lib.1 tit. *„de patria potestate"* gl. *„ius autem"*.

[205] Vgl. *Krause*, Unterhaltsansprüche, S. 35: Teilweise wird die Unterhaltsverpflichtung aus der *patria potestas* abgeleitet (so *Placentinus*), *Azo* nennt die verwandtschaftliche Abstammung als Rechtsgrund (Summa aurea, C lib. 8 tit. „de patria potestate" n.7); an anderer Stelle wird die Versorgungspflicht als Gebot von Natur und Gerechtigkeit aufgefasst (Schule des *Martinus* und *Bulgarus*, vgl. näher *Krause*, Unterhaltsansprüche, S. 35 (Fn. 11)).

[206] *Azo*, Commentarius, C lib.5 tit. „de alendis liberis" L.4 (*„propter ingratitudinem"*) ; *Accursius*, Corpus iuris civilis Iustinianei, C lib. 5 tit. *„de alendis liberis"* 1.4 gl. *„promueris"*.

bestehe also dann, wenn das Verhalten des an sich Anspruchsberechtigten auch dessen Enterbung rechtfertigen würde.[207]

Maßgeblichen Anteil an der Entwicklung erzwingbarer gegenseitiger Unterhaltsverpflichtungen hatte auch der Einfluss der Kirche. Gestützt auf die Grundlagen in der Bibel und den frühchristlichen Schriften, ausdrücklich betont auch durch die Kirchenrechtssammlung *Gratians*[208], wird im kanonischen Recht der Unterhaltsverpflichtung von Eltern und Kindern besondere Bedeutung beigemessen. In unterhaltsrechtlicher Hinsicht relevant ist etwa die Tatsache, dass *Gratian* Bestimmungen der *Synode von Gangra*[209] in sein Dekret aufnimmt, nach denen Eltern und Kinder mit dem Kirchenbann belegt werden, wenn sie die wechselseitige Versorgung vernachlässigen und einander verlassen; betont wird insbesondere auch die Unterhaltspflicht der Kinder ihren Eltern gegenüber.[210]

1.1.2.3 Die Kommentatoren und ihre Nachfolger

Ausdruck der stärker praxisorientierten Jurisprudenz im Zeitalter der Kommentatoren[211] ist die monographische Behandlung einzelner Rechtsmaterien.[212] Neben der allgemein anerkannten Verpflichtung der Eltern, ihre Kinder zu unter-

---

[207] *Accursius*, Corpus iuris civilis Iustinianei, D lib. 25 tit. *„de agnoscendis et alendis liberis"* 1.5 § 11 gl. *„detulerat"*: *„[...] et idem, si aliquid tale fecerit per quod poterit exheredari"*.

[208] Begründer der Bologneser Schule der Dekretisten, der um das Jahr 1140 die bisher verstreuten Quellen des Kirchenrechts in seiner *Concordia discordantium canonum* zusammengefasst hat. Dieses Werk wird später als *Decretum Gratiani* zum Grundstock des *Corpus iuris canonici*, das seit dem Beginn des 13. Jahrhunderts durch amtliche Dekretalensammlungen vervollständigt wird, deren erste, den *„Liber Extra"*, Papst Gregor IX. im Jahre 1234 veröffentlichte.

[209] Die Synode von Gangra fand um die Mitte des 4. Jahrhunderts n. Chr. statt (340/341, anderen Quellen zufolge zwischen 350 und 360 n. Chr.). Grund für die Zusammenkunft war die asketisch-häretische Bewegung um *Eustathius von Sebaste*. Unter dem Vorwand der Askese verließen daraufhin in vielen Fällen Eltern oder Kinder ihre Familien.

[210] *Krause*, Unterhaltsansprüche, S. 39 mit Beispielen. Als Grundlage für die Verpflichtung der Kinder werden Bestimmungen des römischen und kanonischen Rechts genannt (so *Krause*, a. a. O. mit Verweis auf *Ulpian* D 25, 3, 5, 11; C 5, 25, 1 – Dist. 30 can. 1; Causa 22 q. 4 can. 22).

[211] Vgl. hierzu *Schlosser*, Privatrechtsgeschichte, S. 43 ff.

[212] *Krause*, Unterhaltsansprüche, S. 44 ff., unter Hinweis auf *Martinus de Fano*, in dessen „Traktatus de alimentis" er 75 Einzelprobleme erörtert. Die bekannteste unterhaltsrechtliche Abhandlung des Mittelalters schreibt ein knappes Jahrhundert später *Bartolus* (Tractatus de alimentis).

halten, wird auch die umgekehrte Pflicht zum Elternunterhalt hervorgehoben.[213] Verletzungen der Unterhaltspflicht können unter anderem die Enterbung und eine Rückführung in die väterliche Gewalt nach sich ziehen.[214] Interessant ist in diesem Zusammenhang – worauf *Krause*[215] hinweist –, die eingehende Erörterung der Frage nach der rechtsdogmatischen Einordnung des Elternunterhalts. Soweit *Ulpian*[216] wie auch *Gratian*[217] auf die natürliche, instinktmäßige Anlage abstellen, ergeben sich insoweit beim *Eltern*unterhalt Schwierigkeiten, da ein diesbezügliches Verhalten im Tierreich nur selten eine Entsprechung findet.[218] In der Konsequenz fasst man die Verpflichtung der Kinder nicht naturrechtlich auf, sondern ordnet sie dem *ius gentium*[219] zu.[220] Herangezogen werden Wertungen allgemeiner Gerechtigkeitserwägungen, namentlich die Betonung des Reziprozitätsgedankens, demjenigen Gutes zu tun, von dem man selbst Gutes erfahren hat, spielt hier eine Rolle.[221] Hinsichtlich einer möglichen Unterhaltsverwirkung übernahmen die Kommentatoren die Konzeption der Glossatoren (Enterbung rechtfertigender Undank).[222]

---

[213] *Krause*, Unterhaltsansprüche, S. 47 f.; neben den römisch-rechtlichen Quellen werden zur Begründung auch Philosophen wie *Cicero* und *Aristoteles* zitiert.

[214] *Krause*, Unterhaltsansprüche, S. 48 mit Verweis auf *Bartolus*, Tractatus de alimentis n. 9 f.; *Baldus*, Inst. 1, 16 gl. *„est autem“* n.1.

[215] *Krause*, Unterhaltsansprüche, S. 48 f.

[216] D 1, 1, 13 und Inst. 1, 2, pr.; vgl. hierzu *Krause*, Unterhaltsansprüche, S. 23.

[217] Dist. 1 can. 7; vgl. hierzu *Krause*, Unterhaltsansprüche, S. 38.

[218] Nach *Baldus* wäre es geradezu eine Umkehrung der natürlichen Ordnung, wenn alle Lebewesen schon bei Geburt das Bedürfnis hätten, ihre Schöpfer zu ernähren. Man könne nicht von dem Einzelfall auf den Grundsatz schließen, ebenso wie eine Schwalbe keinen Frühling mache (*Baldus*, Inst. 1, 2 gl. *„Ius naturale“* n.9: *„Nam si contingat patrem per filium educari, videtur esse ordo perversus.“* - D 1, 1, 1, gl. *„Ius naturale“* n.17: *„[...] quia singularis casus non componit regulam, nec una hirundo facit ver.“*).

[219] Allerdings ist dieser Begriff hier in anderem Sinne zu verstehen als herkömmlich.

[220] *Krause*, Unterhaltsansprüche, S. 49 unter Zitierung von *Paulus de Castro* D 1, 1, 1 gl. *„Ius naturale“* n.12: *„Quaeritur an sicut de iure naturali est, quod [...] filius alat patrem [...] dic quod non, quia haec peritia non est apud animalia, bene est de iure gentium et etiam de iure positivo.“*

[221] *Baldus*, Inst. 1, 2 gl. *„Ius naturale“* n. 10: *„Educatio patris facienda per filium, non est ex instinctu naturae, sed provenit ab aequitate naturali, per quam tenemur benefacere benefacientibus nobis.“*; vgl. die Nachweise bei *Krause*, Unterhaltsansprüche, S. 49.

[222] *Krause*, Unterhaltsansprüche, S. 51; die Nachfolger der Kommentatoren setzen sich für eine Erweiterung der „Unterhaltsverwirkungsgründe“ ein, da diese nicht abschließend in einer Bestimmung zu regeln seien. Es bedürfe jedoch einer gewissenhaften Prüfung, ob das Verhalten des Familienangehörigen tatsächlich die Beendigung jeglicher Versorgung rechtfertige (vgl. näher hierzu *Krause*, a. a. O.).

1.1.2.4 Deutsches Recht des Mittelalters

Eine ausführliche Darstellung des deutschen Rechts im Mittelalter muss hier unterbleiben, dies aus zwei Gründen: Erstens würde eine solche im Hinblick auf die Vielzahl von Statutarrechten den Rahmen dieser Arbeit sprengen, zweitens erscheint sie auch im Hinblick auf den Untersuchungsgegenstand mangels konzeptionell neuartiger Erkenntnisse wenig gewinnbringend. Soweit sich eine gemeinsame Linie ausmachen lässt, beruht diese auf dem Einfluss des römisch-kanonischen Rechts, zunächst vermittelt durch kanonistisch und zivilistisch geschulte Geistliche, seit dem Spätmittelalter auch durch den in Deutschland aufkommenden Juristenstand, der seine Ausbildung in Italien erfahren hat.[223] Wissenschaftliche Aussagen zur gegenseitigen Unterhaltspflicht kommen verstärkt erst mit der Schaffung von Rechtsfakultäten im deutschsprachigen Raum auf.[224] Die Unterhaltsverpflichtung zwischen Eltern und Kindern wird als eine gegenseitige begriffen.[225] Interessant – da einen Zusammenhang mit der Erbberechtigung herstellend – ist die in mittelalterlichen Rechten häufig anzutreffende Vorschrift, dass der Sohn seine Erbberechtigung verliert, wenn er seinen durch Krankheit oder einem anderen Grund *„unsinnig"* gewordenen Vater nicht *„in den unsinnen bewart"*, *„behuet"* oder *„phligt"*.[226]

1.1.2.5 Naturrecht und Aufklärung

Gegen Ende des 17. Jahrhunderts lässt sich ein neuer Gedanke betreffend die Rechtsfolge eines „undankbaren Verhaltens" ausmachen. Anstelle der bis dahin unumstrittenen Unterhaltsverwirkung wird nun nur eine Herabsetzung des Un-

---

[223] *Krause*, Unterhaltsansprüche S. 54.

[224] Vgl. hierzu *Krause*, Unterhaltsansprüche, S. 55, der auf die Bedeutung der kirchlichen Rechtspraxis hinweist: So wurde der Schutz einzelner Familienmitglieder im Mittelalter durch geistliche Strafgerichte bewirkt, die grobe Verstöße gegen geistliche Gebote ahndeten. Das Handbuch des Abtes *Regino von Prüm* zur bischöflichen Sendgerichtsbarkeit (Anfang 10. Jahrhundert) etwa enthält Fragen an die Geschworenen über Vergehen von Eltern gegen Leib und Leben ihrer Kinder und umgekehrt über undankbares und bösartiges Verhalten der Kinder gegen die Eltern; vgl. hierzu insgesamt *Koeniger*, Die Sendgerichte in Deutschland, S. 191.

[225] *Krause*, Unterhaltsansprüche, S. 59, mit Verweis auf die gegen Ende des 13. Jahrhunderts entstandene Summa *Bertholds von Freiburg* (Tit. „Wer arme kinder und arm eltern neren sol" fol. 37b, verweisend auf Nov. 117, 7): *„Kinder die reich sind süllen neren ir eltern unn ir anen sind die arm. Unn die reichen eltern süllen neren ir arme kinder und die arme kinds kind, habent sy nicht mer zeleben".*

[226] *Krause*, Unterhaltsansprüche, S. 71 nennt exemplarisch den Schwabenspiegel, vgl. aber auch die Nachweise bei *Krause*, a. a. O. (Fn. 70) mit Hinweis auf die Parallele im römischen Recht (Nov. 117, 3, 12).

terhaltsumfangs propagiert. Der notdürftige Unterhalt (*alimenta naturalia*) müsse also stets gewährt werden.[227] Hier zeigt sich der wachsende Einfluss der Naturrechtslehre. Es dringt zunehmend die Auffassung in den Vordergrund, selbst der Undank könne nicht die durch Naturgesetz aufgegebene Unterhaltspflicht vollständig beseitigen. Möglicherweise ist auch ein sozialpolitisches Argument von Bedeutung: Wird nämlich der Verwandte von seiner Unterhaltsverpflichtung befreit, so muss die Öffentlichkeit die Versorgungslast tragen, ein Ergebnis das nicht als sinnvoll angesehen wird, sodass man sich darauf besinnt, dass der Bedürftige trotz Undanks aufgrund seiner Abstammung dem Verwandten näher stehe als der Allgemeinheit.[228] Im Zeitalter des Naturrechts[229] steht die in rechtstheoretischer und methodischer Hinsicht grundsätzliche Neubetrachtung des Eltern-Kind-Verhältnisses im Vordergrund,[230] der Problematik des Unterhaltsrechts speziell widmet man sich weniger.[231]

Grotius geht in seinem Hauptwerk *„De iure belli ac pacis libri tres"* bei der Erörterung über die natürliche Erbfolge auch auf die Unterhaltspflicht ein. Die Rechtsbeziehungen zwischen Eltern und Kindern werden im fünften Kapitel des zweiten Buchs (*„Über den ursprünglichen Erwerb persönlicher Rechte, insbesondere über die Rechte der Eltern [...]"*[232]) erörtert. Die Erziehungspflicht der

---

227 Vgl. *Krause*, Unterhaltsansprüche, S. 115 m. w. N.

228 In diesem Zusammenhang interessant ist ein von *Krause* (Unterhaltsansprüche, S. 116) angeführtes Urteil des Obersten Appellationsgerichts von Hessen-Kassel aus dem Jahre 1751, mitgeteilt von seinem Präsidenten *Canngiesser*. In der Entscheidung heißt es beiläufig, dass ein Vater seine undankbaren Kinder zumindest notdürftig versorgen müsse, damit *„dieselben nicht dem publico zur Last fallen"*. Die Aktualität dieses Gedankens ist auch heutzutage nicht von der Hand zu weisen und bildet einen der Hauptstreitpunkte bei jeder Diskussion um eine Reform des Unterhaltsrechts; insbesondere im Hinblick auf die Frage der Abschaffung des Elternunterhalts zeigt sich die Interdependenz von Sozial- und Familienrecht.

229 Zur neuen Systembildung des Naturrechts als Wegbereiter der modernen Rechtstheorie vgl. *Wieacker*, Privatrechtsgeschichte der Neuzeit, S. 249 ff.; hierzu auch *Krause*, Unterhaltsansprüche S. 129 zum Begriff des Naturrechts: *„Es trägt zwar in sich das Erbe des antiken und christlich-mittelalterlichen Naturrechts, methodisch löst es sich jedoch von der Moraltheologie und erhebt, zumindest eine Zeit lang, den Anspruch, ohne Vermittlung der Fachjurisprudenz Rechtstheorie zu sein"*.

230 Siehe hierzu ausführlich *Bingler*, Studien zum Elternrecht bei den Naturrechtsphilosophen des 16. und 17. Jahrhunderts.

231 *Krause*, Unterhaltsansprüche, S. 130.

232 *Grotius*, De iure belli, lib. II cap.V: *„De acquisitione originaria iuris in personas: ubi de iure parentum: de matrimoniis: de collegiis: de iure in subditos, servos"*.

Eltern leitet *Grotius* aus dem Gebot natürlicher Sittlichkeit her,[233] das mit dem Eltern-Kind-Verhältnis ohne Weiteres gegeben ist.[234]

Auch umgekehrt können Eltern von ihren Kindern Unterhalt fordern. Einschränkend bezeichnet *Grotius* jedoch die Unterhaltsverbindlichkeit der Kinder als nicht so allgemein wie diejenige der Eltern, da Kinder, wenn sie auf die Welt kommen, nichts haben, von dem sie sich oder einen anderen ernähren können.[235]

Hinsichtlich der Möglichkeit einer Unterhaltsverweigerung lehnt es *Grotius* – im Gegensatz zu den Lehren des gemeinen Rechts – allerdings ab, dem Unterhaltsverpflichteten ein Weigerungsrecht zuzubilligen, wenn sich der Bedürftige erbunwürdig gezeigt hat.[236]

Im Ansatzpunkt anders geht *Pufendorf* hinsichtlich der gegenseitigen Unterhaltspflichten im Eltern-Kind-Verhältnis von einer vertraglichen Grundlage aus.[237] Mit der Zeugung des Kindes entschließen sich die Eltern, das von ihnen geschaffene Leben auch zu ernähren und großzuziehen.[238] Die Kinder können zwar mangels vernunftgeleiteter Bekundung die Erfüllung ihrer naturgeforderten Pflichten den Eltern nicht ausdrücklich versprechen. Doch würden auch sie in ihre Verpflichtung (hinsichtlich der elterlichen Fürsorge und mit Rücksicht auf ihre Erziehung sind das Ehrfurcht, Liebe und Gehorsam) freiwillig einwilli-

---

233 Zur Begründung herangezogen wird *Aristoteles'* Aussage, es sei eine menschliche Bestimmung, erzeugtes Leben auch mit dem Nötigen zu versorgen (*Grotius*, De iure belli, lib. II, cap. VII, § 4 nr. 1). Auch wird vergleichsweise auf das Verhalten der Tiere, die ihre Nachkommen aufgrund des natürlichen Instinkts ernähren, abgestellt (De iure belli, lib. II, cap. VII, § 4 nr. 2); zum Ganzen *Krause*, Unterhaltsansprüche, S. 130.

234 *Grotius*, De iure belli, lib. II, cap VII, § 4, nr. 1; umstritten ist, ob es sich hierbei um eine unvollkommene, d. h. nicht erzwingbare, Verpflichtung handelt (so *Krause*, Unterhaltsansprüche, S. 130) oder aber um eine echte Verbindlichkeit (vgl. mit beachtlichen Gründen *Bingler*, Studien zum Elternrecht bei den Naturrechtsphilosophen des 16. und 17. Jahrhunderts, S. 58 f.

235 *Grotius*, De iure belli lib.II, cap.VII, § 5, n.1.

236 Vgl. hierzu *Krause*, Unterhaltsansprüche, S. 132; Unterhaltsverwirkung kommt hingegen für denjenigen in Betracht, der aufgrund gewisser Verbrechen den Tod verdient, *Grotius*, De iure belli lib. II, cap.VII, § 7.

237 *Pufendorf*, De iure naturae lib. 4 c. 11 §§ 3 f.; vgl. hierzu *Krause*, Unterhaltsansprüche, S. 133. Bemerkenswert ist, dass sich bei *Pufendorf* Ausführungen zur Unterhaltspflicht im Rahmen der Erörterung der natürlichen Erbfolge finden; der innere Zusammenhang beider Rechtsgebiete wird auf diese Weise auch äußerlich betont.

238 Interessant in diesem Zusammenhang ist die heutige Regelung im französischen Recht, Art. 203 *Code civil*: « *Les époux contractent ensemble, par le seul fait du mariage, l'obligation de nourrir, entretenir et élever leurs enfants.* »

gen.[239] *Pufendorf* arbeitet also mit einer Fiktion, die vermutete Zustimmung gilt als erfolgt.[240] Dementsprechend bejaht *Pufendorf* eine Verbindlichkeit der Kinder, sich den Eltern gegenüber stets erkenntlich und dankbar zu zeigen für das, was die Eltern ihnen Gutes getan haben.

Dem Verhältnis zwischen Eltern und Kindern (*societas paterna*) widmet sich auch *Christian Thomasius* in seinen *Institutiones iurisprudentiae divinae* sowie in den *Fundamenta iuris naturae et gentium.*[241] Er spricht dabei die verschiedenartigen Begründungsmuster an.[242] In Ablehnung der Vertragsidee *Pufendorfs* vertritt er die Ansicht, die elterlichen Pflichten seien unmittelbare Gebote der Menschlichkeit.[243] Der elterlichen Erziehungspflicht liege die vorrechtliche, moralische Verpflichtung als *interna obligatio* zugrunde; zu einer durchsetzbaren Rechtspflicht werde diese dann im bürgerlichen Gemeinwesen. Begründet wird dies mit einem öffentlich-rechtlichen Argument, der Staat solle seine Bürger nicht mit der Erziehung fremder Kinder belasten.[244]

Auch die umgekehrte Verpflichtung der Kinder ihren Eltern gegenüber spricht *Thomasius* an. So sind jene neben der Ehrerbietung insbesondere im Hinblick auf die von den Eltern empfangenen Leistungen verpflichtet, solche gleichfalls im Bedürfnisfall zu gewähren.[245]

---

[239] Vgl. insoweit *Bingler*, Studien zum Elternrecht bei den Naturrechtsphilosophen des 16. und 17. Jahrhunderts, S. 115.

[240] *Pufendorf*, De officio hominis et civis, lib. II, cap. III, § 2 : „*[...] tacito quoque consensu prolis nititur. Nam recte praesumitur (...).*" Dieser Gedanke findet sich später auch bei *Christian Wolff*: Er geht hinsichtlich der Verpflegungspflicht der Eltern von einem zweifachen Rechtsgrund aus. Einerseits gebietet dies das Naturrecht, andererseits liegt der Eltern-Kind-Beziehung eine vertragsähnliche Vereinbarung zugrunde (*quasi pactum*), vgl. hierzu *Krause*, Unterhaltsansprüche, S. 137 mit Verweis auf *Wolff*, Ius Naturae (p.7 c.4 §§ 633–636). Umgekehrt sind die Kinder verpflichtet, die Eltern zu achten, insbesondere sie im Bedürfnisfall zu unterstützen und zu versorgen (Ius naturae p.7 c.4 §§738 –740, 755).

[241] Hierzu *Krause*, Unterhaltsansprüche, S. 135.

[242] Zeugung (*generatio*) oder besondere Willensäußerung Gottes (*voluntas divina*), Naturgesetz (*lex naturalis*) oder stillschweigende Übereinkunft (*consensus tacitus*); Institutiones iurisprudentiae divinae, lib. III, cap. IV, § 2; vgl. ausführlich hierzu *Bingler*, Studien zum Elternrecht bei den Naturrechtsphilosophen des 16. und 17. Jahrhunderts, S. 130.

[243] *Thomasius*, Institutiones lib.3 c.4 §§ 31 ff.; vgl. hierzu *Krause*, Unterhaltsansprüche, S. 135.

[244] So *Krause*, Unterhaltsansprüche, S. 136 mit Verweis auf *Thomasius*, Fundamenta lib. 3 c.4 § 3.

[245] *Thomasius*, Institutiones lib.3 c.4 §§ 60–62.

1.1.2.6 Die einzelnen Vernunftrechtsbücher

Ziel des folgenden Abschnittes ist es, Grundlinien des Unterhaltsrechts in den naturrechtlichen Kodifikationen zu Beginn des 19. Jahrhunderts[246] aufzuzeigen.

1.1.2.6.1 Das preußische Allgemeine Landrecht

Die gegenseitigen Unterhaltsansprüche sind hier im zweiten Titel[247] des zweiten Teils geregelt. Die Versorgungspflicht speziell der Kinder gegenüber den Eltern wird in verschiedenen Vorschriften angesprochen.[248] Die stark naturrechtliche Prägung des Gesetzes zeigt sich daran, dass es eine gänzliche Unterhaltsverwirkung nicht kennt.[249] Als Beschränkungsgründe der Unterhaltspflicht sind allerdings – wie im gemeinen Recht – die gesetzlichen Enterbungsgründe zu berücksichtigen. So trifft das PrALR folgende Bestimmung:[250] *„Ist das Unvermögen, sich selbst zu ernähren, durch Krankheit, Unglücksfälle oder sonst unverschuldet entstanden, so sind die Kinder den Eltern und diese jenen anständigen Unterhalt nach ihrem Vermögen zu reichen verbunden. Ist aber der hilfsbedürftige Teil durch eigene Schuld verarmt, oder hat er sich gegen den anderen so betragen, dass dieser ihn zu enterben berechtigt sein würde, so muss er mit bloß notdürftigem Unterhalte sich begnügen."*

Ein Zusammenhang zwischen Erbberechtigung und Unterhaltsverpflichtung findet sich zudem in der Bestimmung im 3. Titel des 2. Teils unter § 23. Hiernach war nur der Unterhaltsanspruch gegen Geschwister 1. Grades rechtlich durchsetzbar, die anderen unterhaltsverpflichteten Seitenverwandten, die *„ihre unvermögenden Verwandten gegen ihre natürliche Pflicht hilflos lassen"*, verloren ihnen gegenüber ihr gesetzliches Erbrecht.[251]

---

[246] Gemeint ist das „lange 19. Jahrhundert". Der Begriff geht auf den englischen Historiker *Eric John Ernest Hobsbawm* (1917–2012) zurück. Man versteht hierunter den – historisch im Zusammenhang zu sehenden – Zeitraum von 1789 bis 1914, in Abgrenzung zum „kurzen 20. Jahrhundert" (bis 1989).

[247] *„Von den wechselseitigen Rechten und Pflichten der Eltern und Kinder"*.

[248] 2. Teil, 2. Titel, § 63 PrALR: *„Sie sind verbunden die Aeltern in Unglück und Dürftigkeit nach ihren Kräften und Vermögen zu unterstützen, und besonders in Krankheiten deren Pflege und Wartung zu übernehmen."*; 2. Teil, 2. Titel, § 251: *„Auch nach aufgehobener väterlicher Gewalt sind Kinder und Eltern einander wechselseitig zu unterstützen, und eins das andre, wenn es sich selbst nicht ernähren kann, mit Unterhalt zu versehen schuldig."*

[249] *Krause*, Unterhaltsansprüche, S. 151, der notdürftige Unterhalt muss immer gewährt werden.

[250] Vgl. 2. Teil, 2. Titel, § 253 PrALR.

[251] *Koch*, in Schwab/Henrich, Familiäre Solidarität, S. 20.

1.1.2.6.2 Der französische Code civil

Nur wenige unterhaltsrechtliche Regelungen finden sich im *Code civil* von 1804.[252] Sie finden sich im Kapitel *„Des obligations qui naissent du Mariage"*. Ehegatten geben sich mit der Heirat das Versprechen, ihre Kinder zu ernähren, zu unterhalten und zu erziehen, wie Art. 203 *Code civil* zeigt: *„Les époux contractent ensemble, par le fait seul du mariage, l'obligation de nourrir, entretenir et élever leurs enfants."* Auch die umgekehrte Verpflichtung ist im Gesetz ausdrücklich geregelt.[253] Regelungen hinsichtlich einer möglichen Unterhaltsversagung fanden sich im ursprünglichen[254] *Code civil* explizit nicht. In der Literatur ging man bei enterbungswürdigem Verhalten des Bedürftigen von einem Weigerungsrecht des Unterhaltsverpflichteten aus.[255] Diese Rechtslage entspreche dem Geist des Gesetzes, heißt es, da der bei Ulpian D 25, 3, 5, 11 angeführte Verweigerungsgrund der verleumderischen Klage ausdrücklich in Art. 727 Ziff. 2 *Code civil* als Enterbungsursache genannt sei. *Pothier* weist allerdings einschränkend darauf hin, dass die gänzliche Verweigerung von Unterhaltsleistungen nicht in Betracht komme.[256]

1.1.2.6.3 Das österreichische ABGB

Das *„vom Geist der gesamtdeutschen Aufklärung geprägte"*[257] Gesetzeswerk regelt die Unterhaltspflichten im Rahmen des Personenrechts.[258] Die Unterhaltsverpflichtung der Eltern wird in § 139 ABGB behandelt. Zur Unterhaltspflicht der Kinder bestimmt § 154 ABGB:

---

[252] *Krause*, Unterhaltsansprüche, S. 156: *„[...] insgesamt etwas spärlich ausgefallen [...]"*.

[253] Art. 205 *Code civil*; dass die entsprechenden Pflichten wechselseitige sind, ergibt sich aus Art. 207 a. F.

[254] In der Zwischenzeit wurde im Art. 207 eine Regelung zur Unterhaltsverwirkung eingefügt (L. n° 72-3 vom 3. Januar 1972).

[255] *Krause*, Unterhaltsansprüche, S. 157 mit Verweis auf *Pothier*, Oeuvres, tome 3, Bruxelles 1831, S. 428 und *Zachariä*, Karl Salomo : Handbuch des französischen Civilrechts Band 3, 4. Aufl., Heidelberg 1837, S. 368; zur herausragenden Bedeutung dieses letztgenannten Werks im Hinblick auf die französische Rechtswissenschaft des 19. Jahrhunderts durch dessen Übersetzung (Aubry und Rau, 1. Auflage 1838) vgl. *Baldus*, Gesetzesbindung, Auslegung und Analogie: Römische Grundlagen und Bedeutung des 19. Jahrhunderts, S. 89.

[256] *Pothier*, Traité du contrat de mariage, n. 385, S. 176: *„[...] ils ne peuvent pas refuser à leurs enfants les aliments nécessaires; ce serait se rendre en quelque façon coupable d'homicide devant Dieu."*

[257] *Krause*, Unterhaltsansprüche, S. 152.

[258] Dort im 3. Hauptstück *„Von den Rechten zwischen Eltern und Kindern"*.

„Der auf die Erziehung der Kinder gemachte Aufwand gibt den Eltern keinen Anspruch auf das von den Kindern nachher erworbene Vermögen. Verfallen aber die Eltern in Dürftigkeit, so sind ihre Kinder sie anständig zu erhalten verbunden."

Das Gesetz regelt die Unterhaltsverwirkung nicht explizit. Nach *Krause* ergibt sich aus einem Vergleich mit den Vorläufergesetzen, dass ein Recht des Unterhaltspflichtigen zur vollkommenen Unterhaltsverweigerung nicht besteht.[259] Bestätigt wird diese Auslegung durch *Zeillers* Kommentierung seines Gesetzes[260] sowie die erbrechtliche Bestimmung des § 795 AGBG, dass dem Noterben, der von seinem Pflichtteil ausgeschlossen sei, *„doch immer der nothwendige Unterhalt ausgemessen"* werden müsse.

1.1.2.7 Pandektistik im 19. Jahrhundert

Die Pandektenwissenschaft diskutiert die gegenseitige Unterhaltspflicht als eine der wichtigsten Verpflichtungen im Rahmen des Eltern-Kind-Verhältnisses. Es finden sich naturrechtliche Begründungsmuster, teils wird der Elternunterhalt als selbstverständlicher Ausdruck von Dankbarkeit und Pietät aufgefasst.[261]

Vergleichsweise breiter Raum wird der Frage beigemessen, von welcher Art und Schwere das Fehlverhalten des Bedürftigen im Rahmen der Unterhaltsverwirkung sein müsse.[262] Die bisherige Ansicht, die Unterhaltsverweigerungsvoraussetzungen an die Enterbungsgründe anzuknüpfen, wird kritisiert, diese Aus-

---

[259] *Krause*, Unterhaltsansprüche, S. 154; so wird etwa im *Codex Theresianus* der Vater bei enterbungswürdigem Verhalten des Kindes nur von seiner Schuldigkeit der standesgemäßen Versorgung, nicht jedoch von der Leistung des zur bloßen Lebensfristung Erforderlichen entbunden. Auch im *Entwurf Hortens* und im *Josephinischen Gesetzbuch* finden sich ähnliche Regelungen (hierzu näher *Krause*, a. a. O., Fn. 46).

[260] *Krause*, a. a. O., mit Verweis auf *Zeiller*, Commentar, Anm. zu § 795 Bd. 2 S. 823: *„unerlöschbare Verbindlichkeit"*.

[261] *Dernburg*, Pandekten, Bd. 3, § 37, S. 70: *„Dass Eltern ihre Kinder im Bedürfnisfalle zu erhalten haben, lehrt Natur und Instinkt, und dass die Kinder ihre Eltern in Fällen der Not nicht im Stich lassen, ist Pflicht der Dankbarkeit und Pietät."*; stellenweise wird ausdrücklich betont, dass etwa der Umstand, dass die Eltern gegen die Gesetze des Staates verstoßen und ein Verbrechen begangen haben, keinen Einfluss auf die Verpflichtung zum Elternunterhalt habe (*Holzschuher*, Theorie und Casuistik des gemeinen Civilrechts, Bd. 1, S. 702, 708: dort wird die Frage, ob Kinder berechtigt sind, den Eltern wegen begangener Verbrechen die Alimente zu entziehen, ausdrücklich verneint); hierzu auch *Krause*, Unterhaltsansprüche, S. 161.

[262] Vgl. hierzu *Krause*, Unterhaltsansprüche, S. 163 m. w. N.

legung finde keine Deckung durch den Wortlaut der römischen Quellen.[263] Vielmehr seien Enterbungs- und Unterhaltsverweigerungsgründe voneinander getrennt zu sehen. Wenn man einem anderen etwas von Todes wegen vorenthalten könne, müsse man dies erst recht zu Lebzeiten, und zwar schon unter weniger strengen Voraussetzungen tun können. Welchen Grad an Vorwerfbarkeit ein solches Benehmen in sich tragen müsse, wird allerdings nicht einhellig bewertet. Teilweise wird schon *„schlechtes Benehmen"* als hinreichender Grund angesehen,[264] zum Teil wird eine *„grobe Verletzung verwandtschaftlicher Pflichten"* gefordert.[265] Tendenziell wandte man sich gegen eine abschließende Aufzählung der Unterhaltsverweigerungsgründe und favorisierte eine generalklauselartige Regelung mit richterlichem Beurteilungsspielraum.[266]

Was die Rechtsfolge der Unterhaltsverweigerung betrifft, kehrt man zur früheren Rechtslage zurück. Der naturrechtliche Gedanke, dass der Unterhaltsanspruch niemals gänzlich verwirkt werden könne, wird als widersprüchlich angesehen.[267]

---

[263] So *Krause*, Unterhaltsansprüche, S. 163 f. mit Verweis auf *Unterholzner*, Quellenmäßige Zusammenstellung der Lehre des römischen Rechts von den Schuldverhältnissen mit Berücksichtigung der heutigen Anwendung, Bd. 2, S. 575; a. A. *Mühlenbruch*, Lehrbuch des Pandekten-Rechts nach der Doctrina Pandectarum, Bd. 1, § 211, S. 425 (dort Fn. 17 mit Verweis auf die Accursische Glosse).

[264] *Unterholzner*, a. a. O., S. 575 f. (dort Fn. r)); *Arndts von Arnesberg*, Pandekten, § 348, S. 585.

[265] *Puchta*, Lehrbuch der Pandekten, § 316, S. 484; *Windscheid*, Lehrbuch des Pandektenrechts, § 475, S. 831 f.

[266] *Krause*, Unterhaltsansprüche, S. 164; *Unterholzner*, a. a. O., S. 575; *Arndts von Arnesberg*, Pandekten, § 348, S. 586 (dort Fn. 4); bei *Holzschuher*, Theorie und Casuistik des gemeinen Civilrechts, Bd. 1, S. 708 liest man: *„In unseren Gesetzen [...] ist eigentlich die Erheblichkeit der gegen die Alimentations-Verbindlichkeit zu erhebenden Verweigerungsgründe wegen Indignität der richterlichen Beurteilung überlassen, welche daher wohl das* juste milieu *zu ergreifen geneigt sein wird".*

[267] Namentlich die Tatsache, dass der Vater dem unwürdigen Sohn nach seinem Tod nichts zu hinterlassen braucht, er diesen aber zu seinen Lebzeiten versorgen solle (vgl. *Krause*, Unterhaltsansprüche, S. 165 m. w. N.); die Argumente der Gegenansicht, namentlich der Hinweis auf das wirtschaftliche Interesse der öffentlichen Armenpflege, finden immer weniger Gehör. Die entgegengesetzte, weitaus überwiegende Meinung beruft sich auf den eindeutigen Wortlaut von Ulpian D 25, 3, 5, 11 und C 5, 25, 4.

1.1.2.8 Das Sächsische BGB

Die gegenseitigen Unterhaltsansprüche finden sich unter dem Titel *„Von dem Verhältnisse zwischen Eltern und Kindern"*.[268] Auch hier ist angeordnet, dass im Bedürfnisfall die Kinder verpflichtet sind, ihre Eltern zu unterhalten, § 1842 Sächs. BGB bestimmt: *„wenn Eltern und Voreltern außer Stande sind, sich selbst zu erhalten, so sind die Abkömmlinge in der Reihenfolge, in welcher sie zur gesetzlichen Erbfolge berechtigt sind, zum Unterhalt verpflichtet."*

Hinsichtlich der Frage einer möglichen Unterhaltsverweigerung wendet sich das Sächs. BGB – anders als die zeitgenössische Strömung – wieder stärker der vom Naturrecht beeinflussten Lehre zu[269]: Bei Vorliegen eines Enterbungsgrundes hat der Unterhaltsberechtigte zwar den Unterhaltsanspruch nicht gänzlich verwirkt, er kann aber *„nicht den standesmäßigen, sondern bloß den nothdürftigen Unterhalt [...] fordern, wie solchen die öffentliche Armenanstalt gewährt"*.[270]

1.1.2.9 Die Vorlagen der Redaktoren für die erste Kommission zur Ausarbeitung des Entwurfs eines Bürgerlichen Gesetzbuchs

Planck sieht den Rechtsgrund der Alimentationspflicht naher Verwandter in dem *„durch die Einheit des Bluts begründeten natürlichen Verhältnis"*. Aus den nahen Beziehungen, welche durch das Band der Familie zwischen den Angehörigen der letzteren hervorgerufen werden, ergebe sich die sittliche Pflicht der Verwandten, sich im Bedürfnisfalle, soweit die eigenen Kräfte und die Pflicht der Selbsterhaltung es gestatten, einander gegenseitig zu unterstützen.[271] Anderen möglichen Rechtsgründen (namentlich: Ausfluss des besonderen Eltern- und Kindesverhältnisses, der elterlichen Gewalt oder Erziehungspflicht, als Last der mit der elterlichen Gewalt verbundenen elterlichen Nutznießung am Kindesvermögen) wird eine Absage erteilt. *Planck* betont die Übereinstimmung der inhaltlichen Ausgestaltung mit dem sächsischen Gesetzbuch.[272]

---

[268] Verortet im vierten, familienrechtlichen Teil des Gesetzeswerkes; vgl. hierzu *Krause*, Unterhaltsansprüche, S. 170.

[269] Vgl. *Krause*, Unterhaltsansprüche, S. 171.

[270] § 1854 sächs. BGB; Vorbild waren die Regelungen des PrALR (§§ 252 f.) sowie des ABGB (§ 795), hierzu *Krause*, Unterhaltsansprüche, S. 171.

[271] *Planck*, Entwurf eines Familienrechts für das Deutsche Reich, S. 1271, unter Hinweis auf die entsprechenden Digesten- und Codexstellen des römischen Rechts.

[272] Dort in den §§ 1837 ff. geregelt.

Ausführlich wird auf den rechtlichen Charakter der Unterhaltspflicht eingegangen.[273] Zunächst widmet *Planck* sich dem vorhandenen Meinungsspektrum: Der die Nähe zum Obligationenrecht betonenden Auffassung[274] wird eine den familienrechtlichen Charakter mehr in den Vordergrund rückende Ansicht[275] gegenübergestellt. Eine vermittelnde Lösung bietet *Neuner*[276] an, der eine Unterscheidung nach der Familie im engeren und entfernteren Sinne trifft. Bei dem erstgenannten Familienverhältnis sollen die daraus sich ergebenden gegenseitigen Ansprüche und Pflichten zunächst einen rein sittlichen, nicht juristischen Charakter haben.[277] Erst im Falle einer Störung im Rahmen dieses der Natur und der sittlichen Pflicht entsprechenden Pflichtenprogramms greife das Recht ein, an die Stelle natürlicher Ansprüche tritt sonach – konstitutiv – eine *„wahre Obligation"*.[278] Innerhalb des entfernteren Familienverbandes soll der Alimentationsanspruch zwar nicht schon durch jenes Verhältnis als solches, aber durch das Hinzutreten des Bedürfnisfalls als ein Forderungsrecht entstehen.[279]

Planck selbst betrachtet den Anspruch als einen obligatorischen. Der enge Bezug zum Familienrecht sei zwar ohne Zweifel gegeben,[280] allerdings habe der Unterhaltsanspruch Leistungen von Vermögenswert zum Gegenstande, zudem sei der Anspruch *„nicht die Kehrseite und die Konsequenz einer dem Berechtig-*

---

[273] *Planck*, Entwurf eines Familienrechts für das Deutsche Reich, S. 1273 ff.

[274] *Windscheid*, Lehrbuch des Pandektenrechts, Bd. 2, § 475: Die *„Alimentationsverbindlichkeiten"* sind nicht im familienrechtlichen Teil zu finden, sondern stehen im 4. Buch (*„Recht der Forderungen"*) im Abschnitt IV (*„Andere gesetzliche Forderungsrechte"*).

[275] Vgl. die Konzeption von *Mandry*, Das gemeine Familiengüterrecht mit Ausschluss des ehelichen Güterrechtes, Bd. 1, § 28, S. 229: *„Sie [die Alimentationsansprüche] beruhen [...] unmittelbar auf dem Verwandtschaftsverhältnisse zwischen Kindern und Eltern, und dem Officium, welches als ein integrierender Bestandteil desselben erscheint. Sie sind weiterhin für das Recht [...] nur dadurch von Bedeutung geworden, dass die sittliche Pflicht zu einer Rechtspflicht und durch Gestattung des Anrufens der Obrigkeit erzwingbar gemacht worden ist."* Anspruch auf Anerkennung des natürlichen Verwandtschaftsverhältnisses und auf Erfüllung der daraus resultierenden sittlichen Pflicht zur Unterhaltsgewährung; ähnlich auch *Köppen*, System des heutigen römischen Erbrechts, S. 171 (dort Fn. 7).

[276] Wesen und Arten der Privatrechtsverhältnisse, S. 37 ff.

[277] *Neuner*, Wesen und Arten der Privatrechtsverhältnisse, S. 37: *„In dem Hause regiert statt des Bürgerlichen Rechts zunächst der Wille des Hausherrn, zur Aufrechterhaltung der nötigen Ordnung und Entwicklung statt der Staatsgewalt zunächst die Hausgewalt."*

[278] *Neuner*, Wesen und Arten der Privatrechtsverhältnisse, S. 38.

[279] *Neuner*, Wesen und Arten der Privatrechtsverhältnisse, S. 39 f. vgl. hierzu *Planck*, Entwurf eines Familienrechts für das Deutsche Reich, S. 1274.

[280] *„[...] durch die Einheit des Bluts und die Bande der Familie hervorgerufenen natürlich-sittlichen Verhältnisse beruht [...]"*.

ten obliegenden Pflicht". Dies spreche für den rechtlichen Charakter der Unterhaltspflicht als einer obligatorischen. Der Entwurf geht allerdings nicht davon aus, dass der Unterhaltsanspruch schon durch das Verwandtschaftsverhältnis als ein einheitlicher, nur in seinen einzelnen Leistungen bedingter erzeugt sei. Der Familienverband bilde vielmehr nur die Grundlage, auf welcher, wie ein Erbrecht, so auch ein Alimentationsanspruch beim Eintritt gewisser Voraussetzungen entstehen kann. Vor Eintritt dieser Voraussetzungen sei kein Anspruch, sondern nur eine Aussicht gegeben.[281] *Planck* geht dabei von einem ständig sich erneuernden Unterhaltsanspruch aus: *„So oft an den Pflichtigen die sittliche Pflicht herantritt, dem Bedürftigen Unterhalt zu gewähren, so oft entsteht auch der Rechtsanspruch auf Alimentation."*[282] Konsequenz dessen ist neben der Unverjährbarkeit des Anspruchs auf Alimentation im Ganzen insbesondere auch dessen Unvererblichkeit.

Bei der Frage, inwieweit der Anspruch auf Unterhalt infolge unwürdigen Benehmens des Berechtigten nach gemeinem Rechte ausgeschlossen wird, weist *Planck* zunächst auf die Auffassung des gemeinen Rechts hin, wonach alle gesetzlichen Enterbungsgründe als Ausschließungsgründe der Alimentationspflicht betrachtet werden.[283] Dieser Ansicht stellt er die *„in neuerer Zeit besonders vertretene"* Auffassung gegenüber, wonach unter Heranziehung der Kodexstelle C 5, 25, 4[284] die Unterhaltsverpflichtung dann wegfällt, *„wenn der Alimentationsbedürftige die Pflichten, die ihm seinerseits ex caritate sanguinis gegen den alimentationspflichtigen Verwandten obliegen, so weit außer Augen gesetzt hat, dass dieser ihn ohne Verletzung des aus dem Familienbande resultierenden officium als der Familie nicht mehr angehörend ansehen darf"*[285] oder, wie *Wind-*

---

[281] *Planck*, Entwurf eines Familienrechts für das Deutsche Reich, S. 1274.

[282] *Planck*, Entwurf eines Familienrechts für das Deutsche Reich, S. 1275.

[283] *Planck*, Entwurf eines Familienrechts für das Deutsche Reich, S. 1314 mit Verweis auf D 25, 3, 5, 11 und D 25, 3, 5, 23, dieser Auffassung auch folgend OAG Darmstadt, Urt. v. 18.3.1873 (Seuffert XXVIII, 229): *„Eine Ausdehnung auf alle Enterbungsgründe ist für das Verhältnis zwischen Eltern und Kindern insofern gerechtfertigt, als man davon ausgehen kann, dass man dem Noterben, dem man seinen Erbteil entziehen darf, aus gleichem Grunde auch die Alimente verweigern könne. [...] Übrigens müssen auch, wenn man über die gesetzlichen Enterbungsursachen glaubt hinausgehen zu können, die Verfehlungen gegen die Pietät jedenfalls doch graver Natur sein [...]"*.

[284] *„Si patrem tuum officio debito promerueris, paternam pietatem tibi non denegabit"*.

[285] So *Mandry*, Das gemeine Familiengüterrecht mit Ausschluss des ehelichen Güterrechtes, Bd. 1, § 30, S. 264.

scheid[286] das Prinzip formuliert, wenn der den Unterhalt Fordernde sich seinerseits gegen die verwandtschaftlichen Pflichten verfehlt hat.

Planck spricht sich gegen eine Verknüpfung der Unterhaltsverwirkungstatbestände mit den Enterbungsgründen aus und befürwortet eine generalklauselartige Regelung.[287] Ein *„den Familiennexus zerstörendes unsittliches Verhalten“* lasse sich nicht durch einen gesetzlichen Tatbestandskatalog bestimmen, sondern müsse in das Ermessen des Gerichts gestellt werden. Er räumt allerdings ein, dass der Alimentationspflichtige, soweit er berechtigt sein würde, den Bedürftigen zu enterben, umso mehr die Befugnis haben muss, demselben zu Lebzeiten den Unterhalt zu verweigern. Die Unterhaltsverweigerungsgründe seien aber weiterreichend.

Was die Rechtsfolgenfrage – Ausschluss oder nur Begrenzung auf den notdürftigen Unterhalt – anbelangt, so liefert *Planck* eine interessante Begründung zur Rechtfertigung der gänzlichen Verwirkung. Im Falle des Verlusts des Unterhaltsanspruchs sei der Bedürftige auf die öffentliche Armenpflege angewiesen; dies lasse den Bedürftigen die *„damit verbundenen Beschränkungen und Nachteile“* weit mehr empfinden, als dies bei einer bloßen Beschränkung des Verwandtenunterhalts der Fall sein würde. Andernfalls fehle es in Fällen, in denen sich der Bedürftige wegen Leistungsunfähigkeit seiner Verwandten schon bisher mit dem notdürftigen Unterhalt begnügen musste, an einem Druckmittel, dem *„unwürdigen Verhalten des Berechtigten entgegenzutreten“*.[288]

1.1.2.10 Kodifikation in Deutschland – BGB

Über die Unterhaltsverpflichtung der Abkömmlinge ist im BGB festgelegt, dass diese vor den Verwandten der aufsteigenden Linie unterhaltspflichtig sind.[289] Die Motive betonen, dass nur diese Reihenfolge den Anforderungen *„der Pietät und des Kindesverhältnisses“* gerecht werde; es widerstreite dem Gefühl, wenn die Vorfahren gezwungen würden, sich im Alter einzuschränken, obgleich wohlhabende Abkömmlinge des Bedürftigen vorhanden seien.[290]

---

286 Lehrbuch des Pandektenrechts, Bd. 2, § 475 (dort Fn. 8); gegen eine Heranziehung der Enterbungsgründe für die Frage der Unterhaltsverwirkung auch OAG Celle (Seuffert V, S. 285): *„Durch Injurien, welche zu einer Enterbung sich qualifizieren würden, geht der Anspruch auf Alimente nicht verloren“.*

287 *Planck*, Entwurf eines Familienrechts für das Deutsche Reich, S. 1316.

288 *Planck*, Entwurf eines Familienrechts für das Deutsche Reich, S. 1317.

289 § 1606 Abs. 1 BGB; vgl. hierzu auch *Plancks* Vorschlag (§ 294 Hs.1).

290 So *Krause*, Unterhaltsansprüche, S. 175 mit Verweis auf die Motive, S. 690.

Zur Frage, inwieweit unter bestimmten Voraussetzungen eine Verwirkung des Unterhaltsanspruchs eintritt, bestimmte § 1611 BGB in seiner ursprünglichen Fassung:

> „Wer durch sein sittliches Verschulden bedürftig geworden ist, kann nur den notdürftigen Unterhalt verlangen. Der gleichen Beschränkung unterliegt der Unterhaltsanspruch der Abkömmlinge, der Eltern und des Ehegatten, wenn sie sich einer Verfehlung schuldig machen, die den Unterhaltspflichtigen berechtigt, ihnen den Pflichtteil zu entziehen, sowie der Unterhaltsanspruch der Großeltern und der weiteren Voreltern, wenn ihnen gegenüber die Voraussetzungen vorliegen, unter denen Kinder berechtigt sind, ihren Eltern den Pflichtteil zu entziehen."

Bemerkenswert an dieser Regelung ist, dass sie nicht der damals herrschenden Theorie folgt, die das Recht gänzlicher Unterhaltsverweigerung anerkennt, sondern eine naturrechtliche Prägung aufweist. Zudem wird die Befugnis zur Unterhaltsverweigerung nicht auf die Enterbungsgründe beschränkt.[291]

1.1.2.11 Recht der früheren DDR

Das Recht der früheren DDR ist im vorliegenden Zusammenhang insofern von Interesse und rechtfertigt einen Blick hierauf, als es die Besonderheit enthielt, dass erbunwürdig auch war, wer sich vorsätzlich der durch vollstreckbaren Titel festgestellten Unterhaltspflicht gegenüber dem Erblasser entzogen hat (§ 406 Abs. 3 ZGB).[292] Pflichtteilsentziehungsvorschriften kannte das ZGB nicht.[293]

1.1.2.12 Zusammenfassung

In Zeiten, in denen der *pater familias* als Oberhaupt der Familie für den Unterhalt der Seinen zu sorgen hatte, kann von einer gegenseitigen Unterhaltspflicht –

[291] Dass diese Abwendung von der zur damaligen Zeit herrschenden Meinung nicht ohne Diskussion erfolgt, zeigt die Tatsache, dass *Planck* in seiner Vorlage (§§ 298–300; dazu seine Begründung S. 1316 ff., vgl. oben) mit einigen Modifizierungen noch die andere Auffassung vertritt. Der erste Entwurf (§ 1490) regelt die Rechtslage dann so, wie sie zum Gesetz wird. Als Gründe geben die Motive an: Gegen den gänzlichen Ausschluss der Unterhaltspflicht fielen der anderslautende Standpunkt des preußischen Allgemeinen Landrechts sowie des sächsischen bürgerlichen Gesetzbuchs und die Rücksicht auf die öffentliche Armenpflege ins Gewicht (Motive S. 700), für die Verknüpfung von Enterbungs- und Unterhaltsverweigerungsursache sprächen eine größere Rechtssicherheit bei der praktischen Anwendung und eine Fortführung des bestehenden Rechtszustandes in Preußen und Sachsen (Motive S. 701).

[292] *Olshausen* in Staudinger, § 2339, Rz. 20.

[293] Zum Erbrecht der früheren DDR vgl. *Mampel*, NJW 1976, 593 ff.

verstanden im heutigen Sinne – noch nicht gesprochen werden. Erst im Laufe der Zeit verdichteten sich die moralischen Unterhaltspflichten zu subjektiven Rechten der Betroffenen. Der Einfluss der Kirche im Hinblick auf die Herausbildung gegenseitiger Unterhaltsverpflichtungen ist – bedingt durch die Zuständigkeit geistlicher Gerichte für Unterhaltsstreitigkeiten – vergleichsweise groß. Hier finden sich bereits naturrechtliche Begründungmuster. Verpflichtungen der Kinder, ihre bedürftigen Eltern zu versorgen, finden sich bereits im zweiten Jahrhundert. Auch Unterhaltsverwirkungsgründe sind aus dieser Zeit bekannt. Im Zeitalter der Glossatoren wird die Unterhaltsverwirkung – parallel zu den Enterbungsvoraussetzungen – angeknüpft an „undankbares Verhalten". In der Folgezeit steht der Rechtsgrund der Alimentationspflicht, seine innere Rechtfertigung, im Mittelpunkt der Diskussion. Insbesondere der Begründungsansatz für die Verpflichtung zum Elternunterhalt wird für rechtfertigungsbedürftig gehalten und rege diskutiert.

Im Naturrechtszeitalter nimmt man – dies ein Novum – Abstand von einer vollkommenen Versagung von Unterhaltsleistungen; auch bei grobem Fehlverhalten soll zumindest der notdürftige Unterhalt gezahlt werden. Dieser Gedanke findet auch in den großen Naturrechtskodifikationen seinen Ausdruck. Erst die Pandektistik im 19. Jahrhundert wendet sich – entsprechend dem *ad-fontes*-Gedanken – gegen diesen Ansatz.[294] Das BGB greift schließlich – anders als die zeitgenössische Strömung – die naturrechtliche Idee, dass eine gänzliche Verwirkung nicht in Betracht kommt, auf.

1.1.2.13 Die Entwicklung des Elternunterhalts in der jüngeren Zeit

1.1.2.13.1 Aktuelle Probleme des Elternunterhaltsrechts

Die Frage, in welchem Umfang Kinder zu Unterhaltsleistungen für ihre betagten Eltern herangezogen werden können, hatte den BGH bis zur Erweiterung des Zuständigkeitskatalogs des § 23b I Nr. 5 GVG zum 1.7.1998[295] nur ausnahmsweise beschäftigt.[296] Seit der Reform hatte der BGH nun in mehreren Entscheidungen zum Elternunterhalt[297] – dies begrüßenswert hinsichtlich einer Rechts-

---

[294] *Krause*, Unterhaltsansprüche, S. 186.

[295] Erst seit diesem Zeitpunkt ist der Elternunterhalt den Familiengerichten zugewiesen (mit den Oberlandesgerichten als Berufungs- bzw. dem Bundesgerichtshof als Revisionsinstanz).

[296] Etwa BGH NJW 1992, 1393.

[297] Beispielsweise etwa BGH FamRZ 2002, 1698; FamRZ 2003, 860, 1179, 1836; FamRZ 2004, 186 (m. Anm. *Schürmann*), 366, 792, 1097; FamRZ 2006, 935, 1511; in jüngerer Zeit vgl. etwa BGH FamRZ 2010, 1535, 1888.

vereinheitlichung divergierender obergerichtlicher Rechtsprechung – Gelegenheit zur Festlegung unterhaltsrechtlicher Grundsätze. Meist handelt es sich um den Regress der Sozialhilfeträger, direkte Klagen von Eltern gegen ihre Kinder bilden eher die Ausnahme.[298] Die Pflicht zum Elternunterhalt ist zwar rechtspolitisch umstritten,[299] der Gesetzgeber hat sie allerdings beibehalten. Als Ausprägung der Generationensolidarität lässt sie sich begreifen als Kompensation, dies in zweierlei Richtung: Zum einen stellt sie einen Ausgleich für erbrachte „Leistungen" – Zuwendungen pädagogischer und finanzieller Art – seitens der Eltern an die Kinder dar, zum anderen spielt hier auch die Erberwartung Letztgenannter mit hinein.[300] Vergleicht man die Begründungsmuster in den Entscheidungen hinsichtlich gesellschafts- oder sozialpolitischer Überlegungen, so sind zwei Punkte hervorzuheben:[301] Zunächst wird hinsichtlich der inneren Rechtfertigung der Unterhaltspflicht auf die Wechselseitigkeit der Leistungen von Eltern und Kindern abgestellt, ferner wird die Subsidiarität der Sozialhilfe betont. Sozialpolitische Prämisse ist insofern ein starkes Familienbild, die wechselseitige Unterhaltspflicht gebietet hiernach eine gewisse Zurückhaltung seitens des Staates.[302] Vor dem Hintergrund der Krise des Sozialstaats[303] mag die Betonung der staatstragenden Funktion der Familie nicht verwundern.[304] Auf der anderen Seite finden sich – gegenläufig hierzu – Begründungsmuster für eine Abschwächung der Unterhaltspflicht. Im Hinblick auf das beim Elternunterhalt besonders deutlich zutage tretende Risiko der Unvorhersehbarkeit seien diesbezügliche Belastungen – unter Zugrundelegung eines universalistischeren Verständnisses von Staat und Bürger – in erster Linie von der Allgemeinheit zu tragen.[305] Hier tritt ergänzend hinzu die Unsicherheit bezüglich künftiger Renten als eine Frage, die im Rah-

---

[298] *Brudermüller*, NJW 2004, 633, dort auch instruktiv zur Berechnung des Elterunterhalts.

[299] Schwab/Henrich, Familiäre Solidarität, S. 39; der 64. Deutsche Juristentag 2002 hat die Beibehaltung des Elternunterhalts mit der Maßgabe einer eher moderaten Inanspruchnahme der Kinder empfohlen. Kritisch zum Elternunterhalt *Ruland*, JuS 2005, 973; differenzierend hierzu *Lüscher/Hoch*, FPR 2003, 648 ff.

[300] So auch *Krauß*, DNotZ 2004, 502, 504.

[301] Vgl. die Untersuchung von *Lüscher/Hoch*, FPR 2003, 648, 650.

[302] Beispielhaft etwa AG Soest, 3 C 613/95: *„Da andererseits ein menschenwürdiges Leben bei Pflegebedürftigkeit mit sehr hohen Kosten verbunden ist, wäre der Staat, d. h. die Allgemeinheit, schnell finanziell völlig überfordert, wenn nicht im Rahmen der gesetzlichen Unterhaltspflichten die Kinder verstärkt zum Unterhalt ihrer Eltern herangezogen würden."*

[303] In diesem Kontext sind namentlich die immensen Kosten für Pflegeleistungen zu nennen.

[304] *Lüscher/Hoch*, FPR 2003, 648, 650.

[305] Vgl. insoweit *Lüscher/Hoch*, FPR 2003, 648, 650.

men der Leistungsfähigkeit zu berücksichtigen sei.[306] Eine besondere Relevanz im Rahmen der Geltendmachung von Unterhaltsansprüchen der Eltern gegenüber ihren Kindern entfaltet § 1611 Abs. 1 Satz 2 BGB als Ausschlussgrund.[307]

1.1.2.13.2 § 1611 Abs. 1 Satz 2 BGB in der jüngeren Rechtsprechung

Die obergerichtliche Rechtsprechung hatte sich vorwiegend mit der Anwendung des Verwirkungstatbestands nach § 1611 Abs. 1 Satz 2 BGB und dem Ausschluss des Anspruchsübergangs auf den Träger der Sozialhilfe wegen unbilliger Härte nach § 94 Abs. 3 SGB XII zu befassen.[308] Nach letztgenannter Vorschrift kann der Übergang des – materiellrechtlich bestehenden – Unterhaltsanspruchs auf den Sozialleistungsträger ausgeschlossen sein. Dies ist der Fall, soweit der Anspruchsübergang eine unbillige Härte[309] darstellen würde. Maßgeblich kommt es hierbei auf eine etwaige Vernachlässigung sozialer Belange im Zusammenhang mit dem Anspruchsübergang an. Die im Rahmen der vorliegenden Untersuchung relevanten Störungen familiärer Beziehungen sind allerdings rein zivilrechtlich einzuordnen und daher nur im Anwendungsbereich des § 1611 BGB virulent.[310] Zwei Beispiele aus der jüngeren Rechtsprechung seien hier ge-

---

306 So etwa das AG Donaueschingen (2 C 28/96): *„Hier will die Beklagte mit einer privaten Rentenversicherung aber gerade kein Kapital bilden, sondern sich eine zusätzliche Altersversorgung aufbauen. Dies erscheint bei der heutigen Unsicherheit, wie es mit den Renten aus der gesetzlichen Rentenversicherung weitergehen wird, durchaus vernünftig.“*

307 Zur Bedeutung der Billigkeitsklausel des § 1611 BGB im Rahmen des Verwandtenunterhaltsrechts vgl. *Griesche,* FPR 2005, 335 f.

308 *Reinken,* FPR 2011, 125, 129.

309 Der Begriff der *„unbilligen Härte“* im Sozialrecht hat mit den zivilrechtlichen Verwirkungstatbeständen nichts zu tun. Die (wandelbaren) Anschauungen der Gesellschaft spielen hier eine gewisse Rolle (vgl. *Hußmann*, NJW 2010, 3695, 3697); die Härte kann sowohl materieller als auch immaterieller Art sein, abzustellen ist auf die Person des Pflichtigen wie auch des Berechtigten, intrafamiliäre Beziehungen wie auch soziale Belange sind zu berücksichtigen (vgl. *Hußmann*, a. a. O. mit Beispielsfällen); vgl. hierzu auch *Höland/Sethe*, Elternunterhalt, S. 28 (erkennbarer Bezug zum Sozialhilferecht).

310 *Reinken,* FPR 2011, 125, 129; zur unterschiedlichen Zielrichtung BGH, NJW 2010, 3714 (aus den Leitsätzen): *„Eine Störung familiärer Beziehungen i.S. des § 1611 BGB genügt grundsätzlich nicht, um eine unbillige Härte i.S. des § 94 III 1 Nr. 2 SGB XII zu begründen und damit einen Anspruchsübergang auf den Träger der Sozialhilfe auszuschließen. Etwas anderes gilt nur dann, wenn der nach § 1611 BGB zu beurteilende Lebenssachverhalt aus Sicht des Sozialhilferechts auch soziale Belange erfasst, die einen Übergang des Anspruchs nach öffentlich-rechtlichen Kriterien ausschließen (Klarstellung zu Senat, NJW-RR 2004, 1298 = FamRZ 2004, 1097).“* Sind die Voraussetzungen für eine Verwirkung nach § 1611 BGB erfüllt, ist § 94 SGB XII demnach schon deshalb nicht einschlägig, weil es an einem Unterhaltsanspruch fehlt, der auf den Sozialhilfeträ-

nannt: Nach einer Entscheidung des OLG Celle ist eine Kürzung des Unterhaltsanspruchs nach § 1611 Abs. 1 BGB dann gerechtfertigt, wenn zwischen dem unterhaltspflichtigen Kind und dem in einer Pflegeeinrichtung aufgenommenen Elternteil, für den der Sozialleistungsträger in Höhe eines Teilbetrags die Heimkosten getragen hat, über einen Zeitraum von rund 30 Jahren kein Kontakt mehr bestanden hat.[311] Eine Verwirkung nach § 1611 Abs. 1 Satz 1 Alt. 3 BGB wegen einer schweren Verfehlung des Unterhaltsberechtigten gegenüber dem in Anspruch genommenen Kind setzt neben dem objektiven Tatbestand voraus, dass den Unterhaltsberechtigten hinsichtlich des beanstandeten Verhaltens ein Verschulden trifft, an dem es krankheitsbedingt – im Fall wegen einer psychischen Erkrankung – fehlen kann; ein im natürlichen Sinn vorsätzliches Handeln ist nicht ausreichend.[312]

1.1.2.13.3 § 1611 BGB als Billigkeitsklausel

Die Vorschrift, die im Laufe der Zeit mehrfach geändert worden ist,[313] enthält in ihrer jetzigen Fassung eine negative Billigkeitsklausel.[314] Sie regelt die Voraussetzungen, unter denen im Verwandtenunterhaltsrecht bei Vorliegen eines groben Fehlverhaltens des Unterhaltsberechtigten gegenüber dem Unterhaltspflichtigen oder gegenüber dessen nahen Verwandten ein Unterhaltsanspruch herabgesetzt oder ganz ausgeschlossen werden kann. Als Ausnahmevorschrift gebietet § 1611 BGB eine enge Auslegung.[315] Dies gilt umso mehr für Abs. 1 Satz 2

ger übergehen könnte. § 94 III 1 Nr. 2 SGB XII erfordert einen Bezug zum Sozialhilferecht in der Form, dass der zu beurteilende Lebenssachverhalt auch soziale Belange erfasst, die einen Anspruchsübergang nach öffentlich-rechtlichen Kriterien ausschließen können. Es muss ein kausaler Zusammenhang zu einem Handeln des Staats oder seiner Organe vorliegen. In der „Kriegskind-Entscheidung“ (BGH, NJW-RR 2004, 1298) war die – der Vernachlässigung des Kindes zugrunde liegende – psychische Erkrankung durch den Kriegsdienst des Elternteils verursacht worden, dies musste sich der Staat zurechnen lassen (hierzu *Born*, LMK 2010, 311021).

311 OLG Celle, NJW 2010, 3727.

312 OLG Hamm, FamRZ 2010, 303; BGH, NJW 2010, 3714 (Revisionsentscheidung zum vorgenannten Urteil des OLG Hamm).

313 Vgl. zur Geschichte der Norm Staudinger-*Engler*, BGB, § 1611, Rz. 3 f.: Die jetzige Fassung der ersten beiden Absätze der Norm beruht auf Art. 1 Nr. 13 des Nichtehelichengesetzes vom 19.8.1969. Die vorher ausdrücklich niedergelegte Verweisung auf die Pflichtteilsentziehungsgründe wurde aufgehoben, hinsichtlich der Verwirkungsfolgen ist nun – anstatt der früheren Beschränkung des Unterhalts auf den notdürftigen – eine Billigkeitsklausel getreten; vgl. hierzu auch Soergel-*Häberle*, § 1611, Rz. 1

314 *Griesche*, FPR 2005, 335.

315 MüKo-*Born*, § 1611 Rz. 2; *Griesche*, FPR 2005, 335 weist auf die Parallelen zu §§ 1361 Abs. 3, 1579 BGB hin.

der Vorschrift, der die völlige Versagung des Unterhalts vorsieht. Die praktische Bedeutung der Vorschrift hat in den letzten zwanzig Jahren erheblich zugenommen.[316] Auf die verschiedenen Ursachen für diese Entwicklung haben *Griesche* und *Finger*[317] hingewiesen: Neben Entfremdungstendenzen innerhalb der Familie spielen eine Rolle die Verknappung der öffentlichen Mittel aber auch der Übergang der Zuständigkeit der Prozesse um Elternunterhalt auf die Familiengerichte.[318]

1.1.2.13.4 Der Regelungsgehalt des § 1611 BGB

Die Vorschrift umfasst drei Varianten, die zur Herabsetzung bzw. zum gänzlichen Wegfall des Unterhaltsanspruchs führen.[319] Der erste Fall (Bedürftigkeit des Berechtigten durch sein sittliches Verschulden) setzt ein Verhalten voraus, das sittliche Missbilligung verdient. In der Rechtsprechung wurden in diesem Zusammenhang Alkohol- und Drogenprobleme diskutiert, aber auch Arbeitsscheu, Verschwendung sowie kriminelle Lebensführung.[320] Der zweite Fall – gröbliche Verletzung der eigenen Unterhaltspflicht gegenüber dem Unterhaltspflichtigen – spielt beim Kindesunterhalt keine praktische Rolle, von Relevanz ist diese Variante allerdings beim Elternunterhalt. Der dritte Fall (vorsätzliche schwere Verfehlung gegenüber dem Unterhaltspflichtigen bzw. dessen nahen Verwandten) ist in der gerichtlichen Praxis von großer Bedeutung. Entscheidend ist, ob dem Unterhaltsberechtigten eine tief greifende Beeinträchtigung schutzwürdiger wirtschaftlicher und persönlicher Interessen des Pflichtigen anzulasten ist, die einen besonders groben Mangel an verwandtschaftlicher Gesinnung und menschlicher Rücksichtnahme verrät.[321] Unter diesem Aspekt ist eine schwere Verfehlung im Fall tätlicher Angriffe auf den Unterhaltspflichtigen, ständiger grober Beleidigungen und Bedrohungen sowie auf berufliche oder wirtschaftliche Schädigung zielender Denunziation angenommen worden.[322] Zu beachten ist allerdings, dass sich allgemein verbindliche Grundsätze nicht aufstellen lassen,

---

[316] *Griesche*, FPR 2005, 335, 336.

[317] FPR 2005, 335, 336; FamRZ 1995, 969.

[318] Eine Besserung ist nach *Griesche* (a. a. O.) nicht in Sicht, vielmehr werde § 1611 BGB auch künftig die Gerichte in starkem Maße beschäftigen.

[319] Bei Anwendung der Vorschrift muss in den Urteilsgründen klar gesagt werden, welches dieser Tatbestandsmerkmale einschlägig ist.

[320] Vgl hierzu *Griesche*, FPR 2005, 335, 336 mit Rechtsprechungsnachweisen.

[321] *Griesche*, FPR 2005, 335; OLG München, FamRZ 1992, 595, 597; OLG Celle, NJW-RR 1994, 324; MüKo-*Born*, § 1611, Rz. 23.

[322] Vgl. OLG München, FamRZ 1992, 595, 597; OLG Celle, NJW-RR 1994, 324; OLG Hamm, FamRZ 1993, 468; OLG Düsseldorf, FamRZ 1995, 957.

die erforderliche Billigkeitsabwägung vielmehr anhand der konkreten Umstände des jeweiligen Einzelfalls zu erfolgen hat.

1.1.2.13.5 Völliger Ausschluss nach § 1611 Abs. 1 Satz 2 BGB

Ein völliger Ausschluss des Unterhalts kommt nach § 1611 Abs. 1 Satz 2 BGB nur in Betracht, wenn die Inanspruchnahme des Pflichtigen grob unbillig wäre. Es herrscht Übereinstimmung dahingehend, dass die Aberkennung des Unterhalts nur dann möglich ist, wenn das Fehlverhalten des Bedürftigen so schwerwiegend war, dass selbst die Leistung eines geringfügigen Betrags dem Gerechtigkeitsempfinden in unerträglicher Weise widersprechen würde.[323]

1.1.2.13.6 Die Verwirkung von Elternunterhalt, insbesondere unter Berücksichtigung der Rechtsprechung des BGH

In der Vergangenheit haben sich Rechtsprechung und Schrifttum nur wenig mit dem Elternunterhalt befasst. Dies mag vor allem darauf beruht haben, dass Eltern zur Erhaltung des Familienfriedens nur selten geneigt waren, trotz wirtschaftlicher Notlage ihre erwachsenen Kinder auf Unterhalt gerichtlich in Anspruch zu nehmen.[324] Ferner fiel bis zur Reform des Gerichtsverfassungsgesetzes im Jahr 1998 der Elternunterhalt in die Zuständigkeit der allgemeinen Zivilgerichte, sodass der BGH nur eine wichtige Entscheidung zu dieser Problematik getroffen hat.[325] Vom BGH sind Grundsätze entwickelt worden, nach denen der Anspruch auf Elternunterhalt gegenüber allen anderen gesetzlichen Unterhaltsansprüchen erheblich schwächer einzustufen ist.[326] In seiner Grundsatzentscheidung vom 19. Mai 2004[327] hat er sich mit der Anwendung des § 1611 BGB auf einen Fall befasst, in dem der Träger der Sozialhilfe einen Anspruch aus übergeleitetem Recht geltend gemacht hatte. Die Verwirkung des Anspruchs auf Elternunterhalt wurde bejaht, weil die Mutter ihr Kind im Kleinkindalter bei den Großeltern zurückgelassen und sich in der Folgezeit nicht mehr um dieses gekümmert hatte. Die Prüfung der 2. Alternative des § 1611 Abs. 1 Satz 1 BGB wurde unter Erörterung der Thematik, ob neben der Verletzung der Barunterhaltspflicht auch eine Vernachlässigung der Betreuung darunter fällt, bejaht. Letztlich hat der BGH die Frage, ob eine gröbliche Vernachlässigung der Unter-

---

[323] *Griesche*, FPR 2005, 335, 338; BGH, NJW 2004, 3109.

[324] *Griesche*, FPR 2005, 335, 338.

[325] FamRZ 1992, 795: Der im Vergleich zum Kindesunterhalt gelockerte Maßstab wird mit dem Argument begründet, Kinder trügen bereits durch ihre Rentenversicherungsbeiträge zur Finanzierung der Elterngeneration bei („Generationenvertrag").

[326] *Griesche*, FPR 2005, 335, 339; BGH NJW 2003, 128.

[327] NJW 2004, 3109.

haltspflicht anzunehmen sei, jedoch dahinstehen lassen, da die Mutter sich vorsätzlich einer schwerwiegenden Verfehlung gegen ihr Kind schuldig gemacht hat.

1.1.3 Vergleichende Zusammenfassung

Die Entwicklung des Unterhaltsrechts und der Erbunwürdigkeit weist interessante Parallelen auf. Sie hängen zusammen mit dem grundlegenden Bewusstseinswandel der Menschen im Laufe der Zeit. Was zunächst den Unterhaltsanspruch anbelangt, so konnte sich ein solcher in frühester Zeit, als der Mensch lediglich als Glied eines familiären Verbandes erschien, systembedingt nicht herausbilden. Erst mit zunehmender Individualisierung verdichtet sich die moralische Verpflichtung zu einem durchsetzbaren Rechtsanspruch. Mit der Statuierung einer rechtlichen Unterhaltspflicht stellte sich die Folgefrage, unter welchen Umständen eine solche wieder entfallen sollte. Der problematische, da in seiner Reichweite nicht leicht bestimmbare, Begriff des „Fehlverhaltens“ taucht hier auf. Dieses Phänomen ist aber auch dem Erbrecht nicht unbekannt. Schon früh wurde es als mit den moralischen Grundsätzen der Allgemeinheit unvereinbar angesehen, wenn die Erbschaft jemandem anfiel, der sich ihrer aufgrund eines bestimmten Fehlverhaltens nicht würdig erwiesen hatte. Betrachtet man den Bezugspunkt des Fehlverhaltens, so lässt sich – sowohl was das Unterhalts- als auch das Erbrecht anbelangt – eine interessante Feststellung treffen. In beiden Fällen basiert der Gedanke der „Verwirkung“ auf einer Gerechtigkeitsidee, die ursprünglich nicht das besondere Verhältnis zwischen Erblasser und Erben bzw. Unterhaltspflichtigen und -berechtigten in den Mittelpunkt stellte, sondern von den sittlichen Anschauungen des Gemeinwesens getragen war. Der öffentlichrechtliche Charakter, und somit auch Parallelen zum Strafrecht, treten hier zutage.[328]

Im Laufe der Zeit ändert sich dieses Begründungsmuster. Das unterhalts- und erbrechtliche Rechtsaussichten ausschließende Fehlverhalten ist nicht an einen bestimmten Gesetzesverstoß unabhängig von dessen Zielrichtung geknüpft, erforderlich ist vielmehr eine Verfehlung, die in besonderer Weise im Hinblick auf die Person des Erblassers bzw. Unterhaltsverpflichteten sanktionswürdig erscheint. Das besondere Näheverhältnis der Beteiligten wird also in den Vordergrund gestellt, an die Stelle öffentlicher Moralvorstellungen treten persönliche Erwartungshaltungen der Beteiligten. Der Begriff des „Undanks“ taucht sowohl im Unterhaltsrecht als auch im Erbrecht auf, die Glossatoren

---

[328] In der Konsequenz spielte auch eine etwaige Verzeihung des Erblassers in der römischen Indignitätslehre keine Rolle.

nahmen die innere Parallele zum Anlass, die Voraussetzungen der Unterhaltsverwirkung den Enterbungsgründen zu entnehmen, und so letztlich einen entsprechenden Gleichlauf bewirkten. Wohl ohne sich dessen bewusst zu sein, brachten sie somit unterhalts- und erbrechtliche Elemente in ein äußeres System. Dabei ist festzuhalten, dass im gemeinen Recht Enterbung (in der Terminologie des BGB müsste man von Pflichtteilsentziehung sprechen) und Erbunwürdigkeit bzw. Erbunfähigkeit nicht immer trennscharf unterschieden wurden.[329] Für diese Untersuchung ist das insofern von Relevanz, als die Unterhaltsverwirkung sonach – in heutigen Kategorien gedacht – sowohl im Rahmen des Pflichtteilsentziehungs- als auch des Erbunwürdigkeitsrechts eine Rolle spielen kann. Erb- und Unterhaltsrecht stehen sonach nicht beziehungslos nebeneinander, sondern bedingen sich gegenseitig, greifen ineinander. Dies galt zumindest für das gemeine Recht. Erst im 19. Jahrhundert setzte in zweierlei Hinsicht eine Trennung ein:

Zum einen entkoppelte das sächsische BGB die Erbunwürdigkeit von moralischen Verfehlungen, die bis dahin den Hauptzweck des Instituts der Erbunwürdigkeit bildeten und auch heute noch in vielen Rechtsordnungen bilden. Der Leitgedanke der Erbunwürdigkeit wurde nunmehr in sehr einseitiger Weise im Schutz der Testierfreiheit des Erblassers gesehen. Diese Konzeption hat der Gesetzgeber bei Schaffung des BGB übernommen, was letztlich einen Bruch mit dem traditionellen Verständnis bedeutete.

Zum anderen wurde im Rahmen der Unterhaltsverwirkung die bloße Bezugnahme der Enterbungsgründe als unzureichend empfunden. Eine generalklauselartige Regelung wurde teilweise für angemessener erachtet.

Was den Rechtsgrund der Unterhaltspflicht anbelangt, so hat die geschichtliche Entwicklung gezeigt, dass eine Verpflichtung der Kinder zum Unterhalt ihrer bedürftigen Eltern bereits in früher Zeit anzunehmen ist. Interessant ist, wie sich die Begründungsmuster hinsichtlich einer entsprechenden Verpflichtung im Laufe der Zeit gewandelt haben. Der Einfluss geistesgeschichtlicher Strömungen ist unverkennbar, die Bandbreite groß. So wird die Pflicht teils *ex officio pietatis* abgeleitet, teils wird die verwandtschaftliche Abstammung als Rechtsgrund angesehen, zu nennen sind ferner: Das Gebot von Natur und Gerechtigkeit, ein christlich-religiöser Bezugspunkt, auch allgemeine Gerechtigkeitserwägungen werden angeführt, insbesondere ein Gegenseitigkeitsverhältnis

---

329 Dies erklärt auch die unterschiedlichen Konzeptionen der Rechtsordnungen heutzutage, teilweise wird die Erbunwürdigkeit als relative Erbunfähigkeit verstanden, vgl. hierzu näher den Länderüberblick unter 1.2.1.

statuiert, letztlich finden sich – dies ein Gedanke, der in heutiger Zeit angesichts der Krise des Sozialstaats eine Renaissance erlebt – auch öffentlich-rechtliche, sozialpolitische Motive.

Heutzutage wird in diesem Zusammenhang mit dem Begriff der „familiären Solidarität" argumentiert, hinsichtlich der diffusen Reichweite freilich wenig fruchtbringend für die konkrete Frage nach dem eigentlichen Grund des Unterhalts-, insbesondere des Elternunterhaltsrechts. Hinzu kommt die in jüngerer Zeit immer häufiger gestellte Frage, in welchem Maße erwachsene Kinder angesichts ihrer Sozialversicherungsabgaben, ergänzender Finanzierung von Altersbezügen über Steuerbeiträge sowie etwaiger Unterhaltsverpflichtungen gegenüber eigenen Abkömmlingen nicht bereits einen entsprechenden Beitrag zur Generationensolidarität geleistet haben.[330] Eng mit dem Begriff der familiären Solidarität – im Sinne eines Gefühls der Zusammengehörigkeit und damit eines Füreinandereintretens der Familienmitglieder – verknüpft ist die Unterhaltsverwirkung, deren Sinn gerade darin besteht, Störungen dieses „Systems" zu begegnen. Dieser Problemkreis wird im Rahmen einer etwaigen Reform der Erbunwürdigkeitsgründe noch eine Rolle spielen.[331] Im Erbrecht stellen sich ähnliche Fragen, auch hier spielt bei der Frage nach der Rechtfertigung des Familienerbrechts – insbesondere im Hinblick auf eine notwendige Teilhabe naher Angehöriger am Vermögen des Erblassers – der Begriff der „familiären Solidarität" eine entscheidende Rolle.

1.2 Rechtsvergleichender Überblick

Der nun folgende rechtsvergleichende Überblick über das Erbunwürdigkeitsrecht in den verschiedenen Ländern beschränkt sich weitgehend auf konzeptionelle Fragen. Auf die konkrete Ausgestaltung der Erbunwürdigkeitsgründe wird nur insoweit eingegangen, als dies für den Untersuchungsgegenstand von Interesse ist. Hervorzuheben sei an dieser Stelle, dass die dem deutschen Recht bekannte Trennung von Pflichtteilsentziehungsvorschriften und Erbunwürdigkeitsrecht in einigen Ländern so nicht existiert. Schon die Pflichtteilsrechte sind innerhalb Kontinentaleuropas alles andere als einheitlich. Teils übernimmt das Erbunwürdigkeitsrecht die Funktion der Pflichtteilsentziehung. Italien etwa kennt das Institut der Pflichtteilsentziehung nicht. Strukturell löst es den Konflikt zwischen Testierfreiheit und familiärer Nachlassteilhabe über das Institut der Erbunwürdigkeit: nur im Falle der Erbunwürdigkeit verliert der Pflichtteilsberechtigte seinen Pflichtteil. Teilweise operieren Rechtsordnugnen mit Verwei-

---

[330] Vgl. hierzu *Brudermüller*, NJW 2004, 633, 634.

[331] Vgl. hierzu unten 1.3.1.3.

sungen: So kennt Österreich zwar beide Institute, allerdings wird im Pflichtteilsentziehungsrecht auch explizit auf die Erbunwürdigkeitsgründe verwiesen. Ferner finden sich generalklauselartige Regelungen. Interessant ist der Befund, dass im Laufe des 20. Jahrhunderts und bis ins 21. Jahrhundert hinein einige Rechtsordnungen ihre Vorschriften über die Erbunwürdigkeit reformiert haben.[332] Auch diese Entwicklungslinien werden im Folgenden aufgezeigt.

1.2.1 Länderüberblick: Erbunwürdigkeitsrecht

1.2.1.1 Frankreich

Im französischen Recht ist die Erbunwürdigkeit im *Code civil* in den Art. 726 ff. geregelt. Die Vorschriften blieben über nahezu zwei Jahrhunderte unverändert. Wie auch in anderen Bereichen hat der *Code civil* insbesondere im Erbunwürdigkeitsrecht konzeptionell mit dem *Ancien Droit* gebrochen. Dieses war noch im Wesentlichen der römisch-rechtlichen Tradition verhaftet, wonach dem Erblasserwillen maßgebliche Bedeutung zukam und sonach auch die gesetzliche Erbfolge letztlich in dem mutmaßlichen Willen des *de cujus* ihre Rechtfertigung fand. In der Konsequenz wurde die Erbunwürdigkeit als eine stillschweigende Enterbung (im Sinne einer gesetzlichen unwiderleglichen Vermutung) aufgefasst. Der *Code civil* von 1804 folgt nun einer hiervon bereits im Grundsatz abweichenden methodischen Konzeption. Die Erbunwürdigkeit wird im System des *Code civil* nicht mehr als vermutete Enterbung gedeutet, vielmehr betrachtet man jene als *„déchéance légale d'ordre public"*[333], in deren Konsequenz der Wille des Erblassers überhaupt keine Rolle mehr spielt: *„La volonté souveraine de la loi s'est substituée à la volonté présumée du de cujus."*[334] Aus diesem Grunde wurden (bis zur Reform) die Unwürdigkeitsfälle als zwingend angesehen, eine Verzeihung als wirkungslos erachtet.[335] Die Unwürdigkeit trat vor der Reform stets *ipso iure* ein, d. h. ohne Ereptionsklage.[336] Konzeptionell wurde die Erbunwürdigkeit als eine Privatstrafe aufgefasst, welche – unabhängig vom Willen des Erblassers – zur gesetzlichen Verwirkung der Erbeneigenschaft führte.[337]

---

[332] Vgl. hierzu *Zimmermann*, FS Koziol, S. 463, 489.

[333] *Donnier,* JClCiv zu Art. 725–729-1, 2010, Nr. 10.

[334] *Donnier,* JClCiv zu Art. 725–729-1, 2010, Nr. 10.

[335] *Donnier,* JClCiv zu Art. 725–729-1, 2010, Nr. 2.

[336] Allerdings bedeutete dies nicht das Absehen von einer Gerichtsentscheidung. Die Fälle des Art. 726 *Code civil* setzen gerade eine strafrechtliche Verurteilung voraus.

[337] *Donnier,* JClCiv zu Art. 725–729-1, 2010, Nr. 2; diese Konzeption kann nach der Reform des französischen Erbunwürdigkeitsrechts in ihrer Absolutheit als überholt angesehen werden.

In jüngerer Zeit sahen sich die französischen Erbunwürdigkeitsvorschriften verstärkter Kritik ausgesetzt, zu streng und ungerecht seien die Regelungen.[338] In der Tat ließ die enge Fassung der Erbunwürdigkeitstatbestände in Art. 727 *Code civil* a. F. Erbunwürdigkeitsfälle praktisch kaum vorkommen. Dies fiel umso mehr ins Gewicht, als der *Code civil* weder Enterbung noch Pflichtteilsentziehung kennt, die Erbunwürdigkeitsregeln also funktional an deren Stelle treten.

Im Rahmen der Reform des materiellen Erbrechts, die vor nicht allzu langer Zeit in zwei großen Schritten[339] erfolgte, kam es auch zu einer Modifikation der Erbunwürdigkeitsregeln. Auch nach der Reform nimmt das französische Erbunwürdigkeitsrecht eine *„Sonderrolle in Europa"*[340] ein. Zum einen gibt es nach wie vor unterschiedliche Regelungsregimes für die gesetzliche Erbfolge (Erbunwürdigkeit) und für Vermächtnisse (Widerrufsklage). Fälle einer unlauteren Einwirkung auf den letzten Willen des Erblassers sind nach wie vor nicht berücksichtigt. Die Erbunwürdigkeitsregeln werden noch immer unter dem Aspekt der Strafe konzeptualisiert.[341]

Im Einzelnen ergibt sich folgendes Bild: Art. 726 *Code civil* sieht nur noch zwei Gründe vor, die zwingend zur Erbunwürdigkeit führen. Erbunwürdig und damit *ipso iure* von der gesetzlichen Erbfolge ausgeschlossen sind danach Personen, die wegen versuchter oder vollendeter Tötung des Erblassers oder wegen Körperverletzung oder sonstiger Gewalt mit Todesfolge zu einer Verbrechensstrafe verurteilt sind.[342] Art. 727 *Code civil* ist neugefasst worden. Die Erbunwürdigkeitsgründe sind hierdurch erweitert worden. Erben können sonach für erbunwürdig erklärt werden, wenn sie in den Fällen des Art. 726 *Code civil* zu einer *peine correctionnelle* verurteilt worden sind oder wenn sie sich einer falschen Zeugenaussage gegen den Erblasser in einem Strafverfahren, einer unter-

---

[338] *Zimmermann*, FS Koziol, S. 463, 496. Die Nähe zum Strafrecht (Privatstrafe) findet ihren Ausdruck in der Rechtsanwendung,

[339] Der erste Teil der Reform ist zum 1. Juli 2002, der zweite Teil zum 1. Januar 2007 in Kraft getreten; vgl. auch *Döbereiner* in Süß/Haas, Erbrecht in Europa, S. 395.

[340] *Zimmermann*, FS Koziol, 463, 496.

[341] *Zimmermann*, FS Koziol, 463, 496, auf das Kuriosum hinweisend, dass die Strafe auch *post mortem* ausgesprochen werden könne.

[342] Dass bei den in Art. 726 *Code civil* niedergelegten Erbunwürdigkeitsgründen die Wirkung *ipso iure* eintritt, relativiert sich im Hinblick auf das Bedürfnis richterlicher Klärung freilich insofern, als jene Gründe eine strafrechtliche Verurteilung zwingend voraussetzen. Vgl. hierzu *Donnier,* JClCiv zu Art. 725–729-1, 2010, Nr. 37: *« Le jugement de condamnation entraîne automatiquement l'indignité, sans avoir besoin de la déclarer exprêssement. »*

lassenen Hilfeleistung, die zum Tod des Erblassers geführt hat oder einer falschen Verdächtigung gegenüber dem Erblasser schuldig gemacht haben. Die Tatbestände des Art. 727 *Code civil* führen allerdings nicht *ipso iure* zur Erbunwürdigkeit, vielmehr erfolgt die Erbunwürdigkeitserklärung, wie Art. 727-1 *Code civil* zeigt, auf Betreiben eines Erben oder des Staates innerhalb von sechs Monaten gerichtlich durch das *Tribunal de grande instance.* Eine Verzeihung durch den Erblasser ist nach Art. 728 *Code civil* möglich, und zwar sowohl die Erbunwürdigkeitsgründe des Art. 726 wie auch die des Art. 727 betreffend.[343] Neu ist auch, dass Kinder des Unwürdigen hierdurch von der Erbfolge nicht ausgeschlossen sind; die Erbunwürdigkeit schlägt auf die Repräsentation zur Erbfolge sonach nicht durch (Art. 729-1 *Code civil*).[344]

Eine weitere Besonderheit ist dem Umstand geschuldet, dass das französische Recht – anders als das BGB – keine gewillkürte Erbeneinsetzung kennt.[345] So gelten für letztwillige Verfügungen nicht die Art. 726 ff. *Code Civil*, sondern Art. 1046, 1047 *Code Civil* Art. 1046 enthält eine Verweisung auf die Schenkungsvorschriften der Art. 954 f. *Code Civil* Ein gerichtlicher Widerruf ist danach möglich, wenn der Bedachte einen Anschlag auf das Leben des Erblassers verübt hat (Art. 1046, 955 Nr. 1 *Code Civil*) oder sich einer schweren Verfehlung gegenüber dem Erblasser (Art. 1046, 955 Nr. 2 *Code Civil*) oder gegenüber dessen Andenken (Art. 1047 *Code Civil*) schuldig gemacht hat.[346] Bemerkens-

---

343 Süß/Haas, Erbrecht in Europa, S. 400.

344 *Zimmermann*, FS Koziol, 463, 497; vgl. auch *Jean-Jacques Hyest*, Rapport no. 40 – Proposition de loi relative aux droits du conjoint survivant et des enfants adultérins, Sénat, Session ordinaire de 2001-2002, no. 40, S. 34 : *« Il met fin, par ailleurs, à l'injustice dont étaient victimes les enfants de l'indigne : ceux-ci, qui n'ont commis aucune faute, pourront désormais représenter leur auteur dans la succession dont il est exclu (art. 729-1). Bien qu'en règle générale, on ne puisse représenter que des personnes mortes, cette représentation pourra avoir lieu du vivant même de l'indigne. »*

345 Anders als in Deutschland hat der deutschrechtliche Satz *„deus solus heredes facit"* – über das *droit coutumier* – den *Code civil* dahingehend beeinflusst, dass grundsätzlich nur die gesetzliche Erbfolge Berufungsgrund ist. Die Einsetzung durch Verfügung von Todes wegen schafft keine Erben, sondern begründet nur Vermächtnisse, diese jedoch als Vindikationslegate konzipiert. Die Verfasser des *Code civil* hatten hierbei eine möglichst weitgehende Gleichbehandlung der Erben im Blick, verbunden mit einem tief verwurzelten Misstrauen gegenüber der Testierfreiheit, vgl. vertiefend zur geschichtlichen Entwicklung etwa *Baumann*, Gesetzliche Erbfolge und Möglichkeiten testamentarischer Erbeinsetzung im französischen Code Civil, S. 130 ff.; freilich kann der Erblasser mittels des in Art. 1003 *Code civil* geregelten Universalvermächtnisses einer oder mehreren Personen die Gesamtheit seines Vermögens zuwenden; Im Ergebnis entspricht der Universallegatar letztlich dem gewillkürten Erben im deutschen Recht.

346 Süß/Haas, Erbrecht in Europa, S. 410.

wert ist, dass der unter Nr. 3 des Art. 955 *Code Civil* genannte Unterhaltspflichtverletzungstatbestand („*S'il refuse des aliments*“) von der Verweisung ausdrücklich ausgenommen ist.

Klagebefugt sind gesetzliche Erben und Universalvermächtnisnehmer. Bei einem Widerruf, der auf eine Verfehlung gegenüber dem Andenken des Erblassers gestützt ist, beträgt die Klagefrist ein Jahr ab Begehung der Verfehlung. In den übrigen Fällen kann ein Widerruf gemäß Art. 957-1 *Code Civil* nur innerhalb eines Jahres ab Kenntnis von dem Vergehen bzw. einer Möglichkeit der Kenntnisnahme erfolgen und gemäß Art. 957-2 *Code Civil* nur, wenn der Erblasser innerhalb eines Jahres nach der Verfehlung gestorben ist.

1.2.1.2 Niederlande

In den Niederlanden ist zum 1. Januar 2003 ein neues Erbrecht eingeführt worden. Im Gegensatz zum alten Recht gelten nun die Erbunwürdigkeitstatbestände sowohl für die testamentarische als auch für die Intestaterbfolge.[347] Anders als die frühere Rechtslage es vorsah, wird die Unwürdigkeit aufgehoben, wenn der Erblasser die Unwürdigkeit in unzweideutiger Weise verziehen hat.[348] Die alte Streitfrage nach der Wirkung der Erbunwürdigkeit entschied der niederländische Gesetzgeber im Sinne der ehemals herrschenden Lehre: Sie wirkt *ipso iure*, ein Richterspruch ist nicht erforderlich.[349] Neu eingefügt wurde ein im alten Recht unbekannter Erbunwürdigkeitsgrund, Art. 4:3 I b) BW; hiernach ist erbunwürdig derjenige, der rechtskräftig für ein Verbrechen gegen den Erblasser verurteilt worden ist, worauf nach niederländischen gesetzlichen Maßstäben eine maximal vierjährige Freiheitsstrafe gestellt ist, oder einen Versuch dazu, eine Vorbereitung oder eine Teilhabe an einem derartigen Verbrechen begangen hat.[350] Sichergestellt werden soll damit vor allem, dass Pflichtteilsberechtigte, die sich eines schweren Vergehens gegen den Erblasser schuldig gemacht haben, auch hinsichtlich ihres Pflichtteilsrechts nicht zum Zuge kommen können, anders als im deutschen Recht ist in den Niederlanden eine Entziehung des Pflichtteils nicht möglich.[351]

[347] *Zimmermann*, FS Koziol, S. 463, 494.
[348] Art. 4:3 Abs. 3 BW.
[349] Art. 4:3 BW am Anfang.
[350] *Zimmermann*, FS Koziol, S. 463, 495.
[351] Vgl. *Zimmermann*, FS Koziol, S. 463, 495 (dort Fn. 243).

1.2.1.3 Spanien

In Spanien ist die Erbunwürdigkeit in Art. 756 *Còdigo civil* geregelt.[352] Erbunwürdigkeit hat – sowohl bei testamentarischer wie bei gesetzlicher Erbfolge – Erbunfähigkeit zur Folge. Der spanische *Código civil* kennt mehr Erbunwürdigkeitsgründe als jede andere Kodifikation.[353] Ein interessanter Erbunwürdigkeitsgrund findet sich in Art. 756 Nr. 1: Erbunwürdig sind hiernach Eltern, die ihre Kinder im Stich gelassen oder der Prostitution anheim gegeben haben (*„Los padres que abandonaren, prostituyeren o corrompieren a sus hijos."*). Umstritten ist, ob mit dem Begriff *„abandono"* auch Unterhaltspflichtverletzungen umfasst sind[354]. Teilweise wird dieser Begriff im Sinne eines Mangels an Beistand körperlicher, moralischer oder wirtschaftlicher Art verstanden.[355] Schwierigkeiten bereitet die Tatsache, dass die Verletzung der Alimentationspflicht separat als Pflichtteilsentziehungsgrund genannt ist. Allerdings entfalten diese Gründe keine Wirkung mehr, wenn der Testator sie bei Testamentserrichtung kannte oder später in notarieller Form verziehen hat (Art. 757 *Còdigo civil*). Spanien kennt zudem „Enterbungsgründe" (*desheredaciòn,* art. 813-I und 848 ff. *Còdigo civil*) im Sinne einer Pflichtteilsentziehung. Eine detaillierte und abschließende Aufzählung von Gründen findet sich in den Art. 848 ff., Pflichtteilsentziehungsgründe sind danach die Fälle der Erbunwürdigkeit (Art. 756 *Còdigo civil*) sowie nach Art. 853 *Còdigo civil* weitere spezielle Fälle wie Unterhaltsverweigerung oder tätliche Misshandlung gegenüber dem Erblasser. Nach weiten Teilen der spanischen Literatur handelt es sich in beiden Fällen um *sanciones establecidas como pena privada.*[356]

---

[352] Mit der Verfassung von 1978 wurde dem (unter dem totalitären Regime des *Franco*-Einheitsstaats unterdrückten) Wunsch nach Autonomie Rechnung getragen durch die Möglichkeit der Schaffung von *Comunidades Autónomas*. Die Ausprägung ist regional unterschiedlich stark (sehr umfangreich haben hiervon Gebrauch gemacht die Regionen „Catalunya", „Euskadi" [Baskenland] sowie „Galicia"). Regionale Rechte sind bisweilen auch noch aus älteren Zeiten vorhanden, man spricht hier von den *fueros* oder vom Foralrecht. Namentlich betrifft dies die Regionen Navarra, Baskenland und Aragón. Hiervon ist insbesondere das Familien- und Erbrecht betroffen. Die Sammlungen werden *Compilaciones* genannt, der *Còdigo civil* wird insoweit verdrängt (vgl. hierzu *Adomeit/Frühbeck*, Einführung in das spanische Recht, S. 5 f.).

[353] *Zimmermann*, FS Koziol, S. 463, 487.

[354] Sentencia del Tribunal Supremo, 26.03.1993 (RJ 1993, 2394), Entscheidung abrufbar unter http://www.uclm.es/profesorado/freglero/DSucesiones.htm#_Hlk513903899.

[355] Sentencias del Tribunal Supremo, 28.2.1947 (RJ 1947, 337), Entscheidung abrufbar unter http://www.uclm.es/profesorado/freglero/DSucesiones.htm#_Hlk513903899.

[356] *Fraga*, Indignidad, S. 2 m.w.N für diese Auffassung.

Hinsichtlich der Wirkung der Erbunwürdigkeit wird zwar von einer *„privaciòn automática"*[357] ausgegangen, d. h. diese tritt grundsätzlich *ex lege* ein.[358] Allerdings wird dies dadurch relativiert, dass eine Feststellungsklage innerhalb einer 5-Jahres-Frist zu erheben ist (Art. 762 *Còdigo civil*).

1.2.1.4 Portugal

In Portugal ist 1966 ein neuer *Código civil* in Kraft getreten. Darin sind unter anderem die Vorschriften über die Erbunwürdigkeit gründlich überarbeitet und erweitert[359] worden. Von einem minimalistischen Ansatz[360] kann nun nicht mehr gesprochen werden.[361] Das portugiesische Recht rückt die Erbunwürdigkeit in die Nähe der Erbunfähigkeit.[362] Die einzelnen Gründe sind in Art. 2034 *Còdigo civil* niedergelegt. Allerdings muss die Erbunfähigkeit gerichtlich festgestellt werden; die Klagefrist auf Feststellung der Erbunwürdigkeit beträgt zwei Jahre ab Eröffnung der Erbschaft, ein Jahr ab Verurteilung oder – in bestimmten Fällen – ein Jahr ab Kenntniserlangung. Die Folge der gerichtlichen Feststellung der Erbunwürdigkeit ist die Ungültigkeit der Berufung zur Erbschaft und ihre Rückabwicklung. Der Erbunwürdige gilt als bösgläubiger Besitzer. Das Eintrittsrecht der Abkömmlinge im Rahmen der gesetzlichen Erbfolge wird durch die Erbunwürdigkeit einer Person jedoch nicht berührt.[363] Der Erbunwürdige kann seine Erbwürdigkeit durch ausdrückliche Erklärung des Erblassers im Testament oder durch notarielle Beurkundung auch nach gerichtlicher Feststellung wiedererlangen. Bei Fehlen einer ausdrücklichen Erklärung erbt der vormals Unwürdige im Rahmen einer testamentarischen Erbfolge, wenn der Erblasser den Grund für die Erbunwürdigkeit bei Errichtung des Testaments kannte.[364]

---

[357] *Fraga*, Indignidad, S. 1.

[358] *Fraga*, Indignidad, S. 1, 5, 13 ff.

[359] Auch die versuchte oder vollendete Tötung des Ehegatten, eines Nachkommen oder Vorfahren, ebenso eines Adoptivelternteils oder Adoptivkinds des Erblassers sind nun umfasst. Neu eingeführt wurde auch die Verurteilung wegen verleumderischer Strafanzeige oder wegen falscher Zeugenaussage gegen eine der genannten Personen, bezogen auf eine Straftat, die mit einer Gefängnisstrafe von mehr als zwei Jahren bedroht ist (vgl. hierzu *Zimmermann*, FS Koziol, S. 463, 493).

[360] Die Regelung des Art. 1782 *Código civil* (1867) beschränkte sich auf zwei Gründe: Verurteilung wegen Lebensnachstellung bzw. durch Arglist, Gewalt oder Drohung bewirkte Verhinderung des Widerrufs eines Testaments.

[361] *Zimmermann*, FS Koziol, 463, 493 f.

[362] *Müller-Bromley*, Portugiesisches Zivilrecht, Band 2, S. 95 f.

[363] Art. 2037 *Còdigo civil.*

[364] Art. 2038 *Còdigo civil.*

Interessant in diesem Zusammenhang ist auch die schon eingangs[365] erwähnte Entscheidung des obersten portugiesischen Gerichts: Dieses hatte es als Rechtsmissbrauch angesehen, wenn ein Vater, der die im Alter von 29 Jahren verstorbene Tochter in ihrer Jugend missbraucht hatte, diese beerben würde.[366] Der notwendige Rückgriff auf den Rechtsmissbrauchstatbestand als Korrektiv zeigt die Schwäche abschließender Katalogtatbestände, wie sie das Erbunwürdigkeitsrecht in der Regel vorsieht.

1.2.1.5 Italien

Italien erhielt 1942 einen neuen *Codice civile*, auch die Vorschriften über die Erbunwürdigkeit wurden geändert.[367] Da der *Codice civile* – entsprechend dem französischen Recht – den engsten Familienangehörigen eine dingliche Beteiligung am Nachlass des Erblassers einräumt, über die der Erblasser nicht verfügen darf, kennt auch das italienische Recht keine Pflichtteilsentziehungsgründe. Nur das Vorliegen von Erbunwürdigkeitsgründen kann zu einer Enterbung[368] des Pflichtteilsberechtigten führen. Interessant ist der Befund, dass die Erbunwürdigkeitsgründe der vorsätzlichen Tötung bzw. versuchten Tötung[369] sowie die verleumderische Anzeige des Erblassers[370] nunmehr auf weitere – dem Erblasser nahestehende – Personen ausgedehnt wurden. Dies beruht auf der sozialen Missbilligung der Tatsache, dass die Erbschaft soll erwerben können, wer den Erblasser *„in seinen intimsten Gefühlen“*[371] verletzt hat.[372]

Der Erbunwürdige ist – nach herrschender Ansicht – nicht *ipso iure* von der Erbschaft ausgeschlossen, hierzu bedarf es vielmehr einer diesbezüglichen Klage, zu der diejenigen berechtigt sind, die an Stelle des Erbunwürdigen in die

---

[365] Vgl. oben S. 4.

[366] STJ, 7.1.2010, C.J. Acordãos 2010/I, 10 ff., 13 f.; vgl. hierzu *Jayme*, Portugal, Grundzüge, in: *Jayme/Malheiros* in Ferid/Firsching/Dörner/Hausmann, Portugal 2012, S. 10 (Erbunwürdigkeit).

[367] Vgl. Art. 463 *Codice civile*, Erweiterung auf sechs Erbunwürdigkeitsgründe; vgl. hierzu *Omodei-Salè*, Indegnità a succedere no. 3, Fn. 26; *Zimmermann*, FS Koziol, S. 463, 491 f.

[368] Im Sinne von Pflichtteilsentziehung.

[369] Art. 463 no. 1 *Codice civile.*

[370] Art. 463 no. 3 *Codice civile.*

[371] So *Zimmermann*, FS Koziol, S. 463, 491, unter Zitierung von *Omodei-Salè*, Indegnità a succedere, no. 3, sub a), Fn. 40.

[372] Natürlich stellt sich hier das Folgeproblem, wie weit man den Kreis der „Nahestehenden“ ziehen will.

Erbfolge eintreten würden.[373] Die Möglichkeit einer Verzeihung durch den Erblasser ist erweitert worden. Art. 466 I *Codice civile* von 1942 entspricht Art. 726 *Codice civile* von 1865. Hatte der Erblasser dem Erbunwürdigen verziehen, musste er dies nach früherem Recht im Testament oder in einer öffentlichen Urkunde ausdrücklich erklärt haben (Art. 466 I, 587 II *Codice civile*). Art. 466 II *Codice civile* erlaubt nunmehr auch eine stillschweigende Verzeihung, die darin zu sehen ist, dass der Erblasser den Erbunwürdigen in Kenntnis des Grundes der Erbunwürdigkeit testamentarisch bedacht hat.[374]

1.2.1.6 Österreich

Das österreichische Recht qualifiziert die Erbunwürdigkeit (§ 540 ABGB) als relative Erbunfähigkeit.[375] Die Erbunwürdigkeitsgründe stellen zugleich Pflichtteilsentziehungsgründe dar (§ 770 ABGB). Geändert wurden die §§ 540, 541 ABGB durch die 3. Teilnovelle 1916.[376] Änderungen des § 540 ABGB erfolgten ferner 1974 und 1989. Die Norm wurde einerseits beschränkt (nur noch Verfehlungen gegen den Erblasser selbst, zudem Beschränkungen auf besonders schwere Verfehlungen), andererseits auch erweitert insofern, als die gröbliche Vernachlässigung der sich aus dem Rechtsverhältnis zwischen Eltern und Kindern ergebenden Pflichten dem Erblasser gegenüber aufgenommen wurde (§ 540 ABGB). Gedacht wurde dabei vor allem an die Situation, dass der Erblasser ein testierunfähiges Kind ist, das seine Eltern, die ihm gegenüber ihre Pflichten

---

[373] Teilweise wird dies als einhellige Meinung dargestellt (vgl. etwa *Schömmer/Reiß*, Internationales Erbrecht Italien, Rz. 351: *„[...] muss die Erbunwürdigkeit und der dadurch bedingte Ausschluss von der Erbfolge durch Gestaltungsurteil ausgesprochen werden.“*). Allerdings ist dies durchaus nicht unumstritten. *Zimmermann* weist darauf hin, dass es dem italienischen Reformgesetzgeber darum gegangen war, den Streit unter dem alten Recht über die Wirkungsweise der Erbunwürdigkeit zu beenden (FS Koziol, 463, 492 mit Verweis auf *Omodei-Salè*, Indegnità a succedere, nos. 4 ff.; obwohl Erbunfähigkeit und Erbunwürdigkeit auf zwei verschiedene Kapitel verteilt sind und die Statuierung der Erbunwürdigkeitsgründe nicht mehr mit den Worten: *„Sono incapaci, come indigni, di succedere...“* (nunmehr: *„È escluso dalla successione come indegno...“*), eingeleitet wird, vertreten einige Autoren die Auffassung, die Erbunwürdigkeit begründe eine relative Erbunfähigkeit und wirke *ipso iure* (Nachweise für diese Ansicht finden sich bei *Omodei-Salè*, Indegnità a succedere, no. 5 – *La tesi secondo cui l'indegnità darebbe luogo ad una particolare forma di incapacità di succedere, comportante l'esclusione ope legis dalla successione*).

[374] *Hollmann*, Pflichtteilsrecht und Familienzusammenhang, S. 177; *Zimmermann*, FS Koziol, 463, 492; *Schömmer/Reiß*, Internationales Erbrecht Italien, Rz. 257, 352.

[375] So *Welser* in Rummel-ABGB, § 540, Rz. 1, mit dem Hinweis, dass für diese Form der Erbunfähigkeit die Rücksichtnahme auf den Willen des Erblassers charakteristisch ist.

[376] *Zimmermann*, FS Koziol, S. 463, 489.

in schwerwiegender Weise verletzen, deshalb nicht seinerseits enterben kann.[377] In jüngerer Zeit wird von Seiten der Literatur teilweise eine Reform der Enterbungs- und Erbunwürdigkeitsgründe gefordert, da diese dem heutigen Rechtsgefühl und dem Sittlichkeitsempfinden der Bevölkerung nicht mehr gerecht würden.[378]

1.2.1.7 Belgien

Die vollendete oder versuchte Tötung des Erblassers sowie sonstige schwere Verfehlungen ihm gegenüber ziehen automatisch die Erbunwürdigkeit des Täters nach sich, selbst wenn der Erblasser diese Rechtsfolge nicht wünscht. Konzeptionell begreift das belgische Recht die Erbunwürdigkeit als eine Art von Erbunfähigkeit.[379] Ein abweichender Wille des Erblassers hebt die Erbunwürdigkeit nicht auf, eine Verzeihung ist also nicht möglich.[380] Interessanterweise kennt das belgische Recht auch einen gerichtlichen Ausschluss des überlebenden Ehegatten bei Verlust der elterlichen Sorge für Kinder aus der Ehe mit dem Verstorbenen.[381]

1.2.1.8 Schweiz

Nach schweizerischem Recht führt die Erbunwürdigkeit zur Erbunfähigkeit (Art. 540 ff. ZGB). Konsequenterweise wird die Erbunwürdigkeit von Amts wegen geprüft, ein Gerichtsverfahren ist nicht erforderlich.

1.2.1.9 Kroatien

In Kroatien ist die Erbunwürdigkeit in Art. 131 ErbG geregelt. Neben den bekannten Erbunwürdigkeitsgründen sieht Abs. 4 der Vorschrift Erbunwürdigkeit dessen vor, der sich in schwerwiegender Weise gegen seine Unterhaltsverpflichtung gegenüber dem Erblasser, dem er nach dem Gesetz zum Unterhalt verpflichtet war, vergangen hat, wie auch derjenige, der dem Erblasser nicht die erforderliche Hilfe leisten wollte.

---

377 So *Welser* in Rummel-ABGB, § 540, Rz. 1; zum ganzen auch *Zimmermann*, FS Koziol, S. 463, 490 m. w. N.

378 So *Welser*, ÖstNotZ 2012, 1, 2, der sich insbesondere für einen erweiterten Anwendungsbereich der Erbunwürdigkeit ausspricht und die Erbunwürdigkeit schon bei geringfügigeren Verfehlungen eintreten lassen will als nach gegenwärtiger Gesetzeslage.

379 Ferid/Firsching/Dörner/Hausmann, Belgien, Rz. 71.

380 Süß/Haas, Erbrecht in Europa, S. 281.

381 Vgl. Art. 745 Ziff. 7 C.c. i. V. m. Art. 32, 33 Jugendschutzgesetz; hierzu Ferid/Firsching/Dörner/Hausmann, Belgien, Rz. 112.

1.2.1.10 Tschechische Republik

Neben Enterbungsgründen kennt das tschechische Recht auch die Erbunwürdigkeit. Nach § 469 ZGB ist erbunwürdig, wer gegenüber dem Erblasser, dessen Ehegatten, Kindern oder Eltern eine vorsätzliche strafbare Handlung oder bezüglich der Erklärung des letzten Willens des Erblassers eine verabscheuungswürdige Handlung begangen hat. Die Erbunwürdigkeit tritt bei Vorliegen der Voraussetzungen kraft Gesetzes ein. Der Erblasser hat aber nach § 469 ZGB die Möglichkeit der Verzeihung. Mit einer „verabscheuungswürdigen Handlung" gemeint ist ein Handeln, das die Pläne des Erblassers hinsichtlich seiner letztwilligen Verfügung „durchkreuzen" will. Dies kann z.B. in Form einer widerrechtlichen Drohung, Täuschung oder des Fälschens oder Vernichtens des Testaments geschehen.[382]

1.2.1.11 Recht der früheren DDR

Wie bereits ausgeführt war nach dem Recht der früheren DDR erbunwürdig derjenige, der sich vorsätzlich der durch vollstreckbaren Titel festgestellten Unterhaltspflicht gegenüber dem Erblasser entzogen hat.[383] Pflichtteilsentziehungsvorschriften kannte das Recht der DDR nicht.[384]

1.2.1.12 Zusammenfassende Betrachtung

Konzeptionell interessant ist die Erkenntnis, dass die bereits für das gemeine Recht nicht einheitlich zu beantwortende Frage, ob die Erbunwürdigkeit als Unterfall der Erbunfähigkeit oder vielmehr als eigenständiges Institut zu begreifen ist, sich auch in den modernen Gesetzen niederschlägt. Beispielsweise behandeln das österreichische, das spanische, das belgische und das schweizerische Recht die Erbunwürdigkeit als einen Fall der Erbunfähigkeit. In anderen Rechtsordnungen[385] ist diese Frage zumindest in der Lehre umstritten.

Dem rechtsvergleichenden Überblick lässt sich zunächst entnehmen, dass die Materie der Erbunwürdigkeit in vielen europäischen Rechtsordnungen gerade in jüngerer Zeit Modifikationen erfahren hat. Tendenziell wurden die Erbunwürdigkeitsgründe erweitert. Von *„charakteristischen Entwicklungslinien"* oder *„Anzeichen einer Konvergenz"* kann allerdings nicht gesprochen werden.[386] Die

[382] *Hollmann*, Pflichtteilsrecht und Familienzusammenhang, S. 186.
[383] § 406 Abs. 3 ZGB; *Olshausen* in Staudinger, § 2339, Rz. 20.
[384] Vgl. insgesamt hierzu *Mampel*, NJW 1976, 593 ff.
[385] Beispielsweise Italien.
[386] So zutreffend *Zimmermann*, FS Koziol, 463, 495.

Gesetzesnovellen zeigen jedoch, dass ursprünglich bestehende Erbunwürdigkeitsgründe häufig als zu restriktiv und damit den Bedürfnissen der Praxis nicht angemessen betrachtet wurden. Dies gilt in besonderem Maße für Frankreich, wo das Erbunwürdigkeitsrecht sehr eng gefasst war, zudem ein Pflichtteilsentziehungsrecht nicht vorgesehen war und ist. Bemerkenswert ist das Bestreben einiger Rechtsordnungen, die (klassischen) Verfehlungen gegenüber dem Erblasser auf diesem nahestehende Personen zu erweitern.[387] Das deutsche Recht ist in diesem Punkt sehr restriktiv. Dies verwundert vor dem Hintergrund der Konzeption der Erbunwürdigkeit nach dem BGB nicht: Sieht man den Sinn und Zweck der Erbunwürdigkeit (allein) im Schutz der Testierfreiheit, kommt eine Erweiterung der Erbunwürdigkeitsgründe unter Einbeziehung von Verfehlungen gegenüber einem weiteren Personenkreis nicht in Betracht. An dieser Stelle soll eine kritische Wertung noch unterbleiben. Die Öffnung des Erbunwürdigkeitsrechts vieler europäischer Rechtsordnungen ist eine Tatsache, der sich das deutsche Recht bislang verschlossen hat. Die Reformen auf europäischer Ebene zeugen von einem sich abzeichnenden Sinneswandel hinsichtlich der traditionellen, restriktiven Handhabung der Erbunwürdigkeitslehre.

1.2.2 Elternunterhalt

Im Gegensatz zum Kindes- und Ehegattenunterhalt sind Unterhaltsansprüche der Eltern gegen ihre Kinder auf internationaler Ebene nicht in derselben Weise anerkannt und gewährleistet.[388] Auf europäischer Ebene allerdings kennen viele Rechtsordnungen Unterhaltsverpflichtungen der Kinder gegenüber ihren Eltern. Zwar fehlen in den nordischen Staaten häufig entsprechende Regelungen,[389] den römisch-rechtlich geprägten Rechtsordnungen Kontinentaleuropas sind bedürftigkeitsabhängige Unterhaltsansprüche der Eltern gegen ihre Kinder allerdings regelmäßig bekannt. So findet sich eine entsprechende Unterhaltsverpflichtung

---

[387] Vgl. die Reformen in Italien und Portugal, aber auch Spanien und Griechenland sanktionieren Verfehlungen gegenüber *personae coniunctissimae*.

[388] *Höland/Sethe*, Elternunterhalt, S. 61.

[389] Dies gilt – worauf *Höland/Sethe*, Elternunterhalt, S. 61, hinweist – insbesondere für Dänemark, Schweden (namentlich zu Schweden vgl. *Agell* in Schwab/Henrich, Familiäre Solidarität, 163 ff.; *Martiny*, FPR 1999, 7, 8), England, Wales, Irland und Schottland. Im Gegenzug hierzu ist in diesen Rechtsordnungen allerdings auch die umgekehrte Verpflichtung häufig beschränkt (auf das 18. Lebensjahr bzw. den Abschluss einer Berufsausbildung). Rechtspolitisch sehen diese Rechtsordnungen eine stärkere Betonung der individuellen Verantwortlichkeit vor (so *Höland/Sethe*, a. a. O.). Ein weiterer Grund für den Verzicht auf Elternunterhalt kann auch darin liegen, dass die Rechtsordnung ein staatliches Netzwerk vorsieht, was diese Funktion übernehmen kann.

in Österreich.[390] Nach § 143 Abs. 1 ABGB[391] kann ein Kind seinen Eltern (und Großeltern) gegenüber unterhaltspflichtig werden, wenn diese nicht imstande sind, sich selbst zu unterhalten und ihrerseits nicht die Unterhaltspflicht gegenüber dem Kind gröblich vernachlässigt haben. Im schweizerischen Recht ist Art. 328 ZGB[392] einschlägig, wonach Verwandte in auf- und absteigender Linie sich gegenseitig zu unterstützen verpflichtet sind.[393] In Frankreich[394] bestimmt Art. 205 *Code civil*: „*Les enfants doivent des aliments à leurs père et mère ou autres ascendants qui sont dans le besoin.*" Art. 207 *Code civil*[395] lässt die Pflicht entfallen, wenn der Berechtigte selbst seine Pflichten gegenüber dem Verpflichteten grob verletzt hat. Auch Italien[396] und die Niederlande[397] kennen den Elternunterhalt, ebenso Polen und die Tschechische Republik.[398]

Nicht anders als in Deutschland wird in den entsprechenden Ländern die Frage nach einer Begrenzung des Elternunterhalts bzw. nach einem Ausbau der sozialrechtlichen Sicherungssysteme diskutiert.[399] Auch wenn in den *common-law*-Ländern Verpflichtungen der Kinder zur Leistung von Elternunterhalt in aller Regel nicht bestehen, lassen eine Reihe von Einzelstaaten der USA und einige kanadische Provinzen eine sozialrechtliche Heranziehung leistungsfähiger Kinder bei Bedürftigkeit der Eltern und Empfang von subsidiären Sozialleistungen zu (*filial responsibility*).[400]

---

390 Vgl. hierzu *Ferrari* in Schwab/Henrich, Familiäre Solidarität, 149, 153.

391 Im Wortlaut: „*Das Kind schuldet seinen Eltern und Großeltern unter Berücksichtigung seiner Lebensverhältnisse den Unterhalt, soweit der Unterhaltsberechtigte nicht imstande ist, sich selbst zu erhalten, und sofern er seine Unterhaltspflicht gegenüber dem Kind nicht gröblich vernachlässigt hat.*"

392 Dessen Abs. 1 lautet wie folgt: „*Wer in günstigen Verhältnissen lebt, ist verpflichtet, Verwandte in auf- und absteigender Linie zu unterstützen, die ohne diesen Beistand in Not geraten würden.*"

393 *Hegnauer* in Schwab/Henrich, Familiäre Solidarität, 185, 187.

394 Näher hierzu *Ferrand* in Schwab/Henrich, Familiäre Solidarität, 83, 90.

395 Im Wortlaut: « *Les obligations résultant de ces dispositions sont réciproques. Néanmoins, quand le créancier aura lui-même manqué gravement à ses obligations envers le débiteur, le juge pourra décharger celui-ci de tout ou partie de la dette alimentaire.* »

396 Art. 315, 433 Nr. 2 *Codice civile*; ausführlich zum Elternunterhalt auch mit historischen Bezügen *Casabona*, Il dovere di assistenza verso il genitore in stato di bisogno; Überblick bei *Gabrielli* in Schwab/Henrich, Familiäre Solidarität, 105, 112.

397 Art. 1: 392 I NBW; *Breemhaar* in Schwab/Henrich, Familiäre Solidarität, 127, 139 f.

398 Vgl. Art. 128 poln. FamVormGB; *Hrušàkovà* in Schwab/Henrich, Familiäre Solidarität, 233, 239.

399 So *Martiny*, Gutachten A, S. 51.

400 Nachweise bei *Martiny*, Gutachten A, S. 51.

1.3 Parallelen zwischen Erb- und Unterhaltsrecht

Sowohl das Verwandtenunterhaltsrecht als auch das Familienerbrecht betreffen vermögenswerte Leistungen innerhalb der Familie und den Transfer von einer Generation an eine andere.[401] Die Wesensverbundenheit von Familie und Erbrecht ist ein Grundprinzip nicht nur unserer Rechtsordnung.[402] Die Verknüpfung von Familie und Erbrecht zeigt sich in der Ausgestaltung des gesetzlichen Erbrechts sowie des Pflichtteilsrechts, aber auch die Erbunwürdigkeitsvorschriften – soweit sie die Intestaterbfolge betreffen – spielen hier eine ergänzende Rolle. Verwandtschaftliche Bindungen sind daher von erbrechtlicher Relevanz. Auch der Blick auf die jeweils Begünstigten zeigt einen inneren Zusammenhang. Die Erbfolge nach Parentelen findet ihre Entsprechung im Unterhaltsrecht. Der Kreis der Unterhaltsberechtigten ist mit dem der Pflichtteilsberechtigten weitgehend identisch. Nicht ohne Grund wird die Solidargemeinschaft zwischen den Generationen als Basis des Verwandtenunterhalts, aber auch des Pflichtteils- bzw. Noterbrechts angeführt. Jede Rechtsordnung steht vor der Herausforderung, für eine solche generationenübergreifende Umverteilung ein Modell zu entwickeln, was in sich schlüssig und funktionsfähig ist. Konzeptionell – und dies gilt für das Unterhalts- wie auch für das Erbrecht gleichermaßen – stehen sich Tendenzen zur Einzelfallbeurteilung und Bestrebungen zu einer Schematisierung gegenüber.[403]

Es geht letztlich um die Frage, in welchem Umfang verwandtschaftliche Beziehungen familien- und erbrechtlich geschützt werden und ob sie (zusätzlich) faktische familiäre Beziehungen voraussetzen.[404] So werden durch die enge Verflechtung von Familie und Erbrecht bei jedem Wandel der gesellschaftlichen Wertungen im Bereich der Familie auch erbrechtliche Vorschriften auf den Prüfstand gestellt. Die normative Kraft des Faktischen zeigt sich hier in ganz

---

401 *Martiny*, Gutachten A, S. 64; die in diesem Rahmen relevante dogmatische Frage, ob man sich das Erbrecht als Konsequenz der Eigentumsordnung oder aber als Fortsetzung familienrechtlicher Verpflichtungen vorstellen soll, kann hier nicht näher vertieft werden.

402 Sogar die Rechte sozialistischer Staaten anerkennen einen Schutz familiärer Beziehungen mit erbrechtlichen Mitteln. Dies mag verwundern, lässt sich aber damit begründen, dass der „sehr ausgeprägte Familiengedanke in der sozialistischen Welt das Stigma des an sich sozial problematischen Erberwerbs zu heilen vermag“ (so *Schaer*, Pflichtteilsrecht, S. 68 Fn. 2 mit Verweis auf *Reichert-Facilides*, Generalreferat, in: Das Erbrecht von Familienangehörigen in positivrechtlicher und rechtspolitischer Sicht, S. 97).

403 So *Martiny*, Gutachten A, S. 12.

404 *Martiny*, Gutachten A, S. 15.

besonderem Maße, steht aber in einem Spannungsverhältnis zum „Beharrungsvermögen" des Erbrechts.[405]

Diese Untersuchung kann sich nicht zum Ziel setzen, alle mit den Erkenntnissen der Familiensoziologie zusammenhängenden Fragen der Rechtsetzung abschließend zu beantworten.[406] Einzugehen ist aber auf einzelne gesellschaftsstrukturelle Punkte, die im Hinblick auf eine Neubetrachtung der Erbunwürdigkeitsregeln von Interesse sind. Auszugehen ist von dem Befund, dass sich die im Rahmen der Reformdiskussionen um das Pflichtteilsrecht angeführte Vielzahl von Argumenten auf zwei Grundgedanken zurückführen lässt. Dies ist zum einen der Versorgungscharakter des Familienerbrechts. Auf der anderen Seite taucht das Prinzip der „familiären Solidarität" auf. Es sind jedoch dies auch die tragenden Grundsätze des Unterhaltsrechts. Vor diesem Hintergrund stellt sich die für den Untersuchungsgegenstand relevante Frage, ob es nicht insbesondere einer Ergänzung der Erbunwürdigkeitsvorschriften bedarf, um einen – der inneren Wesensverbundenheit zwischen Erb- und Unterhaltsrecht geschuldeten – Gleichlauf mit dem Unterhaltsrecht herbeizuführen. Die Rechtsvergleichung hat bereits gezeigt, dass andere Rechtsordnungen unterhaltsrechtliche Aspekte auch im Erbrecht stärker berücksichtigt wissen wollen. Zudem haben wir gesehen, dass auch eher statusrechtlich-formal orientierte Rechtsordnungen kontinentaleuropäischer Prägung unterhalts- oder – allgemein – familienrechtliche Belange im Erbunwürdigkeitsrecht geschützt wissen wollen. Dem Erbunwürdigkeitsrecht kann sonach auch eine Korrektivfunktion zukommen.

In rechtshistorischer Perspektive hat sich gezeigt, dass in dem reziproken System des Eltern-Kind-Verhältnisses auch eine erbrechtliche Komponente – im Hinblick auf die Rechtfertigung des Rechtsgrunds der Unterhaltsverpflichtung – enthalten ist. Für den Elternunterhalt lässt sich dies in besonderer Weise nachvollziehen, hier steht der Verpflichtung der Kinder die Teilhabe am Vermögen

---

[405] Angesprochen ist hier letztlich ein generelles Problem der Rechtswissenschaft; im Unterschied zu anderen Wissenschaften lebt sie vom normativen Element. Die Frage nach deren Einordnung – Geisteswissenschaft oder anwendungsorientierte Sozialwissenschaft – ist letztlich entscheidend für die Methodenwahl (vgl. insgesamt hierzu *Baldus,* Gesetzesbindung, Auslegung und Analogie: Römische Grundlagen und Bedeutung des 19. Jahrhunderts, S. 34, dort auch zur Frage, wie sich diese Zwitterposition der Rechtswissenschaft auf die Rezipierbarkeit geisteswissenschaftlicher Methoden auswirkt.

[406] Auf die Notwendigkeit einer interdisziplinären Befassung der Jurisprudenz mit der Soziologie weist *Schaer*, Pflichtteilsrecht, S. 71 mit Verweis auf *Noll*, Gesetzgebungslehre, Hamburg 1973, S. 67, hin.

im Rahmen des Familienerbrechts gegenüber.[407] Familienrechtlich ist der Unterhaltsanspruch durch den Tod des Erblassers erloschen. Der Gedanke der Verlängerung von Unterhaltsverpflichtungen des Erblassers gegen den Nachlass ist dem deutschen Recht an sich fremd.[408] Diese gesetzgeberische Entscheidung will die Untersuchung auch nicht in Frage stellen. Was jedoch bleibt ist die Feststellung, dass der auf unterhaltsrechtlicher Ebene flexibel ausgestaltete Sanktionsmechanismus des § 1611 BGB in dieser Form auf erbrechtlichem Gebiet keine Entsprechung findet und deshalb Regelungsbedarf bestehen könnte. Letztlich spielen folgende Gedanken eine Rolle, auf die nachfolgend eingegangen werden soll: Sowohl das Familienerb- als auch das Unterhaltsrecht besitzen eine Versorgungsfunktion (1.3.1). Rechtsgrund der Zuwendungen ist jeweils das im Verwandtschaftsverhältnis wurzelnde Prinzip der „familiären Solidarität" (1.3.2). Diesbezüglich besteht im Erbrecht *de lege lata* eine Spannung zur unterhaltsrechtlichen Wertung, die Schwächen der gegenwärtigen Regelung sind reformbedürftig (1.3.3).

1.3.1 Die Versorgungsfunktion des Familienerbrechts

Der Versorgungscharakter des Unterhaltsrechts bedarf keiner weiteren Erklärung. Was das Erbrecht anbelangt, so seien einige Anmerkungen angebracht. Nach den Vorstellungen des BGB ist die Sicherstellung der Ausbildung und Versorgung naher Angehöriger primärer Zweck des gesetzlichen Erbrechts und des Pflichtteilsrechts.[409] Der interfamiliäre Versorgungsgedanke trat aus verschiedenen Gründen im Laufe der Zeit immer weiter in den Hintergrund.[410] Der Frage, ob und inwieweit auch heute noch der Versorgungsgedanke eine entscheidende Rolle im Erbrecht spielt, soll im Folgenden nachgegangen werden. Zunächst soll ein kurzer Blick in die Rechtsvergleichung die Vielfalt an Regelungsmechanismen aufzeigen (1.3.1.1). Auch das BGB, das im Grundsatz eine strikte Trennung zwischen Erb- und Unterhaltsrecht vornimmt, kennt Durchbre-

---

[407] Vgl. insoweit auch den interessanten Zusammenhang zwischen Erbberechtigung und Unterhaltsverpflichtung im 2. Teil, 3. Titel, § 23 PrALR. Unterhaltsverpflichtete Seitenverwandte, die *„ihre unvermögenden Verwandten gegen ihre natürliche Pflicht hilflos lassen"*, konnten zwar gerichtlich nicht zur Unterhaltszahlung herangezogen werden, verloren ihnen gegenüber aber ihr gesetzliches Erbrecht (vgl. hierzu oben I. 1. c) aa)).

[408] So *Rauscher*, Reformfragen Bd. II, 1, S. 182; allerdings bestehen Ausnahmen, auf die noch einzugehen sein wird (sub III. 1. b)

[409] *Lutz*, Erbunwürdigkeit, S. 62 m. w. N.; zu den Entwicklungslinien des Erbrechts vgl. die gute Übersicht bei *Lange*, Erbrecht, Kapitel 1.

[410] *Leipold*, AcP 180 (1980), S. 160, 188 (Entlastung der Unterhalts- oder Versorgungsfunktion); *Lutz*, Erbunwürdigkeit, S. 64; *Coing*, Gutachten A, S. 15.

chungen dieses Prinzips (1.3.1.2). Schließlich stellt sich die Frage, ob infolge gesellschaftlicher Veränderungen die Versorgungsfunktion des Familienerbrechts weggefallen ist (1.3.1.3).

1.3.1.1 Rechtsvergleichende Betrachtungen

1.3.1.1.1 Überblick

In anderen Rechtsordnungen finden sich Gestaltungen, die den versorgungstechnischen Charakter des Erbrechts schon rein äußerlich betonen. Hier ist zunächst festzustellen, dass viele[411] Rechtsordnungen eine der Testierfreiheit Grenze setzende Teilhabe naher Angehöriger am Nachlass vorsehen.[412] Die rechtstechnisch im Detail sehr unterschiedlichen Gestaltungsformen[413] sind historisch und ideologisch bestimmt, können aber für die vorliegende Untersuchung ausgeklammert bleiben. Interessant ist jedoch, dass neben der dem Prinzip der Gleichheit der Abkömmlinge verhafteten[414] in einigen Rechtsordnungen bedarfsabhängige Regelungen zu finden sind.[415] Es zeigt sich eine Vielfalt von Gestaltungsvarianten zur Berücksichtigung von Bedarfslagen.[416] So gibt es Mischsysteme, die ein Pflichtteilsrecht nach Quoten kennen, dieses aber eine bedarfsabhängige Gestaltung erfahren haben.[417]

---

[411] Selbst im anglo-amerikanischen Rechtskreis, traditionell der Testierfreiheit eine überragende Bedeutung beimessend und lange Zeit jegliche Form bestimmter Nachlassteilhabe zugunsten von Familienmitgliedern negierend, hat sich nach und nach die Einsicht durchgesetzt, dass diese nicht schrankenlos gewährt werden kann

[412] Vgl. etwa die Übersicht bei *Rauscher*, Reformfragen Bd. II, 2, S. 2. ff.

[413] Etwa die Frage, ob der Pflichtteil als Noterbrecht oder bloß obligatorisch wirkender Wertanspruch konzipiert ist.

[414] *Rauscher*, Reformfragen Bd. II, 2, S. 7.

[415] An dieser Stelle sei darauf hingewiesen, dass die Rechte der Abkömmlinge im Verhältnis zu denen des Ehegatten von Rechtsordnung zu Rechtsordnung sehr stark variieren. Tendenziell lässt sich heutzutage eine zunehmende Besserstellung des Ehegatten in den verschiedenen Rechtsordnungen nachvollziehen. Für die vorliegende Untersuchung können und sollen die Rechte des Ehegatten hingegen ausgeklammert bleiben.

[416] So *Rauscher*, Reformfragen Bd. II, 2, S. 7, der auf die hiermit zusammenhängenden Probleme hinweist, namentlich Aufgabe des Grundsatzes der Gleichheit im Erbrecht, Konflikt mit dem Repräsentationsprinzip im Pflichtteilsrecht sowie zwangsläufig dem Richter obliegende Ausfüllung von unbestimmten Rechtsbegriffen.

[417] So *Rauscher*, a. a. O.: Im Recht der früheren Tschechoslowakei etwa wurde hinsichtlich der Pflichtteilsquoten zwischen minderjährigen und volljährigen Nachkommen des Erblassers unterschieden. Nach dem ZGB der früheren DDR besaßen einen Pflichtteilsanspruch nur im Zeitpunkt des Erbfalls unterhaltsberechtigte Abkömmlinge (§ 396 Abs. 1 Nr. 2 ZGB). Bemerkenswert ist das makedonische Erbgesetz. Dessen Art. 28 Abs. 2

1.3.1.1.2 Nachlassteilhalbe im englischen Recht

Beispielhaft für eine Rechtsordnung, welche ein formelles Pflichtteilsrecht überhaupt nicht kennt und den Interessenkonflikt überhaupt nur mit dem Instrumentarium des Unterhaltsrechts löst, sei hier das englische Recht genannt. Das (konträre) Prinzip der Gleichheit im Erbrecht – wie ihn etwa das deutsche Pflichtteilsrecht statuiert – findet hier keine Anerkennung. Im Grundsatz überlässt das englische Recht die Frage der Vermögensteilhabe nahestehender Personen der Einzelentscheidung des Richters. Ein nach Anspruchsgrundlagen gegliedertes System (Unterhalt, Versorgungsausgleich, Zugewinnausgleich, Nachlassteilhabe) in Form fester Quoten – wie es uns geläufig erscheint – ist ihm fremd.[418] Die englische Rechtstradition[419] ist gekennzeichnet durch das Merkmal einer rechtsgeschichtlich weiten Testierfreiheit,[420] die in jüngerer Zeit aus familiensozialen Gründen eine Einschränkung gefunden hat.[421] Der in den kontinentaleuropäischen Rechtsordnungen zu Tage tretende Zusammenhang von Vermögen und Familie im Erbrecht findet seinen Niederschlag einerseits in der Ausrichtung der gesetzlichen Erbfolge und andererseits in den Mindestteilhaberechten (Pflichtteils- oder Noterbrechte).[422] Funktional vergleichbar hierzu sind im englischen Recht die Teilhabequoten des *Administration of Estates Act 1925*[423], zwingende Mindestteilhabe wird über den *Inheritance (Provision for Family and Dependants) Act 1975*[424] verwirklicht.[425]

---

macht den Pflichtteil der Abkömmlinge der Erblasserkinder abhängig vom Bestehen der Lebensgemeinschaft mit dem Erblasser oder tatsächlicher Unterhaltsgewährung durch diesen. An den aktuell bestehenden Unterhaltsbedarf hingegen knüpft Art. 28 Abs. 2 des bosnisch-herzegowinischen Gesetzes an.

418 *Röthel*, RabelsZ 76 (2012), 131, 133.

419 Dies gilt im Grundsatz für den gesamten anglo-amerikanischen Rechtskreis.

420 *Röthel* hat darauf hingewiesen, dass dies nicht bedeute, dass in England häufiger testiert würde (nach Schätzung ist von einer Testierquote in England/Wales von 30–35% auszugehen), vgl. hierzu *Röthel*, RabelsZ 76 (2012), 131, 148, Fn. 85 m. w. N.

421 *Rauscher*, Reformfragen Bd. II, 2, S. 10; hier zeigt sich wieder einmal der rechtsvergleichend interessante Befund, dass sich entwicklungsgeschichtlich auf einer Ebene stehende Rechtsordnungen auch bei diametral entgegengesetztem „Ausgangspunkt" in gesetzgeberischen Wertungsfragen – den gleichartigen sozialen Bedürfnissen entsprechend – nach und nach annähern.

422 *Röthel*, RabelsZ 76 (2012), 131, 146.

423 Geändert durch s. 71 *Civil Partnership Act* (2004).

424 Dieses Gesetz geht zurück auf den *Inheritance (Family Provision) Act* (1938) und *Family Provision Act* (1966); geändert durch s. 2 *Law Reform (Succession) Act* (1995) und s. 71 *Civil Partnership Act* (2004).

425 *Röthel*, RabelsZ 76 (2012), 131, 146; zur rechtsgeschichtlichen Entwicklung vgl. *Trulsen*, Pflichtteilsrecht und family provision, S. 13 ff.

Wie bereits erwähnt kennt das englische Recht im Hinblick auf die Mindestteilhabe am Nachlass keine festen Quoten, vielmehr versteht es sich als richterliche Weiterführung von lebzeitigen Verpflichtungen zur Unterstützung von nahestehenden Personen. Dies sind nicht notwendigerweise Familienmitglieder.[426] Verständlich ist dies vor dem rechtsgeschichtlichen Hintergrund: Wo – wie in England[427] – der Testierfreiheit überragende Bedeutung im Rahmen der Erbrechtsordnung zukommt, kommt für deren Beschränkung im Hinblick auf den Schutz nahestehender Personen eine unterhaltsähnliche Bewältigung eher in Betracht als bei der im französischen wie im deutschen Rechtskreis mit unterschiedlicher Gewichtung erfolgenden Abwägung[428] von Testierfreiheit, Erbrechtsgleichheit und Familienschutz.[429] Eine unterhaltsrechtliche Ausgestaltung familiärer Nachlassteilhabe steht in Gegensatz zu dem Wertungsgedanken egalitärer Nachlassteilhabe, oder wie es *Rauscher* formuliert: *„Unterhaltsleistung bedeutet – nicht nur von Todes wegen – bewusst Verzicht auf Gleichheit. Dies fällt leicht, wo Gleichheit als tragendes Prinzip nicht in Betracht steht.“*[430]

In diesem Zusammenhang sind die pflichtteilsersetzenden Regelungen angelsächsischer Rechtsordnungen über *family provisions*[431] zu nennen. Die *Family-Provisions*-Gesetzgebung hat, ausgehend von Neuseeland, im letzten Jahrhundert nahezu den gesamten angelsächsischen Rechtskreis erfasst.[432] In ihrer ursprünglichen und heute noch wesentlichsten Bedeutung sind diese Versorgungsgesetze zugunsten von dem Erblasser nahestehenden Personen eine Gegenströ-

---

[426] *Röthel*, RabelsZ 76 (2012), 131, 147 spricht von *„Verantwortungsverhältnissen mit weitem Ermessensspielraum.“*

[427] Dies gilt für die *common-law*-Staaten entsprechend.

[428] Sehr interessant aus soziologischer Sicht ist die Abhandlung von *Beckert*, der die Rechtsordnungen der USA, Frankreichs und Deutschlands im Hinblick auf ihr Eigentumsverständnis und in Zusammenhang hiermit stehende Erbrechtskonzepte untersucht. Vor diesem Hintergrund unterscheidet er den *„individualistisch-meritokratischen“* (USA), den *„egalitär-familiären“* (Frankreich) und den *„familiär-sozialen“* (Deutschland) Ansatz (Unverdientes Vermögen, S. 20 f. et passim).

[429] So *Rauscher,* Reformfragen Bd. II, 2, S. 10.

[430] *Rauscher*, Reformfragen Bd. II, 2, S. 10; aus diesem Grund fehlt auch der für kontinentaleuropäische Erbrechte typische normative Zusammenhang zwischen gesetzlicher Erbfolge und Mindestteilhabe (so *Röthel*, RabelsZ 76 (2012), 131, 147).

[431] Vgl. hierzu die rechtsvergleichende Arbeit von *Trulsen*, Pflichtteilsrecht und family provision.

[432] *Rauscher*, Reformfragen Bd. II, 1, S. 149; zur geschichtlichen Entwicklung: *Neumayer*, FS Ferid, 659, 675 ff.

mung zu der in England bis 1938 geltenden[433], nahezu – bis auf die Grenze der Sittenwidrigkeit – schrankenlosen Testierfreiheit.[434] Der *Family Protection Act (1938)* grenzte die Testierfreiheit ein. Hiernach kann das Gericht auf Antrag für Nahestehende des Erblassers eine finanzielle Zuwendung aus dem Nachlass anordnen, wenn sie weder durch Testament noch durch die gesetzliche Erbfolge angemessen versorgt sind.[435] Anlass hierfür boten verschiedentlich bekanntgewordene Missstände, z. B. Fälle, in denen der Erblasser seine Familie aus unberechtigten Gründen nicht bedacht hatte.[436]

Auch wenn den Regelungen der *family provision* für die rechtsvergleichende Betrachtung aus deutscher Sicht Pflichtteilscharakter zukommt, so bestehen doch nicht unerhebliche Unterschiede. So sind auch Personen, die, ohne Angehörige des Erblassers zu sein, von diesem vor dessen Tod Unterhalt bezogen haben, antragsberechtigt.[437] Hier kommt der Gedanke zum Ausdruck, die f*amily provision* sei eine Fortsetzug des lebzeitigen Unterhalts nach dem Tode des Verpflichteten.[438]

Das den kontinental-europäischen Rechtsordnungen mehr oder weniger vertraute Wertungsprinzip der Gleichbehandlung der Abkömmlinge ist dem englischen Recht so nicht bekannt. Nach der gesetzgeberischen Intention soll vielmehr gewährleistet werden, dass die Testierfreiheit auch nach Lockerung der familienvermögensrechtlichen Einbindung des Individuums im Sinne eines ver-

---

433 Nach *Trulsen*, Pflichtteilsrecht und family provision, S. 21, bestand völlige Testierfreiheit auch in England nur im Zeitraum zwischen 1724 und 1938, als die family provision eingeführt wurde. Zuvor bestand vielerorts eine Dreiteilung (ein Drittel für die Ehefrau, ein Drittel für die Kinder, das letzte Drittel frei verfügbar). Auch in England hatten die kirchlichen Gerichte maßgeblich Einfluss auf die Entwicklung der Testierfreiheit (vgl. die Parallele in den germanischen Rechten, oben sub 1.1.1.2.

434 In s. 3 Wills Act (1837) heißt es: *„It shall be lawful for every person to devise, bequeath, or dispose of, by his will executed in manner hereinafter required, all real estate and all personal estate which he shall be entitled to, either at law or in equity, at the time of his death [...].“*, vgl. zur wechselvollen Geschichte dieses Grundsatzes sowie insgesamt zur englischen Geschichte der Testierfreiheit *Trulsen*, Pflichtteilsrecht und family provision, S. 14 ff.

435 Vgl. Section 1 *Inheritance (Provision for Family and Dependants) Act 1975*; zu betonen ist daher, dass die Schutzfunktion der *family provision* nicht nur im Rahmen der gewillkürten Erbfolge, sondern insbesondere auch bei der gesetzlichen Erbfolge korrigierend eingreifen kann.

436 So *Trulsen*, Pflichtteilsrecht und family provision, S. 22 ff., auch zu der sehr hitzig geführten Debatte hinsichtlich der umstrittenen Notwendigkeit einer gesetzlichen Regelung.

437 Vgl. Section 1 (1) (e) *Inheritance (Provision for Family and Dependants) Act 1975.*

438 *Trulsen*, Pflichtteilsrecht und family provision, S. 28 und 101.

ständigen, für die Bedürfnisse seiner Angehörigen gerecht sorgenden Erblassers ausgeübt wird. Diese Wertungsentscheidung aber legt das angelsächsische Rechtsdenken bevorzugt in die Hand des Richters. Maßstab ist der *reasonable man*, der insoweit objektiviert ist, als sich der Richter in Kenntnis aller ihm vorgetragenen Umstände in die Rolle des gedachten vernünftigen Testators versetzt, es aber nicht genügt, dass der Erblasser aus seiner Einschätzung gerecht testiert hat. Für die konkrete Berechnung berücksichtigt der Richter gewisse *guidelines*.[439] Zu den maßgeblichen Faktoren gehören neben den finanziellen Bedürfnissen des Antragstellers auch die Verpflichtungen des Erblassers, die Bedürfnisse der mit ihm konkurrierenden Antragsteller und Erben, die Größe und die Zusammensetzung des Nachlasses sowie das Verhalten des Antragstellers gegenüber dem Erblasser. Interessant ist letztgenannter Punkt, in Section 3 (1) (g) ist niedergelegt: *„Any other matter, including the conduct of the applicant or any other person, which in the circumstances of the case the court may consider relevant."*

Im Rahmen der vorliegenden Untersuchung interessant ist in diesem Zusammenhang, dass hier dem Erblasser gegenüber verübte Straftaten Relevanz entfalten können. So ist im Falle der Tötung des Erblassers die sog. *forfeiture rule*[440] als allgemeiner Grundsatz heranzuziehen. Eine entsprechende testamentarische Einsetzung entfaltet insoweit keine Wirkung, auch von der gesetzlichen Erbfolge ist der Täter ausgeschlossen. Auch wenn das englische Recht ein formales Erbunwürdigkeitsrecht im Sinne kontinentaleuropäischer Prägung nicht kennt, finden sich entsprechende Wertungen im Rahmen der Berücksichtigung des Verhaltens des Antragstellers[441] bei der Entscheidung über die Gewährung von *Family Provision*. Hinsichtlich anderer Straftaten gibt es zwar keinen allgemeinen Grundsatz, dass Straftäter nicht durch ein Testament bedacht sein dürfen. Allerdings wird hier in besonderem Maße der Prüfungspunkt des allgemeinen Verhaltens eine Rolle spielen.[442]

---

[439] Section 3 (1) *Inheritance (Provision for Family and Dependants) Act 1975.*

[440] *Forfeiture* bedeutet Verwirkung, Verlust, Verfall (vgl. *Trulsen*, Pflichtteilsrecht und family provision, S. 121). Der *Forfeiture Act 1982* ermöglicht es dem Richter, die *forfeiture rule* außer Acht zu lassen, wenn zwar eine ungesetzliche Tötung, nicht aber eine böswillige vorliegt; zur *forfeiture rule* des englischen Rechts vgl. auch *Zimmermann*, FS Hopt, S. 270 ff.

[441] Die Bemessung selbst greift also auf einen Regelungsbereich über, der in formalen Pflichtteilsrechten kontinental-europäischer Natur der Enterbung bzw. Pflichtteilsentziehung zuzuordnen ist (vgl. hierzu *Rauscher*, Reformfragen Bd. II, 2, S. 12 ff.)

[442] Vgl. hierzu *Trulsen*, Pflichtteilsrecht und family provision, S. 122.

1.3.1.2 Erbrechtliche Vorschriften mit unterhaltsrechtlichem Charakter im BGB

Auch im deutschen Recht stehen Unterhaltsrecht und Erbrecht nicht beziehungslos nebeneinander; die Übergänge sind vielmehr fließend.[443] § 1712 BGB a. F. sah etwa vor, dass der Unterhaltsanspruch des unehelichen Kindes gegen seinen Vater nicht mit dessen Tod erlosch. Die Nähe zum Erbrecht zeigte sich darin, dass der Erbe des Vaters berechtigt war, das Kind durch Zahlung des Betrags abzufinden, der ihm als Pflichtteil zugestanden hätte, wenn es ein eheliches Kind gewesen wäre. Eine ähnliche Regelung findet sich in § 1586b BGB, der die Unterhaltspflicht des geschiedenen Ehegatten mit dessen Tod auf die Erben als Nachlassverbindlichkeit übergehen lässt.[444] Die passive Vererblichkeit des Unterhaltsanspruchs stellt einen Ausgleich für den Verlust erbrechtlicher Ansprüche dar.[445] In den Grenzbereich von Unterhaltsrecht und Erbrecht sowie auch des Ehegüterrechts fällt ferner der Anspruch auf die Mittel zu einer angemessenen Ausbildung nach § 1371 Abs. 4 BGB. Der Sinn der Regelung liegt darin, die mit der Erhöhung des gesetzlichen Erbteils nach Abs. 1 der Vorschrift verbundene Benachteiligung der erstehelichen Kinder zu begrenzen. Auch hier ist die Zahlungspflicht des überlebenden Ehegatten auf das ihm zugeflossene Viertel begrenzt.[446]

Darüber hinaus gibt es im fünften Buch des BGB eine Reihe von Vorschriften, die ihrer Funktion nach unterhaltsrechtliche Bedeutung haben. § 1963 BGB gewährt der werdenden Mutter eines Erben um des Kindes willen einen Anspruch auf angemessenen Unterhalt aus dem Nachlass. Die Vorschrift ist vor dem Hintergrund zu verstehen, dass das Erbrecht auch der Sicherstellung der Versorgung naher Familienangehöriger dient.[447] Weiter von unterhaltsrechtli-

---

[443] So *Hering*, Die gesetzlichen Rechte des überlebenden Ehegatten in deutsch-kanadischen Erbfällen, S. 158, im Zusammenhang mit der Qualifikationsproblematik im Internationalen Privatrecht; dies zeigt insbesondere einmal mehr, wie die sachrechtliche Einordnung durchaus praktische Relevanz entfalten kann, namentlich bei der kollisionsrechtlichen Frage der richtigen Anknüpfung. Im zweiten Teil der Untersuchung finden sich weitere Beispiele dafür, inwiefern die kollisionsrechtlichen Probleme bereits in der Konzeption der Sachnormen angelegt sind.

[444] Allerdings ordnet Satz 3 der Vorschrift die Beschränkung der Haftung des Erben auf den fiktiven Pflichtteil an.

[445] *Kleffmann* in Prütting/Wegen/Weinreich, § 1586b, Rz. 1.

[446] *Weinreich* in Prütting/Wegen/Weinreich, § 1371, Rz. 30 f.

[447] *Tschichoflos* in Prütting/Wegen/Weinreich, § 1963, Rz. 1; anders als beim Dreißigsten gemäß § 1969 BGB handelt es sich hierbei nicht um ein vermächtnisähnliches Forderungsrecht, sondern um eine Nachlassverbindlichkeit.

chen Erwägungen entfernt ist bereits das Recht des überlebenden Ehegatten auf den Voraus, § 1932 BGB – ebenfalls ein gesetzliches Vorausvermächtnis. Zweck der Vorschrift ist es, dem überlebenden Ehegatten die Fortsetzung seiner bisherigen Lebensführung zu ermöglichen. Auf die Bedürftigkeit kommt es aber nur neben Verwandten der ersten Ordnung an. Ferner muss der überlebende Ehegatte gesetzlicher Erbe geworden sein. Der Voraus ergänzt also lediglich den gesetzlichen Erbteil. Auch an die Ausgleichungspflicht unter den Abkömmlingen des Erblassers nach § 2057a BGB ist zu denken. Während die Mitarbeit des Ehegatten pauschal durch den Zugewinnausgleich, §§ 1931 III, 1371 BGB, bzw. durch § 1931 IV BGB bei Gütertrennung abgegolten wird, soll im Falle der Mitarbeit durch Abkömmlinge ein an den Umständen des einzelnen Falls orientierter Billigkeitsausgleich stattfinden.

Der Überblick zeigt, dass dem System des deutschen Erbrechts in einigen Randbereichen bereits Regelungen unterhaltsrechtlichen Gehalts bekannt sind. Teilweise finden sich versorgungsorientierte Vorschriften im fünften Buch des BGB selbst, zum Teil beeinflussen Regelungen des Familienrechts die Verteilung des Nachlasses.[448]

1.3.1.3 Reformüberlegungen im Pflichtteilsrecht – Unterhaltsrechtliche Wertungen im Vordringen

Eine weitere Parallele zwischen Erb- und Unterhaltsrecht zeigt sich im Rahmen der Reformüberlegungen des Pflichtteilsrechts. So wird vorgeschlagen, den Pflichtteilsanspruch nicht nur von der Enterbung des Pflichtteilsberechtigten, sondern zusätzlich von dessen Bedürftigkeit abhängig zu machen.[449] Der Versorgungsgedanke verlange die Berücksichtigung der konkreten Umstände und Verhältnisse, insbesondere der Bedürftigkeit der jeweiligen Angehörigen.[450] Namentlich auf die Nähe zwischen Unterhaltsrecht und Pflichtteilsrecht wird abgestellt. Der Erblasser habe die Pflicht, die Versorgung seiner Abkömmlinge sicherzustellen. Habe er diese Pflicht zu Lebzeiten erfüllt, bestehe für Pflichtteilsansprüche kein Erfordernis mehr.[451] In diesem Zusammenhang wird auf die Regelung des § 396 ZGB[452] der früheren DDR hingewiesen. Kritisch wird gegen

---

[448] Vgl. zum Ganzen auch *Hering*, Die gesetzlichen Rechte des überlebenden Ehegatten in deutsch-kanadischen Erbfällen, S. 161.

[449] *Hollmann*, Pflichtteilsrecht und Familienzusammenhang, S. 210.

[450] So *Kühne*, JR 1972, 221, 226.

[451] *Huber*, Pflichtteilsrecht, S. 98.

[452] Absatz 1 im Wortlaut: *Bei Ausschluss von der Erbfolge durch Testament sind pflichtteilsberechtigt:*
der Ehegatte des Erblassers,

eine solche „flexible“ Regelung eingewandt, dies würde zu einer Vielzahl von Rechtsstreitigkeiten führen, die Abkehr von der formalen Quotenregelung hin zu Kriterien wie Bedürftigkeit oder menschliche Nähe zum Erblasser wäre nur schwer justiziabel.[453]

Auf die Frage, inwieweit eine Flexibilisierung des Pflichtteilsrechts rechtspolitisch wünschenswert wäre, soll hier nicht näher eingegangen werden. Der Blick auf andere Rechtsordnungen zeigt, dass sich am Unterhaltsrecht orientierende Mindestteilhaberechte auch in der Praxis gut funktionieren können. Für vorliegende Fragestellung interessant ist die in diesem Zusammenhang zu Tage tretende Konzeption eines erbrechtlichen Mindestteilhaberechts gedacht als Fortführung lebzeitiger Unterhaltsansprüche. Das Prinzip der formellen Gleichheit im Erbrecht – wie es noch viele kontinentaleuropäische Rechtsordnungen vorsehen – wird hier aufgegeben. Traditionell dem Unterhaltsrecht vorbehaltene Wertungen, wie etwa Bedürftigkeit, werden in erbrechtliche Fragestellungen transferiert. Zudem gewinnen faktische und statusunabhängige Beziehungen zum Erblasser an Bedeutung.

1.3.1.4 Sozialer Wandel – Funktionsverlust des Familienerbrechts?

Der Aspekt der Versorgung naher Verwandter[454] im Rahmen des Familienerbrechts wird infolge des sich seit Entstehung des BGB vollziehenden sozialen Wandels zunehmend infrage gestellt.[455] Insbesondere der Fortschritt der Medizin führt dazu, dass die Kinder ihre Eltern in der Regel erst in fortgeschrittenem Alter beerben, zu einem Zeitpunkt also, in dem jene sich selbst bereits eine eigene wirtschaftliche Existenz aufgebaut haben.[456] Auch staatliche Leistungen der sozialen Sicherung spielen hier eine kompensierende Rolle.[457] Die Institutionali-

---

die Kinder, Enkel und Eltern des Erblassers, wenn sie im Zeitpunkt des Erbfalles gegenüber dem Erblasser unterhaltsberechtigt waren.

[453] *Schröder*, DNotZ 2001, 465, 471, der auf den grundsätzlichen Konflikt zwischen Gerechtigkeit und Rechtssicherheit hinweist.

[454] Dies gilt nicht für die Versorgung des überlebenden Ehegatten. Hier zeichnet sich auf internationaler – zumindest europäischer – Ebene eine Entwicklung hin zu einer stärkeren Nachlassbeteiligung ab.

[455] Vgl. die Nachweise bei *Hollmann*, Pflichtteilsrecht und Familienzusammenhang, S. 66, Fn. 320: *Kick*, JZ 1996, 167, 174; *Leipold*, AcP 180 (1980), 160, 182 ff., 188; *Rauscher*, Reformfragen, Bd. I, S. 195; *Schiemann*, ZEV 1995, 197, 198; *Schröder*, DNotZ 2001, 465, 469; *Strätz*, FamRZ 1998, 1553, 1556.

[456] *Dauner-Lieb*, DNotZ 2001, 460, 463; *Lutz*, Erbunwürdigkeit, S. 63.

[457] *Strätz*, FamRZ 1998, 1553, 1556: *„Die Funktion der Versorgung der Hinterbliebenen hat weitgehend das Sozialrecht übernommen.“* Ob dem in dieser Form heutzutage noch zugestimmt werden kann, mag bezweifelt werden.

sierung von Rentenversicherungen und die Entstehung von Lebensversicherungen erhöhen die Unabhängigkeit der Individuen von familiären Versorgungssystemen.[458] Teilweise wird der Versorgungsgedanke als solcher gänzlich negiert.[459] *Dauner-Lieb*[460] hat zu Recht darauf hingewiesen, dass es gegenwärtig an einer rechtstechnischen Verknüpfung zwischen den Pflichtteilsrechten und den Pflichten des Erblassers gegenüber bedürftigen Angehörigen fehle, da das Pflichtteilsrecht völlig unabhängig von der ökonomischen Situation der Berechtigten greife. Teilweise wird darauf hingewiesen, dass nur die *Ausbildung*fürsorge als ursprüngliche Funktion des Familienerbrechts weggefallen sei,[461] da diese heutzutage in erster Linie durch das Familienerbrecht mittels Unterhaltsansprüchen erfüllt werde. Daneben hat das soziale Sicherungssystem daseinssichernde Funktionen des Erbrechts übernommen.[462]

Allerdings lässt sich insoweit nicht zwingend darauf schließen, das Erbrecht habe keine Versorgungsfunktion mehr. Dem Umstand, dass staatliche Leistungen versorgungstechnischen Charakter aufweisen, kommt vielmehr eine ergänzende Funktion zu. In Zeiten knapper öffentlicher Kassen erhöht sich die Bedeutung des Familienerbrechts sowie des Pflichtteilsrechts gerade im Hinblick auf dessen Versorgungscharakter. Künftig könnte so der versorgungstechnische Charakter des Erbrechts sogar wieder stärker in den Vordergrund treten. Dem steht nicht die Tatsache entgegen, dass das deutsche Recht eine Orientierung des Pflichtteilsrechts an konkreten Bedürfnislagen nicht vorsieht. Auch eine rein quotenmäßige Konzeption einer Mindestteilhabe kann Versorgungscharakter haben. Einzelfallgerechtigkeit wird zugunsten einer vereinfachten Anspruchsdurchsetzung aufgegeben, der Versorgungscharakter – wenn auch in generalisierter Funktion – bleibt dennoch bestehen.

1.3.1.5 Fazit

Die vorstehenden Ausführungen zeigen, dass auch das deutsche Erbrecht – trotz seiner sehr formalen, statusorientierten Konzeption – eine versorgungstechnische Funktion (auch heute noch) erfüllt. In diesem Punkt laufen Erb- und Unterhaltsrecht parallel. Andere Rechtsordnungen begreifen die zwingende Mindest-

---

458 *Beckert*, Unverdientes Vermögen, S. 32.

459 *Schröder*, DNotZ 2001, 465, 469; *Dauner-Lieb*, DNotZ 2001, 460, 463; *Strätz*, FamRZ 1998, 1553, 1556.

460 *Dauner-Lieb*, DNotZ 2001, 460, 463

461 So *Lutz*, Erbunwürdigkeit, S. 66, mit Verweis auf *Kick*, Ist das Pflichtteilsrecht noch zeitgemäß?, in: Das deutsche Zivilrecht 100 Jahre nach der Verkündung des BGB, Jahrbuch junger Zivilrechtswissenschaftler, Stuttgart u. a. 1996, S. 167, 174.

462 *Lutz*, Erbunwürdigkeit, S. 66.

teilhabe von Familienangehörigen schon konzeptionell als Fortführung lebzeitiger Unterhaltsansprüche und heben die innere Parallele auch im äußeren System hervor. Das BGB geht diesen Weg nicht, sicherlich sprechen gute, wenn auch nicht zwingende Gründe dafür. Offen zutage tritt diese Diskrepanz allerdings in Fällen, in denen ein an sich bestehender Unterhaltsanspruch von Rechts wegen versagt wird. Hierauf kann das deutsche Erbrecht nur unzureichend reagieren. Dessen formale Struktur entpuppt sich hier als Hindernis. Andere Rechtsordnungen sind in diesem Punkt flexibler. Sei es, dass sie eine dem deutschen Recht entsprechende und dem Grundsatz der Gleichberechtigung verhaftete Mindestteilhaberegelung bereits gar nicht kennen, sei es, dass sie (punktuell) Ausnahmen zulassen (spezieller Erbunwürdigkeitsgrund wie im Ausgangsfall, Generalklausel wie in Österreich oder offener Tatbestand wie beispielsweise in Spanien).

Die beschriebenen Gemeinsamkeiten beider Rechtsgebiete lassen Abweichungen im Detail rechtfertigungsbedürftig erscheinen. Gibt es sachliche Gründe, weshalb ein bestimmtes unterhaltsrechtlich relevantes Verhalten zu Lebzeiten des Erblassers zwar dessen Unterhaltspflicht seinerseits – nach § 1611 Abs. 1 Satz 2 BGB – entfallen lassen kann, nach dessen Tod jedoch keine Modifikation des Erbrechts infrage kommt? Dies wirft Fragen nach der inneren Legitimation des Unterhalts- und Familienerbrechts auf. Beide lassen sich – wie im Folgenden darzustellen sein wird – auf den Gedanken der Familiensolidarität zurückführen.

1.3.2 Das Konzept der „familiären Solidarität"

Im Rahmen der Untersuchung wurde bereits des Öfteren auf das Begründungsmuster der „familiären Solidarität" als Rechtfertigung von Vermögenstransfers – sei es im Rahmen des Unterhalts- oder des Erbrechts – verwiesen. Eine nähere inhaltliche Befassung mit den Charakteristika dieser Figur ist bislang unterblieben. Im Folgenden soll dies nachgeholt werden. Bei dem Konzept der „familiären Solidarität" handelt es sich um einen zentralen Begriff, der sowohl für das Familienerbrecht wie auch für das Unterhaltsrecht prägend ist und in den gegenwärtigen Diskussionen um Reformen beider Rechtsgebiete stets eine Rolle spielt.[463] Im Familien- und Erbrecht findet der Solidaritätsbegriff im Zusammenhang mit der ehelichen Lebensgemeinschaft, im Unterhalts- und Güterrecht sowie bei der solidarischen Berücksichtigung der Familienbelange im Pflicht-

---

[463] *Röthel*, Solidaritätskonzept, S. 85, spricht von Solidarität als „Schlüsselbegriff" in der rechtspolitischen Diskussion; *Jung*, Solidarität, FS Universität Gießen, S. 181 ff. widmet sich speziell dem Thema Solidarität im Familien- und Erbrecht.

teilsrecht als Begründungsmuster seinen Niederschlag.[464] Was die Diskussionen hingegen vermissen lassen, ist eine Gesamtbetrachtung der Wechselwirkung zwischen Unterhaltsansprüchen auf der einen und der Erberwartung auf der anderen Seite. Diese Parallelen aufzuzeigen, soll im Folgenden versucht werden. Nach einer kurzen Darstellung des Konzepts der „Solidarität" (1.3.2.1) soll deren Niederschlag im Erbrecht (1.3.2.2), sodann im Elternunterhaltsrecht (1.3.2.3) aufgezeigt werden. Im Anschluss daran soll § 1618a BGB als programmatische Norm der Eltern-Kind-Solidarität näher in den Blick genommen werden (1.3.2.4). Auf das Begriffspaar „Solidarität" und „Gegenseitigkeit" (1.3.2.5) sowie auf die im Rahmen dieser Untersuchung besonders relevante Frage von Verstößen gegen dieses Solidaritätskonzept (1.3.2.6) wird zuletzt einzugehen sein.

1.3.2.1 Der Begriff der Solidarität

Der Begriff der „Solidarität" im Wortsinne drückt das gegenseitige Füreinandereinstehen im Sinne einer inneren Haltung der Verbundenheit aus.[465] Solidarität ist kein Rechtsbegriff im technischen Sinne, sondern stellt ein rechtsgebietsübergreifendes Thema dar; sie lässt sich charakterisieren als gemeinschaftsstiftende Verbundenheit verschiedener Personen.[466] Auf den Vorrang der Eigenverantwortlichkeit des Einzelnen vor der Inanspruchnahme solidarischer Hilfe hat *Jung* higewiesen; hiernach setzt innerhalb einer Solidargemeinschaft die Hilfe immer erst dann ein, wenn die Kräfte des Individuums nicht mehr ausreichen.[467]

---

[464] *Jung*, Solidarität, FS Universität Gießen, S. 181, allerdings auch mit dem Hinweis, dass der Solidaritätsbegriff teilweise als „Leerformel" ohne Inhalt, dann aber auch wieder als „Zauberformel" zur Begründung jeder gewünschten Verbindung herangezogen wird.

[465] Zur etymologischen Bedeutung des Begriffs vgl. die Ausführungen bei *Jung*, Solidarität, FS Universität Gießen, S. 181, 182: *„[...] beruht die Solidarität auf dem lateinischen „solidus" = „fest, hart", „solidum" = „Gesamtsumme" bzw. im römischen Recht dem „in solidum", dem Recht jedes Gläubigers bei einer Gesamtforderung die „ganze Leistung" geltend machen zu können bzw. bei einer Gesamtschuld von jedem Schuldner „das Ganze" fordern zu können. Diese enge Verknüpfung der Gesamtgläubiger bzw. der Gesamtschuldner wurde dann in der Folgezeit auch auf andere Bereiche übernommen, um jeweils die Untrennbarkeit eines Teils vom Ganzen, die gemeinschaftlichen Beziehungen und wechselseitigen Abhängigkeiten, letztlich das humanistische Ideal einer kollektiven Verantwortung gegenüber den anderen in einer Gruppe zu charakterisieren."*

[466] So schon *Röthel*, Solidaritätskonzept, S. 85, mit Beispielen, vgl. auch S. 86 zur idealtypischen Unterscheidung zweier Solidaritätskonzepte (Ausdruck von Moralität oder echte Rechtspflicht); zur Verwirklichung von Solidarität in „Solidargemeinschaften" verschiedener Größe vgl. *Jung*, Solidarität, FS Universität Gießen, 181, 182.

[467] So *Jung*, Solidarität, FS Universität Gießen, S. 181, 187.

In Anlehnung an *Röthel*[468] lassen sich zwei Solidaritätskonzepte unterscheiden: Soweit Solidarverbindungen als tatsächliches Füreinander-Einstehen und Zusammenhalten (unabhängig von rechtlichen Pflichten, als Ausdruck von Moralität) begriffen werden, kann man von „gelebter Solidarität“[469] sprechen. Solidarität kann jedoch auch als echte Rechtspflicht begegnen.[470] Die Wirkungsweise ist dann eine andere: Rechtspflichten geben gewisse Verhaltensweisen normativ vor, was letztlich faktisch zu Auswirkungen auf das Solidaritätsverständnis führt.[471]

Entsprechend ließe sich – umgekehrt – auch fragen, wie das Recht auf Verfehlungen im Rahmen der Solidaritätskonzepte reagiert. Die Unterhaltsverwirkung im Sinne ds § 1611 Abs. 1 Satz 2 BGB ist letztlich Ausfluss von Verfehlungen im Rahmen der solidarischen Unterhaltspflicht und kann korrigierend eingreifen, wenn es am „inneren Grund“ für die Auferlegung von Solidaritätspflichten fehlt.

1.3.2.2 Familiensolidarität im Erbrecht

Röthel[472] nennt das Erbrecht eine *„Projektionsfläche par excellence“* für die unterschiedlichen Solidaritätskonzepte.

Das Pflichtteilsrecht lasse sich dem Konzept der rechtlichen Solidarität zuordnen. *Röthel* lehnt allerdings die These vom inneren Grund der Pflichtteilsberechtigung als „Schutz der Familienmitglieder“[473] ab. Den Pflichtteilsanspruch motiviere weder eine tatsächliche, vermutete oder typisierte persönliche Solidarbeziehung, ausschlaggebend sei vielmehr alleine das familienrechtliche Band

---

[468] Solidaritätskonzept, S. 85 ff., mit Verweis auf *Durkheim*, Über soziale Arbeitsteilung, 2. Aufl. 1988, S. 111.

[469] Vgl. *Röthel*, Solidaritätskonzept, S. 86, die auf Basis dieses Konzepts die „Erwartung an das Recht“ sieht, gelebte Solidarität zu honorieren.

[470] *Röthel*, Solidaritätskonzept, S. 86 f. nennt beispielhaft die Frage, ob zwingende Solidaritätsgehalte in Grundgesetz und auf europäischer Ebene auszumachen sind (vgl. die Nachweise bei *Röthel*, a. a. O., Fn. 14)

[471] So *Röthel*, Solidaritätskonzept, S. 87, dort auch zu den unterschiedlichen Erwartungshaltungen der jeweiligen Solidaritätskonzepte an das Recht: *„Aus der Perspektive des Konzepts gelebter Solidarität ist zu prüfen, ob das Recht sachgerecht typisiert und sinnvolle Anreizwirkungen ausübt; aus der Perspektive des Konzepts rechtlicher Solidarität bedarf es der Vergewisserung über den inneren Grund für die Auferlegung von Solidaritätspflichten. Die Frage nach dem Solidaritätskonzept ist damit im Kern die Frage nach der Begründung und Rechtfertigung von Recht.“*

[472] *Röthel*, Solidaritätskonzept, S. 87.

[473] So aber *Lange*, AcP 204 (2004), 804, 812 ff.

(Statusorientiertheit des Pflichtteilsrechts). Diese Ansicht ist jedoch nicht zwingend. Teilweise wird das Pflichtteilsrecht als Ausfluss eines „generalisierten Solidargedankens“ gesehen.[474] Typischerweise sorgen Familienmitglieder füreinander und stehen einander bei. Das Pflichtteilsrecht stellt sich sonach als gesetzliche Vermutung einer persönlichen Nähebeziehung zwischen Familienmitgliedern dar.

Dem letztgenannten Verständnis folgt auch die Rechtsprechung des BVerfG. Mit Beschluss vom 19. April 2005[475] hat das Gericht über zwei Verfassungsbeschwerden entschieden, die jeweils Pflichtteilsentziehungen durch eine Erblasserin bzw. einen Erblasser gegenüber ihrem Sohn betrafen. In diesem Zusammenhang wurde die Vereinbarkeit der Pflichtteilsrechtsvorschriften der Kinder mit dem Grundgesetz festgestellt; das Pflichtteilsrecht als Mindestbeteiligung am Nachlass sei namentlich durch Art. 14 GG gewährleistet. Zur Begründung der Einschränkung der Testierfreiheit wies das Gericht u.a. auf den *„engen Sinnzusammenhang mit dem durch Art. 6 Abs. 1 GG gewährleisteten Schutz des Verhältnisses zwischen Erblasser und seinen Kindern“* hin.[476] Dem Staat obliege von Verfassungs wegen eine Förderpflicht betreffend die aus Eltern und Kindern bestehende Familiengemeinschaft. Prägend für die familiäre Verantwortlichkeit sei die wechselseitige Pflicht zu Beistand und Rücksichtnahme, das BVerfG zitiert in diesem Zusammenhang ausdrücklich § 1618a BGB.[477] Die Nachlassteilhabe von Kindern wurde als „Ausdruck einer Familiensolidarität“ gewürdigt, die *„in grundsätzlich unauflösbarer Weise zwischen dem Erblasser und seinen Kindern bestehe“*; diese durch Art. 6 Abs. 1 GG geschützte *„lebenslange Gemeinschaft“* enthalte Rechte und Pflichten zu gegenseitiger Verantwortung.[478]

---

[474] So *Lange*, AcP 204 (2004), 804, 812 ff.; *ders.*, ZErbR 2008, 59 f.

[475] Vgl. NJW 2005, 1561; vgl. hierzu *Jung*, Solidarität, FS Universität Gießen, S. 181, 188; im ersten Verfahren ging es um einen schuldunfähigen Täter, der seine Mutter mehrfach tätlich angriff und sie letztlich erschlug. Entgegen der bis dahin herrschenden Auffassung, dass Pflichtteilsentziehung und Pflichtteilsunwürdigkeit ein Verschulden und insbesondere die Zurechnungsfähigkeit des Pflichtteilsberechtigten voraussetzten, kam das Bundesverfassungsgericht im Rahmen der Abwägung zwischen der Testierfreiheit des Erblassers auf der einen und dem Grundsatz der unentziehbaren Nachlassteilhabe der Kinder auf der anderen Seite zu dem Ergebnis, dass für die Lebensnachstellung natürlicher Vorsatz ausreiche, Schuld im strafrechtlichen Sinne also nicht notwendigerweise vorliegen müsse.

[476] BVerfG, NJW 2005, 1561, C I 3.

[477] BVerfG, NJW 2005, 1561, 1564.

Anders als das Pflichtteilsrecht ermöglicht die gewillkürte Erbfolge grundsätzlich[479] die *„Verwirklichung individuell belohnender Erbeinsetzung“.*[480] Von der Zielrichtung her ist diese daher in das Konzept gelebter Solidarität einzuordnen. Schwierigkeiten bereitet die Einordnung der gesetzlichen Erbfolge[481] in die Kategorien gelebte bzw. rechtliche Solidarität. *Röthel*[482] hat auf die historische Deutungsoffenheit der inneren Begründung der gesetzlichen Erbfolge hingewiesen. In der Begründung des Entwurfs eines Rechts der Erbfolge für das Deutsche Reich[483] wirft *Gottfried von Schmitt* die Frage auf, ob das gesetzliche Erbrecht mit den Gesichtspunkten des *„Zusammengehörigkeitsbewusstseins und des Familiensinns“* oder aber mit dem Gesichtspunkt der *„einfachen Blutsverbindung“* begründet werden solle. Erstgenannte Begründung geht von einem Konzept gelebter Solidarität aus, letztgenannte ist rein statusrechtlich orientiert. Allerdings wurde in der Folge keine Entscheidung über die ideellen Gundlagen des Erbrechts getroffen.[484]

Röthel selbst sieht die innere Rechtfertigung der gesetzlichen Erbfolge – entsprechend ihrem Verständnis zum Pflichtteilsrecht – allein statusrechtlich. Gesetzliche Erbfolge erscheint danach als Rückverweisung auf die familienrechtlich vorgeprägte Solidarordnung. Honoriert werden *„nicht das bloße Faktum tatsächlich erwiesener oder die begründete Vermutung möglicher Solidaritäts**leistungen**, sondern die Existenz nur bedingt aufkündbarer, rechtlicher Solidaritäts**pflichten**.“*[485] Allerdings kann man die Deutung der gesetzlichen Erbfolge – worauf *Röthel* selbst hinweist – auch anderes sehen[486], namentlich weniger statusorientiert sondern als Ausdruck des mutmaßlichen Erblasserwillens. Auf diese Weise würde die gesetzliche Erbfolge in die Nähe der gewillkürten gerückt. An die Stelle des wirklichen Erblasserwillens träte der mutmaßliche mit der Folge, dass auch das Solidaritätskonzept ein anderes ist: Als innerer Grund des gesetzlichen Erbrechts erschiene hiernach das Konzept der mutmaßlichen

---

478 BVerfG, a. a. O.

479 Eine Grenze ist dabei natürlich durch das Pflichtteilsrecht gezogen.

480 So *Röthel*, Solidaritätskonzept, S. 97, mit dem Hinweis, dass diese in der Konsequenz als Motivation für lebzeitige Solidaritätsleistungen instrumentalisiert werden kann.

481 Diese bildet immer noch den praktischen Regelfall.

482 *Röthel*, Solidaritätskonzept, S. 87 f.

483 *V. Schmitt*, Erbrecht, S. 591.

484 *Röthel*, Solidaritätskonzept, S. 88 auch m. w. N.

485 *Röthel*, Solidaritätskonzept, S. 119.

486 *Röthel*, Solidaritätskonzept, S. 98.

gelebten Solidarität. Ganz überwiegend wird diese letztgenannte Auffassung vertreten.[487]

In der Tat greift die rein statusrechtliche Sichtweise *Röthels* zu kurz. Der familienrechtliche Status, an den die gesetzliche Erbfolge anknüpft, ist kein Selbstzweck. Vielmehr erachtet das Gesetz den Status in typisierender Weise als geeigneten Anknüpfungspunkt im Hinblick auf die in der Regel gewollte familiale Vermögensteilhabe im Todesfall. Auch der Verwandtenunterhalt knüpft nicht an soziale Beziehungen an, sondern findet seine Grundlage in der durch Abstammung begründeten Verwandtschaft.[488] Innere Rechtfertigung der insoweit auch statusorientierten Unterhaltsverpflichtungen unter Verwandten ist demnach auch ein typischerweise bestehendes faktisches intrafamiliäres Solidaritätsgefüge. Wenn danach lebzeitige rechtliche Einstandspflichten mit dem gesetzlichen Erbrecht und dem Pflichtteil ihre rechtliche Fortsetzung erleben[489], so wirft dies umso mehr die Frage auf, ob die Rechtswirkungen von Verstößen gegen diese lebzeitigen Verpflichtungen nicht auch nach dem Tod eine „Fortsetzung" finden sollten. So wie § 1611 BGB eine Korrekturmöglichkeit bei einem „Irrtum" des Gesetzgebers (in Fällen keiner gelebten Solidarität) ermöglicht, läge eine entsprechende Regelung im Erbrecht nahe. Das Erbunwürdigkeitsrecht könnte hier der geeignete Regelungsort sein.

---

[487] Vgl. die Nachweise bei *Röthel*, Solidaritätskonzept, S. 98 f.; *Lindacher*, FamRZ 1974, 345 etwa argumentiert mit der starken Orientierung des Erbrechts an der Privatautonomie, dieses „Strukturprinzip" des Erbrechts führe dazu, dass die Intestaterbfolge sich am mutmaßlichen Erblasserwillen ausrichten müsse (gesetzliche Erbfolge als Modelllösung). Auch bei *Mittermaier* findet sich – in internationalprivatrechtlichem Kontext – dieser Ansatz. Hieraus leitet er seine Forderung nach einheitlicher Behandlung des Vermögens im Erbrecht ab, in seiner Lehre von der Collision der Gesetze, S. 270 f. (teilweise abgedruckt auch bei *Jayme*, Internationales Privatrecht, S. 132, 137) liest man: *„Der in Stuttgart wohnende Bürger stirbt ohne Testament; nun sollen z. B. in Bezug auf die in Baden gelegenen Grundstücke die Halb- und Vollgeschwister gleich, nur nach verschiedenen Teilen erben, in Bezug auf die in Bayern gelegenen Güter erben nur die vollbürtigen Geschwister. Warum soll dies sein? Ist hier ein vernünftiger Grund? Die Intestaterbfolge soll auf den präsumtiven Willen des Erblassers gebaut sein; kann man vernünftiger Weise glauben, dass die Liebe des Württembergers in Bezug auf die badischen Grundstücke eine andere sei als in Ansehung der in Bayern gelegenen?"*; näher hierzu *Jayme*, Internationales Privatrecht, S. 132, 137, mit dem interessanten Hinweis, dass sich dieser Gedanke der Nachlasseinheit ausgehend von *Mittermaier* über *Savigny* und *Mancini* im deutschen Recht durchsetzte, dort allerdings teilweise wieder aufgegeben durch Einführung des Art. 25 Abs. 2 EGBGB für inländische Immobilien).

[488] *Lipp*, Solidarität, S. 66.

[489] So auch *Röthel*, Solidaritätskonzept, S. 119.

1.3.2.3 Elternunterhalt und Solidarität

Das Solidaritätskonzept muss sich insbesondere hinsichtlich der Frage nach der inneren Rechtfertigung des Elternunterhalts und dessen konkreter Ausgestaltung stets aufs Neue behaupten. Das BVerfG befasste sich in seinem Urteil vom 7.6.2005[490] mit der Problematik des Elternunterhalts. Die Verfassungsbeschwerde betraf die Bestimmung der Leistungsfähigkeit von Kindern, die aus übergegangenem Recht vom Sozialhilfeträger zur Zahlung von Unterhalt für einen Elternteil herangezogen wurden.[491] In der Begründung liest man: *„Er [der Gesetzgeber] geht nach wie vor von der zwischen Eltern und Kindern bestehenden familiären Verantwortlichkeit füreinander aus, die in der nach § 1618a BGB bestehenden wechselseitigen Pflicht zu Beistand und Rücksicht und der Pflicht zur Gewährung von Unterhalt ihren gesetzlichen Niederschlag findet."*[492]

Hinsichtlich der Begründung der Unterhaltspflicht der Kinder ihren Eltern gegenüber stellte das Gericht auf Art. 6 Abs. 1 GG ab. Dies ist nicht selbstverständlich, begründet doch die Verfassung in Art. 6 Abs. 2 GG ausdrücklich nur die Pflicht (wie auch das Recht) der Eltern zur Unterhaltsgewährung, eine umgekehrte Verpflichtung ist dem Wortlaut nicht zu entnehmen.[493] Das BVerfG stellte allerdings klar, dass Art. 6 Abs. 1 GG die Familie insgesamt schützt, hinsichtlich der Konzeption familiärer Verantwortlichkeit könne sonach auch die Pflicht zum Elternunterhalt statuiert werden. Im Übrigen folgte auch das BVerfG der herrschenden Meinung, die die Unterhaltspflichten der Kinder ihren Eltern gegenüber mittlerweile stark eingeschränkt hat.[494]

---

[490] NJW 2005, 1927.

[491] Vgl. hierzu auch *Jung*, Solidarität, FS Universität Gießen, S. 181, 187 f.

[492] So BVerfG, NJW 2005, 1927, 1930, mit Verweis auf eine frühere Entscheidung vom 5.2.1981, NJW 1981, 1943.

[493] BVerfG, a. a. O.

[494] *Jung*, Solidarität, FS Universität Gießen, S. 181, 187, auch auf die Probleme des Solidaritätskonzeptes konkret beim Elternunterhalt hinweisend. *Jung* spricht von zwei „Solidaritäten": Der öffentlich-rechtlichen Solidaritätsverpflichtung der Solidargemeinschaft stehe die privatrechtliche Pflicht der Familiensolidarität gegenüber (S. 188). Die im Rahmen der rechtspolitischen Abwägung zu treffende Entscheidung diesbezüglich ist eine der großen Herausforderungen der heutigen Zeit. Es geht letztlich darum, das Spannungsverhältnis der beiden Konzepte *„Individualismus"* und *„Kollektivismus"* in Einklang zu bringen (so *Jung*, a. a. O.); in anderen Rechtsordnungen begegnet man ähnlichen Diskussionen, vgl. hierzu oben 1.2.2.

1.3.2.4 § 1618a BGB als Ausdruck des Gedankens der Familiensolidarität

Die rechtsgeschichtlichen Ausführungen zum Unterhaltsrecht haben gezeigt, dass ein – im Laufe der Zeit mit unterschiedlicher dogmatischer Begründung versehener – Unterhaltsanspruch unter gewissen Voraussetzungen entfallen kann. „Verfehlungen" des an sich Berechtigten führen also dazu, dass das Konzept der „familiären Solidarität" – als Kern des Unterhaltsrechts – nicht mehr greift. Dem ist zunächst der schlichte Befund zu entnehmen, dass „familiäre Solidarität" nicht schrankenlos ist. Wichtiger noch ist allerdings die Feststellung, dass dem Solidaritätsgedanken insbesondere eine Idee der Reziprozität innewohnt. Paradigmatisch konstituiert § 1618a BGB[495] die im Eltern-Kind-Verhältnis bestehende Pflicht zu gegenseitigem Beistand und Rücksicht.[496] Die in dieser Bestimmung zutage tretende Leitbildfunktion[497] drückt den Gedanken der Familiensolidarität in programmatischer Weise aus. Nicht ohne Grund wird die Vorschrift von der Rechtsprechung auch im Rahmen der Verwirkung von Elternunterhalt zur Konkretisierung der Beistandspflichten herangezogen.[498] Die gegenseitige Fürsorge, wie sie in einer intakten Familie geübt wird, lässt sich zwar nicht mit rechtlichen Mitteln durchsetzen.[499] Allerdings kann ein Verstoß gegen familiäre Solidaritätspflichten zumindest mittelbar Sanktionen nach sich ziehen, wie § 1611 BGB zeigt.

Der Normzweck der Vorschrift als *„Grundnorm für die gegenseitigen Beziehungen der Familienmitglieder"*[500] zielt in die gleiche Richtung wie die Pa-

---

495 Zur Entstehungsgeschichte der Vorschrift vgl. den guten Überblick (rechtsvergleichend) bei *Knöpfel*, FamRZ 1985, 554 ff.

496 *Bosch*, FamRZ 1980, 739, 748 spricht von der „goldenen Regel" der Eltern-Kind-Beziehung.

497 MüKo-*v. Sachsen Gessaphe*, § 1618a, Rz. 1.

498 BGH NJW 2004, 3109, 3110; BVerfG NJW 2005, 1927; interessant – wenn auch in anderem Zusammenhang – die Entscheidung des BVerfG in NJW 1981, 1943 (Briefkontrolle in der Untersuchungshaft; Schriftverkehr zwischen erwachsenen Kindern und ihren Eltern).

499 Zu Recht hat *Schwab* in diesem Zusammenhang davor gewarnt, die Vorstellung von familiärer Solidarität nicht von vornherein auf den *„hässlichen Anblick von erbittert geführten Unterhaltsprozessen zu verengen"* (FamRZ 1997, 521, 522). In der sozialen Wirklichkeit leisten Familienmitglieder im funktionierenden Verband meist erheblich mehr als ihnen von Rechts wegen auferlegt. Der pathologische Blick des Juristen droht hier ein Zerrbild der gelebten Wirklichkeit zu zeichnen.

500 So *Knöpfel*, FamRZ 1985, 554.

rallelvorschrift des § 1353 Abs. 1 Satz 2 BGB für die Ehe.[501] Als Ausdruck des Gedankens der Familiensolidarität hat die Norm Leitbildfunktion. Sie verlangt ein partnerschaftliches Zusammenleben in der Familie in Verantwortung füreinander und statuiert ein Gegenseitigkeitsverhältnis von Leistung und Anspruch im Verhältnis zwischen den Generationen. Die Norm betont die Wechselseitigkeit der Rechte und Pflichten.[502] Grundsätzlich war die Bestimmung als sanktionslose Deklaration, als *lex imperfecta* konzipiert.[503] Allerdings ist festzuhalten, dass die Vorschrift auch echte – konkretisierungsbedürftige – Rechtspflichten[504] begründet.[505] In diesem Zusammenhang von Interesse ist, dass § 1618a BGB als Rechtsgrundsatz auch die Begrenzung subjektiver Rechte begründen kann.[506]

Die Schrankenfunktion des § 1618a BGB setzt stets eine Abwägungsentscheidung hinsichtlich der wechselseitigen Solidaritätspflichten und sonstiger widerstreitender Kindes- und Elterninteressen voraus.[507] Dagegen ist § 1611 Abs. 1 BGB alleiniger Maßstab, um zu beurteilen, unter welchen besonderen Umständen die hartnäckige Kontaktverweigerung eines volljährigen Kindes zu

---

501 So MüKo-*v. Sachsen Gessaphe*, § 1618a, Rz. 1 unter Hinweis auf den Bericht des RA BT-Drucks. 8/2788, S. 36, 43; zust. BSG NJW 1990, 1558 f.; zum Gedanken der Familiensolidarität *Schwab*, FamRZ 1997, 521, der im Zusammenhang mit § 1353 BGB auf die Möglichkeit der Klageerhebung (Herstellungsklage) hinweist; diese ist aber nicht vollstreckbar (§ 888 Abs. 2 ZPO).

502 Zur Absicht des Gesetzgebers bei Schaffung dieser Norm, den im Sorgerechtsgesetz betonten Pflichtbindungen der Eltern ihre Einseitigkeit zu nehmen, vgl. *Lüderitz*, FS Gaul, S. 411, 419.

503 So *Jayme*, FamRZ 1981, 221, 225 mit Verweis auf *Bosch*, FamRZ 1980, 739, 741; vgl. auch den Bericht des RA BT-Drucks. 8/2788, S. 36, 43, wonach die Norm nur Leitlinien ohne unmittelbare Rechtsfolgen aufstellen sollte; MüKo-*v. Sachsen Gessaphe*, § 1618a, Rz. 1 spricht von einem *„programmatischen Charakter mit Appellfunktion"*.

504 Allerdings ist Zurückhaltung bei § 1618a BGB angebracht, wenn die Norm im Wege der Lückenfüllung oder Rechtsfortbildung zur Pflichtenbegründung_verwendet wird (vgl. MüKo-*v. Sachsen Gessaphe*, § 1618a, Rz. 13); interessant ist in diesem Zusammenhang der rechtsvergleichende Befund, dass im schweizerischen Recht der Art. 272 ZGB – die Vorschrift ist weitgehend dem alten Art. 271 des ZGB von 1907 nachgebildet und war Vorbild für die Einführung des § 1618a BGB – zwar auch keine unmittelbar erzwingbaren Verpflichtungen vorsieht; allerdings zeitigt die Vorschrift eine Reihe von Rechtswirkungen, bei deren Verletzungen Sanktionen unterschiedlicher Art eintreten können (vgl. hierzu im Einzelnen *Knöpfel*, FamRZ 1985, 554, 556): So kommt bei schwerer Pflichtverletzung die Entziehung des Pflichtteils (Art. 477 Nr. 2 ZGB) oder der Widerruf einer Schenkung (Art. 249 Nr. 2 OR) in Betracht. An diesen Wertungen könnte sich der deutsche Gesetzgeber orientieren.

505 *Lüderitz*, FS Gaul, S. 411, 420.

506 So MüKo-*v. Sachsen Gessaphe*, § 1618a, Rz. 11.

507 So MüKo-*v. Sachsen Gessaphe*, § 1618a, Rz. 1; auch BayObLG FamRZ 2000, 976, 977.

dem getrennt von ihm lebenden, unterhaltspflichtigen Elternteil eine vorsätzliche schwere Verfehlung darstellt. Allerdings hat der BGH die Vorschrift des § 1618a BGB zur Konkretisierung einer umgekehrten schweren Verfehlung der Mutter gegenüber ihrer Tochter bejaht, weil jene diese im Kleinkindalter bei den Großeltern zurückgelassen und seither kaum mehr Kontakt zu ihr aufgenommen habe.[508]

Der Umfang des persönlichen und sachlichen Geltungsbereichs des § 1618a BGB – nach den aus den Gesetzesmaterialien ersichtlichen Zweckbestimmung der Norm weist diese auf die Grundlage des Zusammenlebens in der Familie hin, die in der Verantwortung füreinander besteht[509] – ist zwar nicht scharf umrissen, allerdings reicht dieser über das Familienrecht hinaus, gilt also für alle Beziehungen zwischen Eltern und Kindern.[510] So verwundert es auch nicht, dass das BVerfG in seiner Entscheidung zum Pflichtteilsrecht vom 19.04.2005[511] ausdrücklich auf § 1618a BGB Bezug nimmt, der Norm also auch rechtsgebietsübergreifend Ausstrahlwirkung auf das (Familien-)Erbrecht beimisst.[512] Dass § 1618a BGB in der Begründung der Entscheidung bemüht wurde, ist letztlich dem Umstand geschuldet, dasss eine vergleichbare Programmnorm im Erbrecht nicht ausdrücklich geregelt ist. Der Rückgriff auf diese im vierten Buch des BGB niedergelegte Norm zur Begründung erbrechtlicher Institute zeugt allerdings zugleich von der inneren Wesensverbundenheit der Rechtsbereiche. Fragen des Eltern-Kind-Verhältnisses, die in jedem Rechtsgebiet eine Rolle spielen

---

[508] BGH NJW 2004, 3109, 3110: *„Mit Rücksicht darauf kann sich auch eine Verletzung elterlicher Pflichten durch Unterlassen als Verfehlung gegen das Kind darstellen. Das gilt nicht nur für die besonders geregelte Vernachlässigung der Unterhaltspflicht, sondern etwa auch für die dauernde grobe Vernachlässigung und Verletzung der Aufsichtspflicht und für die Verletzung der Pflicht zu Beistand und Rücksicht, die in der durch das Sorgerechtsgesetz von 1979 eingefügten Vorschrift des § 1618a BGB auch zum Ausdruck gebracht worden ist."*

[509] BT-Drucks. 8/2788, S. 36, S. 43; vgl. hierzu auch *Knöpfel*, FamRZ 1985, 554, 557.

[510] So auch *Knöpfel*, FamRZ 1985, 554, 556. Für die Auslegung des § 1618a BGB ist – wie *Knöpfel* (a. a. O.) zu Recht anmerkt – zu berücksichtigen, dass sich die Vorschrift ganz eng an den schweizerischen Art. 272 ZGB anlehnt (BT-Drucks. 8/2788, S. 43). Bei der Interpretation einer aus dem ausländischen Recht rezipierten Norm ist der ausländischen Rechtsauffassung Rechnung zu tragen (zu diesem allgemeinen Grundsatz der Rechtsvergleichung vgl. *Jayme*, FamRZ 1981, 221, 225 m. w. N.)

[511] NJW 2005, 1561, vgl. hierzu auch oben 1.3.2.2.

[512] Interessant in diesem Zusammenhang ist auch der Gedanke von *Lange*, AcP 204 (2004), 804, 827 f., eine Verletzung familiäreer Pflichten in den Kreis der Pflichtteilsentziehungsgründe aufzunehmen und hierbei mittels einer *„Korrespondenznorm zu § 1618a BGB"* zu operieren.

können, sind daher unabhängig von der Hauptfragestellung, stets unter Berücksichtigung des § 1618a BGB zu beantworten.

1.3.2.5 Solidarität und Gegenseitigkeit

Dass dem Solidaritätsgedanken ein Gegenseitigkeitsverhältnis innewohnt, wurde bereits ausgeführt. Allerdings sei in diesem Zusammenhang – um Missverständnissen vorzubeugen – der Hinweis erlaubt, dass von einem synallagmatischen Pflichtenprogramm nicht gesprochen werden kann.[513] Dies gilt gleichermaßen für das Erb- wie auch für das Unterhaltsrecht. Die Grenzziehung zwischen sittlich-moralischen und rechtlichen Pflichten im familiären Bereich ist problematisch. In beiden Rechtsbereichen spielen psychologische Erwartungshaltungen eine große Rolle. Diese verdichten sich im Bedürfnis- bzw. im Erbfall zu konkreten Ansprüchen. Diesen „Ansprüchen" steht aber gerade keine synallagmatische Leistungspflicht des Berechtigten gegenüber. *Leisner* hat im Zusammenhang mit dem Stichwort des *„unverdienten Erbes"* treffend bemerkt, *„dass man ein Erbe zwar nicht verdienen muss, dass man es aber auch nicht durch Lieblosigkeit verspielen darf"*[514]. Für das Unterhaltsrecht gilt dies in gleicher Weise, wie § 1611 BGB paradigmatisch zeigt.

Vor diesem Hintergrund lässt sich das Konzept der familiären Solidarität als Rahmenbedingung einordnen. Es bildet die Grundlage gegenseitiger Unterhaltsansprüche und Erberwartungen. Anders als in synallagmatischen Leistungsaustauschverhältnissen wird hier keine gegenseitige Leistungspflicht statuiert. Dies scheitert bereits an der zeitlichen Komponente im Hinblick auf die Genese der Ansprüche. Vielmehr ist von folgendem Gedanken auszugehen: Eine grundsätzlich bestehende Leistungspflicht wird an die (vom Gesetzgeber vermutete, da typischerweise vorliegende) Bedingung geknüpft, dass sich das Verhalten des Leistungsempfängers mit gewissen Erwartungshaltungen des Leistenden deckt. In diesem Zusammenhang könnte von einem unvollkommenen Gegenseitigkeitsverhältnis gesprochen werden. Dem Gesetz sind solche Verhältnisse nicht fremd, so liegen der Zweckverfehlungskondiktion (§ 812 Abs. 1 Alt. 2 BGB) ähnliche Gedanken zugrunde: Der Empfänger soll eine Leistung nicht behalten dürfen, die der Leistende in der schließlich enttäuschten Erwartung erbracht hat, vom Empfänger eine – nicht notwendig gegenständliche – Gegenleistung zu er-

---

[513] Für 1618a BGB gilt insoweit nichts anderes als bei Unterhaltspflichten. Pflichtverletzung durch den anderen Teil entschuldigt eigene Pflichtverletzung nicht. Im Einzelfall kann – worauf *Knöpfel*, FamRZ 1985, 554, 563 treffend hinweist – die Berufung auf § 1618a BGB rechtsmissbräuchlich sein.

[514] NJW 2001, 126.

halten, auf die er keinen durchsetzbaren Rechtsanspruch hat.[515] Bei der familiären Solidarität stehen sich also Leistungen und Erwartungshaltungen gegenüber. Dieser kompensative Charakter[516] im Sinne eines Gegenseitigkeitsverhältnisses zeigte sich auch bereits im Hinblick auf die geschichtliche Entwicklung des Unterhaltsrechts in dem Umstand, dass in Fällen des „Undanks" die Unterhaltsverpflichtung wegfiel. Was das Familienerbrecht anbelangt, so wurde bereits im Hinblick auf deren Versorgungsfunktion eine funktionale Parallele zum Unterhaltsrecht aufgezeigt. Auch das Konzept der familiären Solidarität ist – wie bereits ausgeführt – beiden Rechtsgebieten eigen. Ferner findet sich sowohl hinsichtlich des gesetzlichen Erbrechts als auch des Pflichtteilsrechts das Begründungsmuster einer Teilhabe naher Familienangehöriger am Erblasservermögen aufgrund von dessen Familienbindung.[517] Dieser heutzutage etwas seltsam anmutende Gedanke ist wohl auf die in den germanischen Rechten anzutreffende Rechtsauffassung des „Sippeneigentums" zurückzuführen.[518] In diesem Zusammenhang spielt aber die Solidargemeinschaft naher Angehöriger eine Rolle. Bemerkenswert ist, dass hier die Familienbindung des Nachlasses mit einem Entlohnungsgedanken der von den Familienangehörigen zu Lebzeiten gegenüber dem Erblasser geübten Solidarität begründet wird.[519] Anklänge des Entlohnungsgedankens finden sich im geltenden Recht in den §§ 2316, 2057a BGB.[520] Auch im Erbrecht kommt der Solidaritätsgedanke sonach nicht ohne Statuierung der Reziprozitätsidee aus. Die Schwierigkeiten bestehen darin, einen geeigneten Maßstab zu finden, nach dem zu beurteilen ist, inwieweit eine „Störung" inner-

---

[515] *Leupertz* in Prütting/Wegen/Weinreich, § 812 Rz. 41.

[516] Vgl. zu diesem Gedanken im Zusammenhang mit dem Elternunterhalt die rechtsvergleichende Untersuchung von *Casabona*, Il dovere di assistenza verso il genitore in stato di bisogno, S. 29.: *„modello compensativo o retributivo"*.

[517] Vgl. *Strätz*, FamRZ 1998, 1553, 1556; *Werkmüller*, Pflichtteilsrecht, S. 71 f. (auch zur Frage des Funktionsverlusts der Familie, a. a. O., S. 72 ff.); *Lutz*, Erbunwürdigkeit, S. 70: *„Auch das BVerfG hat im Rahmen seiner Entscheidung zur Verfassungsmäßigkeit der Erbschaftsbesteuerung (NJW 1995, 2625) eine „Mitberechtigung" der nächsten Familienangehörigen am Familiengut aus einem familiären Bezug dieser Personengruppe zum Nachlass abgeleitet."*

[518] Noch im 19. Jahrhundert prägte dieser Gedanke den Erbrechtsdiskurs. So wurde das unbeschränkte Erbrecht häufig als Ursache für einen normativ abgelehnten grenzenlosen Individualismus angesehen und damit als zerstörerisch für die Sozialbeziehungen in der Familie und der Gesellschaft. Es besteht eine starke Tendenz, Eigentum als Familieneigentum zu betrachten, wodurch der juristische Eigentümer als Treuhänder für den Besitz der Sippe erscheint (so *Beckert*, Unverdientes Vermögen, S. 19).

[519] *Lutz*, Erbunwürdigkeit, S. 72 m. w. N.; *Coing*, Gutachten A, S. 22 f.; *Gerken*, RPfl 1989, 45, 47; *Haas*, ZEV 2000, 249, 252 f.; *Werkmüller*, Pflichtteilsrecht, S. 77.

[520] *Haas*, S. 252; *Werkmüller*, Pflichtteilsrecht, S. 77.

halb des familiären Solidaritätsverhältnisses geeignet ist, erbrechtliche „Sanktionen“ zu bewirken.

1.3.2.6 Verfehlungen im Rahmen „gelebter Solidarität“

Im Gegensatz zu anderen Rechtsordnungen ist das deutsche Erbrecht stark formalistisch geprägt. Dies zeigt sich an dem Fehlen bedarfsabhängiger Regelungen wie auch an der quotenmäßigen Ausformung des stark statusorientierten Pflichtteilsrechts. Allerdings ist die Statusorientierung des Pflichtteilsrechts – dies gilt, wenn man mit *Röthel* auch die gesetzliche Erbfolge ingesamt statusorientiert betrachtet, auch für diese – kein Selbtszweck und daher nicht geeignet, als innere Rechtfertigung des Familien- bzw. Pflichtteilsrechts zu dienen. Dahinter stehen vielmehr Wertungen des Gesetzgebers, Motivationen, die diesen dazu bewegt haben, eben diese Statusorientierung zu wählen. Im Erbrecht ist dies aber gerade das Konzept der familiären Solidarität. Die rechtliche Zuordnung der Erbberechtigung wird an einen bestimmten Status, also ein bestimmtes rechtliches Verhältniss zum Erblasser, geknüpft, weil die Vermutung besteht, dass mit diesem Rechtsverhältnis auch bestimmte faktische Beziehungen einhergehen. Typischerweise stehen sich Eltern und Kinder nahe. Die (soziologisch zu erforschenden) Tatsachen berücksichtigt das Recht, indem es eine Typenbildung vornimmt. Legislatorische Tätigkeit ist zwangsläufig Abstraktion. Die Statusorientiertheit im Erbrecht ist daher – anders als *Röthel* dies sieht – nicht zwangsläufig als Antipode zum Solidaritätskonzept zu sehen, wie dies die Tatsache, dass im Erbrecht die gelebte Solidarität zugunsten einer rechtlichen (statusorientierten) Solidarität nicht ausdrücklich in Erscheinung tritt, suggerieren mag. Die Statusorientiertheit ist vielmehr ein probates Mittel der Typenbildung, und damit gerade Ausdruck der (vermuteten) gelebten Solidarität. Im Normalfall gibt es einen Gleichlauf zwischen Status und faktischer Solidarität. Aus der soziologischen Erkenntnis heraus, dass „typischerweise“ Familienmitglieder füreinander sorgen und einander beistehen,[521] hat der Gesetzgeber diesen faktischen Befund in Rechtsnormen gegossen; die Dominanz der Statusorientiertheit als tragendes Prinzip des deutschen Erbrechts ist demnach lediglich die – gesetzestechnisch auch auf anderem Wege mögliche[522] – Umsetzung des Solidaritätsgedankens. Ausgehend von dieser Prämisse ergibt sich von selbst, dass der Status demnach kein unumstößliches Prinzip ist, sondern Ausdruck einer gesetzestech-

---

[521] Diesen Befund bezeichnet *Lange*, AcP 204 (2004), 804, 812 ff. als „generalisierten Solidargedanken“ (vgl. schon oben 1.3.2.2).

[522] Man denke etwa an die auf den konkreten Einzelfall abstellenden Rechtsordnungen des anglo-amerikanischen Rechtskreises. Der Richter kann dort in seiner Entscheidung eine Vielzahl von Faktoren in die Abwägung einstellen und entsprechend berücksichtigen.

nischen Vermutung, die – wie jede Vermutung – widerlegbar ist. Was diesen letzten Punkt anbelangt zeigt sich aber gerade die Schwäche des deutschen Erbrechts, die da lautet: Fehlende Flexibilität bei Fehlen zu Lebzeiten verweigerter Solidarität. Es soll hier nicht einem – für das Pflichtteilsentziehungsrecht teilweise vorgeschlagenen – generellen „Zerrüttungstatbestand“ das Wort geredet werden. Diese Auffassung überspannt die Anforderungen, die an das Konzept gelebter Solidarität gestellt werden. Mit der Anknüpfung an einen Verstoß gegen Unterhaltspflichten steht nicht die Frage bzgl. des Vorliegens eines faktischen Näheverhältnisses zur Beurteilung, vielmehr geht es um den Verstoß gegen die rechtlich vorgegebene Solidaritätspflicht. Dieser ist aber justiziabel. Daher sollten gewisse Verfehlungen mit unterhaltsrechtlichem Bezug – vor dem Hintergrund des Unterhaltsrechts als paradigmatische Konkretisierung des familiären Solidaritätskonzepts – aufgrund der Wesensähnlichkeit auf erbrechtlichem Gebiet Berücksichtigung finden.

1.3.3 Reformüberlegungen

Im Folgenden soll die Reformbedürftigkeit des deutschen gesetzlichen Erbunwürdigkeitsrechts untersucht werden. Bereits *Holtmeyer*[523] hat auf das „von einer gewissen Beharrlichkeit geprägte“ Erbunwürdigkeitsrecht hingewiesen. Dies mag für das deutsche Recht zutreffen, im europäischen Vergleich fällt allerdings auf, dass Bewegung in die Materie gekommen ist.[524] In Deutschland verwundert der diesbezüglich fehlende Reformwille umso mehr, als durch das Erbrechtsreformgesetz[525] andere Bereiche des Erbrechts eine nicht unerhebliche Umgestaltung erfahren haben und nur das Erbunwürdigkeitsrecht ausgeklammert blieb. *Lutz*[526] hat sich in ihrer Untersuchung eingehend mit möglichen Gründen für eine Reform der Materie auseinandergesetzt[527] und bestehende Schwächen der gegenwärtigen Rechtslage aufgezeigt. Auch andere Autoren widmeten sich in der Vergangenheit dieser Frage.[528] Insoweit kann und will sich die vorliegende

[523] ZErb 2010, 6.

[524] Vgl. die Reformen auf internationaler Ebene (vgl. oben 1.2.1); hierzu auch *Zimmermann*, FS Koziol, S. 463 ff.

[525] Gesetz zur Änderung des Erb- und Verjährungsrechts vom 2.7.2009.

[526] Erbunwürdigkeit, S. 61 ff.

[527] Als Gründe für eine Reform werden dort angeführt die – ihrer Ansicht nach verfassungswidrige – Enge des geltenden Erbunwürdigkeitsrechts (*Lutz*, a. a. O., S. 86), insbesondere auch die Lückenhaftigkeit des Instituts in materieller und verfahrensrechtlicher Hinsicht (*Lutz*, a. a. O., S. 101).

[528] *Bauer*, Der Erbunwürdigkeitsprozess, S. 188 ff. diskutiert etwa eine Verbesserung des Schutzes Dritter durch Beschränkung des Gestaltungsurteils; hierzu auch *Hempel*, Erbunwürdigkeit, S. 108.

Studie nicht zum Ziel setzen, eine umfassende Reform des Erbunwürdigkeitsrechts auszuarbeiten. Was jedoch bleibt ist die Frage, ob eine Aufnahme eines Tatbestands der „Unterhaltspflichtverletzung" in den Katalog der Erbunwürdigkeitsgründe eingefügt werden kann, ohne dass eine entsprechende Neuregelung sich systematisch-dogmatischen Bedenken aussetzen würde. Es wurde bereits gezeigt, dass einigen Rechtsordnungen ein entsprechender Erbunwürdigkeitsgrund bekannt ist. Teilweise wird direkt an die „Unterhaltspflichtverletzung" angeknüpft, teilweise wird – generalklauselartig – auf eine „Zerrüttung" der familiären Beziehung abgestellt.

Ausgangspunkt der folgenden Überlegungen ist die oben bereits näher erörterte Feststellung, dass bei aller Diversität der in gemeineuropäischer Tradition des Erbrechts stehenden Rechtsordnungen die soziale und wirtschaftliche Funktion des Erbrechts die gleiche ist. *Zimmermann*[529] hat in diesem Zusammenhang auf die Veränderungen hinsichtlich der familiären Unterhaltsfunktion des Erbrechts auf europäischer Ebene in jüngerer Zeit hingewiesen. Diese Problematik war bereits des Öfteren Gegenstand lebhafter Diskussionen.[530] Meist wird allerdings der Fokus auf die Frage nach einer Reform des Pflichtteilsrechts gerichtet. Was die Reformbedürftigkeit des Erbunwürdigkeitsrechts anbelangt, fällt eine gewisse Zurückhaltung auf. Dies beruht wohl auf der einschneidenden Rechtsfolge des Erbunwürdigkeitsrechts. Das Pflichtteilsrecht erscheint hier unter Umständen flexibler. Doch berührt die um das Pflichtteilsrecht geführte Diskussion in gleichem Maße auch das Institut der Erbunwürdigkeit. Im Kern geht es um die heutzutage zunehmend infrage gestellte Berechtigung zu einer Nachlassteilhabe der engeren Angehörigen – mit Ausnahme des Ehegatten – am Erblasservermögen.[531] Die Diskussion betrifft allerdings meist nur das Pflichtteilsrecht im engeren Sinne, dessen konkrete Ausgestaltung auch im Hinblick auf eine etwaige Erweiterung der Pflichtteilsentziehungsgründe. Einer Reform der Erbunwürdigkeitsgründe, die als Regelungskomplex in einer gewissen Verbindung zum Pflichtteilsentziehungsrecht stehen, widmen sich vergleichsweise wenige Autoren.[532] Überhaupt nicht thematisiert wird die konkrete Frage einer Erweiterung des Unwürdigkeitsrechts um einen Tatbestand der Unterhaltspflichtverletzung.

---

[529] FS Koziol, S. 463, 466.

[530] Zur Frage einer Rechtfertigung des interfamiliären Versorgungsgedankens im Familienerbrecht vgl. etwa *Dauner-Lieb*, DNotZ 2001, 460, 465; *Coing*, Gutachten A, S. 15; *Leipold*, AcP 180 (1980), S. 160, 188; *Huber*, Pflichtteilsrecht, S. 50 ff.

[531] Dies vor dem Hintergrund eines gesellschaftlichen Wandels, namentlich dem allgemeinen Rückgang familiärer Bindungen sowie der heutzutage umstrittenen existenziellen Versorgungsfunktion des Pflichtteilsrechts, vgl. *Rauscher*, Reformfragen Bd. II, 2, S. 131.

[532] Aus jüngerer Zeit sind die Monographien von *Hempel* und *Lutz* zu nennen.

Das Erbrecht ist in besonderer Weise mit dem Unterhaltsrecht verknüpft. Dies gilt zunächst – wie oben erörtert – für die Bedeutung beider Materien im Hinblick auf deren Versorgungsfunktion. Aber auch im „Negativen" sind Entsprechungen zu finden: Wie bereits dargelegt weist die geschichtliche Entwicklung Parallelen zwischen Unterhaltsverwirkung und Enterbungsgründen bzw. Erbunwürdigkeitsgründen auf.

Schwierigkeiten bereitet der Zusammenhang der Regelungskomplexe Pflichtteilsentziehung und Erbunwürdigkeit. Zweifellos greifen Pflichtteilsentziehungsrecht und Erbunwürdigkeitsrecht ineinander. Wie die Rechtsvergleichung zeigt, übernimmt in manchen Rechtsordnungen das Erbunwürdigkeitsrecht die Rolle der Pflichtteilsentziehung. Für das deutsche Recht hingegen, dem beide Rechtsinstitute bekannt sind, bedarf das Verhältnis der beiden einer eingehenderen Untersuchung. Dies insofern, als das geltende Pflichtteilsrecht einen Tatbestand der Unterhaltsverletzung bereits kennt. Allerdings lässt sich unter der Prämisse, dass das Erbunwürdigkeitsrecht neben einer Ergänzung der Pflichtteilsentziehungsvorschriften auch dem Schutz des hypothetischen Erblasserwillens zu dienen bestimmt ist, die Frage nach der Notwendigkeit eines Erbunwürdigkeitsgrundes der „Unterhaltspflichtverletzung" – welcher Gestalt auch immer – auch für das deutsche Recht stellen.

Zunächst ist die Systematik der Erbunwürdigkeitsgründe näher zu beleuchten. Kann diesen ein gemeinsamer Sinn und Zweck entnommen werden? Daran anschließend: Würde sich ein – wie auch immer gestalteter – weiterer Erbunwürdigkeitsgrund der Unterhaltspflichtverletzung harmonisch in den Katalog einfügen oder bestünden im Hinblick auf einen möglichen Systembruch dogmatische Bedenken?

1.3.3.1 Inneres System der Erbunwürdigkeitsgründe

1.3.3.1.1 Wesen der Erbunwürdigkeit

Ein Blick in die Entstehungsgeschichte hat gezeigt, dass der erste Entwurf und die Motive den Grund der Unwürdigkeit in der Gewährleistung der Testierfreiheit sahen, der Strafcharakter ausdrücklich abgelehnt wurde.[533] In der Literatur finden sich Stimmen,[534] die den Grundgedanken aller Unwürdigkeitsgründe des

[533] Vgl. oben Fn. 163.

[534] *Kipp/Coing*, Erbrecht, § 85 II; *Weimar*, MDR 1962, 633; ebenso das Reichsgericht in RGZ 72, 207 ff. zu der Frage, ob Erbunwürdigkeit i. S. d. § 2339 I Nr. 4 BGB bei Testamentsfälschung im Sinne des Erblassers vorliegt.

§ 2339 I BGB in einer zivilrechtlichen Strafe[535] sehen, andere[536] stimmen dieser Aussage nur im Hinblick auf den Unwürdigkeitsgrund des § 2339 I Nr. 1 BGB zu und stellen für die übrigen Unwürdigkeitsgründe auf den Schutz der Testierfreiheit des Erblassers ab. *Von Lübtow*[537] sieht die Unwürdigkeitsgründe als Ausprägung des sittlichen Rechtsbewusstseins der Allgemeinheit, dem es aufs schärfste widerspreche, wenn der Erbe, der sich dem Erblasser gegenüber die in § 2339 Abs. 1 BGB genannten Verfehlungen habe zuschulde kommen lassen, im Genuss des ererbten Vermögens bliebe. Aufschlussreich ist die von ihm zum Vergleich herangezogene Möglichkeit des Schenkers, seine Schenkung wegen schwerer Verfehlungen des Beschenkten oder wegen groben Undanks gemäß § 530 BGB zu widerrufen.[538] Anders als der Schenker sei der Erblasser allerdings oft nicht in der Lage, die Unwürdigkeit durch eine Verfügung von Todes wegen zu berücksichtigen. Deshalb entspreche es der ethischen Pflicht der Rechtsordnung, dem Unwürdigen die Erbeneigenschaft und mit ihr die Erbschaft wieder zu entziehen. Eine ähnliche Auffassung vertreten *Brox* und *Walker*,[539] nach deren Meinung in den Unwürdigkeitsgründen das allgemeine Gerechtigkeitsempfinden zum Ausdruck kommt.

Eine verbreitete Meinung im Schrifttum[540] sieht den Normzweck der Unwürdigkeitsgründe im Schutz der Testierfreiheit des Erblassers vor Verdunkelungsversuchen des wahren Erblasserwillens durch Ergänzung der Rechtsinstitute der Pflichtteilsentziehung (§§ 2333 ff. BGB), der Anfechtung von letztwilligen Verfügungen (§§ 2078 ff. BGB) und der Enterbung (§ 1938 BGB). Demnach sollen die Unwürdigkeitsgründe immer dann eingreifen, wenn der Erblasser seinen Willen durch die seine Testierfreiheit schützenden Vorschriften der Pflichtteilsentziehung, der Anfechtung und der Enterbung nicht oder nicht unzweifelhaft zum Ausdruck bringen konnte. Diese Auffassung sieht sich in einer Linie mit dem Leitgedanken der Erbunwürdigkeit, wie er in den Motiven des BGB zum Ausdruck gekommen ist.

---

[535] Zur Privatstrafe im Zivilrecht ausführlich *Ebert*, Pönale Elemente im deutschen Privatrecht (dort auf den S. 397 ff. auch speziell zur Erbunwürdigkeit).

[536] So noch Palandt-*Edenhofer* § 2339 Rz. 1 (57. Auflage); anders jetzt Palandt-*Weidlich*, § 2339 Rz. 2, welcher die „Würde" des Erblassers als Schutzobjekt (in Anlehnung an *Muscheler*, ZEV 2009, 58 ff.) hervorhebt.

[537] Erbrecht, S. 720.

[538] Frankreich geht diesen Weg im Hinblick auf Legate (vgl. oben 1.2.1.1).

[539] *Brox/Walker*, Erbrecht, Rz. 274.

[540] Staudinger-*Olshausen* § 2339, Rz. 6; ebenso Soergel-*Damrau* vor § 2339 Rz. 1, aber nur für § 2339 Nr. 2-4, bzgl. § 2339 Nr. 1 wird der Leitgedanke der zivilrechtlichen Strafe angeführt; ebenso BGH, NJW 1970, S. 198; *Lange*, Erbrecht, Kapitel 10, Rz. 63.

Die historische Perspektive zeigt, dass sich der BGB-Gesetzgeber in sehr starkem Maße an dem sächsischen BGB-Entwurf orientiert hat. Es scheint, als habe man – in dem unbedingten Willen, die Vielgestaltigkeit der Erbunwürdigkeitsgründe auf einen Nenner zu bringen – versucht, dieses Institut in ein System zu zwängen. Es wurde bereits ausgeführt, dass der im Rahmen der XII. Reichstagskommission gestellte Antrag auf Einfügung eines Erbunwürdigkeitsgrundes *„Hilfloslassen des Erblassers in Krankheit oder Not"* gerade mit dem Hinweis auf den sehr eng konzipierten Schutzzweck der Erbunwürdigkeitsgründe abgelehnt wurde.[541]

1.3.3.1.2 Systembruch?

Die gerade in jüngerer Zeit stattfindenden Reformen zeigen nun aber, dass die Materie im Fluss ist. Eine Erweiterung der Unwürdigkeitsgründe des BGB *de lege ferenda* ist hiernach nicht bereits im Grundsatz ausgeschlossen, eine gewisse Öffnung des Erbunwürdigkeitsrecht erscheint vor diesem Hintergrund jedenfalls diskutabel. Insbesondere greift das dogmatische Argument eines etwaigen Systembruchs nicht. Die Entwicklung des Instituts hat gezeigt, dass von einem inneren System der Erbunwürdigkeitsgründe, in das sich ein neuer Tatbestand einzufügen hätte, nicht gesprochen werden kann.

Schon hinsichtlich des Sinn und Zwecks des Instituts besteht eine Vielzahl von Ansichten, die jedoch alle einzeln betrachtet eine Erweiterung im Hinblick auf eine mögliche Erweiterung des Erbunwürdigkeitskataloges um eine Unterhaltspflichtverletzung nicht auszuschließen vermögen. Dies zeigt bereits die rege Diskussion, die bereits bei Schaffung des BGB in Gang gesetzt wurde.[542] In (zu) einseitiger Weise hat der historische Gesetzgeber des BGB versucht, die Erbunwürdigkeitsgründe auf einen Zweck – nämlich den Schutz der Testierfreiheit des Erblassers – zu reduzieren. Die Erbunwürdigkeitsgründe, so wie sie heute gelten, lassen sich jedoch – und dies gilt nicht nur in rechtsvergleichender Hinsicht – nicht auf einen Schutzzweck beschränken. Alle Versuche der Systembildung vermögen nicht zu erklären, weshalb gerade diese, aber auch nur

---

[541] Vgl. insoweit oben 1.1.1.6; auch *Hempel*, Erbunwürdigkeit, S. 38 ff., sieht einen Normzweck der Unwürdigkeitsgründe des § 2339 Abs. 1 BGB zwar ebenfalls im Schutz der Testierfreiheit des Erblassers. Ihrer Ansicht nach erschöpft sich die Zielrichtung der Unwürdigkeitsgründe jedoch nicht hierin. Diese seien namentlich auch Ausdruck des sittlichen Empfindens.

[542] Etwa *Bähr*, Gegenentwurf zu dem Entwurfe eines Bürgerlichen Gesetzbuches, S. 394.

diese Gründe zur Erbunwürdigkeit führen sollen. *Muscheler*[543] sieht daher auch die bisherigen Einordnungsversuche[544] als gescheitert an. Doch auch sein Lösungsversuch einer Systembildung, mit Blickrichtung auf die Rechtsfolge die Verletzung der Würde des Erblassers in seiner Eigenschaft als Träger von Testierfreiheit (Un-würdigkeit des Erben durch Ent-würdigung des Erblassers[545]) vermag – ungeachtet des Vorteils der Herstellung einer Gemeinsamkeit aller Erbunwürdigkeitsgründe – den abschließenden Charakter nicht zu erklären. „Würde" als Gattungsbegriff ermangelt an Trennschärfe, die Frage, weshalb andere „unwürdige" Verhaltensweisen nicht zur Erbunwürdigkeit führen, bleibt offen. In Worten der Logik: Die Definition *Muschelers* schafft zwar einen Gattungsbegriff als *genus proximum* (Würde), lässt aber die Abgrenzung zur Erbunwürdigkeit führender Verhaltensweisen von anderen „unwürdigen" Verhaltensweisen als *differentia specifica* offen.[546]

1.3.3.1.3 Zwischenergebnis

Für unsere eingangs gestellte Frage lässt sich insofern zusammenfassen: Ein inneres System lässt sich gerade nicht bilden, sei es, dass man ein solches schon grundsätzlich angesichts der *ratio mixta* der verschiedenen Gründe verneint, sei es, dass eine Systembildung unter Ausrichtung auf den zu wenig scharf umrissenen Begriff der „Würde" sich zwangsläufig dem Vorwurf aussetzt, keinen Anspruch auf Vollständigkeit erheben zu können. Unter dieser Prämisse steht einer Erweiterung der Erbunwürdigkeitsgründe dem Grundsatz nach nichts entgegen. In beiden Varianten würde sich sonach auch ein Tatbestand der Unterhaltspflichtverletzung oder – allgemeiner gesprochen – mit unterhaltsrechtlichem

---

[543] ZEV 2009, 58, 60: *„Am nächsten läge gewiss die nüchterne Einsicht, dass die Tatbestände des § 2339 Abs. 1 Nr. 1-4 nicht auf derselben Linie liegen, nicht auf einem einheitlichen Grundgedanken, sondern auf* ***einer ratio mixta*** *beruhen."*

[544] Die Pandektistik hat eine Einordnung nach der Zielrichtung der schutzwürdigen Interessen vorgenommen. Danach werden folgende vier Gruppen unterschieden: Verfehlungen gegen die Person des Erblassers, Verfehlungen gegen seinen letzten Willen, Verstöße gegen das Gesetz und schließlich Fälle, in denen eine Abschwächung des Verleihungswillens vorliegt; vgl. hierzu etwa *Windscheid*, Lehrbuch des Pandektenrechts, Band 3, § 669, S. 433; zum Ganzen auch *Krüger*, Indignität und Erbunwürdigkeit, S. 21 f.

[545] *Muscheler,* ZEV 2009, 58, 61.

[546] Bemerkenswert ist, dass *Muscheler* der Auffassung, Grundgedanke der Erbunwürdigkeit sei das *„sittliche Rechtsbewusstsein der Allgemeinheit"* oder auch das *„Gerechtigkeitsempfinden"* mit der Begründung entgegentritt, diese Ansicht umschreibe lediglich § 2339 BGB und erkläre gerade nicht, warum der Gesetzgeber sich nur und gerade für die Unwürdigkeitsgründe der Nr. 1–4 entschieden und andere Unwürdigkeitsgründe früherer oder fremder Rechtsordnungen zurückgewiesen hat. Eben diesem Vorwurf sieht sich allerdings auch seine Theorie ausgesetzt.

Bezug in den Katalog einfügen, insbesondere ließe sich ein solches Verhalten – um in den Kategorien *Muschelers* zu bleiben – zweifellos als ent-würdigend einordnen. Sonach erschiene aus dogmatischer Sicht eine Erweiterung nicht als Systembruch. Im Gegenteil ließe sich sagen, dass eine Verankerung unterhaltsrechtlich relevanter Verstöße im Erbunwürdigkeitsrecht in der Gesamtbetrachtung von Unterhalts- und Familienerbrecht geboten erscheint und in rechtshistorischer wie rechtsvergleichender Perspektive Entsprechungen findet.

1.3.3.2 „Äußeres System" – Regelung im Pflichtteilsrecht ausreichend?

Zimmermann hat bereits auf den in diesem Rahmen interessierenden Zusammenhang zu den Regeln des Pflichtteilsentziehungsrechts hingewiesen.[547] Rechtsvergleichend kann festgestellt werden, dass die meisten Rechtsordnungen, die eine gewisse Mindestteilhabe der nächsten Angehörigen am Nachlass des Erblasser gewährleisten, unter gewissen Voraussetzungen die Möglichkeit vorsehen, diese Mindestteilhabe zu entziehen.[548] Hinsichtlich der Pflichtteilsentziehungsgründe bestehen zwar Unterschiedlichkeiten im Detail, im Kern geht es jedoch um schwere Verfehlungen des Erben gegen den Erblasser oder gegen diesem nahe stehenden Personen.[549] Bemerkenswert ist der Umstand, dass in manchen Rechtsordnungen ausdrücklich auf die Erbunwürdigkeitsgründe verwiesen wird, die damit also auch als Pflichtteilsentziehungsgründe dienen.[550] Auch in Deutschland gibt es Überschneidungen zwischen dem Erbunwürdigkeits- und dem Pflichtteilsentziehungsrecht (§ 2333 Abs. 1 Nr. 1 und § 2339 Abs. 1 Nr. 1 BGB). In anderen Rechtsordnungen wiederum erfüllen die Regeln über die Erbunwürdigkeit funktional auch die Rolle von Pflichtteilsentziehungs-

---

[547] *Zimmermann*, FS Koziol, S. 463, 503.

[548] *Zimmermann* (a. a. O., Fn. 300) weist darauf hin, dass die überwiegende Zahl der Rechtsordnungen (nicht aber die deutsche) im Anschluss an das gemeine Recht den Begriff „Enterbung" nennen. Erst im Rahmen der Ausarbeitung des BGB hat die Erste Kommission den berechtigten Einwand vorgebracht, der Begriff suggeriere ein „Recht auf Erbfolge", ein solches kennt das BGB (im Übrigen auch die anderen Rechtsordnungen, die den Pflichtteilsanspruch nicht als Noterbrecht ausgestalten) gerade nicht.

[549] Daneben spielt auch noch der Gesichtspunkt der öffentlichen Sittlichkeit eine Rolle, vgl. etwa § 2333 Nr. 5 BGB a. F.: *„ehrloser und unsittlicher Lebenswandel wider den Willen des Erblassers"*; *Pintens*, ZeuP 2001, 628, 643 sieht rechtsvergleichend auf Kontinentaleuropa bezogen einen gewissen Trend zur Erweiterung der Pflichtteilsentziehungsrechts.

[550] *Zimmermann*, a. a. O., S. 504; so etwa in Spanien, Österreich, Katalonien.

gründen, so kennen Frankreich, Italien und die Niederlande neben der Erbunwürdigkeit eine Enterbung im Sinne der Entziehung des Pflichtteils nicht.[551]

Im deutschen Recht kann nach § 2333 Nr. 3 BGB der Erblasser einem Abkömmling den Pflichtteil entziehen, wenn dieser die ihm gegenüber dem Erblasser obliegende Unterhaltspflicht böswillig verletzt hat. Da der Abkömmling dem Erblasser gem. § 1612 BGB als Unterhalt nur Geld und nicht Betreuungsleistungen schuldet, kann die Pflichtteilsentziehung nicht auf die Versagung persönlicher Pflege im Krankheitsfall gestützt werden, sondern nur auf die Verweigerung von Geldmitteln.[552] Ein Vergleich mit § 1611 BGB zeigt hier bestehende Lücken. Da für das Eingreifen des Pflichtteilsentziehungsgrundes kumulativ vier Voraussetzungen[553] erfüllt sein müssen, ist der Tatbestand vergleichsweise selten erfüllt.

In der Literatur wird kritisiert, dass die Pflichtteilsentziehung nach § 2333 Nr. 3 BGB praktisch bedeutungslos sei, da ein Erblasser, der auf Kindesunterhalt angewiesen sei, kaum über einen ergiebigen Nachlass verfügen werde.[554] Es sind allerdings Fälle[555] denkbar, in denen der Erblasser durch nachträglichen Vermögenserwerb noch einen „vererbbaren" Nachlass hinterlässt. In diesen Fällen ist dem Erblasser die Möglichkeit zu belassen, seinem Abkömmling, der ihm in Unterhaltsnot keine finanzielle Unterstützung gewährt hat, von der zwingenden Teilhabe am Nachlass auszuschließen. Problematisch ist jedoch weiterhin – worauf *Hollmann*[556] hinweist –, ob schon die einmalige Verletzung der Unterhaltspflicht zur Pflichtteilsentziehung berechtigen soll. § 1611 BGB verlangt eine gröbliche Verletzung der Unterhaltspflicht. In Anlehnung an diese Norm wird vorgeschlagen, den Begriff der gröblichen Unterhaltspflichtverletzung auch im Bereich der Pflichtteilsentziehung einzuführen.[557] Eine einmalige Verletzung

---

551 *Zimmermann*, a. a. O., S. 505.

552 Soergel-*Dieckmann* § 2333 Rz. 10; Staudinger-*Olshausen* § 2333 Rz. 16.

553 Bedürftigkeit des Erblassers nach §§ 1602 Abs. 1 und § 1606 BGB, Leistungsfähigkeit des Pflichtteilsberechtigten, Kenntnis des Pflichtteilsberechtigten von der Bedürftigkeit, böswillige Verweigerung des Unterhalts aus verwerflichen Gründen (vgl. die Aufzählung bei *Lange*, in Schlitt/Müller, Handbuch Pflichtteilsrecht, § 7, Rz. 36)

554 *Mayer* in BeckOK, § 2333, Rz. 8; *Lange*, AcP 204 (2004), 804, 823; *Lange*, in Schlitt/Müller, Handbuch Pflichtteilsrecht, § 7, Rz. 38; MüKo-*Lange*, § 2333, Rz. 13; Palandt-*Weidlich*, § 2333 Rz. 9; Soergel-*Dieckmann*, § 2333 Rz. 10; Staudinger-*Olshausen*, § 2333, Rz. 15.

555 Vgl. etwa den Ausgangsfall: Haftpflichtversicherungssumme des Schädigers.

556 Pflichtteilsrecht und Familienzusammenhang, S. 234.

557 *Herzog*, Die Pflichtteilsentziehung – ein vernachlässigtes Institut, S. 452.

solle daher nicht genügen, die Unterhaltspflichtverletzung müsse vielmehr von einer gewissen Dauer sein.

Dass das deutsche Recht bereits einen Pflichtteilsentziehungstatbestand bei Unterhaltspflichtverletzungen kennt, erhöht den Rechtfertigungsaufwand hinsichtlich einer entsprechenden Erweiterung der Erbunwürdigkeitsgründe. Selbst unter der Annahme einer Ergänzungsfunktion des Erbunwürdigkeitsrechts im Hinblick auf das Pflichtteilsentziehungsrecht rechtfertigt dies – für sich betrachtet – noch nicht die Schlussfolgerung, eine Erweiterung der Erbunwürdigkeitsgründe sei aufgrund der Parallelen zum Pflichtteilsentziehungsrecht ohne Weiteres möglich. Auch wenn sie sich in ihrer Zielrichtung ähneln, ist doch der Regelungsmechanismus völlig verschieden. Auf die Unterschiede beider Institute hat *Muscheler*[558] hingewiesen. Allerdings stellt sich, soweit eine Rechtsordnung sowohl Pflichtteilsentziehungs- als auch Erbunwürdigkeitsvorschriften vorsieht, in besonderem Maße die Frage, ob man das Institut der Erbunwürdigkeit die Aufgabe der Pflichtteilsentziehung gewissermaßen *„miterledigen lassen sollte“*[559].

Auf die unterhaltsrechtliche Relevanz im Zusammenhang mit dem Pflichtteilsentziehungsrecht (§ 2333 Abs. 1 Nr. 3 BGB) wurde bereits hingewiesen. Nach dieser Vorschrift kann der Erblasser einem Abkömmling den Pflichtteil entziehen, wenn der Abkömmling die ihm dem Erblasser gegenüber obliegende Unterhaltspflicht böswillig verletzt. Absatz 2 der Norm erweitert den Anwendungsbereich auf den Eltern- und Ehegattenpflichtteil. Dass die Eltern grundsätzlich pflichtteilsberechtigt sind, ist in § 2303 Abs. 2 Satz 1 BGB geregelt. Voraussetzung ist, dass die Eltern – ohne die Ausschließung durch den Erblasser – auch tatsächlich als gesetzliche Erben berufen wären, hier ist die Rangfolge der Ordnungen nach § 1930 zu berücksichtigen.[560] So sind nach § 2309 BGB die Eltern nur dann pflichtteilsberechtigt, wenn keine näheren Abkömmlinge vor-

---

[558] ZEV 2009, 58, 61: *„Der Pflichtteil wird vor dem Erbfall entzogen, die Erbunwürdigkeit nach dem Erbfall festgestellt. Pflichtteilsentziehung bewirkt der Erblasser, Anfechtung wegen Erbunwürdigkeit erklärt ein Erbbeteiligter. Pflichtteilsentziehung verhindert von vornherein die Entstehung des Pflichtteils, Erbunwürdigkeit ermöglicht nachträgliche Beseitigung. Pflichtteilsentziehung beruht auf privatem Rechtsgeschäft, Erbunwürdigkeit auf Urteil.“*

[559] So *Zimmermann*, FS Koziol, S. 463, 505.

[560] MüKo-*Lange*, § 2303, Rz. 30.

handen sind, die Vorschrift will eine *„Vervielfältigung der Pflichtteilslast“*[561] vermeiden.

Es bleibt die Frage, ob nicht generell systematische Bedenken gegen eine Verortung der Unterhaltspflichtverletzung im Erbunwürdigkeitsrecht bestehen und man eine etwaige Reform des Pflichtteilsrechts als geeignetere Maßnahme ansieht. Das Verhältnis zwischen Erbunwürdigkeit und Pflichtteilsentziehungsrecht ist in diesem Zusammenhang klärungsbedürftig.

Zunächst ist festzuhalten, dass der Katalog der Pflichtteilsentziehungsgründe weiter als derjenige der Erbunwürdigkeitsgründe ausgestaltet ist. Dies ist in dogmatischer Hinsicht richtig und hängt mit der unterschiedlichen Zielsetzung beider Institute zusammen: Bei der Pflichtteilsentziehung geht es um praktische Konkordanz zwischen Testierfreiheit des Erblassers und dem Recht des Pflichtteilsberechtigten an einer legitimen Teilhabe am Nachlass, um *„Einschränkung einer Einschränkung von Testierfreiheit, anders gewendet: um Ausdehnung der Testierfreiheit.“*[562]

Bei der Erbunwürdigkeit ist die Zielsetzung weniger eindeutig bestimmbar.[563] Erb-, Vermächtnis- und Pflichtteilsunwürdigkeitsgründe sollen nach dem Willen des historischen Gesetzgebers dem hypothetischen Erblasserwillen durch Ergänzung der Rechtsinstitute der Anfechtung letztwilliger Verfügungen und der Pflichtteilsentziehung zur Geltung verhelfen. Allerdings ist anzumerken, dass bereits die geltenden Erbunwürdigkeitsgründe sich nicht ausnahmslos diesem – vom historischen Gesetzgeber „auserkorenen“ – Zweck unterordnen. So bleibt es dem Erblasser im Falle eines gegen ihn gerichteten Tötungsversuchs (§ 2339 Abs. 1 Nr. 1 Var. 2 BGB) unbenommen, eine Pflichtteilsentziehung anzuordnen (§ 2333 Abs. 1 Nr. 1 BGB). Allerdings ist dieser Aspekt zugegebenermaßen ein relativ schwaches Argument. Die Tatsache, dass sich der Tötungsversuch unter einem bestimmten Gesichtspunkt nicht recht in den Katalog einordnen lassen will, ist für die Frage, ob ein neuer (hinsichtlich der Einordnung mit demselben „Mangel“ behafteter) Tatbestand hinzugefügt werden soll, wenig ergiebig und taugt sonach nicht als Argument. So kann man schwerlich die Erweiterung des Erbunwürdigkeitskatalogs um einen weiteren Tatbestand mit dem

561 So MüKo-*Lange*, § 2309, Rz. 1 mit Verweis auf die Motive (Mot. V. S. 401): *„Demselben Stamme darf nicht zweimal ein Pflichtteil gewährt werden.“*; § 2309 ist demnach als Einschränkung hinsichtlich einer an und für sich gegebenen Pflichtteilsberechtigung der Eltern (bzw. entfernterer Abkömmlinge) zu verstehen.

562 *Muscheler*, ZEV 2009, 58, 62.

563 Vgl. oben 1.3.3.1.1.

Argument rechtfertigen, bereits die jetzige Regelung sei in sich nicht gänzlich konsistent.

In Zusammenhang mit dem unterschiedlichen Regelungsmechanismus zwischen Erbunwürdigkeits- und Pflichtteilsentziehungsrecht wird angeführt, bereits die Anerkennung des Pflichtteilsentziehungsinstituts durch eine Rechtsordnung verschiebe die Balance zwischen familiärer Solidarität und Testierfreiheit zulasten der familiären Solidarität. Berücksichtige man aber, dass das gegenläufige Prinzip, das eine Beschränkung des Familienerbrechts legitimiert, dasjenige der Testierfreiheit sei, sollte man es dem Erblasser überlassen, selbst darüber zu bestimmen, ob dem Angehörigen, der sich die Verfehlung hat zuschulden kommen lassen, der Pflichtteil verbleibt oder nicht.[564] Das Pflichtteilsentziehungsrecht wäre sonach betreffend den Regelungsmechanismus der geeignete Regelungsort.

Diesem Gedanken ist grundsätzlich nichts entgegenzusetzen. Natürlich bliebe es dem Erblasser unbenommen, im Falle einer ihm gegenüber begangenen Unterhaltspflichtverletzung der entsprechenden Person den Pflichtteil zu entziehen. Vor diesem Hintergrund sieht sich ein neuer Erbunwürdigkeitstatbestand erhöhtem Begründungsaufwand ausgesetzt. Doch ist dieses Argument nicht zwingend. Zunächst ist schon der Ausgangspunkt zweifelhaft. Lediglich dann, wenn man die Erbunwürdigkeit als bloße Ergänzung des Pflichtteilsrechts für den Fall vorsieht, dass eine Pflichtteilsentziehung nicht möglich ist, vermag dieser Ansatz überzeugen. Dieses Prinzip ist allerdings schon bei den geltenden Erbunwürdigkeitsgründen nicht ausnahmslos durchgehalten, wie der Erbunwürdigkeitsgrund des Tötungsversuchs (§ 2339 I Nr. 1 Var. 2 BGB) zeigt. Pflichtteilsentziehungs- und Erbunwürdigkeitsgründe überschneiden sich. Dieser Befund ist auch anderen Rechtsordnungen zu entnehmen. Auf die problematischen Fälle, in denen der Erblasser trotz Möglichkeit der Pflichtteilsentziehung hiervon keinen Gebrauch macht, hat *Zimmermann* hingewiesen.[565]

Entscheidend ist, dass das Erbunwürdigkeitsrecht (auch) dem Schutz des Erblasserwillens dient. Wir haben gesehen, dass die Erbunwürdigkeit maßgeblich dann eine Rolle spielt, wenn der Erblasser keine Möglichkeit zur Pflichtteilsentziehung bzw. zur anderweitigen testamentarischen Verfügung hat. Letztlich muss man sich vor Augen halten, dass gesetzliche Vorschriften – dies gilt für das Erbunwürdigkeitsrecht wie für andere Normsetzungen auch – stets auf einer Typisierung beruhen. Im Erbunwürdigkeitsrecht werden bestimmte Ver-

[564] *Zimmermann*, FS Koziol, S. 463, 505.
[565] *Zimmermann*, FS Koziol, S. 463, 506.

fehlungen gegenüber dem Erblasser vom Gesetzgeber in der Weise gewürdigt, als dieser davon ausgeht, der Erblasser hätte bei Kenntnis bzw. Möglichkeit anderweitig testiert bzw. den Pflichtteilsentzug angeordnet. Ob dies im Einzelfall zugetroffen hätte oder nicht, ist nicht maßgeblich.[566] An die Stelle des wirklichen Willens des Erblassers tritt der vom Gesetzgeber vermutete. In diesem Bereich aber spielen Wertungsfragen eine Rolle. Zur Bestimmung des mutmaßlichen Erblasserwillens ist notwendigerweise eine gesetzgeberische Wertungsentscheidung geboten. Erweitert man in diesem Sinne die Erbunwürdigkeitsgründe um den Tatbestand einer Unterhaltspflichtverletzung, so muss man sich darüber im Klaren sein, dass damit letztlich eine Entscheidung zulasten des Prinzips des Familienerbrechts getroffen wird.[567] Dieses Prinzip ist aber gerade kein unumstößliches, das Spannungsverhältnis zwischen dem Grundsatz der Maßgeblichkeit des Erblasserwillens auf der einen und der Beteiligung naher Angehöriger am Nachlass auf der anderen Seite lässt einen gesetzgeberischen Gestaltungsspielraum zu.

Insoweit wäre eine Erweiterung der Erbunwürdigkeitsgründe gerade auch eine rechtspolitische Richtungsentscheidung. Ausgehend von dem Standpunkt, dass der Erblasser, dem gegenüber eine unterhaltsbezogene Verfehlung begangen worden ist, eine Beteiligung dieses Angehörigen an seinem Nachlass nicht gewollt hätte, wäre eine Regelung im Erbunwürdigkeitsrecht sonach nicht systemwidrig. Lediglich die Akzente würden sich verschieben. Der mutmaßliche Erblasserwille wäre insoweit geschützt, als der Erblasser selbst überhaupt nicht tätig werden müsste, namentlich also keine ausdrückliche Pflichtteilsentziehung anzuordnen hat. In diesem Automatismus eine Einschränkung der Testierfreiheit[568] zu sehen ist gerade nicht zwingend. Dem Erblasser bleibt unbenommen, das Vergehen zu verzeihen und somit der Anfechtungsklage der Erbunwürdigkeit die Grundlage zu entziehen.[569] Der gegenwärtige Mechanismus würde also

---

566 Rechtsordnungen, die in diesem Zusammenhang regelungstechnisch mit einer Generalklausel arbeiten, tun sich insoweit leichter, müssen allerdings andere Nachteile in Kauf nehmen.

567 Aus diesem Grunde gegen eine Erweiterung der Erbunwürdigkeitsgründe *Zimmermann*, FS Koziol, S. 463, 507.

568 So *Zimmermann*, FS Koziol, S. 463, 506: *„Dem Erblasser sollte es daher gestattet sein , in den Fällen, in denen dies nicht schon wegen der Art der ihm gegenüber begangenen Verfehlung in der Regel unmöglich ist, selbst darüber zu bestimmen, ob dem Angehörigen, der sich die Verfehlung hat zuschulden kommen lassen, der Pflichteil verbleibt oder nicht. Würde ihm diese Möglichkeit versagt, wäre dies eine sachlich nicht zu begründende Einschränkung der Testierfreiheit.“*

569 Natürlich wäre die nachfolgende Frage aufzuwerfen, inwiefern man – gerade auch mit Blick auf andere europäische Rechtsordnungen – die Verzeihung *de lege ferenda* an be-

umgekehrt: Eine – in ihrer Gestalt noch näher zu bestimmende – Verfehlung unterhaltsrechtlicher Art würde den Weg zur Erbunwürdigkeitsklage eröffnen, soweit der Erblasser untätig geblieben ist. Für den Fall, dass dieser die Verfehlung des Angehörigen nicht auf diese Weise „sanktioniert“ sehen möchte, müsste er entsprechende Vorkehrungen treffen. Von einer Einschränkung der Testierfreiheit kann insofern also nicht gesprochen werden. Die gesamte Intestaterbfolgeregelung beruht auf einer typisierenden Vermutung. Die Wechselwirkung zwischen sozialer Realität und gesetzgeberischer Tätigkeit spielt auch für das Erbunwürdigkeitsrecht eine Rolle. Damit soll jedoch nicht einer weitreichenden Erweiterung der Erbunwürdigkeitsgründe das Wort geredet werden. Die Tatsache, dass ein Eingreifen der Regeln der Erb- bzw. Pflichtteilsunwürdigkeit gerade unabhängig vom Willen des Erblassers – anders als bei der Pflichtteilsentziehung[570] – eingreift, setzt hier systemische Schranken.

Das Erbunwürdigkeitsrecht als Ergänzung der Pflichtteilsentziehungsvorschriften kann seiner Bestimmung nach erst dann Anwendung finden, wenn Letztere versagen. Zu kurz gegriffen wäre nun aber, einer unterhaltsrechtlichen Verfehlung die Aufnahme als Erbunwürdigkeitsgrund mit der Erwägung zu versagen, dem Erblasser sei es nach wie vor unbenommen, die Pflichtteilsentziehung letztwillig anzuordnen. Grund hierfür ist, dass Fälle der Unterhaltspflichtverletzung praktisch überwiegend zu den problematischen Fällen zu zählen sind, in denen der Erblasser trotz Möglichkeit der Pflichtteilsentziehung eine solche aus bestimmten Gründen nicht angeordnet hat. Bereits im Unterhaltsrecht ist auf die gerade betreffend den Elternunterhalt relevante Problematik hingewiesen worden, dass der Unterhaltsberechtigte oft aus naheliegenden Gründen von einer Unterhaltsklage absieht. Nicht ohne Grund ist es meist der in Vorleistung getretene Sozialhilfeträger, der die unterhaltspflichtigen Kinder in Anspruch nimmt. Obgleich diese Erwägungen nicht in vollem Umfange auf die erbrechtliche Problematik übertragbar sind – so wird die Hemmschwelle bezüglich einer Pflichtteilsentziehung unter Umständen eine andere sein als im Hinblick auf die Klageerhebung – so wird doch bei Unterhaltspflichtverfehlungen in weit stärkerem Maße als in anderen Fallkonstellationen der Erblasser aus Scham, Trauer oder Verzweiflung von einer Pflichtteilsentziehung absehen. Oft wird auch die Hoffnung seitens des Erblassers bestehen, das zerrüttete Verhältnis werde sich wieder bessern. Das besondere Abhängigkeitsverhältnis – geschuldet der Be-

---

stimmte Formerfordernisse knüpft, um in diesem Bereich ein erhöhtes Maß an Rechtssicherheit zu erlangen.

[570] Einer Erweiterung der Pflichtteilsentziehungsgründe stehen daher weniger gewichtige Bedenken gegenüber. Für eine vergleichsweise weite Fassung der Pflichtteilsentziehungsgründe daher *Zimmermann*, FS Koziol, S. 463, 506.

dürftigkeit des Erblassers – kann hier ebenfalls von Bedeutung sein. Gerade diese Besonderheiten aber zeigen, dass man das Abgrenzungskriterium der Pflichtteilsentziehungsmöglichkeit nicht allzu formal ansetzen darf, andernfalls man Gefahr liefe, der sozialen Realität nicht gerecht zu werden. In diesem Zusammenhang ist auch auf den wachsenden Anteil betagter Testatoren hinzuweisen.[571] Altersbedingte Einbußen an Einsichts- und Handlungsfähigkeit werden künftig in stärkerem Maße eintreten.[572] Das Pflichtteilsentziehungsrecht stößt an diesem Punkt daher naturgemäß an seine Grenzen. Als Schutzmaßnahme erscheint hier das Erbunwürdigkeitsrecht geeignet.

In rechtsvergleichender Hinsicht interessant ist die österreichische Regelung des § 540 ABGB. Diese Bestimmung wurde im Rahmen einer Reform unter Einfügung des Passus *„oder seine aus dem Rechtsverhältnis zwischen Eltern und Kindern sich ergebenden Pflichten dem Erblasser gegenüber gröblich vernachlässigt"* geändert. Ersetzt wurde hierdurch ein bis dahin im Enterbungsrecht geltender Tatbestand.[573] Diese gesetzgeberische Entscheidung findet ihre Begründung in dem Umstand, dass auf diese Weise auch testierunfähige Kinder hinreichend geschützt werden. Als Enterbungsgrund könnte dieser Tatbestand gerade von Minderjährigen nicht wahrgenommen werden, obwohl insbesondere dieser Personenkreis hauptsächlich von Verletzungen familiärer Pflichten betroffen sein wird.[574] Entsprechende Überlegungen greifen auch hinsichtlich Personen fortgeschrittenen Alters bei zweifelhafter Testierfähigkeit.[575] Mit Blick

---

[571] Vgl. hierzu *Röthel*, Gutachten A, S. 17, wonach mehr als die Hälfte aller Erblasser erstmals oder nochmals im siebten oder achten Jahrzehnt eine letztwillige Verfügung errichtet. Gut ein Fünftel der Erblasser setzt sich erstmals nach Vollendung des 80. Lebensjahres mit der Nachlasswidmung auseinander (vgl. im Detail die Nachweise bei *Röthel*, a. a. O.).

[572] Schätzungsweise wird die Zahl der Demenzkranken von etwa 1 Mio. im Jahr 2000 auf 2,6 Mio. bis zum Jahr 2050 ansteigen; auch Betreuungen nehmen kontinuierlich zu (*Röthel*, Gutachten A, S. 17); die Zunahme von Fällen irreversibler altersbedingter Demenz wird die Rechtswissenschaft vor neue Herausforderungen stellen; interessant in diesem Zusammenhang ist etwa die Frage der Vormerkungsfähigkeit von Vermächtnisansprüchen, hierzu ausführlich *Baldus/Stremnitzer*, DNotZ 2006, 598 ff.

[573] § 769 a. F. ABGB: *„die Eltern, wenn sie die Pflege und Erziehung des Erblassers gröblich vernachlässigt haben."*

[574] So *Welser* in Rummel-ABGB, § 540, 541, Rz. 9.

[575] Der Gesetzgeber hat an anderer Stelle bei der Patientenverfügung – § 1901a Abs. 1 und Abs. 2 BGB – eine entsprechende Wertung vorgenommen und gesehen, dass vielen Personen in der Gesellschaft die intellektuelle Fähigkeit fehlt, eine entsprechende Verfügung zu treffen; hier wird auf den mutmaßlichen Willen abgestellt. Ein entsprechender Erbunwürdigkeitsgrund würde daher auch solchen Schutzinteressen gerecht.

auf das österreichische Modell erschiene eine entsprechende Erweiterung des Erbunwürdigkeitskatalogs nach dem BGB daher begrüßenswert.

Vor diesem Hintergrund lässt sich die rechtspolitische Frage, wie der Gesetzgeber auf ebensolche Fälle der Unterhaltspflichtverletzung reagieren kann und soll, daher mit guten, wenn nicht sogar den besseren Gründen zugunsten einer Erweiterung der Erbunwürdigkeitsgründe beantworten. Die maßgebliche Frage, ob die Entscheidung des Erblassers oder die des Gesetzgebers gefragt ist, ist daher im letztgenannten Sinne beantworten. Entgegenstehenden Bedenken wird gerade auch im Rahmen der konkreten Ausgestaltung Rechnung zu tragen sein. Gerade das besondere Verhältnis des Unterhaltsrechts zu dem des Erbrechts, die offenkundigen Parallelen, rechtfertigen sonach eine Aufnahme eines Erbunwürdigkeitsgrundes, der eine Entsprechung zur „Unterhaltsverwirkung" darstellt.

1.3.4 Europäische Dimension – Diversitätsproblem

Vor diesem Hintergrund stellt sich die Problematik, ob man von der Schaffung eines „neuen", vielen Rechtsordnungen Europas unbekannten Tatbestands der Unterhaltspflichtverletzung im Hinblick auf mögliche Harmonisierungsbestrebungen nicht eher Abstand nehmen sollte. Auch wenn das Erbrecht immer noch weithin als eine „stabile und von kulturellen Eigenheiten geprägte Materie"[576] gilt, so haftet der These vom kulturell besonders gebundenen Erbrecht „etwas Schlagwortartiges"[577] an. Die geltenden Erbrechtsordnungen beruhen auf der gemeineuropäischen Tradition, bezogen auf die mitteleuropäischen Staaten ist zumindest fraglich, ob noch von grundsätzlich verschiedenen sozialen, religiösen und kulturellen Verankerungen der jeweiligen nationalen Rechtsordnungen gesprochen werden kann. Eine mögliche Harmonisierung des Erbrechts ist – ungeachtet der Frage einer entsprechenden Rechtssetzungskompetenz der Europäischen Union auf diesem Gebiet – Gegenstand eingehender Erörterungen, in rechtsvergleichender Hinsicht wird auf konvergierende Entwicklungstendenzen

---

[576] So *Zimmermann*, FS Koziol, S. 463, 465, vgl. dort auch Fn. 1: *Jayme*, ZfRVgl 1983, 162 (*„[...] so bewahrt das Erbrecht traditionelle Besonderheiten mit einem unbeirrbaren Beharrungsvermögen. Das Erbrecht wird damit zum klassischen Gebiet des Kollisionsrechts",*); *Schwab* in Henrich/Schwab, Familienerbrecht und Testierfreiheit, S. 2 (*„...Wirksamkeit unterschiedlicher Rechtstraditionen und kultureller Bedingungen"*); *Neumayer*, FS Ferid, 659, 660 (*„Tendenz zur Bewahrung", „Bastion überlieferten Rechtsgutes"*).

[577] *Zimmermann*, FS Koziol, S. 463, 465 mit Verweis auf *Leipold*, FS Söllner, 647, 650.

jedenfalls in Teilgebieten des Erbrechts hingewiesen.[578] Dies vor Augen sprechen in der Tat gute Gründe dafür, die Diversität der Rechtsordnungen gerade im Bereich des Erbunwürdigkeitsrechts nicht noch weiter zu erhöhen.[579] Auch die im Rahmen der Ausarbeitung des BGB getroffene Wertung des historischen Gesetzgebers, die Erbunwürdigkeitsgründe nicht zu weit zu fassen und die bestehenden Tatbestände eng auszulegen, spielt hier eine Rolle. Allerdings darf dieser Gesichtspunkt auch nicht überbewertet werden. So würde sich eine Modifizierung des deutschen Erbunwürdigkeitsrechts im vorgenannten Sinne nicht in Widerspruch zu denjenigen Rechtsordnungen setzen, die bereits eine ähnliche Regelung kennen. Aber auch in historischer Perspektive bewegte sich eine Neufassung noch innerhalb der Tradition des gemeinen Rechts, nimmt diese sogar wieder ausdrücklich auf. Zudem ist rechtsvergleichend eher eine Ausweitung der Erbunwürdigkeitsgründe zu verzeichnen. Eine „europäische Strömung" liegt in diesem Bereich gerade nicht vor und kann daher einer (punktuellen) Erweiterung der deutschen Erbunwürdigkeitsgründe auch nicht entgegenstehen.

1.3.5 Mögliche Gestaltungsformen

Bislang ausgeklammert blieb die Frage, in welcher Form ein – nach vorstehenden Erwägungen begrüßenswerter – neuer Erbunwürdigkeitstatbestand mit familienrechtlichem Bezug *de lege ferenda* in den Katalog des § 2339 BGB Eingang finden könnte. In Betracht kommen grundsätzlich mehrere Varianten.

1.3.5.1 Einführung konkreter Tatbestände

Einerseits könnte man – in Anlehnung an die spanische Konzeption – rein deskriptiv vorgehen und bestimmte Handlungen (Spanien: Im-Stich-Lassen der Kinder) ausdrücklich in die Regelung aufnehmen. Mittels Auslegung wären dann entsprechende Sachverhalte dahingehend zu überprüfen, ob sie sich hierunter subsumieren lassen. Entsprechend der rechtsvergleichenden Methode könnte

---

[578] *Leipold*, FS Söllner, 647, 651 unter Hinweis auf die Untersuchung von *Verbeke* und *Leleu*, Harmonization of the Law of Succession in Europe, in: *Hartkamp/Hesselink/Hondius/Joustra/du Perron* (Ed.), Towards a European Civil Code, Second revised and Expanded Edition, 1998.

[579] Speziell für den Bereich des Familienrechts (aber ohne Weiteres verallgemeinerungsfähig) hat schon *Jayme*, FamRZ 1981, 221, 226 gefordert, Rechtsvergleichung als europäische Aufgabe zu begreifen und durch Angleichung der nationalen Rechte eine Harmonisierung herbeizuführen. Dies bedeute insbesondere, *„nicht ohne Not eine Regelung einzuführen, die von einer gemeinsamen Strömung der europäischen Rechte abweicht."* (*Jayme*, a. a. O.).

der Rechtsauffassung der jeweiligen ausländischen (also etwa spanischen) Rechtsordnung Bedeutung beigemessen werden.[580]

1.3.5.2 Generalklausel

Andererseits wäre auch denkbar, zugunsten erhöhter Einzelfallgerechtigkeit eine weitergehende, generalklauselartige Regelung zu konzipieren. Das österreichische Recht nennt die Vernachlässigung der Pflichten aus dem Eltern-Kind-Verhältnis. Dieser sehr offen formulierte Tatbestand umfasst nicht nur die Unterhaltspflichtverletzung, sondern darüber hinaus auch andere Pflichtverletzungen. Allerdings liefe man diesbezüglich Gefahr, Rechtsstreitigkeiten geradezu zu provozieren, wenn man jegliche Form von Zerwürfnissen ausreichen ließe. So wurde in der Literatur bereits die Einführung eines Zerrüttungstatbestandes – allerdings im Pflichtteilsentziehungsrecht – gefordert.[581] Bisweilen wird vom „unverdienten Erbe“ gesprochen.[582] Dieser Vorschlag eines Zerrüttungstatbestandes beruht auf der Prämisse einer zunehmenden Gleichgültigkeit im Eltern-Kind-Verhältnis, infolge derer die auf der verwandtschaftlichen Beziehung beruhende persönliche Bindung nicht mehr bestehe.[583] Anknüpfungspunkt war das durch das 1. EheRG[584] im Scheidungsrecht eingeführte Zerrüttungsprinzip. In den Jahren 1996, 2000 und 2005 hatte sich das BVerfG[585] mit dem Pflichtteils-

---

[580] Dass dies für den inländischen Richter u. U. zu schwierigen praktischen Problemen führen kann, soll hier nicht in Abrede gestellt werden. Vorliegend geht es aber um die Erarbeitung eines theoretischen Konzepts.

[581] *Hollmann*, Pflichtteilsrecht und Familienzusammenhang, S. 219 m. w. N., S. 241; für eine entsprechende Generalklausel setzen sich auch *Groß*, Pflichtteilsentziehungsrecht, S. 144; *Schnur*, Pflichtteilsentziehung S. 151; *Lange*, AcP 204 (2004), 804, 831; *Schöpflein*, FamRZ 2005, 2025, 2030 ein. Durch eine Generalklausel könne vor allem den vielen verschiedenen Lebenslagen Rechnung getragen werden. Eine Generalklausel zu einem abschließenden Katalog bedeute daher ein höheres Maß an Einzelfallgerechtigkeit. *Schnur*, Pflichtteilsentziehung, S. 163, macht für eine Generalklausel folgenden konkreten Gesetzesvorschlag:

„Der Erblasser kann einem Pflichtteilsberechtigten den Pflichtteil entziehen, wenn der Pflichtteilsberechtigte sich daduch einer groben Pietätsverletzung ihm gegenüber schuldig gemacht hat, dass er ein Verbrechen oder schwerwiegendes vorsätzliches Vergehen gegen ihn oder gegen einen anderen Pflichtteilsberechtigten begangen oder dass er ihm aus der familiären Bande zum Erblasser obliegenden sittlichen Pflichten schwer verletzt hat.“

[582] Vgl. *Leisner*, NJW 2001, 126, 127.

[583] *Kluge*, ZRP 1976, 285, 286.

[584] BGBl 1976 I, S. 1421.

[585] BVerfG NJW 1997, 650; ZEV 2000, 399; NJW 2005, 1561.

recht in Zusammenhang mit einer Entfremdung zu befassen.[586] Wurde in den ersten beiden Entscheidungen die Verfassungsbeschwerde gar nicht erst zur Entscheidung angenommen,[587] so wertete das BVerfG den letzten Fall, in dem es zwischen Erblasser und dessen Sohn zu einem Zerwürfnis und einer Entfremdung gekommen war, vielmehr als kennzeichnend für eine Enterbung, in der das Pflichtteilsrecht gerade sein Funktion erfülle.[588] Diese Entscheidungen würden konterkariert, ließe man die Erbunwürdigkeitsklage gestützt auf einen wie auch immer gearteten „Entfremdungs"-Tatbestand zu. Aus verfassungsrechtlicher Sicht erscheint daher die Einführung einer (weiten) Generalklausel insbesondere vor dem Hintergrund der verfassungsrichterlichen Vorgaben bedenklich und daher nicht empfehlenswert.

Nur am Rande sei erwähnt, dass schon bei den Beratungen zur Schaffung des BGB die Einführung einer Generalklausel erwogen wurde. Es sei nicht einzusehen warum in anderen ähnlichen Fällen, in denen eine gleich schwere sittliche Verfehlung vorliege, die Enterbung nicht zulässig sein solle.[589] Letztlich wurde die Einführung einer Generalklausel wegen ihrer Unbestimmtheit und wegen der befürchteten Zunahme von Rechtsstreitigkeiten abgelehnt.[590]

1.3.5.3 Verweisungstechnik

In Betracht käme auch eine Bezugnahme auf den Unterhaltsverwirkungstatbestand des § 1611 Abs. 1 Satz 2 BGB mittels Rechtsnormverweisung. Systematisch wäre dies wohl eine elegante Lösung, führte dies bereits dem äußeren Erscheinungsbild nach die „Wesensverbundenheit" der Institute klar vor Augen. Problematisch bleibt, dass § 1611 Abs. 1 Satz 2 BGB unbestimmte Tatbestandsmerkmale beinhaltet, was verfassungsrechtliche Schwierigkeiten aufwirft. Klarzustellen bleibt hingegen, dass – anders etwa als bei einer weiten generalklauselartigen Regelungen (etwa „Zerrüttung", vgl. oben) – der Unterhaltsverwirkungstatbestand nicht uferlos ist, sondern als Ausnahmevorschrift sehr eng zu interpretieren ist, was auch die bisherige Rechtsprechungspraxis bestätigt. Das Privatrecht lebt von Normkonkretisierung, bestimmte und unbestimmte Ge-

---

[586] Vgl. *Hollmann*, Pflichtteilsrecht und Familienzusammenhang, S. 143 ff.

[587] So wurde auf die fehlende grundsätzliche verfassungsrechtliche Bedeutung (§ 93a Abs. 2 BVerfGG) abgehoben, im ersten Fall war zudem die einjährige Frist bei Rechtssatzverfassungsbeschwerden (§ 93 Abs. 3 BVerfGG) verstrichen.

[588] So *Hollmann*, Pflichtteilsrecht und Familienzusammenhang, S. 145.

[589] Prot. V, S. 554. Die Zweite Kommission spricht hier noch von Enterbung, da noch nicht abschließend über die Rechtsnatur des Pflichtteilsrechts entschieden worden war (so *Hollmann*, Pflichtteilsrecht und Familienzusammenhang, S. 220, Fn. 990)

[590] *Hollmann*, Pflichtteilsrecht und Familienzusammenhang, S. 220.

setzesbegriffe unterscheiden sich – was *Röthel* in ihrer Monographie[591] hervorhebt – auch nur graduell. [592] Letztlich bleibt die Einsicht, dass jeder Gesetzesbegriff mehr oder weniger unbestimmt ist.[593] Im Unterhaltsrecht finden sich viele Einwendungen in Form von Härteklauseln, mit denen nicht hinnehmbare Belastungen im Einzelfall durch Ausnahmeregeln aufgefangen werden sollen.[594] Über eine punktuelle Verweisung könnte in das – rechtstechnisch eher exakte – Erbrecht, namentlich das Erbunwürdigkeitsrecht, eine gewisse Wertungsoffenheit hineingebracht werden. Dies würde der Verwirklichung materieller Gerechtigkeit dienen.[595] Da der unterhaltsrechtliche Verwirkungstatbestand relativ eng gefasst ist, zudem richterrechtlich hinreichend konkretisiert ist, bildete diese Lösung einen Kompromiss zwischen Rechtssicherheit auf der einen und notwendiger Flexibilität auf der anderen Seite. Der auf den ersten Blick berechtigt erscheinende Einwand, bei einem verhältnismäßig offenen Tatbestand bestehe die Gefahr einer Prozesshäufung, überzeugt nicht. Auch im Pflichtteilsentziehungsrecht wird der angegebene Entziehungsgrund oft nicht anerkannt werden und führt zu gerichtlichen Verfahren. Insoweit ist dieses Risiko überschaubar.

1.3.6 Ergebnis

Die Erweiterung der Erbunwürdigkeitsgründe um einen Tatbestand der Unterhaltsverwirkung – methodisch mittels Verweisungstechnik – würde neben dem erwünschten Gleichlauf der (nicht so) verschiedenen Rechtsmaterien zu einer vorsichtigen Öffnung des Billigkeitserwägungen sonst sehr unflexibel gegenüberstehenden Erbrechts führen.

Konkret wäre § 2339 Abs. 1 BGB um eine Ziffer 5. zu erweitern, dies ließe sich etwa wie folgt formulieren:

§ 2339

(1) Erbunwürdig ist:

---

[591] Normkonkretisierung im Privatrecht, Tübingen 2004.

[592] *Röthel*, Normkonkretisierung im Privatrecht, S. 46.; hiernach lässt sich die Grundstruktur mit dem von *Heck* (Gesetzesauslegung und Interessenjurisprudenz, AcP 112 [1914], 1 ff.) geprägten Bild von Begriffskern und Begriffshof umschreiben.

[593] *Röthel*, Normkonkretisierung im Privatrecht, S. 26 m. w. N.

[594] Vgl. *Röthel*, Normkonkretisierung im Privatrecht, S. 43 f. mit Verweis auf §§ 1361 Abs. 3, 1579 und 1611 Abs. 1 BGB als Versagungsgründe; anspruchsbegründend wirken etwa §§ 1576, 1615l Abs. 2 Satz 3 BGB.

[595] Zur wertungsoffenen „Vagheit“ als Vehikel der Verwirklichung sozialen Ausgleichs vgl. *Röthel*, a. a. O., S. 46 f.

[...]

wer zu dem Erblasser in einem von § 1601 BGB benannten Verhältnis steht und Umstände vorliegen, aufgrund derer der Erblasser von seiner Unterhaltsverpflichtung nach § 1611 Abs. 1 Satz 2 BGB freigeworden wäre. Dies gilt auch dann, wenn mangels Vorliegens der Voraussetzungen der §§ 1602 und 1603 BGB eine konkrete Unterhaltsverpflichtung im Zeitpunkt des Todes des Erblassers nicht bestand.

2. Teil – Deutsches und Europäisches IPR

Im ersten Teil dieser Arbeit, der den Sachnormen gewidmet ist, wurde aufgezeigt, dass Erbrecht und Unterhaltsrecht auf vielfältige Weise miteinander verflochten sind, sich bei manchen Fragen sogar gegenseitig bedingen. Dies geschieht vor allem auch durch gleiche Leitgedanken und Wertungen. In internationalen Fällen ist diese Einheit dann bedroht, wenn Erbstatut und Unterhaltsstatut auseinanderfallen. Hier entstehen Spannungslagen, die sich zudem auch auf das Verfahrensrecht auswirken können. Im Ausgangsfall – kroatisches Kind, das in Deutschland aufgewachsen ist, stirbt, der Vater ist Serbe – ist Unterhaltsstatut deutsches Recht, Erbstatut dagegen kroatisches Recht.

Zunächst soll die Qualifikation der Erbunwürdigkeit im Internationalen Privatrecht untersucht werden. Dies geschieht unter Einbeziehung der Rechtsgeschichte, weil hier deutlich wird, wie sehr die kollisionsrechtliche Einordnung jener Frage von dem Verständnis der Sachnormen abhängt. Dann wird das Unterhaltsstatut in den Vordergrund gerückt. Für beide Bereiche wird auf die jüngste Entwicklung des Europäischen Kollisionsrechts eingegangen.

Wenn Erbstatut und Unterhaltsstatut auseinanderfallen, sind zur Bewältigung der hierdurch auftretenden Spannungslagen verschiedene kollisionsrechtliche Instrumente und Denkfiguren heranzuziehen. Dabei soll vom Erbstatut und seinen Vorschriften zur Erbunwürdigkeit ausgegangen werden. Die Untersuchung beschränkt sich insoweit auf Pflichtverletzungen des Erben gegenüber dem Erblasser.

Soweit Tatbestandsmerkmale des Erbstatuts auf Rechtsbegriffe und Rechtsverhältnisse Bezug nehmen, für deren Beurteilung ein anderes Recht in Betracht kommt, haben sich verschiedene Techniken herausgebildet, um diese Tatbestände näher zu bestimmen.

Zunächst lässt sich an die „Vorfrage" denken, die vom Erbstatut aufgeworfen wird. Dabei geht es darum, das anwendbare Recht für das Bestehen der Unterhaltspflicht zu bestimmen. Der klassische Konflikt zwischen der selbstständigen (d. h. nach der Kollisionsnorm der *lex fori*) und der unselbstständigen (*lex causae*) Anknüpfung der Vorfrage ist allerdings dadurch etwas entschärft worden, dass aus der Sicht des deutschen Richters ein einheitliches Internationales Unterhaltsstatut gilt.

Dann kann sich die Frage der Substitution stellen, d. h. es geht um das Problem, ob der Unterhaltsbegriff des Unterhaltsstatuts dem im Erbstatut verwandten

Begriff der Pflichtverletzung entspricht. Im Ausgangsfall wäre also zu prüfen, ob das deutsche Unterhaltsrecht im Rahmen des kroatischen Erbstatuts als äquivalent zu betrachten ist.

Schließlich ist – wie der Ausgangsfall zeigt – auf die Anwendung ausländischen Erbunwürdigkeitsrechts durch deutsche Gerichte einzugehen, wobei verfahrensrechtliche Fragen in den Vordergrund rücken.

2.1 Die Qualifikation der Erbunwürdigkeit

Der folgende Abschnitt behandelt die Frage, welches Recht zur Beurteilung der Erbunwürdigkeit berufen ist. Ausgehend von dem historischen Diskurs im 19. Jahrhundert werden auch die Regelungsmodelle anderer Rechtsordnungen in den Blick zu nehmen sein. Auf europäischer Ebene ist mit Inkrafttreten der Erbrechtsverordnung die Qualifikationsfrage eindeutig beantwortet worden (Gesamtstatut); hierauf wird nachfolgend noch einzugehen sein.

2.1.1 Ausgangslage

Nach Art. 25 Abs. 1 EGBGB unterliegt die Rechtsnachfolge von Todes wegen dem Recht des Staates, dem der Erblasser im Zeitpunkt seines Todes angehörte. Das hiernach bestimmte Erbstatut, soweit keine Rechtswahl nach Abs. 2 der Vorschrift getroffen wurde also das Heimatrecht des Erblassers, regelt alle erbrechtlichen Fragen.[596] Hinsichtlich des Verweisungsumfangs unterstehen nach allgemeiner Auffassung[597] sämtliche materiellrechtlichen Fragen des Erbrechts dem Erbstatut, namentlich daher auch die Erbunwürdigkeit als Beeinträchtigung eines ursprünglich bestehenden Erbrechts. Das Erbstatut bestimmt darüber, unter welchen Voraussetzungen und wie die Erbunwürdigkeit geltend gemacht werden kann.[598] Dabei ist es gleichgültig, ob entsprechende Tatbestände im Inland oder Ausland erfüllt wurden.[599]

---

[596] MüKo-*Birk* Art. 25 EGBGB, Rz. 188.

[597] Vgl. *Lorenz*, in BeckOK, Art. 25 EGBGB, Rz. 23 f.; MüKo-*Birk*, a. a. O.; *Siehr*, IPR, § 20, VI.

[598] MüKo-*Birk* Art. 25 EGBGB, Rz. 212.

[599] Hierzu *Ferid*, GRUR Int. 1973, 472, 476; Auf die Frage, ob gewisse Erbunwürdigkeitsgründe so gravierend sind, dass sie auch bei Vorliegen eines ausländischen Erbstatuts beachtet werden müssen – teilweise wird hier eine Sonderanknüpfung befürwortet (in diese Richtung etwa MüKo-*Birk* Art. 25 EGBGB, Rz. 213; dies ablehnend *Lorenz*, in BeckOK, Art. 25 EGBGB, Rz. 61) – wird noch einzugehen sein (vgl. unten 2.3.4).

Diese heutzutage soweit ersichtlich für das deutsche IPR[600] unbestrittene Auffassung war im 19. Jahrhundert allerdings Gegenstand einer Kontroverse, deren Verlauf im Folgenden nachgezeichnet werden soll.

2.1.2 Rechtshistorische Betrachtungen

2.1.2.1 Savignys Lehre als Grundlage des modernen IPR

Es war *Savigny*, der den Gedanken der engsten Verbindung im Internationalen Privatrecht zur Bestimmung des auf einen grenzüberschreitenden Fall anzuwendenden Rechts als erster entwickelte.[601] Ausgehend von der Erkenntnis, dass bei der Frage nach der Lösung von territorialen Gesetzeskonflikten grundsätzlich zwei methodische Ansätze denkbar sind – einerseits kann man Normen auf ihren Anwendungswillen bzw. -bereich hin befragen, andererseits ist es möglich, den Sachverhalt an den Ausgangspunkt kollisionsrechtlicher Fragestellungen zu setzen und die (umgekehrte) Frage zu stellen, welches Gesetz auf ihn anwendbar ist[602] – kommt *Savigny* das Verdienst zu, die Antwort erstmals im letztgenannten Sinne zu geben. Nach seinem berühmt gewordenen „formellen Grundsatz“[603] lässt sich bei der Frage der Kollision der Territorialrechte verschiedener Staaten die gemeinsame Aufgabe dahin bestimmen, *„dass bei jedem Rechtsverhältniß dasjenige Rechtsgebiet aufgesucht werde, welchem dieses Rechtsverhältniß seiner eigenthümlichen Natur nach angehört oder unterworfen ist (worin dasselbe seinen Sitz hat).“*[604] Grundlegend für diese Ausrichtung der Fragestellung ist die Wahl des Standorts in einer übergeordneten *„völkerrechtlichen Gemeinschaft“*.[605] Diese *„epochemachende“* Fragestellung nach der *„Natur“*, dem

---

[600] In anderen Rechtsordnungen ist das Meinungsspektrum vielfältiger, vgl. beispielsweise zu Österreich unten I. 4.

[601] *Hirse*, Die Ausweichklausel im Internationalen Privatrecht, S. 156.

[602] Vgl. hierzu *Bucher*, Grundfragen der Anknüpfungsgerechtigkeit, S. 4: *„Diese doppelte Fragestellung ist in dieser Klarheit erstmals von Savigny hervorgehoben und [...] an den Beginn seiner kollisionsrechtlichen Lehre gesetzt worden.“*

[603] *Savigny*, System VIII, S. 120 f.

[604] *Savigny*, System VIII, S. 28 und S. 108.

[605] *Bucher*, Grundfragen der Anknüpfungsgerechtigkeit, S. 4; der bei *Savigny* immer wieder auftauchende Gedanke der *„comitas“* zeigt sich auch in seinem Hinweis, dass Grundlage des IPR eine mehr oder weniger weitgehende Übereinstimmung der materiellen Rechte der verschiedenen Staaten (*„völkerrechtliche Gemeinschaft“*) sei (System VIII, S. 27; der gleiche Gedanke findet sich bei *Bartin*, Journal de Droit international privé (Clunet) 1897, S. 181 ff.; vgl. zur Bedeutung *Bartins* als einem der Begründer der Qualifikation: *Weber*, Die Theorie der Qualifikation, S. 38 ff; *Vischer*, Die rechtsvergleichenden Tatbestände im internationalen Privatrecht, S. 7, spricht in diesem Zusammen-

„Sitz" der Rechtsverhältnisse[606] sieht man auch heute noch als die entwicklungsgeschichtliche, methodologische Basis der allseitigen Kollisionsnormen an, die dem Prinzip der engsten Verbindung verpflichtet sind.[607] *Savigny* wird wegen seines *„formellen Grundsatzes"*, mit dem er die Aufgabe des Internationalen Privatrechts bestimmte, ganz überwiegend als Begründer des klassischen Kollisionsrechts angesehen.[608]

Ausgehend vom Standpunkt einer völkerrechtlichen Gemeinschaft unter unabhängigen Staaten[609] fragt *Savigny* nach dem Grund, der zwischen der Person und dem Territorialrecht den Zusammenhang vermittelt und nennt als mögliche Anknüpfungsmomente[610] *origo* und *domicilium*, also Herkunft und Wohnsitz. In Anlehnung an *Story* erkennt *Savigny* den Wohnsitz als allgemeinen Bestimmungsgrund an. Ausgehend von der Frage nach dem Rechtsgrund, aus welchem die Unterordnung der einzelnen Person unter ein bestimmtes örtliches Recht abgeleitet werden könne, betrifft der zweite Teil der Untersuchung *Savignys* den Gegenstand des „Rechtsverhältnisses". Für jede Klasse von Rechtsverhältnissen soll deren Sitz ermittelt werden. Die Ansicht *Savignys*, wonach jedes einzelne Rechtsverhältnis in der Regel nach dem örtlichen Recht des Wohnsitzes der Person beurteilt werden müsse, welche das Rechtsverhältnis betrifft, hilft in den Fällen nicht weiter – dieses Problem thematisiert auch *Savginy* selbst -, in denen an dem Rechtsverhältnis nicht eine Person allein, sondern mehrere beteiligt sind.[611]

---

hang von der notwendigen *„Homogenität"* der materiellen Gesetze als Voraussetzung des internationalen Privatrechts).

606 Versuchte die Statutentheorie noch aus den konkret in Rede stehenden Vorschrift deren Anwendungsbereich zu bestimmen, rückt *Savigny* den Sachverhalt in den Mittelpunkt der Betrachtung, nähert sich also in umgekehrter Weise dem Problem. Insoweit missverständlich ist die Formulierung Savignys: *„Diese Mannichfaltigkeit der positiven Rechte ist es, woraus das Bedürfnis und die Wichtigkeit hervorgeht, für jedes positive Recht das Gebiet seiner Herrschaft zu bestimmen, das heißt, die Gränzen zu ziehen zwischen den verschiedenen positiven Rechten gegeneinander."* (System VIII, S. 2).

607 *Bucher*, Grundfragen der Anknüpfungsgerechtigkeit, S. 4 f.

608 *Hirse*, Die Ausweichklausel im Internationalen Privatrecht, S. 156.

609 *Savigny*, System VIII, S. 10.

610 *Savigny* spricht von Vermittlungsgründen: System VIII, S. 100.

611 *Savigny*, System des heutigen römischen Rechts, Bd. 8, 1849, S. 125: *"In solchen Fällen nun lässt uns jener Grundsatz ganz ohne Entscheidung, indem aus ihm nicht erkennbar ist, welche unter diesen mehreren, von dem Rechtsverhältnis betroffenen, Personen durch ihren Wohnsitz das auf das Rechtsverhältnis anzuwendende örtliche Recht bestimmen soll."*

Bei der Frage, welchem örtlichen Recht das Erbrecht nach seiner besonderen Natur angehört, also wo es seinen eigentlichen Sitz hat, stellt *Savigny* folgende Überlegungen an: Ausgangspunkt ist die Feststellung, das Erbrecht bestehe seiner Natur nach in dem Übergang eines Vermögens (bei dem Tode des Inhabers) auf andere Personen. In diesem Vorgang liege eine *„künstliche Erstreckung der Macht, also auch des Willens eines Menschen über die Grenze des Lebens hinaus."*[612] Maßgebend ist demnach der Wille des Erblassers – sei es ausdrücklich (Testament) oder stillschweigend (Intestaterbfolge). Aufgrund dieser engen Verknüpfung mit der Person des Verstorbenen müsse das Erbrecht grundsätzlich nach dem örtlichen Recht des Wohnsitzes, den der Erblasser im Zeitpunkt des Todes hatte, beurteilt werden.[613] Andere Auffassungen (Ort der Erbschaftsgegenstände teilweise auch Unterscheidung nach Immobilien und Mobilien) werden verworfen. Einschränkungen macht *Savigny* insoweit, als einzelne Rechtsfragen einer vom genannten Grundsatz abweichenden Beurteilung unterliegen. Die Frage der Erbunwürdigkeit wird in diesem Zusammenhang nicht explizit angesprochen. Allerdings widmet sich *Savigny* der Frage nach dem anwendbaren Recht in Bezug auf die Erbfähigkeit und führt insoweit aus:

> „Die persönliche Fähigkeit der zur Erbschaft im Ganzen, oder zu einem einzelnen Stück der Erbschaft, berufenen Personen (Erben oder Legatare) ist in der Regel nach i h r e m Wohnsitz, nicht nach dem des Erblassers zu beurtheilen, und zwar nach dem Wohnsitz, den sie zur Zeit des Todes des Erblassers haben, zu welcher Zeit ihnen das Successionsrecht deferirt wird. Ausnahmen können eintreten, da wo Gesetze von zwingender Natur in Betracht kommen. Ist z.B. der eingesetzte Erbe durch den bürgerlichen Tod oder durch Ketzerei nach dem Gesetz seines Wohnsitzes zur Erbfolge unfähig, welches Hinderniß anderwärts nicht anerkannt wird, oder steht ein beschränkendes Gesetz über den Erwerb von Seiten der todten Hand im Wege, so ist nicht das am Wohnsitz des Erben, sondern das am Ort des urtheilenden Richters geltende Gesetz anwendbar, welches sehr häufig mit dem Wohnsitz des Erblassers zusammen fallen wird."[614]

Zwar behandelt *Savigny* die Erbunwürdigkeit nicht gesondert, aufschlussreich ist aber der Befund, dass er die Erbunfähigkeit nicht dem (allgemeinen) Erbstatut unterstellt, sondern auf den Wohnsitz des Erben abstellt, mithin insoweit eine Sonderanknüpfung für sinnvoll erachtet.

---

[612] *Savigny*, System VIII, S. 295.
[613] *Savigny*, System VIII, S. 295.
[614] *Savigny*, System VIII, S. 313.

2.1.2.2 Weitere Lösungsansätze

Im 19. Jahrhundert ist die Qualifikationsproblematik der Erbunwürdigkeit vergleichsweise häufig Gegenstand der rechtswissenschaftlichen Diskussion. Insbesondere französische Autoren richten ihr Augenmerk auf diese Frage, aber auch in Deutschland finden sich Stellungnahmen hierzu.

2.1.2.2.1 Meinungsspektrum

Weiss[615] widmet sich vergleichsweise ausführlich zu diesem Problemkreis:

> C'est encore par la loi personnelle de l'héritier que nous déterminerons, même quant aux biens situés en France, les causes d'indignité qui peuvent l'atteindre et qui le rendent par cela même incapable de conserver le bénéfice de la vocation héréditaire qu'il avait reçue. L'indignité n'est en définitive qu'une incapacité sui generis; elle doit être régie par la même loi.

Die Frage der Erbfähigkeit („*Qualités requises pour succéder*") unterliegt seiner Ansicht nach dem Personalstatut des Erben. Der Grundsatz, das Erbstatut bestimme über die im Zusammenhang mit dem Anfall der Erbschaft stehenden Fragen, könne nicht weiter reichen als dessen Begründung (wie auch *Savigny* stellt *Weiss* maßgeblich auf den ausdrücklichen bzw. mutmaßlichen Willen des Erblassers ab). Die Frage der Erbfähigkeit hänge nun aber ausschließlich von gesetzlichen Bestimmungen ab, Entsprechendes gelte für die Erbunfähigkeit. Mit dem Willen des Erblassers habe diese Frage nichts zu tun.[616] *Weiss* geht bei seinen Überlegungen von zwei Fallkonstellationen aus:

Soweit die nach dem Personalstatut des Erben berufene Rechtsordnung mehr Erbunwürdigkeitsgründe kennt als dies in Frankreich der Fall ist, stehen der Anwendung der insoweit berufenen fremden Rechtsordnung keine Hindernisse entgegen („*La société française n'a aucun intérêt à donner une prime à l'ingratitude ou à la mauvaise conduite*"). Im Gegenteil – so *Weiss* – könnten insofern französische Erben bzw. der französische Staat selbst unter Umständen nachrücken. Insoweit bestehe kein Grund, die fremde Rechtsordnung (wonach der Erbe unwürdig ist) nicht anzuwenden.

Im umgekehrten Fall hingegen ist anders zu verfahren. *Weiss* nennt als Beispiel die russische Rechtsordnung, die keine Erbunwürdigkeitstatbestände

[615] Traité théorique et pratique de droit international privé, S. 578.

[616] *Weiss*, Traité théorique et pratique de droit international privé, S. 574.

kennt.[617] Hier müssten die französischen Erbunwürdigkeitsregeln herangezogen werden, um anstößige und gegen das öffentliche Interesse verstoßende Ergebnisse („*considérations de décence et d'intérêt général*") zu vermeiden: „*La conscience publique serait outragée si le calomniateur ou l'assassin, même étranger, était admis à succéder à sa victime.*"[618] Nach *Weiss* kommt daher – bei grundsätzlicher Anwendung des Personalstatuts – in Fällen unerträglicher Ergebnisse eine Korrektur im Wege des *ordre public* in Betracht.

Kritisch zu der Ansicht von *Weiss* äußert sich *Ludwig v. Bar*.[619] Dies vor dem Hintergrund der unter Umständen widersprüchlichen Folgen, die daraus entstünden, wenn der Erbe nach seinem Personalstatut als unwürdig oder unfähig ausgeschlossen, nach dem Personalstatut des Erblassers aber zugelassen würde. Es stelle einen Verstoß gegen das Prinzip der Universalsukzession dar, wenn beispielsweise der Franzose, der nach seinem Gesetz unwürdig wäre, hinsichtlich derselben Erbschaft für die in Russland oder Italien belegenen Güter Erbe, nicht aber in Frankreich Erbe sei. Die Argumentation *v. Bars* ist in diesem Punkt nicht ganz schlüssig. Im Beispiel käme man mit der *Weiss*schen Theorie ja gerade zu dem Ergebnis, dass die nach dem Personalstatut des Erben zu beurteilende Erbunwürdigkeit universal (also auch in Russland oder Italien) gilt. Umgekehrt würde – um beim Beispiel *Ludwig v. Bars* zu bleiben – gerade die von ihm favorisierte Maßgeblichkeit des Erbstatuts dazu führen, dass der nach französischem Recht unwürdige Erbe hinsichtlich der in Frankreich belegenen Immobilien erbunwürdig wäre, unter Umständen jedoch nicht hinsichtlich der Güter, die einem ausländischen Erbstatut unterfielen. Das Beispiel *L. von Bars* zeigt also gerade die Schwächen auf, die bei Anwendung des Erblasserstatuts auf die Frage der Erbunwürdigkeit zutage treten können.

Valery[620] steht auf einer Linie mit der französischen Rechtsprechung, wonach das Erbstatut auch über die Frage der Erbunwürdigkeit entscheidet. Die Rechtsordnung, wonach die Erben zur Erbschaft berufen sind, müsse auch die Kriterien bestimmen, „*qu'ils ont à réunir pour être investis de ce droit*". Einschränkungen werden jedoch im Hinblick auf den *ordre public* gemacht, so könnten unter Umständen Erbunwürdigkeitsgründe nach ausländischen Rechten,

---

[617] Dem wird der Fall gleichgestellt, dass Erbunwürdigkeitsgründe in der fremden Rechtsordnung unter Umständen existieren, aber zumindest nicht den französischen entsprechen bzw. hinter diesen zurückbleiben.

[618] *Weiss*, Traité théorique et pratique de droit international privé, tome quatrième, 2ème édition, Paris1912, S. 580 mit Verweis auf *Despagnet et de Boeck*, op. cit. 5ème èdition, no. 365, S. 1049.

[619] Theorie und Praxis des internationalen Privatrechts Bd. II, S. 316.

[620] Manuel de droit international privé, Paris 1914, S. 1208.

die geschlechts- oder rassenbezogene Elemente enthalten, keine Berücksichtigung finden.[621] Entsprechendes gelte für auf religiöse Überzeugungen oder Verurteilungen mit politischem Hintergrund gestützte Erbunwürdigkeitsgründe. Personen, die wegen vollendeten oder versuchten Totschlags des Erblassers verurteilt worden sind, können jedoch auf keinen Fall zur Erbschaft zugelassen werden, *„car autrement il résulterait de là un veritable scandale"*.[622] In den Mittelpunkt rückt *Valery* sonach die Fälle, in denen es gilt, mittels des *ordre public* eine Einschränkung der Erbunwürdigkeitsgründe zu bewirken. Die Vorbehaltsklausel entfaltet im Erbunwürdigkeitsrecht ihre Relevanz demnach in zwei Richtungen: Es gilt einerseits zu vermeiden, dass ausländische Erbunwürdigkeitsgründe, die im Hinblick auf Wertvorstellungen des französischen Gesetzgebers zu unerträglichen Ergebnissen führen würden, zur Berufung kommen. Auf der anderen Seite kann auch das Fehlen jeglicher Unwürdigkeitsgründe in einer ausländischen Rechtsordnung nicht hingenommen werden. Hier zeigt sich in besonderem Maße die an öffentlichen Moralvorstellungen orientierte Komponente des Erbunwürdigkeitsrechts.

Laurent[623] stellt die Frage nach der Natur des Erbunwürdigkeitsstatuts (personell oder reell). Erbunwürdigkeit und Erbunfähigkeit würden vom französischen Recht gleichermaßen behandelt. Da nun aber die Eigenschaft, Erbe zu sein (*„qualité d'héritier"*) seit jeher dem Personalstatut unterstellt worden sei, müsse dies auch für die Erbunwürdigkeit gelten.[624] Vergleichsweise ausführlich widmet sich *Laurent* dem Problem, dass nach französischem Recht die beiden ersten Erbunwürdigkeitsgründe eine strafrechtliche Verurteilung erfordern, Gerichtsurteile jedoch stets beschränkt sind auf den Herrschaftsbereich des Staates, in dem sie ergangen sind. Die eigenen Gerichte könnten einen Ausländer nicht für Taten verurteilen, die von diesem im Ausland begangen wurden. Allerdings – so *Laurent* – greife dieser Einwand im Falle der Erbunwürdigkeit nicht. Diese werde gerade durch das Gesetz bestimmt und nicht durch den Richter. Der Erbe habe durch seine entsprechenden Handlungen unter Beweis gestellt, dass er nicht würdig ist, den Erblasser zu beerben. Das Urteil stelle nur das Fehlen einer persönlichen Nähebeziehung (*„défaut d'affection"*) fest. Ein ausländisches Ur-

---

[621] Vgl. zur Aktualität dieses Gedankens unten 2.3.4.

[622] *Valery*, Manuel de droit international privé, Paris 1914, S. 1210.

[623] Le droit civil international, S. 328.

[624] Auf *Laurent* verweisen auch *Zachariä/Crome*, Handbuch des Französischen Civilrechts, Bd. IV, S. 19: *„Die Erbunwürdigkeit richtet sich nach dem Personalstatut des Erben [...] vorbehaltlich der Ausnahme, dass im Inland keine solchen Indignitätsgründe anerkannt werden können, durch welche mit inländischen öffentlichrechtlichen Vorschriften in Widerspruch getreten würde."*

teil könne daher als *„preuve authentique“* Berücksichtigung finden. Sobald der Erbunwürdigkeitsgrund festgestellt worden sei, sei der Erbe überall von der Erbschaft ausgeschlossen, die Erbunwürdigkeitsgründe bewirken ihrer Natur nach eine universelle Erbunfähigkeit.[625] Aus der Verschiedenheit der Erbunwürdigkeitsrechte könnten Ungereimtheiten entstehen. Die strikte Anwendung des Personalstatuts des Erben gerate in Konflikt mit dem – nach traditionell französischer Auffassung bestehenden – Realstatut der Erbschaft[626]. Diesen Konflikt entscheide zwar das Personalstatut für sich, allerdings nur, soweit das Territorialrecht nicht zwingendes Recht öffentlich-rechtlicher Natur (*„droit public“*) sei. Gehe man mit der *Cour de cassation* davon aus, dass auch die Erbfähigkeit dem Realstatut der Erbschaft unterliege, erkläre es sich von selbst, dass der nach französischem Recht unwürdige Erbe – unabhängig von der Beurteilung der Erbunwürdigkeitsfrage durch sein Heimatrecht – die Erbfolge nicht antreten könne.

Lewald[627] geht im Grundsatz davon aus, dass die Frage der Erbunwürdigkeit nach dem Erbstatut zu beantworten sei. Dies unabhängig davon, ob die Erbunwürdigkeit bereits der Berufung zur Erbfolge entgegensteht, oder – so das deutsche Recht – nur bestimmten Personen das Recht gibt, dem Erbunwürdigen den ihm angefallenen erbrechtlichen Erwerb wieder zu entziehen. Stets handele es sich nämlich um eine Frage, welche die Beteiligung eines Erbanwärters am Nachlass berührt. Allerdings komme nach *Lewald* auch eine Kumulierung der Rechte in Betracht, sodass neben dem Erbstatut auch das Personalstatut des Erbunwürdigen zu berücksichtigen sei.[628]

Wolff[629] spricht sich klar für das Heimatrecht des Erblassers aus (unter Ausschluss des Personalstatuts des Erben sowie (!) des Deliktsstatuts).

Nach *Meili* kommt das Erbstatut namentlich auch bezüglich der Erbunwürdigkeit zur Anwendung (*„Der Fall der Indignität ist freilich sehr schwierig“*). Es bestehe keine Garantie dahingehend, dass der unwürdige Erbe nicht gleich-

---

[625] *Laurent*, Le droit civil international, tome 6ème, Bruxelles/Paris 1881, S. 330 : *«(...) il serait absurde, et, dans l'espèce, odieux de dire que l'indignité dépend de la situation des biens.»*

[626] *« Le droit de succéder forme un statut réel; voilà pourquoi la succession est régie par la loi française pour les immeubles situés en France. »*

[627] Das deutsche internationale Privatrecht, S. 299.

[628] *Lewald*, Das deutsche internationale Privatrecht, S. 299, zitiert hier *Diena*, Archivio giuridico, Bd. 58, S. 402 ff.; *Klein*, ZIR, Bd. 13, S. 87 ff.

[629] *Wolff*, Das internationale Privatrecht Deutschlands, 2. Aufl., Berlin/Göttingen/Heidelberg 1949, S. 196.

wohl zur Erbschaft gelange, maßgeblich sei eben, ob der Gesetzgeber *„an die Sache gedacht"* habe.[630]

Audinet[631] will sowohl die *lex successionis* als auch das Heimatrecht des Erben angewandt wissen. Im Einzelnen führt er wie folgt aus: Der Erbe muss in jedem Fall von der Erbschaft ausgeschlossen bleiben, wenn er nach seinem Heimatrecht unwürdig wäre. Es handele sich um eine Form der Erbfähigkeit, diese sei nach dem Heimatrecht zu bestimmen. Dies gelte jedoch nur insoweit, als die Erbunfähigkeit (bzw. Erbunwürdigkeit) nicht dem *ordre public* des Staates zuwiderläuft, in dem die Erbschaft eröffnet wird (als Beispiele werden der bürgerliche Tod und religiöse Überzeugungen genannt). Doch auch im umgekehrten Fall, in dem das Erbstatut anders als das Personalstatut des Erben zur Erbunwürdigkeit führen würde, sei Erbunwürdigkeit anzunehmen. Denn die Erbunfähigkeits- und Erbunwürdigkeitsgründe berührten im Kern die Vermögensnachfolge, auch seien die Interessen anderer Erben betroffen. Es wäre *„bizarr"*, wenn ein Erbe, der seinen Miterben von der Erbschaft ausschließen könnte, sofern dieser Franzose ist, dies nicht mehr könnte, wenn es sich um einen ausländischen Erben handele.[632]

Zitelmann[633] stellt in den Mittelpunkt seiner Betrachtungen den Grundsatz der Gesamtnachfolge von Todes wegen. Das Vermögen des Verstorbenen werde im Wesentlichen als eine Einheit einem einheitlichen Schicksal unterworfen. Dieser Gedanke der Gesamtnachfolge[634] ist auch für das internationale Privatrecht nutzbar zu machen. Die Frage, welches Statut als Vermögensstatut für die Erbschaft anzusehen ist, ist vor dem Hintergrund zu beantworten, dass der Vermögensinhaber (d. h. der Erblasser) die Einheit des Vermögens herstellt. War zu seinen Lebzeiten sein jeweiliges Personalstatut Vermögensstatut für sein Vermögen, so wirkt dies sozusagen nach seinem Ableben fort. Vermögensstatut für den Nachlass ist mithin das Personalstatut des Erblassers im Zeitpunkt des Todes („Erbstatut").[635] Die Frage des rechtlichen Schicksals des Nachlasses als einheitliches Vermögen könne sich also nur nach dem Erbstatut richten. In diesem Zusammenhang sei das Erbstatut aber ebenso für alles, was das sogenannte

---

[630] *Meili*, Das internationale Civil- und Handelsrecht auf Grund der Theorie, Gesetzgebung und Praxis, S. 132.

[631] *Audinet*, Principes élémentaires du droit international privé, 2ème édition, Paris 1906, S. 570.

[632] *Audinet*, a. a. O.

[633] *Zitelmann*, Internationales Privatrecht, S. 937 ff.

[634] *Zitelmann* preist ihn als einen *„außerordentlichen Fortschritt des Rechts"* (a. a. O., S. 937).

[635] *Zitelmann*, a. a. O., S. 938.

„ius succedendi" angeht, maßgebend.[636] Das Erbstatut entscheide hiernach also insbesondere auch darüber, für wen das *ius succendendi* entsteht und aufgrund welcher Tatsachen es erlischt. Gerade also auch die Zeit nach dem Erwerb der Erbschaft werde noch vom Erbstatut umfasst. So sähen viele Rechtsordnungen Bestimmungen vor, dass der Nachlass in dem gesamten Vermögen des Erben einstweilen noch als ein einheitliches Sondervermögen für sich erhalten bleibe. Man dürfe sich nicht – so *Zitelmann* – zum Schluss verführen lassen, dass auch die Erbschaft, sobald sie einmal erworben ist, vollständig unter das Personalstatut des Erben tritt.[637] Die Erbschaft führe ihre eigene Existenz als Sondervermögen fort, dessen Existenz aber wiederum nur durch das Erbstatut begründet sei und welchem sie deshalb immer unterworfen bleibe, soweit es sich um ihr Schicksal als einheitliche Erbschaft handelt. Im Unterschied zu anderen Gegenständen erfahre die Erbschaft ihre Selbstständigkeit nur durch die Zusammenfassung, die sie rechtlich erhält. Soweit die vom Erbstatut berufene Rechtsordnung also zulasse, dass auch die schon erworbene Erbschaft noch durch einheitlichen Akt auf einen Dritten übertragen werde – hierzu zählt auch die Entreißung wegen Erbunwürdigkeit – sei diese Entscheidung dem Erbstatut zu überlassen.

Frankenstein überantwortet die Entscheidung, ob jemand zur Erbschaft berufen ist oder wegen „unwürdigen" Verhaltens von der Berufung ausgeschlossen im Grundsatz dem Erbstatut. Lediglich für den Fall, dass dieses die Qualifikation dem Personalstatut überlässt, käme Letzteres zur Anwendung. Unter Umständen könne es so zu einer Kumulierung zweier Rechte kommen, wenn etwa das Personalstatut des Berufenen diesem die Fähigkeit abspricht, der Berufung zu folgen; entscheidend sei letztlich die Auslegung des positiven Rechts.[638]

2.1.2.2.2 Stellungnahme

Den verschiedenen Lösungsansätzen lässt sich die ergebnisbezogene Tendenz entnehmen, der Erbunwürdigkeit so weit wie möglich Geltung zu verschaffen. Die Differenzen bestehen hinsichtlich der Methodik. Den Vertretern, die sowohl das Erb- als auch das Personalstatut angewandt wissen wollen, geht es letztlich darum, eine materiellrechtliche Ergebnisvorgabe (nämlich die Feststellung der Erbunwürdigkeit) anhand von zwei Rechtsordnungen zu bestimmen. Die klassische Verweisungstechnik des IPR scheint bei der Frage der Erbun-

---

[636] *Zitelmann,* a. a. O., S. 939.

[637] *Zitelmann,* a. a. O., S. 940.

[638] *Frankenstein*, Internationales Privatrecht, S. 377; für das deutsche Recht will er eine Kumulierung vornehmen, weist aber auf die Alternative hin, bei strikter Anwendung des Erbstatuts notfalls mittel der Vorbehaltsklausel im Ergebnis doch den deutschen Vorschriften zur Anwendung zu verhelfen.

würdigkeit an ihre Grenzen zu stoßen. Im Grundsatz lassen sich Kollisionsrecht und Sachrecht im Hinblick auf ihre Funktion klar auseinanderhalten:[639] Die Kollisionsnorm entscheidet nicht selbst in der Sache, sie bestimmt lediglich, welcher der vorhandenen Rechtsordnungen die weiteren Normen zur Entscheidung des Sachverhalts zu entnehmen sind. Sie beruft also andere Vorschriften, ist *„Rechtsanwendungsnorm"*.[640]

Wie die im Laufe des 19. Jahrhunderts geführte Diskussion zeigt, scheint man dieser (klassischen) Technik im Hinblick auf das Erbunwürdigkeitsrecht äußerst misstrauisch gegenüberzustehen.[641] Der Grund liegt auf der Hand: Es erschiene als untragbares Ergebnis, einem Erben, der nach einer der infrage stehenden Rechtsordnungen als erbunwürdig gelten würde, womöglich die Erbschaft nur deshalb belassen zu müssen, weil infolge der kollisionsrechtlichen Verweisung das andere (in diesem Punkt großzügigere) Recht zur Anwendung kommt. In dieser Furcht offenbaren sich (wieder einmal) allgemeine Moralvorstellungen, von denen sich das Erbunwürdigkeitsrecht nie wirklich frei gemacht hat, und die nun auf kollisionsrechtlicher Ebene die sachrechtliche Problematik fortsetzen. Versagt – wie hier – die Verweisung in ein materielles Recht zur interessengerechten Lösung eines Auslandssachverhalts, versucht man – und auch dem modernen IPR ist eine solche methodische Vorgehensweise bekannt – durch Anknüpfungshäufung ein gerechtes Ergebnis zu erzielen. Keine der in Betracht kommenden Rechte muss zurückstehen, Kollisionsrecht wird dann nicht – wie klassischerweise – zum Verdrängungsrecht.[642]

Vor diesem Hintergrund ist die Diskussion um die Mehrfachanknüpfung im Erbunwürdigkeitsrecht zu sehen. Wenn die jeweiligen Vertreter ihre Auffassung auch mit im Detail unterschiedlicher Begründung versehen, so gleichen sich ihre Lösungsvorschläge doch hinsichtlich der Methodik. Terminologisch spräche man heutzutage von alternativer Anwendung verschiedener Rechte, bei der wahlweise auf eine der angebotenen Rechtsordnungen zurückgegriffen wird.[643]

---

639 Instruktiv *Kegel/Schurig*, IPR, § 1 VIII 1.

640 *Kegel/Schurig*, a. a. O.

641 Zu der Frage, inwieweit das System des Kollisionsrechts bereits von materiellrechtlichen Wertungen beeinflusst ist, vgl. *Schurig*, Kollisionsnorm, passim.

642 *Heßler*, Sachrechtliche Generalklausel, S. 142 f.

643 Vgl. – beispielhaft – etwa Art. 1 des Haager Übereinkommens über das auf die Form letztwilliger Verfügungen anzuwendende Recht (*Jayme/Hausmann*, Nr. 60); zur alternativen Anknüpfung als „Absicherung der Wirksamkeit des Rechtsverhältnisses" vgl. *Jayme*, RdC 251 (1995), 13, 45 f.; ferner *Heßler*, Sachrechtliche Generalklausel, S. 142 f., nennt hier als Beispiel die Behandlung des Ehenamens der Frau: Nach BGH NJW 1971, 1516 kann die Ehefrau entweder den nach ihrem Personalstatut gebildeten Namen

Im Unterschied zur kumulativen Anwendung, bei der die Voraussetzungen mehrerer Rechtsordnungen erfüllt sein müssen, um die einheitliche Rechtsfolge herbeizuführen,[644] wählt die alternative Anknüpfung vom (materiellen) Ergebnis her aus.[645] Deren Sinn liegt also gerade in der Begünstigung bestimmter materieller Ergebnisse. Meist soll der Bestand eines Rechtsverhältnisses oder aber die Begründung eines Status oder Anspruchs begünstigt werden.[646] In diesem Zusammenhang wird daher vom Günstigkeitsprinzip oder vom *favor* (*laesi, negotii, matrimonii* usw.) gesprochen.[647] Vorliegend wäre insofern – um im Bilde zu bleiben – der Begriff eines *favor indignitatis* zu wählen.[648]

Dass insbesondere die französische Doktrin eine Anknüpfung an das Personalstatut des Erben vornimmt, hängt zum einen damit zusammen, dass der *Code civil* die Erbunwürdigkeit in die Nähe der Erbfähigkeit rückt. Dieser Punkt spiegelt sich in den Argumentationsmustern mehr oder weniger unmittelbar wieder. Hinzu kommt ein weiterer Aspekt, der zwar nicht ausdrücklich Erwähnung findet, m.E. jedoch nicht ohne Bedeutung ist. Er betrifft die französische Konzeption der kollisionsrechtlichen Behandlung des Nachlasses. Anders als das deut-

---

oder den Namen nach dem Recht des gewöhnlichen Aufenthalts als Ehenamen tragen. Zur Kritik dieser Lösung vgl. *Bucher*, Grundfragen der Anknüpfungsgerechtigkeit, S. 62 f., der hierin eine gleichheitswidrige Begünstigung des Auslandsachverhalts sehen will.

644 Vgl. hierzu *Heßler*, Sachrechtliche Generalklausel, S. 143.

645 *Schurig*, Kollisionsnorm, S. 206: *„Hier wird die Auswahl zwischen zwei Rechtsordnungen nicht abstrakt durch internationalprivatrechtliche Entscheidung, sprich Wertung der beteiligten Interessen, sondern konkret durch Sachnormenvergleich vorgenommen."*

646 *Kropholler*, IPR, § 20 II 1.

647 *Kropholler*, IPR, § 20 II 1: Im autonomen Kollisionsrecht lässt sich beispielhaft Art. 11 Abs. 1 EGBGB nennen, wonach für die Form die Beobachtung der Gesetze, die für den Inhalt des Geschäftes maßgebend sind, oder der Gesetze des Vornahmeortes genügen (*favor negotii*). Auch in Art. 26 Abs. 1 EGBGB wird eine Vielzahl von Anknüpfungsmomenten aufgereiht, um einen möglichst vollständigen *favor testamenti* zu erreichen. Ferner ist der favor laesi im Deliktsrecht (Art. 40 EGBGB) sowie im Familienrecht die Vorschrift des Art. 19 Abs. 1 EGBGB (Abstammung eines Kindes) zu nennen.

648 Auch *Migliazza*, L'indegnità a succedere nel diritto internazionale privato italiano, S. 198, betont den ergebnisorientierten Charakter der kumulativen Methode: *"Una seconda concezione (...) vuole sia regolata l'indegnità cumulativamente dalla legge nazionale del de cuius e da quella dell'indegno: ma non tanto per motivi di coerenza logica, quanto per motivi di opportunità."* Die klassische Verweisungstechnik im Sinne *Savignys* stößt hier an ihre Grenzen.

sche Rechtssystem, das wie viele andere europäische Rechtsordnungen[649] im Grundsatz[650] dem Prinzip der Nachlasseinheit folgt (Art. 25 Abs. 1 EGBGB), geht das französische Recht von einer Nachlassspaltung[651] (Trennung von Mobilien und Immobilien) aus. Die hierdurch entstehenden einzelnen Vermögensmassen werden selbstständig und unabhängig voneinander behandelt. Dies kann kollisionsrechtlich dazu führen, dass die verschiedenen Nachlassmassen jeweils anderen Rechtsordnungen folgen. Für die Erbunwürdigkeit hätte dies – bei ausschließlicher Anknüpfung an das Erbstatut – die missliche Folge, dass ein und derselbe Erbfall unter der Voraussetzung divergierender Erbunwürdigkeitsgründe in den verschiedenen im konkreten Fall zur Anwendung berufenen Rechtsordnungen zu einer „partiellen" Erbunwürdigkeit des (etwa nach beiden anwendbaren Rechten) berufenen Erben führten. Dieses (schizophren anmutende) Ergebnis wäre in der Tat schwer vermittelbar. Umgekehrt scheint es in den unitären Systemen, die das Prinzip der Universalsukzession in den Mittelpunkt stellen und insoweit den Grundsatz der Nachlasseinheit favorisieren, vorzugswürdig, den Anwendungsbereich des Erbstatuts möglichst weit zu fassen und Sonderanknüpfungen soweit wie möglich zu vermeiden. Auf diesen Erwägungen beruht letztlich die Doktrin in Deutschland, die sich – ausgehend von dem Diskurs im 19. Jahrhundert – im geltenden Recht niedergeschlagen hat.

2.1.3 Geltendes Recht

Ausgangsnorm für die Anknüpfung eines internationalen Erbrechtsfalls ist Art. 25 EGBGB, die Norm[652] lautet in aller Schlichtheit:

> „Die Rechtsnachfolge von Todes wegen unterliegt dem Recht des Staates, dem der Erblasser im Zeitpunkt seines Todes angehörte."

---

649 Zu nennen sind hier Dänemark, Estland, Finnland, Griechenland, Italien, Lettland, Litauen, Niederlande, Österreich, Polen, Portugal, Schweden, Slowakei, Slowenien, Spanien, Tschechien, Ungarn, (zit. nach *Lagarde*, in *Bonomi/Schmid*, Successions, S. 11, 16).

650 Eine Durchbrechung dieses Grundsatzes ist in der Möglichkeit einer beschränkten Rechtswahl für in Deutschland befindliche Immobilien nach Art. 25 Abs. 2 EGBGB zu sehen; dies kann im Ergebnis auf eine Nachlassspaltung hinauslaufen. Auch die im Gesamtverweisungsprinzip enthaltene Anerkennung des *renvoi* (Art. 4 Abs. 1 EGBGB) ist in diesem Zusammenhang zu nennen, ebenso wie der in Art. 3a Abs. 2 EGBGB zum Ausdruck kommende Grundsatz des vorrangigen Einzelstatuts.

651 Auf dieser Linie liegen in Europa auch folgende Länder: Belgien, Bulgarien, Großbritannien, Irland, Luxemburg, Malta, Rumänien, Zypern. (zit. nach *Lagarde*, in *Bonomi/Schmid*, Successions, S. 11, 16).

652 Die Vorschrift gilt für Erbfälle ab dem 1.9.1986, soweit nicht gemäß Art. 3 Abs. 2 EGBGB Staatsverträge vorrangig zur Anwendung gelangen.

Die Frage, welche Sachverhalte unter den Anknüpfungsgegenstand *Rechtsnachfolge von Todes wegen* zu subsumieren sind, stellt ein klassisches Qualifikationsproblem dar. Dem Wortlaut lässt sich der konkrete Umfang der hierunter zu qualifizierenden Sachverhalte angesichts dessen diffuser Weite nur schwerlich entnehmen. Allerdings zeigt sich gerade im Hinblick hierauf eines der bestimmenden Prinzipien des deutschen internationalen Erbrechts: So ist Ziel der erbrechtlichen Anknüpfung, im Interesse des Erblassers möglichst auf den gesamten Nachlass dasselbe Recht zur Anwendung zu bringen.[653] Hierzu hat der Gesetzgeber das mit dem Erblasser am engsten verbundene Personalstatut gewählt, das gleichzeitig den im deutschen materiellen Recht verankerten Grundgedanken der Universalsukzession am meisten unterstützt. Dieser Grundsatz wird insbesondere auch im Rahmen der Frage, ob die Frage der Erbunwürdigkeit vom Erbstatut „mitbeantwortet" werden müsse, eine Rolle spielen.

2.1.3.1 Reichweite des Erbstatuts nach deutschem Recht

Die im Hinblick auf den Verweisungsumfang „ganzheitlich" konzipierte Vorschrift des Art. 25 Abs. 1 EGBGB trägt – worauf *Ferid* zu Recht hingewiesen hat – neben dem inneren Entscheidungseinklang auch der internationalen Entscheidungsharmonie Rechnung, indem das Erbstatut möglichst umfassend den Erbfall regeln soll.[654]

Das Erbstatut ist sonach aus der Sicht des deutschen Gerichts[655] maßgebend für alle durch den Erbfall verursachten Fragen, insbesondere auch für die Erbfähigkeit (Erb- und Erbeinsetzungsfähigkeit) als besondere erbrechtliche Eigenschaft zum Beispiel auch Nichtrechtsfähiger.[656] Die Rechtsfähigkeit als solche

---

[653] Ferid/Firsching/Dörner/Hausmann, Deutschland, Rz. 431 f.

[654] Ferid/Firsching/Dörner/Hausmann, Deutschland, Rz. 430 ff.; diese Erwägung hat letztlich auch Eingang gefunden in die Verordnung auf europäischer Ebene, Art. 23 Abs. 1(vgl. hierzu ausführlich sub I. 6.).

[655] Die grundsätzlich umstrittene Frage, nach welchem Recht die Qualifikation zu erfolgen hat, stellt sich allerdings gerade auch im Hinblick auf Art. 25 EGBGB. Die herrschende Auffassung qualifiziert nach der *lex fori* (vgl. nur BGH NJW 1959, 717; NJW 1993, 385; *Kropholler*, IPR § 16 I; *Raape/Sturm*, IPR, Bd. I § 15 II 1 f.). Nach Meinung etwa von *Martin Wolff*, Das internationale Privatrecht Deutschlands, S. 54 ff., soll die *lex causae* zur Anwendung kommen, bei einem erbrechtlichen Fall also das Erbstatut; *Rabel*, RabelsZ 31, 241 plädiert für autonome rechtsvergleichende Qualifikation; *Jayme,* Rechtsvergleichung, S. 106, spricht sich für eine funktionale Qualifikation aus, *„welche einerseits die Autonomie kollisionsrechtlicher Begriffe sichert, andererseits aber den Boden der lex fori nicht verlässt."* (vgl. *Jayme*, a. a. O.); vgl. hierzu auch *Schwind*, IPRax 1993, 196.

[656] Etwa der nasciturus oder eine noch nicht errichtete Stiftung.

ist allerdings gesondert anzuknüpfen, sie ist durch das Personalstatut zu beantworten.[657] Nach diesen Grundsätzen befindet – und dies ist heutzutage in der deutschen Doktrin allgemeine Auffassung[658] – das Erbstatut insbesondere auch darüber, welche Gründe zur Erbunwürdigkeit führen, ob eine Verzeihung möglich ist und ob die Erbunwürdigkeit *ipso iure* von der Erbfolge ausschließt[659] oder ob ein Ausschluss (wie im deutschen Recht) in einem bestimmten Verfahren geltend gemacht werden muss.[660] Begründet wird dies damit, dass die Erbunwürdigkeit keine allgemeine Eigenschaft eines potenziell zur Erbfolge berufenen Rechtssubjekts darstelle, sondern eine relative *„Erwerbsunfähigkeit"* in Bezug auf einen bestimmten Erblasser bezeichne.[661] Entsprechendes gilt im Übrigen auch für die Vermächtnisunwürdigkeit bzw. für die Pflichtteilsunwürdigkeit.[662]

2.1.3.2 Qualifikationsprobleme

Betrachtet man die Erbunwürdigkeit, so kommt – wie die Diskussion im 19. Jahrhundert gezeigt hat – neben der erbrechtlichen Qualifikation grundsätzlich auch eine sich am Personalstatut des Erben orientierende Qualifikation in Betracht. Auch wenn diese Auffassung in der deutschen Doktrin heutzutage nicht mehr vertreten wird, kann sich die Frage stellen, wie mit einer abweichenden Konzeption einer anderen Rechtsordnung umzugehen ist. Ein Beispiel möge die Problematik veranschaulichen: Richtet sich die Beurteilung der Frage der Erbunwürdigkeit aus deutscher Sicht (nach Art. 25 EGBGB) nach ausländischem Recht, qualifiziert dieses allerdings die Erbunwürdigkeit anders (infrage kommt insbesondere das Personalstatut des Erben, denkbar wäre möglicherweise auch

---

[657] Ausdrückliche Regelung in Art. 7 EGBGB; hingegen sollen erbrechtliche Erwerbsbeschränkungen juristischer Personen dem Erbstatut unterfallen, vgl. hierzu KG FamRZ 1996, 973, 974: Konkret ging es um die Einschränkung der Erbfähigkeit juristischer Personen nach dem ZGB der DDR (§ 399 Abs. 2 Satz 2 statuierte eine staatliche Genehmigungspflicht hinsichtlich des Erbschaftserwerbs durch Betriebe).

[658] Vgl. die Nachweise oben I. 1.

[659] Vgl. bereits oben sub I. 1. sowie – zum rechtsvergleichenden Überblick unten I. 4.

[660] Allgemeine Auffassung, vgl. Staudinger-*Dörner*, Art. 25 EGBGB, Rz. 120, mit Verweis auf OLG Düsseldorf NJW 1963, 2230; LG Berlin Rpfleger 1971, 149 m. Anm. Bonnet; MüKo-*Birk* Art. 25, Rz. 212; zur Frage, inwieweit das Erbstatut auch verfahrensrechtliche Vorschriften mitumfassen sollte oder nicht, vgl. unten 3. Teil, III.

[661] Staudinger-*Dörner*, Art. 25 EGBGB, Rz. 120. Allerdings scheint der Begriff *„Erwerbsunfähigkeit"* im Hinblick auf das nach deutschem Recht erforderliche Anfechtungsverfahren nicht ganz geglückt.

[662] Staudinger-*Dörner*, Art. 25 EGBGB, Rz. 120.

das Deliktsstatut), so stellt sich die Frage, ob dies vom deutschen Richter beachtet werden muss.

Angesprochen ist hier das möglicherweise auftauchende Problem einer Rückverweisung kraft abweichender Qualifikation. Dieses kollisionsrechtliche Phänomen ist die Konsequenz divergierender Systembegriffe in verschiedenen Rechtsordnungen. Der Begriff der „Rechtsnachfolge von Todes wegen“, wie er sich im deutschen Kollisionsrecht findet, ist relativ weit. Soweit eine fremde Rechtsordnung einem engeren Verständis folgt,[663] kann es zu einer partiellen Rückverweisung kommen. Auf den Fall der Erbunwürdigkeit bezogen kommen sonach unter Umständen zwei ausländische Anknüpfungsregeln[664] in Betracht: Soweit Deckungsgleichheit mit Art. 25 EGBGB besteht, wird erbrechtlich angeknüpft. Qualifiziert die fremde Rechtsordnung die Erbunwürdigkeit (anders als das deutsche Recht) eher personenrechtlich oder – was durchaus auch denkbar erschiene – deliktisch, so ist diese Rückverweisung zu akzeptieren.[665]

2.1.4 Blick in die Rechtsvergleichung

Auf europäischer Ebene stellt sich hinsichtlich der Qualifikationsfrage der Erbunwürdigkeitsregeln ein verhältnismäßig einheitliches Bild dar, sodass es zu den oben angesprochenen systemischen Reibungen aufgrund weitgehend übereinstimmender Konzeption der nationalen Rechtsordnungen nur vergleichsweise selten kommen wird:

In Frankreich bestimmt sich die Frage der Erbunwürdigkeit nach dem Erbstatut.[666] Der im 19. Jahrhundert geführte Diskurs hinsichtlich einer abweichenden Qualifikation ist heutzutage bedeutungslos. In Österreich verweist § 28 I IPRG für Fragen der Rechtsnachfolge von Todes wegen auf das Personalstatut des Erblassers im Zeitpunkt seines Todes. Der Verweis auf das Personalstatut in § 28 IPRG impliziert eine Bezugnahme auf § 9 IPRG, welcher den Begriff für natürliche Personen definiert. Nach § 9 I 1 IPRG kommt es dabei primär auf die

---

[663] Beispiele finden sich etwa bei Staudinger-*Dörner*, Art. 25 EGBGB, Rz. 664: Fremde Rechtsordnung qualifiziert Erbverträge zwischen Ehegatten güterrechtlich oder knüpft die Frage der Testierfähigkeit an die Geschäftsfähigkeit an.

[664] Hierzu auch mit Beispielen Staudinger-*Dörner*, Art. 25 EGBGB, Rz. 664.

[665] So auch *Jayme*, Versorgungsausgleich mit Auslandsberührung und Theorie des internationalen Privatrechts, S. 422: *„[...] ist für die Frage der Verweisung die Systematik der deutschen Rechtsordnung maßgebend, bei der Frage der Rückverweisung entscheidet dagegen das ausländische Recht.“*; instruktiv zum Problemkreis auch Staudinger-*Hausmann*, Art. 4 EGBGB, Rz. 63 ff.

[666] *Audit*, Droit international privé, S. 759.

Staatsangehörigkeit des Erblassers an.[667] Das nach § 28 I IPRG bestimmte Erbstatut umfasst nach allgemeiner Ansicht grundsätzlich sämtliche Fragen der Erbfolge, insbesondere also auch die Frage der absoluten und relativen Erbfähigkeit.[668] Dies ist allerdings nicht unumstritten: *Schwind* etwa will in diesem Punkt auf das Personalstatut des Erben abstellen.[669] Interessant ist in diesem Zusammenhang eine Entscheidung des LGZ Wien[670], wonach die Erbunwürdigkeit der Witwe wegen Abfalls vom islamischen Glauben als Frage der Rechtsfähigkeit (sic!) qualifiziert und daher dem Personalstatut der Witwe nach § 12 IPRG und nicht dem Erbstatut (§ 28 I IPRG) unterstellt wurde. Offen gelassen hat das LGZ Wien, ob die Sanktion der Erbunwürdigkeit der Witwe wegen Abfalls vom islamischen Glauben dem österreichischen *ordre public* widerspricht.[671]

Das italienische Recht folgt dem Staatsangehörigkeitsprinzip. Vom Erbstatut umfasst ist auch die Frage der Erbunwürdigkeit.[672] Polen knüpft an das Heimatrecht des Erblassers an (§ 34 IPRG). Gemäß dem Erbstatut werden die Erbvoraussetzungen beurteilt (Anfall der Erbschaft, Erbfähigkeit, Erbunwürdigkeit). In Luxemburg bestimmt das Erbstatut auch die Frage der Erbfähig- und Erbunwürdigkeit.[673] In der Schweiz umfasst der Anwendungsbereich des Erbstatuts die Berechtigung am Nachlass im weiteren Sinne. Nach der Botschaft (BBl 1983 I 390 f.) sind davon insbesondere auch die Figuren Erbunfähigkeit und -unwürdigkeit umfasst.[674] In Spanien scheint der Gedanke einer Kumulierung

---

[667] *Heiss* in Gruber/Kalss/Müller/Schauer, Erbrecht und Vermögensnachfolge, § 40, Rz. 11 ff.

[668] *Zemen*, ZfRV 1983, 67, 71, spricht sich für eine Beurteilung der Erbfähigkeit nach dem Erbstatut aus, weist aber auf die *„speziell von der jüngeren österreichischen Lehre"* vertretene Auffassung hin, dass die Erbfähigkeit vom Personalstatut des Erben bestimmt werde (vgl. *Zemen*, a. a. O., Fn. 19 m. w. N.).

[669] Handbuch des Österreichishen Internationalen Privatrechts, S. 261: *„Nicht dem Erbstatut unterliegt jedoch [...] die Erbfähigkeit und –unwürdigkeit, da es sich hier um eine persönliche Eigenschaft des Erben und nicht des Erblassers handelt, die daher dem Personalstatut des Erben unterliegt."*; hierzu auch *Jayme*, Erbunwürdigkeit und IPR, S. 24.

[670] 25.6.1992, 43 R 318/92, EF 69.612; die Entscheidung war im Wortlaut leider nicht zugänglich.

[671] Vgl. hierzu auch *Heiss* in Gruber/Kalss/Müller/Schauer, Erbrecht und Vermögensnachfolge, § 40, Rz. 24.

[672] So *Migliazza*, L'indegnità a succedere nel diritto internazionale privato italiano, S. 197 ff., 216, mit guter Begründung; auch *Süß/Haas*, Erbrecht in Europa, S. 550.

[673] *Süß/Haas*, Erbrecht in Europa, S. 620.

[674] Allerdings sieht Art. 18 schweiz. IPRG einen Vorbehalt vor, gewisse Bestimmungen des schweizerischen Recht, denen wegen ihres besonderen Zwecks zwingend Geltung verschafft werden muss, finden in jedem Fall Anwendung (*lois d'application immédiate*). Dazu gehören namentlich Normen, welche den wesentlichen Interessen der Gesell-

beider Rechte – also des Erbstatuts wie auch des Erbenstatuts – zumindest in der Literatur noch gegenwärtig zu sein.[675]

In Finnland gibt das Gesetz in PK 26:7 eine Aufstellung der Tatbestände, für die das auf die Erbschaft anzuwendende Recht maßgebend ist. Unter e) ist auch der Verlust des Erbrechts und die Enterbung genannt.[676]

2.1.5 Maßgeblichkeit des Erbstatuts

Hat ein Blick in die Geschichte des Kollisionsrechts gezeigt, dass die gegenwärtig in Deutschland allgemein anerkannte Auffassung keineswegs so selbstverständlich ist, wie von der Doktrin suggeriert, so sprechen insgesamt doch die besseren Gründe dafür, auch die Frage der Erbunwürdigkeit dem Erbstatut zu unterstellen. Die dargestellte Entwicklung zeigt allerdings in exemplarischer Weise eines der Grundprobleme des Internationalen Privatrechts auf. Wie das materielle Privatrecht dient auch das IPR der Gerechtigkeit zwischen den Einzelnen.[677] Bei Verschiedenheit der Rechte kann objektiv gar nicht das sachlich beste (sei es das eigene oder ein fremdes) angewandt werden. Anzuwenden ist vielmehr das räumlich beste, die internationalprivatrechtliche Gerechtigkeit ist daher der materiellprivatrechtlichen funktionell vorgelagert.[678] Schwierigkeiten treten naturgemäß dann auf, wenn – wie meist – der Sachverhalt Berührungspunkte zu den Gebieten verschiedener Staaten aufweist. Hier muss man sich bei der Auswahl des maßgebenden Rechts entscheiden zwischen den Interessen,[679] die an der Anwendung des einen oder anderen Rechts bestehen. Diese Interessen sind andere als die im materiellen Privatrecht bedeutsamen: Im materiellen Privatrecht geht es um den Inhalt des Rechts, im IPR um die Anwendung eines

---

schaftsordnung bzw. der politischen oder wirtschaftlichen Ordnung Rechnung tragen (so *Süß/Haas*, Erbrecht in Europa, S. 900; BGE 128 III 205).

675 vgl. *de la Muela*, Derecho internacional privado: *"Por otra parte, resulta más explicable que si el causante y heredero tienen una nacionalidad distinta, la ley del difunto posea una competencia acumulativa con la del presunto indigno para excluir de la sucesión o para admitir su rehabilitación, y otro tanto puede decirse de las causas de desheredación."*

676 *Süß/Haas*, Erbrecht in Europa, S. 355.

677 *Kegel/Schurig*, IPR, § 2 I.

678 *Kegel/Schurig*, IPR, § 2 I mit Verweis auf BGH NJW 1979, 1776, 1778: zum Wertungsprinzip internationalprivatrechtlicher Gerechtigkeit; OLG Stuttgart NJW 1971, 994, 997: gegen Anwendung des sachlich besten Rechts („better law"), insbes. kein Vorrang des kulturell höherstehenden Rechts.

679 Hierzu insbesondere *Kegel/Schurig*, IPR, § 2 I, mit Verweis auf die seit *Jhering* und *Heck* geläufige Interessenjurisprudenz.

Rechts. Zwar sind die Interessen an der Anwendung eines Rechts nicht gänzlich isoliert von dessen Inhalt zu betrachten, das Internationale Privatrecht operiert allerdings nicht einzelfallbezogen mit der (konkreten) Lösung materieller Interessenkonflikte, sondern nur mit bestimmten inhaltlichen Kategorien.[680] Ein solches auf die bloße Anwendung einer Rechtsordnung ohne Rücksicht auf das materielle Ergebnis[681] gerichtetes Interesse besteht: Das eigene Recht wird gelebt, ihm vertraut man, auch ohne das konkrete Ergebnis zu kennen; ihm will man *„im Guten und Bösen"*[682] folgen. Vorliegend stellt sich nun die Frage, welche Wertungen im Rahmen der kollisionsrechtlichen Behandlung des Erbunwürdigkeitsrechts entscheidend sind und welchen man den Vorrang einräumen möchte. Hieraus ergeben sich letztlich die Konsequenzen für die Qualifizierung der Erbunwürdigkeit.

Es wurde bereits an anderer Stelle auf den entwicklungsgeschichtlich interessanten Befund hingewiesen, den die (frühere) Diskussion um die sachgerechte Qualifikation der Erbunwürdigkeit letztlich aufzeigt: Das Erbunwürdigkeitsrecht „verführt" – in weitaus stärkerem Maße als dies bei anderen Rechtsgebieten der Fall sein mag – dazu, sachrechtliche Gesichtspunkte bereits auf der (ersten) Ebene des Kollisionsrechts einfließen zu lassen. Auf die Techniken des IPR, materiellrechtliche Tendenzen zu fördern,[683] ist schon hingewiesen worden.[684] Letztlich sprechen jedoch die besseren Gründe – dies sei vorweggenommen – gegen eine Sonderanknüpfung der Erbunwürdigkeit. Im Folgenden soll auf die entscheidenden Aspekte eingegangen werden.

---

680 Vgl. insoweit *Kegel/Schurig*, IPR, § 2 I.

681 Dies gilt zumindet im Grundsatz für das klassische Internationale Privatrecht. Dass auch materiellrechtliche Interessen auf das System des Kollisionsrechts ausstrahlen, ist nicht zu leugnen, mag hier aber nicht vertieft werden.

682 *Kegel/Schurig*, IPR, § 2 I; zur kulturellen Identität im IPR vgl. *Jayme*, Kulturelle Identität und internationales Privatrecht, passim.

683 *Kegel/Schurig*, IPR § 2 I: *Das IPR kann materiellrechtliche Tendenzen begünstigen, indem es auf zwei oder mehr Rechtsordnungen verweist mit der Maßgabe, dass in einer bestimmten Beziehung das „schwächere" (kumulative Anknüpfung) bzw. das „stärkere" (alternative Anknüpfung) Recht sich durchsetzt. Zwar ist dies noch keine sachrechtlich abschließende Entscheidung; je mehr Rechtsordnungen für eine Rechtsfrage aber berufen werden, desto höher ist die Wahrscheinlichkeit, dass die „passende" dabei ist.* Zudem setzen sich beim *ordre public*-Vorbehalt Wertvorstellungen des eigenen materiellen Rechts durch.

684 Gemeint sind die sog. sachrechtlich geprägten Kollisionsnormen; hierzu zählen namentlich die alternative, kumulative oder gestufte Anknüpfung.

2.1.5.1 Gesamtstatut als Wertungsprinzip

Der Grundsatz der Nachlasseinheit ist ein tragendes Prinzip des deutschen Erbkollisionsrechts.[685] Dieses Wertungsprinzip ist zugleich sinnfälliger *„Ausdruck der Personalität"* im Erbrecht.[686] Das Verständnis des Erbstatuts als Gesamtstatut wirkt sonach einer *„Zersplitterung"* des Privatrechts durch das Internationale Privatrecht[687] entgegen. Möglichst viele Sachfragen werden einem einheitlichen Statut unterstellt.[688] Auch das Parteiinteresse des Erblassers sowie das Ordnungsinteresse am inneren Entscheidungseinklang werden als Begründung für die einheitliche Anknüpfung angeführt: Wie bei Verfügungen von Todes wegen der Wille, so überdauert hier das Interesse des Erblassers sein Erdendasein. Die Anknüpfung an ein einziges Recht verbürgt internationalprivatrechtliche Nachlasseinheit, da der gesamte Nachlass demselben Recht unterliegt.[689] *Jayme* spricht insoweit[690] von der *„funktionalen Einheit des Erbrechts"*[691], die gefährdet würde, wollte man einzelne Fragen herauslösen. Dem ist grundsätzlich zuzustimmen. Allerdings ist auch dieses Ordnungsinteresse kein unumstößliches. Dies zeigt bereits die nicht nur von unserem Kollisionsrecht zugelassene Sonderanknüpfung von Teilfragen.[692] Hierbei geht es um die Frage, inwieweit ein-

---

[685] *Stumpf*, EuZW 2006, 587, 588; die Entscheidung des deutschen Rechts für die Nachlasseinheit hat ihre Wurzeln – worauf *Jayme*, ZfRVgl 1983, 162, 164, hinweist – auch im Gedankengut der Aufklärung. Die gesetzliche Erbfolge erscheint als die dem mutmaßlichen Willen des Erblassers entsprechende (*Jayme*, a. a. O. zitiert in diesem Zusammenhang *Mittermaier*, vgl. hierzu näher oben Fn. 478).

[686] *Reichelt*, Gesamtstatut und Einzelstatut im IPR, S. 97.

[687] *Schwind*, RabelsZ 23 (1958), 449 ff.

[688] So *Jayme*, Zur Reichweite des Erbstatuts, S. 27, 28 mit Blick auf die österreichische Rechtsordnung, welche auf Grundvermögen die *lex rei sitae* anwendet und unter Hinweis auf *Johann Evangelist Freiherr Vesque von Püttlingen*, welcher die Problematik anhand eines Beispiels mit Bezug zum Erbunwürdigkeitsrecht veranschaulicht (Handbuch des in Österreich geltenden Internationalen Privatrechts, Wien 1860, S. 178): *„So z.B. wenn ein Franzose in Österreich liegendes Vermögen hinterlässt, und einen Erben hätte, der zum Islam übertrat, wo dann der österreichische Richter den Apostaten bezüglich des in Österreich liegenden Vermögens als erbsunfähig erklären müsste, während derselbe, da in Frankreich die Apostasie keine Erbsunfähigkeit begründet, den dortlands befindlichen Nachlass in Besitz nehmen könnte [...]".*

[689] So *Kegel/Schurig*, IPR, § 21 I.

[690] Zwar hat *Jayme* die Probleme einer Nachlassspaltung hinsichtlich der Differenzierung von beweglichen und unbeweglichen Sachen im Blick, allerdings greift die Argumentation auch im vorliegenden Falle.

[691] *Jayme*, Zur Reichweite des Erbstatuts, S. 27, 29.

[692] Im internationalen Schrifttum ist auch der Ausdruck *dépeçage* anzutreffen; vgl. hierzu *Jayme*, Betrachtungen zur *„dépeçage"* im IPR, FS Kegel, 253.

zelne Komplexe innerhalb eines umfassenderen Rechtsgebiets herausgelöst oder abgespalten werden können und einer gesonderten Beurteilung zuzuführen sind.

Im internationalen Erbrecht findet sich im Art. 26 EGBGB eine ausdrückliche Regelung hinsichtlich der Formgültigkeit letztwilliger Verfügungen. Das grundsätzliche Problem der Aufspaltung eines größeren Rechtskomplexes in einzelne Bestandteile liegt bekanntlich darin, dass die Herauslösung häufig die Gefahr ungereimter Ergebnisse birgt.[693] Die Anwendung von „Fragmenten" verschiedener Rechtsordnungen lässt oft den inneren Sinnzusammenhang verloren gehen;[694] anzustreben ist eine „harmonisierende Verbindung"[695]. Allerdings gibt es gerade kein allgemeines Verbot der Sonderanknüpfung von Teilfragen. *Kropholler* hat zu Recht darauf hingewiesen, dass allein der Hinweis, dass mit der Zahl der Einzelanknüpfungen das Risiko der Entscheidungsdisharmonie zunehme, nicht durchschlagend sei; das Ideal des Entscheidungseinklangs darf eben auch nicht zur Simplifizierung führen.[696] Allerdings darf dies nicht darüber hinwegtäuschen, dass die Zulassung einer Sonderanknüpfung von Teilfragen als Ausnahme vom Regelfall einer besonderen Rechtfertigung bedarf. Beispielsweise werden die anerkannten Sonderanknüpfungen der Geschäftsfähigkeit (Art. 7 EGBGB) und Formgültigkeit (Art. 11 EGBGB bzw. Art. 26 EGBGB als *lex specialis*) mit dem Schutzgedanken bzw. dem *favor negotii* begründet.[697]

Vor diesem Hintergrund stellte sich eine Sonderanknüpfung der Erbunwürdigkeit als Teilfrage nach dem Personalstatut des Erben als problematisch dar. Natürlich mag das Ergebnis, dass der nach seinem ihm nahestehenden Heimatrecht Würdige, aber nach dem Erbstatut Unwürdige nicht Erbe wird, aus seiner Sicht befremdlich erscheinen.[698] Unabhängig von der Frage, ob man überhaupt generell ein schutzwürdiges Interesse seitens des potenziell Erbunwürdigen zugestehen möchte, wäre jedenfalls ein gegenläufiges aber nicht minder relevantes Interesse seitens des Erblassers auf Beurteilung der Erbunwürdigkeit nach dem ihm näher stehenden Recht in die Abwägung gleichberechtigt miteinzubeziehen. Vor diesem Hintergrund müsste ein Interesse des Erben auf Beurteilung durch

---

693 Zur Problematik insgesamt auch *Kropholler*, IPR, § 18 I.

694 *Kropholler*, IPR, § 18 I 1.

695 Vgl. zu diesem internationalprivatrechtlichen Wertungsprinzip auch *Jayme*, Liber Amicorum Schurig, 2012, S. 73, 77 (dort zur harmonisierenden Verbindung des Scheidungsstatuts mit dem Scheidungsfolgenstatut).

696 *Kropholler*, IPR, § 18 I 2.

697 *Kropholler*, IPR, § 18 I 2.

698 *Jayme*, Erbunwürdigkeit und IPR, S. 34, spricht in diesem Zusammenhang sogar von der *„Opferung eines Gerechtigkeitsgedankens"*, wenngleich er im Ergebnis auch die Anwendbarkeit des Erbstatuts befürwortet.

seine *lex patriae* jedenfalls zurücktreten. Im Ergebnis erscheint eine Sonderanknüpfung (angesichts des erhöhten Rechtfertigungsbedarfs, wenn von dem Grundsatz der einheitlichen Beurteilung durch das Erbstatut abgewichen werden soll) sonach nicht gerechtfertigt. Überwiegende Interessen des Erben, die eine abweichende Beurteilung erforderlich erscheinen ließen, sind im Hinblick auf zumindest gleichberechtigte (gegenläufige) Interessen des Erblassers nicht durchschlagend.

Die wenigen Fälle, in denen die strikte Anwendung des Erbstatuts zu nicht mehr haltbaren Ergebnissen führen würde,[699] können über den *ordre public*-Vorbehalt einer Lösung zugeführt werden.

2.1.5.2 Internationaler Entscheidungseinklang

Auch die internationale Entscheidungsharmonie als formales Ideal des Internationalen Privatrechts[700] spricht gegen eine Sonderanknüpfung der Erbunwürdigkeit. So gebietet dieser Grundsatz eine gewisse Berücksichtigung kollisionsrechtlicher Anknüpfungsregeln anderer Rechtsordnungen. Dies insofern, als nicht – ohne zwingenden Grund – neuartige Anknüpfungsregeln geschaffen werden sollten, denen auf internationaler Ebene keine breite Akzeptanz beschieden sein wird.[701] In vorliegendem Zusammenhang ist insoweit die rechtsvergleichend gewonnene Erkenntnis aufschlussreich, dass nur vereinzelt eine Sonderanknüpfung der Erbunwürdigkeit befürwortet wird bzw. wurde, überwiegend hingegen das Erbstatut die Frage mitentscheiden soll. Auch vor diesem Hintergrund sollte daher ein Sonderweg vermieden werden. Dies gilt umso mehr, als

---

[699] Man stelle sich den Fall vor, dass Erbunwürdigkeitsgründe einer nach Art. 25 EGBGB anwendbaren ausländischen Rechtsordnung gegen den Gleichbehandlungsgrundsatz oder andere verfassungsrechtlich geschützte Rechtsgüter (Religions- oder Meinungsfreiheit) verstoßen. Hier wird man den potenziell Unwürdigen berechtigterweise schützen müssen.

[700] Vgl. *Kropholler*, IPR, § 6 III 1.

[701] So *Kropholler*, IPR, § 6 II mit Verweis auf den in diesem Sinne vom *Institut de Droit international* im Jahre 1952 aufgestellten Grundsatz (Resolution von Seine unter Nr. 2, Ann. Ins. Dr. int. 44II (1952) 423; deutsche Übersetzung in RabelsZ 17 (1952), 519: *„Die Vorschriften des Internationalen Privatrechts sollen im allgemeinen Kriterien verwenden, die einer Internationalisierung fähig sind, nämlich der Aufnahme in internationale Konventionen, um nichtübereinstimmende Lösungen eines konkreten Falles in verschiedenen Ländern zu vermeiden."* Allerdings bedeutet dies – so *Kropholler* (a. a. O.) – nicht, dass allein die Häufigkeit der Lösungsmöglichkeiten aller in Betracht kommenden Länder maßgebend sei. Dies berge die Gefahr einer „Erstarrung des Kollisionsrechts".

sich bei einer Anknüpfung an das Personalstatut des Erben Manipulationsmöglichkeiten eröffnen können.

2.1.5.3 Rechtsinstitut der Verzeihung

Ein weiteres Argument dafür, die Frage der Erbunwürdigkeit nach dem Recht des Erblassers zu beurteilen, scheint das in vielen Rechtsordnungen niedergelegte (auch im Vordringen befindliche[702]) Rechtsinstitut der „Verzeihung" zu sein. Unterstellte man die Erbunwürdigkeit dem Recht des Erben, so käme man nicht umhin, die Frage, ob seitens des Erblassers verziehen wurde, nach dessen Recht zu beurteilen. Kennt beispielsweise die vom Personalstatut des Erben berufene Rechtsordnung das Rechtsinstitut der Verzeihung nicht, so müsste die Wertung der *lex patriae* des Erblassers – so diese der Verzeihung Wirkungen beimisst – durch eine erneute Sonderanknüpfung (*dépeçage*) Berücksichtigung finden. Hier wären – was das Prozedere nicht gerade vereinfacht – zudem etwaige Formvorschriften zu beachten. Dieses Ergebnis würde aber in augenfälliger Weise zu einer systemwidrigen und praxisuntauglichen Aufspaltung eines einheitlichen Rechtsinstituts führen.

2.1.5.4 Differenzierende Lösung

Denkbar schiene vor dem Hintergrund der unterschiedlichen Konzeption der Erbunwürdigkeitsvorschriften im Sachnormbereich auch die Möglichkeit einer Differenzierung: Je näher eine Rechtsordnung die Erbunwürdigkeit in die Nähe der Erbunfähigkeit rückt, umso eher käme eine Sonderanknüpfung in Betracht. Interessanterweise wird dieser Ansatz aber gerade in den entsprechenden Ländern meist nicht verfolgt. In Österreich beispielsweise vertritt nur *Schwind*[703] die Auffassung, das Personalstatut des Erben sei heranzuziehen.[704] In der Schweiz wird diese Frage – soweit ersichtlich – nicht diskutiert, man lässt – wie in Deutschland – das Erbstatut entscheiden, allerdings behält man sich eine Korrektur über die *ordre-public*-Klausel vor. In Frankreich wird dieser Ansatz heutzutage überhaupt nicht (mehr) vertreten. Dies verwundert in zweierlei Hinsicht: Zum einen war es in weiten Teilen die französische Doktrin des 19. Jahrhunderts, die dieses Problem erkannte und diskutierte. Zum anderen folgte Frankreich bislang[705] nicht dem Prinzip der Nachlasseinheit, sondern der Nachlassspaltung, das Argument, den Erbfall insgesamt nur einer Rechtsordnung zu unterstellen, ist in Frankreich daher schon im Grundsatz schwächer ausgeprägt.

---

[702] Vgl. etwa die Entwicklung in Frankreich.

[703] *Schwind*, Handbuch des Österreichischen Internationalen Privatrechts, S. 261.

[704] Vgl. aber insoweit oben Fn. 670.

[705] Im Zeitraum vor Inkrafttreten der EuErbVO.

Der Befund, dass gerade auch die Rechtsordnungen, welche von einer relativen Erbunfähigkeit ausgehen, in kollisionsrechtlicher Hinsicht dem Erbstatut eine Vorrangstellung einräumen, lässt eine differenzierende Lösung als nicht notwendig erscheinen. Bei allen Unterschieden im Sachnormbereich besteht im internationalprivatrechtlichen Bereich weitgehend Konsistenz.

2.1.5.5 Europäische Erbrechtsverordnung

Auch der Blick auf die Entwicklungen auf europäischer Ebene streitet dafür, der Sonderanknüpfung eine Absage zu erteilen. Im Hinblick auf eine Harmonisierung des europäischen Internationalen Erb- und Erbverfahrensrechts hat die EG-Kommission einen Entwurf für eine EU-Erbrechtsverordnung (EuErbVO) vorgelegt, im Juni 2012 hat der Rat der Justiz- und Innenminister der EU-Mitgliedstaaten die Europäische Erbrechts-Verordnung[706] verabschiedet.[707] In Kraft getreten ist diese im August 2012, ab dem 17. August 2015 kommt sie zur Anwendung. Damit wird künftig das Erbstatut über die Frage etwaiger Erbunwürdigkeit entscheiden.[708] Der Grundgedanke, auf den Erbfall in weitestmöglichem Umfang nur eine Rechtsordnung Anwendung finden zu lassen, wird hier konsequent durchgesetzt. Die Frage nach einer möglichen Sonderanknüpfung ist durch die gesetzgeberische Wertung dann in eindeutiger Weise zu verneinen.

An dieser Stelle bietet es sich an, die genannte Verordnung einer näheren Betrachtung zu unterziehen. Dies soll im Folgenden geschehen.

2.1.6 Entwicklung auf Europäischer Ebene – Die Erbrechtsverordnung

Für die vorliegende Untersuchung interessant ist der Umfang des auf Grundlage der EuErbVO zu ermittelnden Erbstatuts. Die Rechtsnachfolge von Todes wegen unterliegt der nach Art. 20 bis 22 EuErbVO berufenen Rechtsordnung. Nach Art. 23 Abs. 2 d) EuErbVO wird die Erbunwürdigkeit (neben der Enterbung) explizit vom Verweisungsumfang umfasst. Die Erbunwürdigkeit ist also ausdrücklich dem Erbstatut unterstellt. Angesichts der im Hinblick auf die Qualifikationsfrage überwiegend übereinstimmenden Positionen der Mitgliedstaaten ist dies freilich wenig überraschend. Im Folgenden soll in einem ersten Teil eine Darstellung der wesentlichen Eckpunkte der Regelung (im Überblick) erfolgen.

---

[706] Verordnung (EU), Nr. 650/2012.

[707] Pressemitteilungen zur Ratstagung und zur Annahme der Erbrechtsverordnung unter folgendem Link abrufbar: http://gesetzgebung.beck.de/news/erbrechtsverordnung.

[708] Vgl. Art. 23 Abs. 2 d) EuErbVO.

Der zweite Teil widmet sich einzelnen problematischen Punkten, welche in grenzüberschreitenden Erbunwürdigkeitsfällen von Relevanz sein können.

2.1.6.1 Vorgeschichte

Der politische Wille, erste Voraussetzungen eines gemeinschaftsweiten Erbrechtsraums zu schaffen, geht bereits auf den Wiener Aktionsplan von 1998[709] zurück. Hier wurde der Erlass einer EU-Regelung zum Erbrecht unter den prioritären Vorhaben genannt.[710] Das Maßnahmenprogramm zur Umsetzung des Grundsatzes der gegenseitigen Anerkennung gerichtlicher Entscheidungen in Zivil- und Handelssachen, das Rat und Kommission Ende 2000 angenommen haben,[711] griff die Ausarbeitung eines erbrechtlichen Rechtsinstruments auf. Aufbauend auf dem sog. *Haager Programm*[712] von 2004 legte die Kommission am 10. Mai 2005 einen Aktionsplan[713] vor, in dem die Haager Zielvorgaben in konkrete Maßnahmen umgesetzt wurden. In diesem Zusammenhang wurde die Kommission aufgefordert, ein Grünbuch zum Erb- und Testamentsrecht im Hinblick auf das anwendbare Recht, zu Fragen der Zuständigkeit und Anerkennung sowie Maßnahmen administrativer Art (Ausstellung von Erbscheinen, Registrierung von Testamenten) vorzulegen. Nach vorbereitenden Studien, unter anderem des Deutschen Notarinstituts,[714] ist die Kommission dem nachgekommen und hat am 1. März 2005 das Grünbuch zum Erb- und Testamentsrecht vorgelegt.[715] Seit dem 14. Oktober 2009 liegt nun der Vorschlag der EG-Kommission für eine europäische Verordnung zum Internationalen Erb- und Erbverfahrensrecht (EuErbVO) vor.[716] Am 23. Februar 2011 legte der Berichterstatter für den Rechts-

---

[709] ABl EG Nr. C 19 v. 23.1.1999, S. 1.

[710] *Stumpf*, EuZW 2006, 587.

[711] ABl EG Nr. 12 v. 15.1.2001, S. 1.

[712] Dieses beschäftigte sich schwerpunktmäßig mit der gegenseitigen Anerkennung straf- und zivilgerichtlicher Entscheidungen. Grundlage für alle weiteren Maßnahmen im Bereich der justiziellen Zusammenarbeit in Straf- und Zivilsachen ist danach die *„Festigung des gegenseitigen Vertrauens"* sowie die fortschreitende Entwicklung einer europäischen Rechtskultur, die auf der Vielfalt der Rechtssysteme der Mitgliedstaaten und der Einheitlichkeit durch europäische Recht beruht (ABl EG 2005 Nr. C 53, S. 1, 11; dazu *Wagner*, IPRax 2005, 66; *Stumpf*, EuZW 2006, 587).

[713] KOM (2005), 184.

[714] Die deutsche Fassung ist im Internet abrufbar unter http://www.dnoti.de/eu_studie/031_Schlussbericht_deutsch.pdf; vgl. hierzu *Dörner/Hertel/Lagarde/Riering*, IPRax 2005, 1.

[715] SEK (2005) 270, KOM (2005), 65 endg.

[716] Vorschlag des Europäischen Parlaments und des Rates über die Zuständigkeit, das anzuwendende Recht, die Anerkennung und die Vollstreckung von Entscheidungen und öffentlichen Urkunden in Erbsachen sowie zur Einführung eines Europäischen Nachlass-

ausschuss des Europäischen Parlaments, *Kurt Lechner*, einen Berichtsentwurf zu der von der Kommission vorgeschlagenen Erbrechtsverordnung vor, welcher im März 2012 vom Rechtsausschuss des Europäischen Parlaments angenommen wurde. Nach Aussprache im Europäischen Parlament wurde der Vorschlag der Kommission in geänderter Fassung angenommen. Am 7./.8. Juni 2012 verabschiedete der Rat der Justiz- und Innenminister der EU-Mitgliedstaaten die Europäische Erbrechtsverordnung.[717] Die Verordnung wurde am 27. Juli 2012 im EU-Amtsblatt veröffentlicht, sie trat Mitte August 2012 in Kraft und findet ab dem 17. Augst 2015 Anwendung.

2.1.6.2 Eckpunkte der Verordnung

Die Verordnung basiert im kollisionsrechtlichen Teil auf zwei Grundprinzipien: Gewöhnlicher Aufenthalt des Erblassers als Regelanknüpfung und Nachlasseinheit.[718] Durch die entsprechende Ausgestaltung der Zuständigkeitsregeln im verfahrensrechtlichen Teil kommt es zu einem *„Gleichlauf von forum und ius"*[719]. Im Einzelnen sind folgende Eckpunkte der EuErbVO hervorzuheben:[720]

2.1.6.2.1 Grundsatz der Nachlasseinheit

Die Erbfolge in das gesamte Vermögen wird ohne Rücksicht auf die Art der Nachlassgüter (Mobilien oder Immobilien) und den Ort ihrer Belegenheit ein und derselben Rechtsordnung unterstellt. Eine parallele Anwendung verschiedener Rechte (Nachlassspaltung), die eine Nachlassplanung zu Lebzeiten des Erblassers beträchtlich erschwert und zu komplizierten Folgeproblemen führen kann,[721] wird dadurch vermieden.[722]

---

zeugnisses vom 14.10.2009, KOM (2009) 154 endg. Im Internet abrufbar unter http://eur-lex.europa.eu/LexUriServ/LexUriServ.do?uri=COM:2009:0154:FIN:DE:PDF.

[717] Text abrufbar unter: http://www.bmj.de/SharedDocs/Downloads/DE/pdfs/Erbrechts_Verordnung.pdf?__blob=publicationFile; vgl. hierzu auch den Überblick bei *Janzen*, DNotZ 2012, 484 ff.

[718] So *Geimer*, Europäische Erbrechtsverordnung, S. 7.

[719] *Geimer*, Europäische Erbrechtsverordnung, S. 7.

[720] Vgl. hierzu *Dörner*, ZEV 2010, 221.

[721] Vgl. hierzu Staudinger-*Dörner*, Art. 25 ff. EGBGB, Rz. 760 ff.

[722] Vgl. Erwägungsgrund Nr. (37) EuErbVO; auch *Dörner*, ZEV 2010, 221, weist darauf hin, dass eine andere Lösung mit der Zielsetzung des Entwurfs nicht zu vereinbaren wäre.

2.1.6.2.2 Anknüpfung an den Ort des letzten gewöhnlichen Aufenthalts

Diese in Art. 21 EuErbVO zum Ausdruck kommende Grundentscheidung trägt der wachsenden Mobilität der EU-Bürger Rechnung, von denen immer mehr ihren dauerhaften Lebensmittelpunkt in einem anderen als ihrem Heimatstaat begründen. Im Aufenthaltsstaat werden in der Regel wesentliche Teile des Nachlassvermögens belegen sein. Dort leben vermutlich auch Erben und Nachlassgläubiger, auch wird die Nachlassabwicklung oft an diesem Ort stattfinden. Zudem fügt sich diese Anknüpfung stimmig in das Konzept der übrigen europäischen IPR-Verordnungen[723] ein, die bei personenbezogenen Anknüpfungen ebenfalls das Aufenthalts- und nicht das Staatsangehörigkeitsprinzip zugrunde legen. In einem zusammenwachsenden Europa wird die Bedeutung der Staatsangehörigkeit – jedenfalls beim mobilen Teil seiner Bürger – immer mehr abnehmen. Der von vielen Mitgliedstaaten zu vollziehende Wechsel von der Staatsangehörigkeits- zur Aufenthaltsanknüpfung wird durch eine Rechtswahlmöglichkeit abgefedert.[724]

Zudem enthält Art. 21 EuErbVO im zweiten Absatz eine Ausweichklausel, wonach bei offensichtlich engerer Verbindung des Erblassers zu einem anderen Staat dessen Recht anzuwenden ist.[725]

2.1.6.2.3 Universelle Geltung

Nach Art. 20 EuErbVO sollen die Kollisionsnormen der Verordnung universell auch im Verhältnis zu Drittstaaten gelten.[726]

2.1.6.2.4 Beschränkte Rechtswahl

Es besteht für den späteren Erblasser die Möglichkeit, die Rechtsnachfolge von Todes wegen seinem Heimatrecht zu unterstellen (Art. 22 EuErbVO). Die Verordnung will damit dem Interesse von Personen Rechnung tragen, die sich ihrem Heimatrecht enger als dem Aufenthaltsrecht verbunden fühlen, sich in ihrem Heimatrecht möglicherweise auch besser auskennen, insbesondere die Pflichtteilsregelungen ihres Heimatrechts erhalten wissen möchten,[727] deren Vermögen

---

[723] Rom-I, Rom-II, UnterhaltsVO.

[724] *Dörner*, ZEV 2010, 221, 222.

[725] Im Wortlaut: *„Ergibt sich ausnahmsweise aus der Gesamtheit der Umstände, dass der Erblasser im Zeitpunkt seines Todes eine offensichtlich engere Verbindung zu einem anderen als dem Staat hatte,, dessen Recht nach Absatz 1 anzuwenden wäre, so ist auf die Rechtsnachfolge von Todes wegen das Recht dieses anderen Staates anzuwenden.“*

[726] Bedenken im Hinblick auf Kompetenzfragen äußert *Kindler*, IPRax 2010, 44, 48.

[727] Vgl. hierzu im Detail Erwägungsgründe Nr. (38) ff. EuErbVO.

überwiegend im Heimatstaat belegen ist und die vielleicht nur vorübergehend im Ausland leben oder die planen, im Alter wieder in ihren Heimatstaat zurückzukehren.

2.1.6.2.5 Rück- und Weiterverweisung

Anders als noch im Verordnungsentwurf angedacht geht die verabschiedete Fassung nicht mehr von Sachnormverweisungen aus,[728] sondern differenziert: Rück- oder Weiterverweisungen werden unter bestimmten Voraussetzungen berücksichtigt, nämlich dann, wenn das Recht eines Drittstaats anwendbar ist und dieses entweder auf das Recht eines Mitgliedstaats zurückverweist oder auf das Recht eines anderen Drittstaats verweist, der sein eigenes Recht anwenden würde (Art. 34 Abs. 1 EuErbVO). Hierdurch soll der internationale Entscheidungseinklang gewährleistet werden.[729] Verweisungen aufgrund der – bis zuletzt umstrittenen – Ausweichklausel (Art. 21 Abs. 2 EuErbVO), hinsichtlich der Formgültigkeit (Art. 27 EuErbVO und Art. 28 b) EuErbVO) sowie bei bestimmten Sondererbrechten (Art. 30 EuErbVO) sind als Sachnormverweisungen konzipiert.[730] Gleiches gilt im Falle einer Rechtswahl (Art. 22 EuErbVO). Natürlich wird sich nach dem Übergang zur Aufenthaltsanknüpfung die Renvoi-Problematik wesentlich seltener stellen als nach geltendem Recht und im Wesentlichen auf Fälle beschränken, in denen der Erblasser seinen letzten gewöhnlichen Aufenthalt in einem Drittstaat hatte, aber Vermögen in einem Mitgliedstaat hinterlässt.

2.1.6.2.6 Gleichlauf von internationaler Zuständigkeit und anwendbarem Recht

Eine internationale Regelzuständigkeit in Nachlassangelegenheiten besteht in einem Mitgliedstaat, in welchem der Verstorbene seinen letzten gewöhnlichen Aufenthaltsort gehabt hat (Art. 4 EuErbVO). Die zuständige Stelle wendet dann (vorbehaltlich einer Rechtswahl[731]) ihr eigenes Recht an. Dieser (weitgehende) Gleichlauf von Zuständigkeit und anwendbarem Recht begünstigt eine schnelle, kompetente und kostengünstige Nachlassabwicklung wie auch Entscheidung

---

[728] So noch Art. 26 EuErbVO-Entwurf v. 14.10.2009, welcher parallel zu den anderen EU-Verordnungen zum IPR (Rom I und Rom II) ausgestaltet war; vgl. hierzu auch *Simon/Buschbaum*, NJW 2012, 2393, 2396.

[729] Erwägungsgrund (57) EuErbVO.

[730] Art. 34 Abs. 2 EuErbVO.

[731] Wenn der Erblasser eine Rechtswahl nach Art. 22 zugunsten des Rechts eines Mitgliedstaats getroffen hat, so kann das Verfahren im Staat des gewählten Rechts geführt werden (Einzelheiten in den Art. 5–9 EuErbVO geregelt). Eine subsidiäre Zuständigkeit bei gewöhnlichem Aufenthalt des Erblassers in einem Drittstaat sieht Art. 10 EuErbVO vor.

von Erbstreitigkeiten. Die europäischen Behörden und Gerichte werden entlastet.[732]

2.1.6.2.7 *Europäisches Nachlasszeugnis*

Der innovativste Teil der Verordnung[733] ist das Projekt eines „*Europäischen Nachlasszeugnisses*“, mit dem, insbesondere bei Vorhandensein von Auslandsvermögen, ein Erbberechtigter oder Testamentsvollstrecker seine Rechtsstellung EU-weit soll nachweisen können. Das Konzept eines solchen europäischen Erbscheins wurde von der vom DNotI koordinierten Würzburger Forschergruppe entwickelt. Eine Realisierung würde die internationale Nachlassabwicklung in Europa wesentlich vereinfachen, ist allerdings auch mit einigen Schwierigkeiten verbunden.[734]

2.1.6.3 Die Erbunwürdigkeit im Gefüge der Erbrechtsverordnung

Im Folgenden seien einige Punkte der EuErbVO herausgegriffen, die im Hinblick auf Sachverhalte mit Bezug zur Erbunwürdigkeit relevant werden können.

2.1.6.3.1 *Nachlasseinheit*

Zunächst sei hier das Prinzip der Nachlasseinheit aufgeführt, dem sich die Verordnung in besonderem Maße verpflichtet sieht. Dieser Grundsatz wird sogar noch konsequenter durchgeführt als im deutschen Recht, da auch eine Teilrechtswahl nicht für zulässig erklärt wird. Bei aller Kritik hieran[735] vermag diese stringente Konzeption im Hinblick auf das Erbunwürdigkeitsrecht überzeugen. Widersprüchliche Ergebnisse, die durch eine Teilrechtswahl (im Zusammenspiel mit der Maßgeblichkeit des Erbstatuts für die Erbunwürdigkeit) hervorgerufen werden können, werden auf diese Weise vermieden.

---

[732] *Dörner*, ZEV 2010, 221, 222.

[733] So *Dörner*, ZEV 2010, 221, 222.

[734] *Dörner*, ZEV 2010, 221, 223, weist darauf hin, dass auch in Brüssel Zweifel darüber bestehen, ob überhaupt eine Zuständigkeit der Union zur Schaffung eines solchen Nachlasszeugnisses besteht (Art. 81 AEUV); vgl. zu dieser Frage auch *Mansel*, FS Ansay'a, 185, 192 ff.

[735] Vgl. etwa *Dutta*, Rechtswahlfreiheit, S. 74, der sich für eine Teilrechtswahl im Hinblick auf den unbeweglichen Nachlass (*lex rei sitae*) ausspricht: „*Eine solche Nachlassspaltung widerspricht zwar auf den ersten Blick dem Grundsatz der Nachlasseinheit, dem der Kommissionsvorschlag in seinem Art. 16 grundsätzlich folgt. Die Nachlasseinheit soll aber vor allem Interessen des Erblassers schützen, insbesondere eine einheitliche Nachlassplanung erlauben. Wenn der Erblasser durch eine Teilrechtswahl zugunsten des Belegenheitsrechts hierauf verzichtet, sollte man diese Entscheidung akzeptieren.*“

2.1.6.3.2 Regelanknüpfung

Mit der umstrittenste Punkt im Rahmen der Diskussionen war die Ersetzung des Staatsangehörigkeitsprinzips durch die Regelanknüpfung an den gewöhnlichen Aufenthalt.[736] Unabhängig von dem Problem, dass es angesichts der steigenden Mobilität der europäischen Bevölkerung gar nicht so einfach sein wird, den gewöhnlichen Aufenthalt des Erblassers zweifelsfrei festzustellen,[737] stellt sich insbesondere im Hinblick auf den Untersuchungsgegenstand die geringe Stabilität dieses Anknüpfungsmoments als Problem dar. Manipulationsmöglichkeiten werden hierdurch eröffnet, die bei Anknüpfung an die Staatsangehörigkeit fehlen. Im Hinblick auf etwaige Noterb- bzw. Pflichtteilsrechte wird das Beispiel bemüht, dass Kinder oder Betreuer den an Demenz erkrankten Vater dorthin zum Sterben bringen, wo sie das für sie günstigste Erbrecht vermuten.[738] Diese Überlegung greift auch im Erbunwürdigkeitsrecht. Konkret relevant können hier etwa frühere Unterhaltspflichtverletzungen werden, die in manchen – aber eben nicht allen – europäischen Rechtsordnungen zur Erbunwürdigkeit führen. So mutet die Vorstellung befremdlich an, dass zum Kreis der Erben gehörende Personen durch Schaffen von Tatsachen dem Verdikt der Erbunwürdigkeit entgehen. Bei Anknüpfung an die Staatsangehörigkeit als vergleichsweise stabiles Kriterium stellte sich dieses Problem nicht.

Allerdings sei auch in diesem Zusammenhang nochmals auf die Ausweichklausel in Art. 21 Abs. 2 EuErbVO hingewiesen, wonach bei offensichtlich engerer Verbindung des Erblassers zu einem anderen Staat dessen Recht anzuwenden ist.

2.1.6.3.3 Rechtswahlmöglichkeit

Besteht schon im Hinblick auf die Wandelbarkeit der Anknüpfung des Erbstatuts eine gewisse Unsicherheit im Hinblick auf das anwendbare Erbrecht (und insbesondere die zur Anwendung berufenen Erbunwürdigkeitsregeln), so erhöht sich diese durch die in der Verordnung vorgesehene Rechtswahlmöglichkeit.[739]

---

[736] Dies war nicht unumstritten, vgl. etwa *Janzen*, DNotZ 2012, 484, 485 m. w. N.

[737] So etwa *Geimer*, Europäische Erbrechtsverordnung, S. 17, mit dem plakativen Beispiel des „Las Palmas-Rentners", der zwischen St. Pölten und Gran Canaria in halbjährlichem Rhythmus hin- und herpendelt.

[738] *Geimer*, Europäische Erbrechtsverordnung, S. 17.

[739] *Dutta*, Rechtswahlfreiheit, S. 59 weist darauf hin, dass bislang nur wenige mitgliedstaatliche Rechte bisher eine Rechtswahl des Erblassers zulassen: Entsprechende Regeln finden sich etwa in Belgien (Art. 79 belgisches IPRG: Wahl des Staatsangehörigkeitsrechts), Bulgarien (Art. 89 Abs. 3 bulgarisches IPRG: Wahl des Staatsangehörigkeitsrechts), Deutschland (Art. 25 Abs. 2 EGBGB: Wahl deutschen Rechts für im Inland be-

Die Frage der Rechtswahlfreiheit im internationalen Erbrecht wird seit Langem diskutiert.[740] Hier kommt es zu Spannungen zwischen Testierfreiheit und Familienerbrecht.[741] Für den potenziell Erbunwürdigen kann es misslich sein, wenn der Erblasser durch Rechtswahl die Rechtsordnung mit den für ihn günstigeren Erbunwürdigkeitsregeln auswählt. Neben vereinzelten Stimmen, die sich im Grundsätzlichen gegen eine Rechtswahlfreiheit des Erblassers aussprechen,[742] geht manchen die Regelung in der Verordnung nicht weit genug.[743] In der Tat sprechen die besseren Argumente gerade vor dem Hintergrund der Regelanknüpfung (gewöhnlicher Aufenthalt) für die Zulassung einer Rechtswahl. Nur auf diesem Wege kann dem Interesse des Erblassers an Rechtssicherheit und Stabilität Rechnung getragen werden. Gerade weil die in der Verordnung vorgesehene Regelanknüpfung mit gewissen Unwägbarkeiten behaftet ist, kommt dem Gedanken der Rechts- und Planungssicherheit seitens des Erblassers eine vergleichsweise große Bedeutung zu. In Zusammenhang hiermit stehen – worauf *Dutta*[744] eingehend hingewiesen hat – Stabilitätsinteressen des Erblassers. Die grundsätzliche kollisionsrechtliche Frage, welches Recht mit dem Sachverhalt am engsten verbunden ist, konkretisiert sich im internationalen Erbrecht in besonderem Maße auf die Problematik, das Recht zu identifizieren, das mit dem Erblasser eng verbunden ist. Diese Ausrichtung an der Person des Erblassers rechtfertigt sich nicht nur vor dem Hintergrund der Testierfreiheit, sondern ganz prinzipiell dadurch, dass der Erblasser die rechtlichen Wertungen ei-

---

findliche Grundstücke), Estland (§ 25 estnisches IPRG: Wahl des Staatsangehörigkeitsrechts), Finnland (Buch 26 § 6 finnisches Erbrechtsgesetz: Wahl des Staatsangehörigkeits- oder Wohnsitzrechts sowie des Ehegüterstatuts des Erblassers möglich), Italien (Art. 46 Abs. 2 italienisches IPRG: Wahl des Rechts des gewöhnlichen Aufenthalts möglich), Polen (Art. 64 Abs. 1 des neuen polnischen IPRG: Wahl des Rechts der Staatsangehörigkeit, des Wohnsitzes oder des gewöhnlichen Aufenthalts). In der Schweiz ist die Wahl eines ausländischen Staatsangehörigkeitsrechts durch einen ausländischen Erblasser möglich (Art. 90 Abs. 2 Satz 1, Art. 91 Abs. 2 schweizerisches IPRG); zur Rechtswahl im Erbkollisionsrecht vgl. auch *Bonomi*, RdC 350 (2010), 75,146 ff.; 196 ff.

[740] *Bonomi*, RdC 350 (2010), 75, 196 auch mit rechtshistorischen Hinweisen; vgl. auch *Dutta*, Rechtswahlfreiheit, S. 58 f., m. w. N. dort in Fn. 6.

[741] *Dutta*, Rechtswahlfreiheit, S. 57, spricht vom *„Ewigkeitscharakter"* des klassischen Konflikts zwischen Testierfreiheit und Familienerbrecht. In diesem Zusammenhang vgl. zudem oben Teil 1 III. 2. b).

[742] So etwa *Bajons*, FS Heldrich, 495, 500; auch *Stumpf*, in: Differenzierte Integration im Gemeinschaftsprivatrecht, S. 217, 249 f.

[743] Etwa *Dutta*, Rechtswahlfreiheit, S. 60 mit der plakativen Überschrift: *„Mehr Rechtswahlfreiheit für den Erblasser wagen?"* (noch zum Entwurf der Verordnung).

[744] *Dutta*, Rechtswahlfreiheit, S. 63 ff.

nes mit ihm eng verbundenen Erbrechts regelmäßig kennen und teilen wird.[745] Die objektiv an den letzten gewöhnlichen Aufenthalt des Erblassers anknüpfende Regelung rückt wertungsmäßig integrative Interessen[746] in den Vordergrund. Diese können sich durchaus mit den wirklichen Interessen des Erblassers decken, allerdings können beim Erblasser statt Integrationsinteressen auch Stabilitätsinteressen überwiegen. Diesem Gedanken ist die Möglichkeit der Rechtswahl geschuldet.[747] Auf die große Bedeutung des Schutzes von Stabilitätsinteressen gerade im Binnenmarkt hat *Dutta*[748] hingewiesen.

Im Hinblick auf die potenziell Erbunwürdigen ließe sich vor diesem Hintergrund natürlich fragen, ob nicht auch ihrerseits entsprechende (gegenläufige) Stabilitätsinteressen bestehen. Allerdings ist dies zu verneinen. Das Kollisionsrecht knüpft ausdrücklich an die Person des Erblassers an, sein Aufenthalt bzw. seine Staatsangehörigkeit bestimmen über das anwendbare Recht. Im Hinblick auf den Schutz von Familienmitgliedern vor einer Rechtswahl kennen einige Rechtsordnungen zwar im Hinblick auf Pflichtteilsrechte und funktional entsprechende Nachlassteilhaberegelungen gewisse Schutzvorschriften.[749] Manche Rechtsordnungen wollten einen kollisionsrechtlichen Schutz Pflichtteilsberechtigter durch eine Sonderanknüpfung des zwingenden Familienerbrechts an ein persönliches Merkmal der Pflichtteilsberechtigten durchsetzen.[750] In Erwägung ziehen könnte man daher auch eine entsprechende Schutzvorschrift des Erbun-

---

[745] *Dutta*, Rechtswahlfreiheit, S. 63; vgl. hierzu auch *Jayme*, Kulturelle Identität und internationales Privatrecht, passim; ebenso *Mansel*, Das Staatsangehörigkeitsprinzip im deutschen und gemeinschaftsrechtlichen Internationalen Privatrecht: Schutz der kulturellen Identität oder Diskriminierung der Person?, S. 119 ff.

[746] Dass Integrationsinteressen im Recht der Europäischen Union besonders betont werden, ist naheliegend (so *Dutta*, Rechtswahlfreiheit, S. 63 f.).

[747] Vgl. so noch im Entwurf der EuErbVO, S. 7: *„Diese Entscheidung ermöglicht dem Erblasser, der von der Freizügigkeit in der EU Gebrauch gemacht hat, dem aber gleichzeitig auch an einer engen Bindung zu seinem Heimatstaat gelegen ist, diese kulturelle Bindung über seine Nachlassregelung zu erhalten."*

[748] *Dutta*, Rechtswahlfreiheit, S. 65 ff., nennt als frühes Beispiel das Herkunftslandprinzip (nach dem EuGH aus den Grundfreiheiten abgeleitet, EuGH 20.2.1979, Rs. 120/78 – *Cassis de Dijon*, Slg. 1979, 649, Rz. 14), im Gesellschaftsrecht ist die Rechtsprechung zur Niederlassungsfreiheit zu erwähnen (EuGH, 9.3.1999, Rs. C-212/97 – *Centros*, Slg. 1999, I-1459; EuGH 5.11.2002, Rs. C-208/00 – *Überseering*, Slg. 2002, I-9919; EuGH 30.9.2003, Rs. C-167/01 – *Inspire Art*, Slg. 2003, I-10155.

[749] Vgl. die Nachweise bei *Dutta*, Rechtswahlfreiheit, S. 68, Fn. 55: Art. 12 Abs. 2 der Haager Erbrechtskonvention; Art. 79 Abs. 1 Satz 3 belgisches IPRG; Art. 89 Abs. 5 bulgarisches IPRG; Art. 46 Abs. 2 Satz 3 italienisches IPRG.

[750] *Dutta*, Rechtswahlfreiheit, S. 68 (dort Fn. 56): Buch 26 § 12 finnisches Erbrechtsgesetz; Art. 1.62 Abs. 2 litauischer *Civilinis kodeksas*.

würdigen. Allerdings sind hier bereits im Grundsätzlichen Zweifel angebracht. Schutzwürdigkeitserwägungen haben im Hinblick auf die legitime Frage zwingender Nachlassteilhabe im Rahmen eines Familienerbrechts im Bereich des Erbunwürdigkeitsrechts aus Sicht des Unwürdigen weitaus geringeres Gewicht, sodass es bereits an einer Vergleichbarkeit fehlt. Zudem stünde einer Sonderanknüpfung der Grundsatz der Nachlasseinheit im Wege. Wie bereits an anderer Stelle ausgeführt, lassen sich – dies gilt insoweit auch in vorliegendem Zusammenhang – durch Rechtswahl bedingte ungerechtfertigte Ergebnisse in Extremfällen über den *ordre public*-Vorbehalt in den Griff bekommen.

2.1.6.3.4 Partielle Rückverweisung

Bereits im Rahmen des autonomen Kollisionsrechts wurde auf die Problematik der Rückverweisung kraft abweichender Qualifikation hingewiesen.[751] Auch unter Geltung der EuErbVO stellt sich das gleiche Problem, etwa dann, wenn der Erblasser seinen gewöhnlichen Aufenthalt in einem Drittstaat hatte, dessen Rechtsordnung die Erbunwürdigkeit allerdings abweichend qualifiziert (beispielsweise nach dem Personalstatut des Erben). Kommt es aufgrund dessen zu einer Teilrückverweisung, wäre dies – trotz des vergleichsweise stringent durchgehaltenen Grundsatzes der Nachlasseinheit im Rahmen der EuErbVO – auch auf europäischer Ebene zu akzeptieren. Zudem lässt sich dieses Ergebnis stützen auf die nach Art. 34 Abs. 1 EuErbVO (teilweise) zugelassene Berücksichtigung von Rückverweisungen.

2.2 Die kollisionsrechtliche Behandlung des Unterhaltsrechts

Stand im vorhergehenden Kapitel die Qualifizierung der Erbunwürdigkeit im Mittelpunkt, so soll im Folgenden der Frage nachgegangen werden, welche kollisionsrechtlichen Probleme sich im Hinblick auf unterhaltsrelevante Erbunwürdigkeitsgründe bei grenzüberschreitenden Sachverhalten ergeben können. Dieser Abschnitt widmet sich daher – entsprechend dem methodischen Vorgehen im Bereich der Sachnormen – der Frage, wie die sachnormbezogene Kohärenz zwischen Erbunwürdigkeitsrecht und Unterhaltsrecht auf kollisionsrechtlicher Ebene fortgeführt werden kann. Zwischen Erbstatut und Unterhaltsstatut gibt es – dies sei vorweggenommen – Reibungen, die im Hinblick auf die vorliegende Untersuchung einer praktikablen Lösung zugeführt werden müssen. Im Kern stellt sich das Problem, dass u. U. verschiedene Rechtsordnungen für die Frage der Erbunwürdigkeit einerseits bzw. das Bestehen einer Unterhaltspflicht auf der

[751] Vgl. oben 2.1.3.2.

anderen Seite berufen sind. Hinzu tritt neben der genannten territorialen Kollisionsproblematik vorliegend auch der Umstand, dass eine im Erbunwürdigkeitsrecht tatbestandlich relevante Unterhaltsverpflichtung zwar in einigen Fällen zeitlich mit dem Erbfall (und damit mit der Frage der Erbunwürdigkeit) zusammenfällt. Dies wird gerade bei einer Verletzung der Pflicht zum Elternunterhalt häufig der Fall sein. Im umgekehrten Fall (Kindesunterhalt) allerdings wird die Unterhaltsverpflichtung meist längere Zeit zurückliegen. Die tatbestandliche Handlung (namentlich die Verletzung dieser Pflicht) wirft dann Probleme der Bestimmung der anwendbaren Rechtsordnung in zeitlicher Hinsicht auf.

Zum Gang der Untersuchung: Zunächst soll ein kurzer Überblick über die relevanten Regelungskomplexe des internationalen Unterhaltsrechts gegeben werden. Der Vergleich zwischen Erb- und Unterhaltsstatut wird zeigen, dass es – auch vor dem Hintergrund gewisser Konvergenzen beider Statute (namentlich nach Inkrafttreten der EuErbVO) – dennoch gewisse Unterschiede[752] gibt, was im Ergebnis zur Anwendung verschiedener Rechte führen kann. Hieran anschließend wird zu untersuchen sein, wie – konkret im Hinblick auf den Untersuchungsgegenstand – mit einer im Erbunwürdigkeitsrecht tatbestandlich relevanten Unterhaltspflichtverletzung kollisionsrechtlich umzugehen ist.

2.2.1 Regelungskomplexe

2.2.1.1 Art. 18 EGBGB

Die Vorschrift wurde aufgehoben durch das Gesetz zur Durchführung der Verordnung (EG) Nr. 4/2009[753] und zur Neuordnung bestehender Aus- und Durchführungsbestimmungen auf dem Gebiet des internationalen Unterhaltsverfahrensrechts vom 23.5.2011.[754] Der Unterhalt war erst durch die Neuregelung von 1986 als eigener Regelungsgegenstand in das EGBGB eingefügt worden. Vorher beruhte das EGBGB auf der Konzeption, dass der Unterhaltsanspruch von der jeweils einschlägigen allgemeinen familienrechtlichen Kollisionsnorm mit umfasst wird, also beispielsweise der Unterhaltsanspruch des Ehegatten vom Ehewirkungsstatut (nach einer Scheidung vom Scheidungsfolgenstatut) und der Anspruch des ehelichen Kindes vom Eltern-Kind-Statut. Nur für die Unterhaltspflicht des Vaters eines nichtehelichen Kindes bestand eine gesonderte Kollisi-

752 Hinzuweisen ist aber auch darauf, dass selbst bei vollständiger (konzeptioneller) Identität der beiden Regelungswerke zumindest im Rahmen der Erbunwürdigkeit – bedingt durch die besondere Relevanz der zeitlichen Komponente – Spannungen vergleichsweise häufig, insbesondere also auch bei gleichem Anknüpfungsmoment, auftreten werden.

753 Vgl. hierzu unten 2.2.1.3.

754 BGBl I S. 898 m.W.v. 18.6.2011.

onsnorm (Art. 21 EGBGB a. F.).[755] Die Bedeutung des Art. 18 EGBGB war bereits vor dessen Aufhebung angesichts der Tatsache, dass mit dieser Norm das Haager Unterhaltsübereinkommen von 1973 lediglich in das EGBGB eingestellt wurde, praktisch eher gering.[756]

2.2.1.2 Haager Übereinkommen

Das Haager Unterhaltsübereinkommen vom 24.10.1956[757] (KindUnthÜ) regelt die Unterhaltsansprüche des Kindes, wird aber in weiten Teilen von den späteren Übereinkommen überlagert.[758] Das Haager Unterhaltsübereinkommen vom 2.10.1973[759] (UnthÜ 1973) erweiterte den Anwendungsbereich. Es erfasste nicht nur die Unterhaltspflichten gegenüber Kindern, sondern auch die gegenüber Erwachsenen. Das Übereinkommen galt bis zum Inkrafttreten der EuUnthVO am 18.06.2011 in vielen europäischen Staaten.[760] Das Haager Protokoll über das auf Unterhaltspflichten anzuwendende Recht vom 23.11.2007[761] (UnthProt) ist von der EU am 8.4.2010 gezeichnet worden. Mit Inkrafttreten der EG-Unterhalts-Verordnung Nr. 4/2009 vom 18.12.2008[762] findet es Anwendung in fast allen Mitgliedstaaten der Europäischen Union.[763] Unabhängig vom völkerrechtlichen Inkrafttreten des UnthProt ist die Verordnung ab dem 18.06.2011 anzuwenden. Damit wird im Anwendungsbereich der VO bzw. des Haager Unterhaltsprotokolls das anwendbare Recht ab dem 18.6.2011 nach den Vorschriften des Haager Unterhaltsprotokolls bestimmt, Art. 15 EuUnthVO. Nach Art. 18 UnthProt

---

755 *Kropholler*, IPR, § 47 I 1.

756 *Kropholler*, IPR, § 47 I 4.

757 *Jayme/Hausmann*, Nr. 40.

758 Seit dem 1.4.1987 war das KindUnthÜ wegen des Vorrangs des UnthÜ nur noch im Verhältnis zu Belgien, Liechtenstein, Österreich und der chinesischen Sonderverwaltungregion Macau anzuwenden. Mit Inkrafttreten des UnthProt am 18.6.2011 wurde das KindUnthÜ im Verhältnis der Vertragsstaaten durch dieses Protokoll ersetzt (Art. 18 UnthProt).

759 *Jayme/Hausmann*, Nr. 41.

760 vgl. *Kropholler*, IPR, § 47 I 3b): Deutschland, Estland, Frankreich, Griechenland, Italien, Japan, Litauen, Luxemburg, Niederlande, Polen, Portugal, Schweiz, Spanien und Türkei.

761 *Jayme/Hausmann*, Nr. 42.

762 *Jayme/Hausmann*, Nr. 161; am 18.12.2008 ist die Verordnung (EG) Nr. 4/2009 des Rates über die Zuständigkeit, das anwendbare Recht, die Anerkennung und Vollstreckung von Entscheidungen und die Zusammenarbeit in Unterhaltssachen (EuUnthVO) erlassen worden (ABl EU 2009 Nr. L 7/1). In Art. 15 EuUnthVO wird das anwendbare Recht nach dem Haager Protokoll vom 23.11.2007 über das auf Unterhaltspflichten anzuwendende Recht bestimmt.

763 In Dänemark und Großbritannien mit Einschränkungen.

ersetzt es im Verhältnis zwischen den Vertragsstaaten das UnthÜ 1973 und das KindUnthÜ.

Zeitgleich mit dem UnthProt wurde mit dem Übereinkommen über die internationale Geltendmachung von Unterhaltsleistungen für Kinder und andere Familienangehörige[764] (HUÜ 2007) ein Regelungskomplex geschaffen, der im Wesentlichen die internationale Rechtshilfe zur Durchsetzung von Unterhaltsforderungen zum Gegenstand hat.[765] Zielsetzung ist es, die internationale Geltendmachung von intrafamiliären Unterhaltsansprüchen sicherzustellen.[766] Im Auslandsunterhaltsgesetz[767] sind insbesondere Durchführungsbestimmungen[768] zu den internationalen Übereinkommen geregelt.

2.2.1.3 Die Verordnung (EG) Nr. 4/2009

Mit der Verordnung (EG) Nr. 4/2009 des Rates vom 18.12.2008 über die Zuständigkeit, das anwendbare Recht, die Anerkennung und Vollstreckung von Entscheidungen und die Zusammenarbeit in Unterhaltssachen (EuUnthVO) hat die EU einen weiteren Schritt zur Vereinheitlichung des Kollisionsrechts in Teilen des Familienrechts getan und gleichzeitig gemeinsame Verfahrensregeln in Unterhaltssachen geschaffen. Ziel der EuUnthVO ist die effektive Durchsetzung von Unterhaltsansprüchen in grenzüberschreitenden Fällen im EU-Ausland. Kern der Verordnung ist dabei die Abschaffung des Exequaturverfahrens. Zudem schafft die EuUnthVO ein System der Zusammenarbeit von Zentralen Behörden[769] der Mitgliedstaaten zur praktischen Unterstützung der Unterhaltsberechtigten bei der Durchsetzung ihrer Unterhaltsansprüche in den anderen EU-Mitgliedstaaten.[770] Die EuUnthVO wird künftig zusammen mit dem Haager Übereinkommen vom 23.11.2007 über die internationale Geltendmachung der Unterhaltsansprüche von Kindern und anderen Familienangehörigen[771] (HUÜ

---

764 *Jayme/Hausmann*, Nr. 182.

765 Vgl. hierzu die Monographie von *Nimmerrichter*, Das Haager Unterhaltsübereinkommen 2007.

766 Vgl. Art. 1 HUÜ: Schaffung eines Systems der Behördenzusammenarbeit, MöglichkeitAnerkennung und Vollstreckung von Unterhaltsentscheidungen, Maßnahmen im Hinblick auf eine zügige Vollstreckung.

767 Letzte Neufassung vom 23.5.2011 (BGBl I, S. 898) in Kraft getreten am 18.6.2011; hierzu ausführlich *Andrae*, NJW 2011, 2545 ff.

768 Zum Anwendungsbereich siehe § 1 AUG.

769 *Boele-Woelki/Mom*, FPR 2010, 485, 489.

770 Vgl. hierzu *Boele-Woelki/Mom*, FPR 2010, 485; *Schaal*, BWNotZ 2011, 142; *Andrae*, NJW 2011, 2545; *dies.*, FPR 2008, 196; *Janzen*, FPR 2008, 218.

771 ABl EU 2009, L 331/19; *Jayme/Hausmann*, Nr. 182.

2007) und dem UnthProt ein umfassendes, geschlossenes rechtliches System[772] für die Geltendmachung von Unterhalt in Fällen mit grenzüberschreitendem Bezug bilden.

2.2.1.3.1 Regelungsmaterie

Die UnthVO findet gemäß Art. 1 Abs. 1 Anwendung auf alle Unterhaltspflichten, die auf einem Familien-, Verwandtschafts- oder eherechtlichen Verhältnis oder auf Schwägerschaft beruhen.[773] Betroffen sind alle Bereiche, die für die justizielle Zusammenarbeit in Zivilsachen relevant sind, namentlich also die internationale Zuständigkeit, das anwendbare Recht, Anerkennung und Vollstreckung, Zusammenarbeit und Beseitigung der Hindernisse für einen reibungslosen Verfahrensablauf, nicht zuletzt auch durch einen besseren Zugang zu Informationen über die Situation des Schuldners unabhängig von seinem Wohnsitz in der EU. Hauptsächlich soll es durch die Verordnung einem Unterhaltsgläubiger möglich sein, ohne Umstände einen in allen Mitgliedstaaten vollstreckbaren Unterhaltstitel zu erlangen. Auch öffentliche Urkunden über Unterhalt[774] sollen in allen Mitgliedstaaten vollstreckbar sein.[775]

2.2.1.3.2 Anwendbares Recht

2.2.1.3.2.1 Verweis auf UnthProt

Der „Wettstreit“[776] zwischen der Haager Konferenz für IPR und der Europäischen Kommission hinsichtlich der Ausarbeitung von Regelungen zum internationalen Unterhaltsrecht ist ausgeblieben.[777] Anders als im ursprünglichen Entwurf[778] vorgesehen, hat der europäische Verordnungsgeber letztlich auf eine eigenständige kollisionsrechtliche Regelung in der UnthVO verzichtet und stattdessen in einer neuen, *„begrüßenswerten Form der Kooperation“*[779] in Art. 15 EuUnthVO auf das UnthProt verwiesen.[780]

---

[772] *Boele-Woelki/Mom*, FPR 2010, 485.

[773] Vgl. dazu auch Erwägungsgrund Nr. 11 EuUnthVO.

[774] Vgl. hierzu Erwägungsgrund Nr. 13 EuUnthVO.

[775] *Schaal*, BWNotZ 2011, 142.

[776] *Wagner*, FamRZ 2006, 979, 980.

[777] *Boele-Woelki/Mom*, FPR 2010, 485, 486.

[778] KOM (2005) 649 endg. Hierzu *Wagner*, FamRZ 2006, 979; *Boele-Woelki/Mom*, FPR 2006, 232.

[779] So *Boele-Woelki/Mom*, FPR 2010, 485, 486.

[780] *Boele-Woelki/Mom*, FPR 2010, 485, 486 (Fn. 23) weist auf die aktive Rolle der EU bei der Ausarbeitung des Protokolls im Rahmen der Haager Konferenz hin. Vgl. hierzu *Bonomi*, Yearbook of Private International Law, 2008, 333, 334.

2.2.1.3.2.2 Regelanknüpfung

Gemäß Art. 3 Abs. 1 UnthProt ist für Unterhaltspflichten grundsätzlich das Recht des Staates maßgebend, in dem die berechtigte Person ihren gewöhnlichen Aufenthalt hat. Diese objektive Anknüpfung ist vor dem Hintergrund des sozialpolitischen Anliegens, die Rechtsstellung des Bedürftigen zu stärken,[781] zu sehen. Die Orientierung des Unterhaltsanspruchs an den Bedürfnissen des Unterhaltsberechtigten steht hier im Vordergrund. Der Bedarf des Unterhaltsgläubigers entsteht an dessen Aufenthaltsort, dort muss ihm geholfen werden.[782] Das Unterhaltsstatut ist daher nach der Verordnung wandelbar ausgestaltet; bei einem Wechsel des Unterhaltsberechtigten in einen anderen Staat ändert sich damit auch das Unterhaltsstatut. Für den Unterhaltsverpflichteten bedeutet dies eine Beeinträchtigung der Rechtssicherheit, kann er sich doch unter Umständen plötzlich mit einem ihm ungünstigeren Unterhaltsrecht konfrontiert sehen.[783]

2.2.1.3.2.3 Allseitige Geltung

Wie auch schon das UntÜ (1973) gilt das Protokoll nach Art. 2 allseitig. Es kommt also aus deutscher Sicht nicht darauf an, ob der Fall Bezüge zu einem weiteren Vertragsstaat aufweist.[784]

2.2.1.3.2.4 Stärkung der lex fori

Bemerkenswert ist, dass durch das UnthProt der Grundsatz der *lex fori* stärker zur Geltung kommt. Art. 4 UnthProt sieht als subsidiären Anknüpfungspunkt für eine bestimmte Gruppe von Unterhaltsgläubigern die Anwendbarkeit des Rechts des angerufenen Gerichts vor, wenn die berechtigte Person ansonsten nach dem Recht des Staats ihres gewöhnlichen Aufenthalts (allgemeine Regel nach Art. 3 UnthProt) keinen Anspruch auf Unterhalt hätte, so Art. 4 Abs. 2 UnthProt. Diese besonderen Regeln betreffen insbesondere die gegenseitigen Unterhaltsverpflichtungen im Eltern-Kind-Verhältnis (Art. 4 Abs. 1 a) und c) UnthProt), wenn das Kind im Aufenthaltsstaat des Verpflichteten klagt.

Ebenfalls nach der *lex fori* richten sich die Unterhaltspflichten, wenn der Unterhaltsverpflichtete an seinem gewöhnlichen Aufenthaltsort verklagt wurde

---

[781] Vgl. hierzu (in Bezug auf die Wertung in Art. 18 EGBGB) *Kropholler*, IPR, § 47 I 2.

[782] So *Boele-Woelki/Mom*, FPR 2010, 485, *dies.*, FPR 2006, 232, 233 m. w. N.; *Wagner*, FamRZ 2006, 979, 982.

[783] Hierauf weist *Schaal*, BWNotZ 2011, 142, 143 hin.

[784] *Heiderhoff* in BeckOK EGBGB Art. 18, Rz. 21.

(Art. 4 Abs. 3 UnthProt). Dies stellt ein Entgegenkommen insbesondere gegenüber den *common-law*-Ländern dar, welche die *lex fori* favorisieren.[785]

Erst auf der letzten Stufe kommt, wenn weder das Recht des gewöhnlichen Aufenthalts noch die *lex fori* einen Anspruch gewähren, das Recht des Staats zur Anwendung, dem die berechtigte und die verpflichtete Person gemeinsam angehören (Art. 4 Abs. 4 UnthProt). Darin kommt eine bereits länger im internationalen Familienrecht zu beobachtende Entwicklung zum Ausdruck, wonach die Tage der Anknüpfung an die Staatsangehörigkeit gezählt sind.[786] *Boele-Woelki* und *Mom*[787] weisen in diesem Zusammenhang auf den Einfluss der wirtschaftlichen und sozialen Lebensumstände hin, die für die Unterhaltsbeziehungen prägend seien; die Staatsangehörigkeit spiele sonach nur eine untergeordnete Rolle.

2.2.1.3.2.5 Rechtswahlmöglichkeiten

Schließlich können die Parteien das anzuwendende Recht entweder für ein einzelnes Verfahren in einer Unterhaltssache (Art. 7 UnthProt) oder für den Allgemeinfall (Art. 8 UnthProt) in beschränktem Umfang selbst bestimmen.[788] Die Zulassung von Parteiautonomie ist eine der maßgeblichen Neuerungen im Vergleich zu den Haager Unterhaltsübereinkommen von 1956 und 1973. Hinsichtlich eines einzelnen Verfahrens können die Parteien nun die *lex fori* wählen. Vor dem Verfahren bedarf die Rechtswahl für ihre Gültigkeit der Einhaltung der Schriftform (Art. 7 Abs. 2 UnthProt), nach Anrufung des Gerichts ist keine besondere Form vorgesehen. Die Rechtswahlmöglichkeit hinsichtlich eines bestimmten Prozesses gilt für alle Unterhaltsarten; eine Schutzklausel zugunsten einer übervorteilten Partei besteht nicht.[789] Zu rechtfertigen ist dies damit, dass die Parteien sich zum Zeitpunkt der Rechtswahl über die *lex fori* und die Konsequenzen der Wahl informieren können oder informiert werden.[790]

---

785 *Boele-Woelki/Mom*, FPR 2010, 485, 487; auch im Falle von Prozessen über Kindesunterhalt ist diese Regelung von Vorteil, führt sie doch dazu, dass das Recht des Gerichtsstands Anwendung findet (*Andrae*, FPR 2008, 196, 202).

786 So *Boele-Woelki/Mom*, FPR 2010, 485, 487 unter Hinweis auf *Henrich*, FS Stoll, 2001, S. 437, 449. Zur diskriminierenden Wirkung der Staatsangehörigkeitsanknüpfung vgl. auch *Bonomi*, Yearbook of Private International Law, 2008, S. 333, 343.

787 *Boele-Woelki/Mom*, FPR 2010, 485, 487.

788 Diese Regelungen entfalten besondere Bedeutung für die notarielle Praxis, vgl. *Schaal*, BWNotZ 2011, 142, 143.

789 *Andrae*, FPR 2008, 196, 199.

790 *Boele-Woelki/Mom*, FPR 2010, 485, 487, allerdings kritisch zur Frage, ob die Risiken eines Missbrauchs tatsächlich als gering einzuschätzen sind. Eine rechtliche Beratung als Voraussetzung einer gültigen Rechtswahl wäre ihrer Meinung nach geeigneter gewesen.

Unabhängig von einem konkreten Verfahren können die Beteiligten nach Art. 8 Abs. 1 UnthProt jederzeit das anzuwendende Recht aus einer der dort abschließend aufgezählten Anknüpfungen wählen. Dies sind die Staatsangehörigkeit einer der Parteien (lit. a), der gewöhnliche Aufenthalt einer der Parteien (lit. b), das Güterstatut (lit. c) sowie das Scheidungsstatut (lit. d). Auch hier ist die Schriftform einzuhalten (Art. 8 Abs. 2 UnthProt). Gerade die Anknüpfung an das Statut des Güterstands sowie das Scheidungsstatut soll die Eheleute in die Lage versetzen, dass ein einziges materielles Recht auf die verschiedenen zu regelnden Aspekte im Fall einer Scheidung bzw. Trennung des Paares Anwendung findet.[791]

Ausgeschlossen ist die Rechtswahlmöglichkeit im Sinne von Art. 8 UnthProt, wenn der Unterhaltsberechtigte unter 18 Jahre alt ist oder ein Erwachsener aufgrund einer Beeinträchtigung oder der Unzulänglichkeit seiner persönlichen Fähigkeiten[792] nicht in der Lage ist, seine Interessen zu schützen (Art. 8 Abs. 3 UnthProt). Für die Zulässigkeit eines Unterhaltsverzichts ist gemäß Art. 8 Abs. 4 UnthProt allein das Recht des gewöhnlichen Aufenthalts des Unterhaltsberechtigten zum Zeitpunkt der Rechtswahl maßgeblich. Damit soll verhindert werden, dass kraft Rechtswahl ein Unterhaltsverzicht zustande kommt, der nach dem Recht des Staats, das mangels Rechtswahl das Unterhaltsregime beherrscht, nicht zulässig ist.

Eine weitere Schranke enthält Art. 8 Abs. 5 UnthProt. Hiernach ist das gewählte Recht nicht anzuwenden, wenn seine Anwendung für eine der Parteien offensichtlich unbillige oder unangemessene Folgen hätte, es sei denn, dass die Parteien im Zeitpunkt der Rechtswahl umfassend unterrichtet und sich der Folgen ihrer Wahl vollständig bewusst waren. Die Konkretisierung der Schranken nach Art. 8 Abs. 4 und 5 UnthProt steht noch aus.[793] Über Art. 8 Abs. 5 Unth-

---

[791] *Bonomi*, Yearbook of Private International Law, 2008, S. 333, 355.

[792] Auf die Schwierigkeiten bei der Auslegung dieses Tatbestandselements weist *Schaal*, BWNotZ 2011, 142, 143 hin: *„Erkrankung/Behinderung erforderlich oder genügt beispielsweise Einfältigkeit oder eine Drucksituation?"*.

[793] DNotI-Report 2011, 21 (Text unter http://www.dnoti.de/Archive/DNotI_Report/2011/rep032011.pdf): *„Ausweislich des Bonomi-Berichts (entspricht einer Gesetzesbegründung zum UnthProt, abrufbar unter www.hcch.net) trägt insbesondere die in Art. 8 Abs. 5 UnthProt enthaltene Schranke dem Umstand Rechnung, dass in vielen Staaten (so auch in Deutschland) Unterhaltsvereinbarungen für unwirksam erklärt werden können, wenn sie unfaire oder unangemessene Regelungen enthalten (Bonomi-Bericht, Rz. 150). Vor allem dann, wenn die Rechtswahl im Vergleich zum objektiv anwendbaren Unterhaltsstatut zu einer Beschränkung des Unterhaltsanspruchs führen würde, dürfte Art. 8 Abs. 5 UnthProt von*

Prot wird man auch die deutsche Inhalts- und Ausübungskontrolle in Unterhaltsvereinbarungen nach gewähltem ausländischen Recht einfließen lassen können.[794]

2.2.1.3.3 Erbunwürdigkeit und Unterhaltspflichtverletzung bei grenzüberschreitenden Fällen

Soweit eine Entscheidung über einen Erbunwürdigkeitsgrund mit unterhaltsrechtlichem Bezug zu treffen ist, können unter Umständen Reibungen kollisionsrechtlicher Art im Hinblick auf ein Auseinanderfallen von Erb- bzw. Unterhaltsstatut auftauchen. Dies gilt nach gegenwärtigem Recht umso mehr, als das Erbstatut nach noch geltendem deutschem Recht an die Staatsangehörigkeit anknüpft, wohingegen das Unterhaltsrecht (soweit die EuUntVO anwendbar ist) sich im Grundsatz nach dem gewöhnlichen Aufenthalt des Berechtigten richtet. Ein Blick auf den Ausgangsfall zeigt die Problematik auf: Erbstatut ist nach deutschem IPR kroatisches Recht. Dieses kennt – anders als das deutsche Recht – die Unterhaltspflichtverletzung als Erbunwürdigkeitsgrund. In kollisionsrechtlicher Hinsicht können nun Divergenzen auftreten, die aus dem Zusammenspiel von Erb- und Unterhaltsstatut resultieren. Lebte der kroatische Erblasser seit seiner Geburt in Deutschland, beurteilen sich unterhaltsrechtliche Fragen grundsätzlich nach deutschem Recht. Insoweit zeigt sich an diesem Fall auch eines der grundsätzlichen Probleme des IPR, was letztlich aus der Verschiedenheit der Anknüpfungsmomente (Staatsangehörigkeits- oder Aufenthaltsprinzip) resultiert. Dies darf jedoch nicht zu dem Schluss verleiten, nach Inkrafttreten der EuErbVO stelle sich dieses Problem nicht mehr. Auch wenn zwischen Unterhalts- und Erbstatut dann eine gewisse Harmonisierung erzielt wird, mag dies zwar für andere Probleme kollisionsrechtlicher Art an der Schnittstelle zwischen Erb- und Unterhaltsrecht Relevanz entfalten, für die Erbunwürdigkeitsproblematik gilt dies allerdings nur beschränkt. Dies vor dem Hintergrund, dass auch bei grundsätzlich gleichem Anknüpfungsmoment (gewöhnlicher Aufenthalt) die zeitliche Komponente hier eine vergleichsweise große Rolle spielt. In der Vergangenheit begangene Unterhaltspflichtverletzungen entfalten im Erbunwürdigkeitsrecht womöglich erst Jahrzehnte später Relevanz. Selbst bei harmonisierten Anknüpfungsmomenten ist die Wahrscheinlichkeit, dass als Erb- und Unterhaltsstatut verschiedene Rechtsordnungen zur Anwendung berufen sind, allein durch den Zeitablauf vergleichsweise hoch. Die Bestimmung des Erbstatuts ist

---

Bedeutung sein (Rauscher/Andrae, Europäisches Zivilprozess- und Kollisionsrecht, 2010, Art. 8 UnthProt Rz. 24).“

[794] So *Schaal*, BWNotZ 2011, 142, 143 kritisch im Hinblick auf den Aspekt der Rechtssicherheit.

vergleichsweise einfach, da es um einen punktuellen Zeitpunkt (Tod des Erblassers) geht. Unterhaltspflichtverletzungen sind ihrer Natur nach Dauer-„Delikte". Hier muss das Unterhaltsstatut jeweils für die Zeitabschnitte einer bestehenden Unterhaltsverpflichtung bestimmt werden, gegebenenfalls müssen sonach mehrere Rechtsordnungen berücksichtigt werden.

Gerade die Wandelbarkeit des gewöhnlichen Aufenthalts stellt sich daher im Erbunwürdigkeitsrecht als Problem dar. Selbst nach Inkrafttreten der EuErbVO – und, damit einhergehend, einem Gleichlauf der Anknüpfungsmomente – kann die Frage der Unterhaltspflichtverletzung sich nach einer anderen Rechtsordnung richten, wenn zum maßgeblichen Zeitpunkt der Pflichtverletzung der gewöhnliche Aufenthaltsort des Berechtigten ein anderer als zum Zeitpunkt des Erbfalls war.

Abhilfe schaffen könnte man durch eine Erweiterung der Rechtswahlmöglichkeiten, die in beiden Bereichen vorgesehen ist. So können nach Art. 8 UnthProt geschäftsfähige Erwachsene eine allgemeine Rechtswahl treffen. Der Katalog des Art. 8 Abs. 1 UnthProt sieht die Wahl des Erbstatuts der berechtigten Person nicht vor. Ließe man eine solche zu, so könnte man auf diese Weise einen Gleichlauf von Erb- und Unterhaltsstatut schaffen, die Anwendbarkeit zweier Rechtsordnungen (und etwa einhergehende systemisch bedingte Probleme) würde vermieden. Dieser Weg ist indes nicht gangbar, wie folgende Überlegungen zeigen: Zunächst setzt Art. 8 Abs. 3 UnthProt der Möglichkeit einer Rechtswahl selbst eine Grenze, indem hinsichtlich der *„Unterhaltspflichten betreffend eine Person, die das 18. Lebensjahr noch nicht vollendet hat, oder einen Erwachsenen, der aufgrund einer Beeinträchtigung oder der Unzulänglichkeit seiner persönlichen Fähigkeiten nicht in der Lage ist, seine Interessen zu schützen"* die Rechtswahlmöglichkeit nach Abs. 1 ausgeschlossen ist. Dieser im Rahmen eines unterhaltspflichtrelevanten Erbunwürdigkeitsgrundes in besonderem Maße betroffene Bereich (Vernachlässigung im Kindesalter) wäre also von vornherein ausgeklammert. Auch systematisch würde eine Erweiterung des Katalogs (Wahl des Erbstatuts) nicht passen: Mit Blick auf die Rechtslage nach Inkrafttreten der EuErbVO stünde – aufgrund der Wandelbarkeit des gewöhnlichen Aufenthalts – zum Zeitpunkt der Rechtswahl das Erbstatut gerade nicht fest, ein Ergebnis, das gerade im Hinblick auf die anderen Rechtswahlmöglichkeiten des Art. 8 UnthProt nicht hingenommen werden kann: Art. 8 Abs. 1 Ziff. a) und b) knüpfen an die Staatsangehörigkeit bzw. an den gewöhnlichen Aufenthalt einer der Parteien an, in beiden Fällen aber kommt es auf den Zeitpunkt der Rechtswahl an. Nur so wird die Stabilität der Anknüpfung gewahrt. Eine auf das Erbstatut abstellende Rechtswahlmöglichkeit wäre daher aus Rechtssicherheitsaspekten abzulehnen. Soweit die Ziff. c) und d) auf das Güter- bzw. Scheidungs- oder Trennungsstatut verweisen, erklärt sich dies vor dem Hintergrund, dass die Rechtsordnungen sehr unterschiedlich mit Unterhaltsvereinbarungen umgehen, wie sie etwa in Deutschland im Rahmen von Eheverträgen getroffen werden.[795] Nur durch die Kombination mit einer Rechtswahl können solche Vereinbarungen auch im internationalen Rechtsverkehr einigermaßen abgesichert werden.[796] Auch in diesen Fällen steht allerdings mit der Rechtswahl das anzuwendende Unterhaltsrecht fest.

Zusammenfassend lässt sich festhalten, dass Erb- und Unterhaltsstatut in vielen Fällen – dies gilt in zeitlicher und räumlicher Hinsicht – auseinanderfallen werden.[797] Auch die Möglichkeit einer Rechtswahl hilft hier nicht weiter. Es stellt sich dann die Folgefrage, wie kollisionsrechtlich mit diesem Befund umzugehen ist.

2.3 Kollisionsrechtliche Probleme bei der Anwendung von ausländischen Erbunwürdigkeitsvorschriften mit „Unterhaltsbezug"

2.3.1 Vorfragenproblem

Im Folgenden soll zunächst – ausgehend von der Prämisse, dass die Unterhaltspflichtverletzung einen Erbunwürdigkeitsgrund bildet (dies ist bei ausländischem Erbstatut unter Umständen bereits nach gegenwärtiger Rechtslage der Fall, nach deutschem Erbstatut könnte diese Frage erst nach einer etwaigen Reform, vgl. oben, relevant werden) – die in diesem Zusammenhang auftauchende Vorfragenproblematik näher untersucht werden. Zur Verdeutlichung denke man sich folgenden Fall: Zur Beurteilung steht die Erbunwürdigkeit eines potenziellen Erben im Verhältnis zu einem ausländischen Erblasser. Die Frage der Erbunwürdigkeit wird vom Regelungsbereich des Erbstatuts umfasst (vgl. oben). Nach Art. 25 EGBGB ist die Frage der Erbunwürdigkeit somit nach der *lex pat-*

---

[795] Vgl. hierzu etwa BGH NJW 2004, 930 und NJW 2009, 842 (zur Inhaltskontrolle von Eheverträgen).

[796] Dies betonend *Heiderhoff* in BeckOK EGBGB, Art. 18, Rz. 80.

[797] Hier sei das plakative, wenngleich vielbemühte Beispiel des Ruhestandsmigranten auf Mallorca herangezogen; auf dessen Erbfall fände nunmehr spanisches Recht (u.U. sogar ein entsprechendes Foralrecht!) Anwendung.

riae des Erblassers zu beurteilen.[798] Soweit nun die berufenen fremden Erbunwürdigkeitsregeln im Sachnormbereich eine Unterhaltspflichtverletzung als Erbunwürdigkeitsgrund kennen, stellt sich die Frage, welcher Rechtsordnung die für dieses präjudizielle Rechtsverhältnis heranzuziehenden Kollisionsnorm zu entnehmen ist. Konkret geht es darum, ob man für die Frage einer Unterhaltspflicht auf die Kollisionsnorm der *lex fori* zurückgreift oder die unterhaltsrechtliche Fragestellung vom durch das Erbstatut berufenen Recht „miterledigen" lässt. Angesprochen ist hier das sogenannte „Vorfragenproblem", eines der umstrittensten Gebiete des allgemeinen Teils des IPR.

2.3.1.1 Die Vorfrage im Recht der Erbunwürdigkeit

Im Zusammenhang mit dem Erbunwürdigkeitsrecht lässt sich – unter der Prämisse, dass dem jeweiligen Sachrecht eine Unterhaltspflichtverletzung als Erbunwürdigkeitsgrund bekannt ist – die Vorfrage konkret wie folgt formulieren: *Besteht oder bestand eine Unterhaltspflicht?*[799]

Soweit ersichtlich gibt es speziell zu dieser Thematik weder Veröffentlichungen noch Rechtsprechungsnachweise, was natürlich damit zusammenhängen mag, dass das deutsche Erbunwürdigkeitsrecht eine Unterhaltspflichtverletzung tatbestandlich nicht kennt und auch sonst keine Rechtsbegriffe enthält, die ein Vorfragenproblem aufwerfen könnten.[800] Auch ansonsten spielt die Vorfragenproblematik im Erbrecht eine bedeutende praktische Rolle,[801] was nicht heißt, dass hier der Meinungsstreit entschieden wäre. In der Rechtsprechung herrscht – dies gilt insbesondere auch für das Erbrecht – die Tendenz vor, Vorfragen selbstständig anzuknüpfen. Es entscheidet demnach nicht das Kollisionsrecht des Erbstatuts, sondern dasjenige der *lex fori*, nach welchem Recht eine

---

[798] Auch nach Inkrafttreten der europäischen Verordnung umfasst der Regelungsbereich des insoweit maßgebenden Rechts auch die Erbunwürdigkeit (Art. 19 Abs. 2 lit. e) Alt. 2 VO-Entwurf).

[799] Hieran kann sich nachgelagert – bei Auseinanderfallen von Erbunwürdigkeitsstatut und Unterhaltsstatut – die Frage stellen, inwieweit eine Verletzung dieser Pflicht substituierbar ist (vgl. hierzu unten III. 2.)

[800] Allerdings kann sich das Vorfragenproblem sowieso nur bei ausländischem Erbstatut stellen. Die Konzeption des deutschen Erbunwürdigkeitsrechts ist sonach irrelevant.

[801] MüKo-EGBGB-*Birk*, Art. 25, Rz. 80, führt als Beispiele an: Bestehen einer Ehe oder Lebenspartnerschaft, maßgeblicher Güterstand, Ehelichkeit eines Kindes, nichteheliche Abstammung, wirksame Adoption, Legitimation, Verwandtschaft, Bestehen einer Forderung oder Zugehörigkeit eines Gegenstandes zum Nachlass, Rechtsfähigkeit des Erben, Vererblichkeit von Rechten und Pflichten.

Vorfrage zu beurteilen ist.[802] Im Schrifttum besteht eine gegenläufige Tendenz.[803]

2.3.1.1.1 Abgrenzung zu anderen Konstellationen

Zunächst ist jedoch zu klären, wann überhaupt ein Vorfragenproblem im Rahmen des Erbunwürdigkeitsrechts auftaucht. Voraussetzung ist – wie eingangs erläutert – das Vorliegen eines präjudiziellen Rechtsverhältnisses im Tatbestand der ausländischen Sachnorm. Hier ist zunächst abzugrenzen von rein deskriptiven Tatbestandsmerkmalen. Diese werden ausgelegt und subsumiert, die Vorfragenproblematik stellt sich hier nicht. Sofern also der Sachverhalt, der zur Erbunwürdigkeit führt, keinen Rechtsbegriff enthält, der selbst als Anknüpfungsgegenstand einer Kollisionsnorm der *lex fori* in Betracht kommt, gibt es kein Problem. Dies ist etwa bei den Erbunwürdigkeitsgründen nach deutschem Recht der Fall.[804] Anders liegt es aber in den Fällen, in denen etwa konkret die Unterhaltspflichtverletzung als Erbunwürdigkeitsgrund genannt ist. Hier wird die Vorfragenproblematik relevant. Zwischen diesen beiden Positionen sind Fälle anzusiedeln, die zwar nicht im Wege der Qualifikation einer konkreten Kollisionsnorm subsumierbar sind, allerdings über rein deskriptive Merkmale hinaus normative Bestandteile aufweisen. Das österreichische Recht kennt – um ein Beispiel zu nennen – den Erbunwürdigkeitstatbestand der Verletzung des Eltern-Kind-Verhältnisses. Was aber macht das Eltern-Kind-Verhältnis aus? Auch hier könnte es bei der „bloßen" Subsumtion bleiben, wobei sich naturgemäß die Frage stellen lässt, inwieweit Wertungen der ausländischen Rechtsordnung hier zur Konkretisierung herangezogen werden können oder müssen.

Des Weiteren sind hier Konstellationen auszugrenzen, in denen die berufene Sachnorm zwar einen Rechtsbegriff enthält, dieser aber der Konkretisierung durch die eigene Rechtsordnung unterliegt. Ergänzte man beispielsweise die geltenden Erbunwürdigkeitsgründe im deutschen Recht um einen Tatbestand der Erbunwürdigkeit aufgrund von Unterhaltsverwirkung, so ließe sich dieser Fas-

---

[802] MüKo-EGBGB-*Birk*, Art. 25, Rz. 81, allerdings einschränkend insofern, als dies nur eine allgemeine Leitlinie darstellt, die je nach Lage des Einzelfalls zugunsten einer unselbstständigen Anknüpfung modifiziert werden kann. Für *Birk* ist letztlich entscheidungserheblich, ob die selbstständige Anknüpfung einer Vorfrage die Lösung ungebührlich beeinträchtigt, verfremdet oder pervertiert (*Birk*, a. a. O., Rz. 82).

[803] MüKo-EGBGB-*Birk*, Art. 25, Rz. 83, vgl. zur Auffassung im Schrifttum *Jayme*, ZfRVgl 1983, 162, 174 f.; krit. auch *Siehr*, IPR § 20,VIII.; *Wengler*, IPRax 1984, 68 ff., will das Problem durch alternative Anknüpfung der Vorfrage lösen.

[804] Vgl. aber zur Verwirklichung von Erbunwürdigkeitstatbeständen im Ausland *Ferid*, FS Beitzke, S. 479 ff.

sung durch Auslegung entnehmen, dass die Prüfung, ob eine Unterhaltsverwirkung vorliegt, dem deutschen Recht zu entnehmen ist. Die Fassung der Sachnorm ist also entscheidend für den Verweisungsumfang. Nur wenn die Sachnorm einen Rechtsbegriff enthält, der Anknüpfungsgegenstand einer Kollisionsnorm der *lex fori* ist und darüber hinaus die Auslegung ergibt, dass keine (versteckte) Verweisung auf Sachnormebene vorliegt, stellt sich das Vorfragenproblem.

2.3.1.1.2 Fragestellung

Diese Fragen mit bloßem Auslandsbezug bleiben im Folgenden ausgeklammert; die an dieser Stelle interessierende Vorfragenproblematik stellt sich nur, wenn das Tatbestandsmerkmal der ausländischen Sachnorm Anknüpfungsgegenstand einer inländischen Kollisionsnorm ist. Hier muss, bevor die von den Parteien gestellte Hauptfrage (Erbunwürdigkeit) beantwortet werden kann, zunächst über den Bestand des Rechtsverhältnisses (Unterhaltspflicht) entschieden werden. Der Tatbestand im fremden Erbunwürdigkeitsrecht nimmt somit auf die Unterhaltspflicht als präjudizielles Rechtsverhältnis Bezug. Abstrakt formuliert:[805] Das Tatbestandsmerkmal der verwiesenen Rechtsnorm (Unterhaltspflichtverletzung) ist zugleich Anknüpfungsbegriff einer Kollisionsnorm (Unterhaltsstatut). Die Problematik liegt nun gerade darin zu bestimmen, welcher Rechtsordnung die für die Vorfrage heranzuziehende Kollisionsnorm zu entnehmen ist: Gilt insoweit das eigene Recht des mit der Sache befassten Gerichts (also die *lex fori* – sog. selbstständige Anknüpfung) oder das für die Hauptfrage maßgebende Recht (die *lex causae* – sog. unselbstständige Anknüpfung)? Konkret auf den Ausgangsfall bezogen lautet die Frage, welches Kollisionsrecht – deutsches als *lex fori* oder kroatisches als *lex causae* – für die vom kroatischen Erbrecht aufgeworfene Frage nach einer Unterhaltspflichtverletzung maßgeblich ist.

2.3.1.1.3 Die Vorfragenproblematik als Problem des Allgemeinen Teils des IPR

Das Problem der Vorfrage ist vergleichsweise jung. In Deutschland wird der Terminus „Vorfrage“[806] seit den 1930ern verwendet.[807] Dass dies erst so spät

---

[805] Nach *v. Bar/Mankowski*, IPR I, § 7 Rz. 182.

[806] Zur Kritik am Begriff der Vorfrage vgl. *Bernitt*, Vorfragenanknüpfung, S. 19, wonach manche Autoren Begriffe wie *„nachfolgende“* (da erst nach Anknüpfung auftretend), *„bedingten“* oder *„Inzident“*-Frage befürworten. In Frankreich spricht man von *„questions préalables“*, in England von *„incidental questions“* oder *„preliminary questions“*. Aufgrund der *„Entdeckung“* der Vorfrage in Deutschland findet man auch in anderen Rechtsordnungen die deutsche Bezeichnung *„Vorfrage“*; vgl. hierzu ausführlich *Bernitt*,

erfolgte, liegt nicht etwa daran, dass dieser Fragenzusammenhang nicht bereits zuvor bekannt war. Vielmehr war für die älteren Autoren selbstverständlich, dass eine Rechtsfrage, bezüglich derer eine Kollisionsnorm der *lex fori* existiert, nach dieser angeknüpft werden muss; dies unabhängig vom Zusammenhang, in dem die Rechtsfrage auftaucht.[808] Das Vorfragenproblem nach heutigem Verständnis trat erst mit der Überlegung hervor, bei Vorfragen abweichend von der allgemeinen Regel das IPR der *lex fori* zu verlassen und zum IPR der *lex causae* überzugehen, also „unselbstständig"[809] nach dem Recht der Hauptfrage anzuknüpfen. Diesen Gedanken vertrat 1932 erstmalig *Melchior*[810], zwei Jahre später widmete *Wengler*[811] diesem Thema eine umfangreiche Abhandlung. Dies führte zu einer bis heute andauernden Diskussion.[812] Waren ursprünglich die vertretenen Positionen noch relativ eindeutig der „selbstständigen" bzw. „unselbstständigen" Anknüpfung zuzuordnen, kam es in der Folgezeit zu weitreichenden Differenzierungen. Auf beiden Seiten wurden vielfach Zugeständnisse an die jeweils gegenläufige Auffassung gemacht, es finden sich vermittelnde Ansichten. Festgestellt werden kann, dass eine ausnahmslos unselbstständige Vorfragenanknüpfung nicht mehr vertreten wird, so sie denn überhaupt jemals vertre-

Vorfragenanknüpfung, S. 20, wonach das Problem der Vorfragenanknüpfung aufgrund seiner Komplexität, des hohen Grades an Abstraktion und der Tatsache, dass es oft irrig für eine rein theoretische Frage gehalten wird, gern als typisch deutsches Problem angesehen wird.

807 *v. Bar/Mankowski*, IPR I, § 7 Rz. 182: Als „Entdecker" des kollisionsrechtlichen Vorfragenproblems gelten *Melchior*, Grundlagen des IPR (1932), S. 245 ff. und *Wengler*, RabelsZ 8 (1934), S. 148 ff.

808 *Schurig*, FS Kegel (1987), 549, 552: *„Das wurde praktiziert, aber nicht diskutiert"*. Lediglich im Zusammenhang mit Fragen der Staatsangehörigkeit wurde eine originäre Anwendung der Kollisionsnormen des betreffenden Staats angedacht, so *Schurig*, FS Kegel (1987), 549, 552, mit Hinweis auf *Zitelmann*, der sogar insoweit keine Ausnahme zulassen wollte (auch im Widerspruch zum Recht des Staates, dessen Staatsangehörigkeit im Spiel war): *„Unzweifelhaft sind diese Ergebnisse nicht nur sinnwidrig – sie widersprechen dem Sinn der Staatsangehörigkeit als einer auf dem eigenen Willen des betreffenden Staates beruhenden Eigenschaft –, sondern auch praktisch unbefriedigend; aber sie sind unvermeidlich,..."* (*Zitelmann*, IPR, II, 1912, 837–843).

809 Die Terminologie ist nicht ganz einheitlich. Bisweilen wird auch von „abhängiger" (d. h. vom jeweiligen Statut der Hauptfrage) Anknüpfung gesprochen (so *Schurig*, FS Kegel (1987), 549 ff.

810 *Melchior*, Grundlagen des IPR, S. 246–265.

811 *Wengler*, Die Vorfrage im Kollisionsrecht, RabelsZ Bd. 8 (1934), 148–251.

812 Vgl. etwa in jüngster Zeit die Abhandlung von *Bernitt*, Vorfragenanknüpfung, Tübingen 2010.

ten wurde.[813] Waren ursprünglich die Vertreter der selbstständigen Anknüpfung zahlenmäßig in der Überzahl, erscheint heute die Auffassung der unselbstständigen Anknüpfung im Vordringen zu sein.[814] Nach Ansicht vieler Autoren ist eine Regel schon vom Grundsatz her nicht möglich.[815] Teilweise wird eine fallgruppenbezogenen Regelung befürwortet,[816] andernorts will man den Zweck der Kollisionsnorm zur Entscheidung heranziehen[817] oder die Entscheidung von der Auslegung der ausländischen Sachnorm abhängig machen, die auf die Hauptfrage anzuwenden ist.[818] Teilweise wird auch auf die überwiegenden Interessen verwiesen.[819] Die Rechtsprechung ist uneinheitlich, sie bedient sich nach Bedarf bei den Ergebnissen dieser oder jener Meinung.[820]

2.3.1.1.4 Grundargumentationen zum Vorfragenproblem

Die vorliegende Untersuchung kann sich nicht zum Ziel setzen, eine umfassende Diskussion der Vorfragenproblematik unter Einbeziehung aller hierzu vertretenen Ansichten zu führen. Letztlich ist dies für den Gegenstand dieser Arbeit auch nicht notwendig. Vielmehr sollen die grundsätzlichen Argumentationslinien aufgezeigt werden, anhand derer dann auch eine Entscheidung für die in Bezug auf die Erbunwürdigkeit relevante Frage zu treffen ist. Die folgende Dar-

---

813 *Schurig*, FS Kegel (1987), 549, 554. Anders verhält es sich wohl im Hinblick auf die selbstständige Anknüpfung, hier wird eine streng selbstständige Anknüpfung teilweise nach wie vor gefordert (vgl. nur *Schurig*, FS Kegel (1987), 549, 554; auch *Raape/Sturm*, IPR, Bd. 1, § 16, III).

814 Dies gilt jedenfalls – so *Schurig*, FS Kegel (1987), 549, 554 – für die *„grundsätzliche"* Position. Den verschiedenen, unterschiedlich begründeten Ausnahmen kommt hierbei erhebliche Bedeutung zu.

815 Vgl. hier die Gesamtschau des Meinungsspektrums bei *Schurig*, FS Kegel (1987), 549, 555 (dort Fn. 15).

816 Vgl. etwa *Henrich*, Die Vorfrage im Internationalen Privatrecht, S. 141 f.

817 *Raape*, Internationales Privatrecht (5. Aufl.), S. 119: *„Es stellt sich daher die Frage, was wichtiger ist, der äußere oder der innere [Entscheidungseinklang]. Wie mir scheint, lässt sich die bezeichnete Frage nicht einheitlich beantworten. [...] Es kommt eben darauf an, ob die eine unserer Kollisionsnormen um der Entscheidungsharmonie willen die andere verdrängen, absorbieren will, bzw. ob die andere sich eine solche Verdrängung gefallen lässt. Es hängt das von dem Sinn und Zweck der Normen, von ihrer ganzen Tendenz, ab."*

818 *Wolff*, Das internationale Privatrecht Deutschlands, S. 81.

819 So *Schwimann*, Grundriss des internationalen Privatrechts, 1982, S. 31, spricht sich aber im Zweifel für eine unselbstständige Anknüpfung aus.

820 So *Schurig*, FS Kegel (1987), 549, 555, mit Verweis auf BGH (Urt. v. 15.2.1984), IPRax 1986, 35 (unselbstständige Anknüpfung); BGH (Urt. v. 12.03.1981), FamRZ 1981, 651 (selbstständige Anknüpfung).

stellung versteht sich daher als eine dem Überblick dienende, auf weiterführende Literatur wird an den entsprechenden Stellen hingewiesen werden. Auch auf eine Abgrenzung der Vorfrage zu ähnlichen Instituten – oft nimmt diese in den monographischen Schriften zur Vorfrage breiten Raum ein – wird verzichtet.[821]

Das umstrittene Problem bei Vorfragen ist – dies wurde bereits erwähnt – deren Anknüpfung. Es gibt eine echte Alternative zwischen einer selbstständigen und einer unselbstständigen Anknüpfung. Eine selbstständige Anknüpfung von Vorfragen bedeutet, dass Vorfragen nach dem IPR der *lex fori* angeknüpft werden.[822] Eine unselbstständige Anknüpfung von Vorfragen bedeutet, dass Vorfragen nach dem IPR des für die Hauptfrage maßgeblichen Rechts, der *lex causae*, angeknüpft werden.[823] Wie diese Alternative zu entscheiden ist, ist das sogenannte Vorfragenproblem. Zu ihm besteht erhebliche Meinungsvielfalt, die insbesondere bei den zahlreich unternommenen Differenzierungsversuchen mit den ihnen eigenen Ausnahmen, Rück- und Gegenausnahmen erhebliche Verständnisprobleme bereiten kann.[824]

In voller Schärfe stellt sich das Vorfragenproblem nur, wenn drei Voraussetzungen erfüllt sind: Erstens muss die Vorfrage aus einem ausländischen IPR oder Sachrecht stammen. Denn wenn ein präjudizielles Rechtsverhältnis im Tatbestand einer Kollisionsnorm des Forums auftaucht, handelt es sich um eine Erstfrage. Und für eine Vorfrage aus dem Sachrecht des Forums gibt es ebenfalls keine rechte Alternative bei der Anknüpfung, da *lex fori* und *lex causae* identisch sind, bei selbstständiger wie bei unselbstständiger Anknüpfung also für die Vorfrage das IPR des Forums heranzuziehen ist. Zweitens müssen das IPR der *lex fori* und das IPR der *lex causae* zu unterschiedlichen für die Vorfrage anwendbaren Rechten kommen, andernfalls kann eine Entscheidung mangels Relevanz dahinstehen. Drittens ist der Streit um die Vorfragenanknüpfung dann

---

821 Zur Einordnung der Vorfrage in das System des Kollisionsrechts sehr instruktiv *Bernitt*, Vorfragenanknüpfung, S. 9 ff., zur Abgrenzung der Vorfrage zu anderen kollisionsrechtlichen Instituten, *dies.*, S. 22 ff. m. w. N.

822 *V. Bar/Mankowski*, IPR I, § 7 Rz. 192 spricht sich für eine selbstständige Anknüpfung aus; ebenso BGHZ 43, 213 (218 ff.); BGH NJW 1981, 1900, 1901; BayObLG IPRax 1991, 119 f.; *Raape/Sturm*, IPR, Bd. 1, § 16 III; *Schurig*, FS Kegel (1987), 549, 591 ff.; Soergel-*Kegel*, Vor Art. 3 EGBGB Rz. 130 m. w. N.; *Mankowski*, FS Rolf Herber (1999), 147, 149 f.; *Kegel/Schurig*, IPR, § 9 II 1; *Kropholler*, IPR, § 32 IV 2.

823 Dafür u.a. *Melchior*, Grundlagen des IPR, S. 256 (258); *Wengler*, RabelsZ 8 (1934), 148, 151; *Neumayer*, RabelsZ 36 (1972), 81; *Neuhaus*, Grundbegriffe, 345; *Böhmer*, FS Karl Firsching (1985), 41, 44 ff.; MüKo-*Sonnenberger*, Einl. IPR Rz. 499 ff.; *Siehr*, IPR, § 52, II. 3a; Palandt-*Thorn*, Einl. v. Art. 3 EGBGB, Rz. 29.

824 So *v. Bar/Mankowski*, IPR I, § 7 Rz. 192.

nicht aufzulösen, wenn zwar das IPR der *lex fori* und das IPR der *lex causae* zu unterschiedlichen für die Vorfrage anwendbaren Rechten kommen, diese Rechte die Vorfrage aber in der Sache genau gleich beantworten.[825]

Konkret im Hinblick auf den Untersuchungsgegenstand stellt sich die Vorfragenproblematik demnach dann nicht, wenn die beteiligten Rechtsordnungen Vertragsstaaten des Haager Unterhaltsprotokolls sind, dann ist – entsprechend den obigen Ausführungen – die zweite Voraussetzung bereits nicht erfüllt. In Drittstaatenfällen stellt sich das Vorfragenproblem allerdings mangels Einschlägigkeit vorstehender Konstellationen.

2.3.1.1.5 Die Anknüpfung von Vorfragen – Grundlinien der Argumentation

Für die unselbstständige Vorfragenanknüpfung wird der internationale Entscheidungseinklang ins Feld geführt.[826] Schließlich entscheidet man mit ihr ebenso wie ein Richter im Staat der *lex causae*.[827] Überhaupt wird das gesamte Vorfragenproblem oft auf den Widerstreit zwischen den beiden Prinzipien der internationalen und internen Entscheidungsharmonie reduziert.[828]

Spiegelbildlich hierzu berufen sich die Vertreter der selbstständigen Anknüpfung auf den internen Entscheidungseinklang.[829] Hier wird die innere Ge-

---

[825] *V. Bar/Mankowski*, IPR I, § 7 Rz. 192.

[826] *V. Bar/Mankowski*, IPR I, § 7 Rz. 193; *Melchior*, Grundlagen des IPR, S. 247 f. und *Wengler*, RabelsZ 8 (1934), 148, 197 ff.; vgl. auch *Bernitt*, Vorfragenanknüpfung, S. 36 m. w. N., S. 43: *„Der internationale Entscheidungseinklang ist tatsächlich das am häufigsten für die unselbstständige Anknüpfung angeführte Argument und beruht auf erstrebenswerten Zielen."* – im Ergebnis spricht sich *Bernitt* allerdings für die selbstständige Anknüpfung aus

[827] *Siehr*, IPR, § 52, II. 3a. Dem wird entgegenhalten, dass selbst bei unselbstständiger Anknüpfung internationaler Entscheidungseinklang nur unter weiteren (engen) Voraussetzungen gefördert wird, was der Argumentation an Überzeugungskraft nimmt; so bleiben etwa verfahrensrechtliche Unterschiede zwischen den Rechtsordnungen unberührt. Auch bewirkt die unselbstständige Anknüpfung nur, dass das berufene Gericht auf die Vorfrage dasselbe Recht anwendet, das auch die Gerichte des Staates der *lex causae* heranzögen. Es handelt sich dabei aber um das Recht, das letztere Gerichte heranzögen, wenn sich die Vorfrage bei ihnen als Hauptfrage stellte. Ob sie auch eine entsprechende Vorfrage nach demselben Recht beantworten würden, hängt davon ab, welchem Recht sie die dazugehörige Hauptfrage unterstellen. Hierauf hat die unselbstständige Vorfragenanknüpfung keinen Einfluss.

[828] *Bernitt*, Vorfragenanknüpfung, S. 36.

[829] *Kropholler*, IPR § 32 IV; *Bernitt*, Vorfragenanknüpfung, S. 60 f., insbesondere auch zu den Zielen des internen Entscheidungseinklangs (S. 61), die da sind: Widerspruchsfreiheit eines Rechtssystems (*Kegel/Schurig*, IPR, § 9 II 1., *v. Bar/Mankowski*, IPR I, § 7

schlossenheit aller Entscheidungen der Gerichte desselben Staats in den Vordergrund gestellt. Interner Entscheidungseinklang ist erreicht, wenn die Gerichte eines Staats dasselbe Rechtsverhältnis in allen Zusammenhängen gleich beurteilen. Vor- und Hauptfrage werden gleich behandelt, man knüpft den Gegenstand, der sich als Vorfrage stellt, ebenso an, wie man ihn anknüpfen würde, wenn er sich als Hauptfrage stellte.[830] Letztlich muss im Wege einer Abwägung zwischen internem und internationalem Entscheidungseinklang geklärt werden, welchem dieser beiden Zielvorstellungen der Vorzug zu geben ist.[831]

Ferner wird die Ersetzbarkeit von Rechtsbegriffen durch Tatsachenbegriffe von den Vertretern beider Richtungen als Argument für ihre jeweilige Sichtweise herangezogen: Die Vorfragenproblematik setzt notwendigerweise einen Rechtsbegriff voraus. Dem Gesetzgeber wäre es hingegen unbenommen geblieben, einen solchen durch Tatsachenbegriffe zu umschreiben, was zur Folge hätte, dass die Vorfragenproblematik gar nicht entstünde. Für die Vertreter der unselbstständigen Anknüpfung ist diese – ihrer Auffassung nach letztlich zufällige – Entscheidung des Gesetzgebers ein Beweis dafür, dass auch bei der Behandlung von Vorfragen (denn bei Tatsachenbegriffefn wäre dies ohnehin der Fall) der *lex causae* zu folgen sei. Die Befürworter der selbstständigen Anknüpfung argumentieren umgekehrt. Wenn der Gesetzgeber einen Rechtsbegriff verwende, so tue er dies bewusst, hierdurch mache er die Norm automatisch kollisionsrechtlichen Fragen zugänglich. Aus der Verwendung von Tatsachen- oder Rechtsbegriffen lässt sich daher ein Argument weder zur Unterstützung der unselbstständigen Vorfragenanknüpfung noch einer anderen Ansicht ableiten.[832]

Für die unselbstständige Vorfragenanknüpfung wird außerdem angeführt, dass die für die Hauptfrage maßgebliche Rechtsordnung durch die Kollisionsnormen der *lex fori* in ihrer Gesamtheit berufen werde.[833] Dass die *lex cause* eine Vorfrage aufwirft, bedeutet aber nicht zwangsläufig, dass ihr auch deren Beantwortung obliegt. Vielmehr beruht diese Annahme gerade auf der Voraus-

---

Rz. 195); Rechtssicherheit bzw. Ordnungsfunktion des Rechts (Gefahr hinkender Rechtsverhältnisse innerhalb einer Rechtsordnung); *Füllemann-Kuhn*, Vorfrage, S. 19.

830 *Henrich*, Vorfrage, S. 104; *Hausmann*, Schranken, S. 71; *Füllemann-Kuhn*, Vorfrage, S. 19; *v. Bar/Mankowski*, IPR I, § 7 Rz. 194. *Schurig*, FS Kegel (1987), 549, 578.

831 Nach *v. Bar/Mankowski*, IPR I, § 7 Rz. 194, wiegt bei der Abwägung zwischen den beiden Ordnungsinteressen der interne Entscheidungseinklang schwerer, der internationale sei das schwierigere und formalere Ziel.

832 So auch *Bernitt*, Vorfragenanknüpfung, S. 44.

833 *Melchior*, Grundlagen des IPR, S. 248; *Wengler*, RabelsZ 8 (1934), 194 ; *von Hoffmann/Thorn*, IPR, § 6 Rz. 68.

setzung, die sie beweisen soll (*petitio principii*).[834] Letztlich kommt es auf den Umfang der Verweisung durch die *lex fori* an. Der Struktur des Kollisionsrechts und den hinter den Kollisionsnormen stehenden Interessen[835] lässt sich entnehmen, welcher Teil der fremden Rechtsordnung berufen wird.[836] Die für die von der Kollisionsnorm gewählte Anknüpfung maßgeblichen Interessen gelten jedoch nur für das jeweilige Rechtsgebiet, [837] das moderne Kollisionsrecht beruht zum großen Teil auf Typenbildung, für entsprechende Kategorien werden Anknüpfungsmerkmale festgelegt.[838] Eine Vorfrage lässt sich gerade nicht mit dem Teil der Vorschriften der *lex causae* beantworten, der von der *lex fori* für die Hauptfrage zur Anwendung berufen wurde. Die für die Hauptfrage ausgesprochene Verweisung enthält daher kein Argument für die unselbstständige Vorfragenanknüpfung.[839]

Die Befürworter der unselbstständigen Vorfragenanknüpfung kritisieren die Anwendung des Kollisionsrechts der *lex fori*, weil auf diese Weise die innere Logik der *lex causae* zerstört werde.[840] Allerdings ließe sich dem entgegensetzen, dass das Internationale Privatrecht gerade auf der Anwendung mehrerer Rechte auf einen Sachverhalt basiert, diese zumindest in Kauf nimmt. Als Beispiel ließe sich in diesem Zusammenhang das Institut der *dépecage* anführen. Zudem besteht auch bei unselbstständiger Anknüpfung keine Gewissheit, dass letztlich das materielle Recht der *lex causae* hinsichtlich der Vorfrage Anwendung findet. Das Argument verliert daher zusätzlich an Gewicht.[841]

Teilweise wird gegen die unselbstständige Vorfragenanknüpfung vorgebracht, diese lasse sich nicht mit den Grundprinzipien der Qualifikation in Übereinstimmung bringen.[842] Je nach Kontext schüfe man für denselben Anknüpfungsgegenstand mehrere Anknüpfungspunkte.[843] Die Kollisionsnorm für die

---

834 *Bernitt*, Vorfragenanknüpfung, S. 45.

835 Vgl. zur „Interessenlehre“ *Kegel/Schurig*, IPR, S. 134 ff.

836 *Bernitt*, Vorfragenanknüpfung, S. 45; *Mansel*, FS Kropholler, 360. „

837 *Bernitt*, Vorfragenanknüpfung, S. 46; *Schurig*, Kollisionsnorm, S. 99; *ders.*, FS Kegel, 561; *von Bar/Mankowski*, IPR I, § 7 Rz. 195.

838 So *Kropholler*, IPR, § 14, zur Frage: Typenbildung oder Individualisierung?

839 *Bernitt*, Vorfragenanknüpfung, S. 46.

840 *Lagarde*, Rev.crit. 1960, 470: *„On risquerait en effet de dénaturer le droit étranger applicable à la question principale si l'on soumettait à la règle de conflit du for la question préalable.“*; *Bernitt*, Vorfragenanknüpfung, S. 47.

841 *Bernitt*, Vorfragenanknüpfung, S. 47.

842 So *v. Bar/Mankowski*, IPR I, § 7 Rz. 195.

843 *V. Bar/Mankowski*, IPR I, § 7 Rz. 195, plakativ: *„ [...] wer es grundsätzlich für möglich hält, dass eine deutsche Kollisionsnorm in gewissen Fällen von einer anderen deut-*

Hauptfrage würde insoweit manipuliert. Zugleich reduzierte man diejenigen Kollisionsnormen, deren Anknüpfungsgegenstand für die Vorfrage unzweifelhaft wäre, wenn sie sich als isolierte Hauptfrage stellte.[844] Die mit der unterschiedlichen Qualifikation ausgedrückte unterschiedliche Bewertung der jeweiligen Anknüpfungsinteressen würde überspielt.[845]

Auch praktische Erwägungen sprechen für die selbstständige Anknüpfung.[846] Zwar sind Schwierigkeiten bei der Anwendung fremden Rechts mit dem IPR zwangsläufig verbunden. In diesem Zusammenhang stellt sich allerdings die besondere Problematik, dass die Haltung des fremden IPR zur Vorfragenproblematik dem mit der Sache befassten inländischen Gericht nicht unerhebliche Schwierigkeiten bereitet.[847]

2.3.1.1.6 Anknüpfung der Unterhaltsverpflichtung im Erbunwürdigkeitsrecht als Vorfrage

Nach diesen – allgemeinen – Ausführungen zur Vorfragenproblematik geht es im Folgenden darum, die gewonnenen Erkenntnisse für die Behandlung der Unterhaltspflichtverletzung im Rahmen der Erbunwürdigkeitsgründe nutzbar zu machen. Es bleibt die Frage, welcher „Doktrin" man speziell hinsichtlich der vorliegenden Problematik folgen möchte. Insoweit versteht sich der folgende Teil auch als „vermittelnde Lösung" des Vorfragenproblems. Die abstrakt gehaltene Vorfragendiskussion wird meistens – wie auch aus obigen Ausführungen ersichtlich – im Sinne eines „Entweder-oder" geführt. Übersehen wird dabei, dass auch die Anknüpfung mittels flexibler Kriterien unter Beachtung des konkreten Einzelfalls in Betracht kommt.[848] Nimmt man die bedeutende Frage nach dem Entscheidungseinklang als Hauptstreitpunkt der widerstreitenden Doktrinen in den Blick, so zeigt sich, dass diese Diskussion sehr abstrakt und formal geführt wird. Dabei wird übersehen, dass interner und internationaler Entscheidungseinklang keine isoliert zu betrachtenden Ordnungsinteressen sind (und

---

schen Kollisionsnorm verdrängt oder absorbiert werde, erklärt sich bereit, in diesen „gewissen Fällen" das Scheidungsstatut auch für die materiellen Voraussetzungen der Eheschließung, das Deliktsstatut auch für die Frage der Eigentumsverhältnisse an der zerstörten Sache, das Erbstatut auch für die Frage der Wirksamkeit einer Ehe oder einer Adoption heranzuziehen usw.".

844 *Mankowski*, FS Rolf Herber (1999), 147, 150.

845 *Mankowski*, FS Rolf Herber (1999), 147, 150.

846 Vgl. hierzu *Bernitt*, Vorfragenanknüpfung, S. 70.

847 So *Bernitt*, a. a. O., insbesondere mit dem Hinweis, dass die unselbstständige Anknüpfung bei Vorfragen „höheren Grades" recht schnell außerordentlich kompliziert werde.

848 Vgl. hierzu *Bernitt*, Vorfragenanknüpfung, S. 89 ff.

damit einer abstrakten, pauschalen Abwägung zugänglich), sondern – je nach Sachverhalt – unterschiedliches Gewicht bekommen können. So wird von einigen Autoren[849] die Anknüpfungsfrage von der konkreten Bedeutung des Entscheidungseinklangs (stärkere In- oder Auslandsbeziehung) abhängig gemacht.

Übertragen auf das Erbunwürdigkeitsrecht zeigt sich insofern, dass das Hauptargument für die selbstständige Vorfragenanknüpfung – Vermeidung von widersprüchlichen Entscheidungen innerhalb einer Rechtsordnung – hier nicht greift. Konkret geht es ja um die Anknüpfung der Unterhaltspflicht. Diese Vorfrage kann aber, da der Unterhaltsberechtigte bereits verstorben ist, nicht mehr Gegenstand einer Hauptfrage sein. Es steht insofern nicht mehr zu befürchten, dass es zu divergierenden Entscheidungen hinsichtlich einer bestehenden Unterhaltspflicht kommt. Dieses Argument der Befürworter der selbstständigen Anknüpfung verliert im vorliegenden Zusammenhang daher an Gewicht. Hingegen spricht die starke Beziehung der Vorfrage (Unterhaltspflichtverletzung) zur *lex causae* eher dafür, diesen Zusammenhang zu betonen und die Vorfrage insoweit unselbstständig anzuknüpfen. Spiegelbildlich wird die Nähe der *lex fori* zur Vorfrage häufig fehlen. Stellt sich für einen deutschen Richter die Frage nach der Erbunwürdigkeit nach ausländischem Recht und kommt es hierfür auf die Frage einer Unterhaltspflichtverletzung an, so ist die Stärke des Inlandsbezugs schon insoweit abgeschwächt, als das deutsche Erbunwürdigkeitsrecht keine Unterhaltspflichtverletzung als Erbunwürdigkeitsgrund kennt. In der Extremkonstellation, dass die Erbunwürdigkeit nach ausländischem Recht deshalb von einem inländischen Richter verneint werden sollte, weil die Kollisionsnormen der *lex causae* (abweichend von der *lex fori*) im Hinblick auf die Unterhaltspflicht auf eine Rechtsordnung verweisen, wonach eine Unterhaltsverpflichtung nicht gegeben ist, relativiert sich dieses Ergebnis insoweit, als bei Geltung deutschen Erbstatuts die Erbunwürdigkeit bereits mangels einschlägigen Tatbestands nicht gegeben wäre. Dass diese Überlegung dann nicht mehr greift, wenn – *de lege ferenda* – ein Unterhaltspflichtbezug im deutschen Erbunwürdigkeitsrecht eingefügt würde, versteht sich von selbst. Insoweit fallen die Argumente für die selbstständige Vorfragenanknüpfung im Erbunwürdigkeitsrecht entsprechend schwächer aus.

---

[849] *Kunz*, Internationales Privatrecht, Rz. 104 ff. (auch zur Grundlage der Bestimmund der Stärke der In- bzw. Auslandsbeziehung); *Kropholler*, IPR, § 32 IV 2.a); kritisch zur flexiblen Anknüpfung *Bernitt*, Vorfragenanknüpfung, S. 89 f.: *„Die flexible Anknüpfung nach der Bedeutung des Entscheidungseinklangs wird [...] der Dimension des Vorfragenproblems nicht gerecht."*; zudem sieht sie hierin einen *„zu weitgehenden Verzicht auf Rechtssicherheit"*.

2.3.1.2 Vorfragenanknüpfung und Europäisches Kollisionsrecht

Allerdings blieb bislang ein Gesichtspunkt außer Betracht, nämlich die Frage, ob nicht im Hinblick auf ein harmonisiertes europäisches Kollisionsrecht andere Gesichtspunkte an Bedeutung gewinnen. Dies soll im Folgenden untersucht werden. Im autonomen Kollisionsrecht sprechen – zumindest im Grundsatz – gute Gründe für eine selbstständige Vorfragenanknüpfung.

2.3.1.2.1 Ausgangspunkt

Mit Inkrafttreten der EuErbVO ist auf dem Gebiet des Erbrechts ein gemeinsames Kollisionsrecht geschaffen worden. Diese Vereinheitlichung betrifft aber nur das auf die Hauptfrage anwendbare Recht. Da auch die EuUnthVO bereits seit dem 18.6.2011 für die Mitgliedstaaten gilt, entfaltet die Vorfragenproblematik bei grenzüberschreitenden Fällen auf europäischer Ebene keine praktische Relevanz mehr. Die EuErbVO stellt sicher, dass die Hauptfrage (Erbunwürdigkeit) einer einzigen Rechtsordnung überantwortet wird. Stellt sich hierbei die Frage einer Unterhaltspflicht als Vorfrage, so führt die durch die EuUnthVO geschaffene kollisionsrechtliche Harmonisierung dazu, dass es auf den Streit zwischen selbstständiger und unselbstständiger Vorfragenanknüpfung nicht ankommt. Die bei selbstständiger Anknüpfung bestehende Gefahr, dass die Mitgliedstaaten die Vorfrage über ihr eigenes Kollisionsrecht verschiedenen Rechten unterwerfen, besteht bei Harmonisierung des auf die Vorfrage anwendbaren Rechts gerade nicht. Die Vereinheitlichung des auf die Vorfrage anwendbaren Kollisionsrechts führt daher zu internationalem Entscheidungseinklang auf europäischer Ebene. Von Bedeutung ist die Frage hingegen in der Konstellation, dass als Erbstatut die Rechtsordnung eines Drittstaats zur Anwendung berufen ist, der seinerseits nicht Vertragsstaat des Haager Protokolls von 2007[850] ist. Dies soll im Folgenden vor Augen geführt werden.

2.3.1.2.2 Drittstaaten

Dass überhaupt das Recht eines Drittstaates im Geltungsbereich der EuErbVO zur Anwendung berufen sein kann, ist möglich durch die Ausgestaltung der EuErbVO als *loi uniforme*:[851] Das vereinheitlichte Kollisionsrecht ist von den EU-

[850] Hier sei nochmals in Erinnerung gerufen, dass die EuUnthVO in ihrem Art. 15 eine entsprechende Verweisungsnorm auf das Protokoll enthält.

[851] Vgl. Art. 20 EuErbVO (Universelle Anwendung): *„Das nach dieser Verordnung bezeichnete Recht ist auch dann anzuwenden, wenn es nicht das Recht eines Mitgliedstaates ist."* Überwiegend sind die kollisionsrechtlichen Staatsverträge als *lois uniformes* ausgestaltet, dies gilt insbesondere für die Haager Übereinkommen; zur Ausgestaltung europäischen Kollisionsrechts als *loi uniforme* vgl. *Jayme/Kohler*, IPRax 2007, 493, 494,

Mitgliedstaaten stets anzuwenden, unabhängig davon, ob das zur Anwendung berufene Recht das eines Mitgliedstaates ist oder nicht; als *lex causae* kann also durchaus das Recht eines Drittstaats einschlägig sein. Ist über die Frage der Erbunwürdigkeit entsprechend dem europäischen Kollisionsrecht das Recht eines Drittstaats als Erbstatut berufen und stellt sich in diesem Rahmen die unterhaltsrechtliche Vorfrage, so kann es – je nach Anknüpfung der Vorfrage – zur Anwendung unterschiedlicher Rechtsordnungen kommen, wenn dieser Drittstaat nicht Vertragsstaat des Haager Unterhaltsprotokolls ist.

Festzuhalten ist, dass im Verhältnis zum Drittstaat die selbstständige Anknüpfung von Vorfragen den gleichen Bedenken ausgeliefert ist (namentlich also Gefährdung des internationalen Entscheidungseinklangs) wie im autonomen Kollisionsrecht. Überhaupt stellen sich im Prinzip die gleichen Fragen wie im autonomen Kollisionsrecht. Allerdings verschieben sich die Akzente: Im autonomen Kollisionsrecht lässt sich das Problem der Vorfrage (vereinfachend) auf die Entscheidung reduzieren, welchem kollisionsrechtlichen Ordnungsprinzip – namentlich also dem internationalen oder dem nationalen Entscheidungseinklang – man den Vorrang einräumen will. Unter Geltung eines europäischen Kollisionsrechts könnte der internationale Einklang mit Drittstaaten gegenüber dem Einklang unter den Mitgliedstaaten von nachrangiger Bedeutung sein. Letztlich geht es auch hier um eine Abwägung zwischen internationalem und internem Entscheidungseinklang. Dieser erlangt allerdings im europäischen Kollisionsrecht eine *"internationale Dimension"*[852], an die Stelle des internationalprivatrechtlichen Wertungsprinzips des nationalen Entscheidungseinklangs im autonomen Kollisionsrecht tritt nun der Leitgedanke europäischer Harmonisierung. Dieses Prinzip des internen Entscheidungseinklangs auf EU-Ebene würde mit der unselbstständigen Anknüpfung der Vorfrage gefährdet.[853]

Dem internen (d. h. europäischen) Entscheidungseinklang kommt daher im europäischen Kollisionsrecht eine noch größere Bedeutung zu als im autonomen Kollisionsrecht. Gleichzeitig ist die Bedeutung des internationalen Entscheidungseinklangs für die Vorfragenanknüpfung stark reduziert. Nachdem die Abwägung bereits im autonomen Kollisionsrecht ein Überwiegen des internen Ent-

welche das Charakteristikum der Universalität des europäischen Kollisionsrechts als "Allgemeingut" für künftige Verordnungen ansehen; zu diesbezüglich auftauchenden Kompetenzfragen vgl. *Bernitt*, Vorfragenanknüpfung, S. 119 f.

852 So zutreffend *Bernitt*, Vorfragenanknüpfung, S. 125.

853 *Bernitt*, Vorfragenanknüpfung, S. 123, 125 sieht hier zutreffend einen Widerspruch zu dem mit der Europäisierung des Kollisionsrechts verfolgten Ziel, europaweit ein überzeugendes und einheitliches Kollisionsrechtssystem durchzusetzen.

scheidungseinklangs gegenüber dem internationalen Einklang ergeben hat, muss dies im europäischen Kollisionsrecht erst recht gelten.[854] Hieraus ergibt sich ein starkes Argument für die selbstständige Anknüpfung von Vorfragen im europäischen Kollisionsrecht.[855]

Ferner ist zu bedenken, dass – selbst wenn man dem internationalen Entscheidungseinklang mit Blick auf den Drittstaat besondere Bedeutung beimessen möchte – auch die unselbstständige Vorfragenanknüpfung dieses Ziel nur eingeschränkt zu realisieren vermag.[856] Denn nur unter den kumulativ vorliegenden Bedingungen, dass der Drittstaat dasselbe Recht auf die Hauptfrage anwendet und Vorfragen ebenfalls unselbstständig anknüpft, kann das Regelungsziel des internationalen Entscheidungseinklangs (im Verhältnis zu dem Drittstaat) verwirklicht werden. Das entsprechende Argument gegen die selbstständige Vorfragenanknüpfung verliert daher zusätzlich an Gewicht.

Ein weiteres Argument für die selbständige Anknüpfung von Vorfragen könnte sich zudem aus der Behandlung des *renvoi* ergeben. Bereits im autonomen Kollisionsrecht wird teilweise aus dem Ausschluss des *renvoi* auf die Unzulässigkeit der unselbstständigen Vorfragenanknüpfung geschlossen.[857] Im europäischen Kollisionsrecht besteht eine grundsätzlich Tendenz, den *renvoi* auszuschließen. Hierin liegt eine Richtungsentscheidung, dem internationalen Entscheidungseinklang mit Drittstaaten grundsätzlich weniger Bedeutung beizumessen.[858] Das bedeutet demnach auch eine „Abwertung“ der unselbstständigen Vorfragenanknüpfung. *Renvoi* und Vorfragenanknüpfung bedingen sich gegenseitig zwar nicht zwingend, allerdings spricht bei Ausschluss des *renvoi* viel für eine Wertungsentscheidung zugunsten der selbständigen Vorfragenanknüpfung.[859]

Speziell im Hinblick auf die EuErbVO besteht zwar die Besonderheit, dass diese – anders als andere auf europäischer Ebene harmonisierte Kollisions-

[854] Hier ist – mit *Bernitt*, Vorfragenanknüpfung, S. 124 – auf die europäische Dimension des internen Entscheidungseinklangs hinzuweisen. Im autonomen Kollisionsrecht wird die selbstständige Anknüpfung gerade mit Blick auf die Widerspruchsfreiheit innerhalb einer Rechtsordnung befürwortet. Im vereinheitlichten europäischen Kollisionsrecht steigt die Bedeutung dieses Aspekts insofern, als nicht mehr nur eine Rechtsordnung, sondern entsprechend der Anzahl der Mitgliedstaaten mehrere betroffen sind.

[855] *Bernitt*, Vorfragenanknüpfung, S. 125.

[856] Vgl. zu diesem Punkt *Bernitt*, Vorfragenanknüpfung, S. 116.

[857] Vgl. hierzu instruktiv *Bernitt*, Vorfragenanknüpfung, S. 51 f., 74 f.

[858] *Bernitt*, Vorfragenanknüpfung, S. 141.

[859] Vgl. *Bernitt*, Vorfragenanknüpfung, S. 51 ff. und S. 74 ff.

rechtskomplexe[860] - den *renvoi* in engen Grenzen zulässt.[861] Bei näherer Betrachtung zeigt sich allerdings, dass die in Art. 34 EuErbVO getroffene Differenzierung – namentlich die Zulassung des *renvoi* bei Rückverweisung auf das Recht eines Mitgliedstaates[862] – den internationalen Entscheidungseinklang mit dem entsprechenden Drittstaat in sinnvoller Weise herbeiführt, ohne dass sich hieraus eine Aufwertung der unselbstständigen Vorfragenanknüpfung ergibt. Denn gerade in dem Fall der Rückverweisung auf das Recht eines Mitgliedstaates spielt die Anknüpfungsfrage der Vorfrage keine Rolle, da beide Varianten zum selben Ergebnis führen.

Im Ergebnis sprechen daher gerade im Hinblick auf die europäische Kollisionsrechtsvereinheitlichung die besseren Gründe für die selbstständige Vorfragenanknüpfung.

2.3.2 Problem der Substitution

2.3.2.1 Problemaufriss

Unabhängig von der Vorfragenanknüpfung kann sich die Problematik der Substitution stellen. Im Hinblick auf den Untersuchungsgegenstand ließe sich dies wie folgt veranschaulichen: Ist die Frage der Erbunwürdigkeit (wegen Unterhaltspflichtverletzung) nach ausländischem Recht zu beantworten, beurteilt sich die Frage der Unterhaltspflichtverletzung allerdings nach einer anderen Rechtsordnung, so können Spannungen entstehen. Denn die Unterhaltspflichtverletzung unterliegt dann nicht der *lex successionis* sondern einem dritten bzw. dem inländischen Recht. Auf den Ausgangsfall bezogen stellt sich das Problem wie folgt: Die Frage der Erbunwürdigkeit richtet sich nach kroatischem Recht als *lex patriae* des Erblassers[863]. Das kroatische Recht kennt die Unterhaltspflichtverletzung als Erbunwürdigkeitsgrund. Die im Hinblick auf die Substitutionsfrage relevante Problematik liegt nun gerade in dem Umstand, dass es sich bei der Unterhaltspflichtverletzung um einen normativen Begriff handelt. Verwendet der

---

[860] Vgl. Art. 24 Rom II-VO; im Grundsatz auch Art. 20 Rom I-VO; Art. 12 UnthProt.

[861] Vgl. die Ausnahmen in Art. 34; diese schränken das Prinzip zwar punktuell ein, lassen den Grundsatz der Sachnormverweisung allerdings unberührt; der Entwurf zur EuErbVO sah noch ausnahmslos eine Sachnormverweisung vor (Art. 26 Erb-VO-Entwurf), kritisch hierzu *Remde*, RNotZ 2012, 65, 75; *Bernitt*, Vorfragenanknüpfung, S. 126 spricht von einem deutlichen „Trend“ zum Ausschluss des Renvoi im europäischen Kollisionsrecht.

[862] Vgl. Art. 34 Abs. 1 a) EuErbVO.

[863] Unter Anwendung der europäischen Verordnung würde sich der Fall nach deutschem Recht beurteilen.

Gesetzgeber normative Begriffe, so hat er – jedenfalls in der Regel – nur die heimische Rechtsordnung im Blick. Bei der konkreten Ausgestaltung der Erbunwürdigkeitsgründe hatte der kroatische Gesetzgeber daher die „Unterhaltspflichtverletzung“ nach kroatischem Recht im Blick. Bei Sachverhalten ohne Auslandsbezug ist dies nicht weiter problematisch. Schwierig wird es dann, wenn – wie hier – eine weitere Rechtsordnung ins Spiel kommt und sich die Frage der Koordination zweier verschiedener Rechtssysteme stellt.

Anders als die Vorfrage[864] stellt sich die Substitutionsproblematik erst (nachgelagert) auf Sachnormebene.[865] Vor einem inländischen Gericht kann die Substitutionsproblematik in zwei Richtungen auftauchen. Es kann ein ausländischer Rechtsvorgang im Rahmen des inländischen Rechts zu ersetzen sein. Daneben kann vor inländischen Gerichten ausländisches Recht zur Anwendung kommen. Innerhalb dieser Rechtsordnung kann sich gleichermaßen die Frage nach der Ersetzung stellen, wenn ein Rechtsvorgang nicht diesem fremden Recht unterliegt, sondern von einem dritten (oder dem inländischen) Recht beherrscht wird. Auch ein Rechtsvorgang des Inlandes kann dann im Rahmen des anwendbaren ausländischen Rechts das Substitutionsproblem aufwerfen.[866] Vor dem deutschen Richter kann das Substitutionsproblem im Rahmen des unterhaltsbezogenen Erbunwürdigkeitsrechts *de lege lata* allerdings nur in einer Richtung auftauchen (Substitution der „Unterhaltspflichtverletzung“ oder eines ähnlichen, normativ geprägten Begriffs einer ausländischen Sachnorm). Beispielhaft ließe sich folgender Fall konstruieren: Infrage steht – bei ausländischem Erbstatut (Rechtsordnung A) – die Unterhaltspflichtverletzung. Diese beurteile sich nach einer anderen Rechtsordnung (B). Nun stellt sich die Frage, ob die nach Rechtsordnung B zu bejahende Unterhaltspflichtverletzung im Rahmen der Rechtsordnung A ohne zusätzliche Erfordernisse „übernommen“ werden kann, auch wenn beide Rechtssysteme wertungsmäßig unterschiedliche unterhaltsrechtliche Bestimmungen vorsehen. Denkbar wäre sonach, dass die vom Erbstatut berufene Rechtsordnung eine Unterhaltspflichtverletzung als Erbunwürdigkeitsgrund statuiert, aber nur in engem Rahmen Unterhaltspflichten vorsieht. Wenn nun die im Rahmen der Unterhaltsfrage anwendbare Rechtsordnung weitreichende Unterhaltspflichten vorsieht, kommt es zu Spannungen, Koordinationsbedarf der verschiedenen Rechtssysteme besteht.

---

[864] Diese ist begrenzt auf die rein internationalprivatrechtliche Problematik.

[865] Vgl. zur Abgrenzung *Hug*, Substitution im IPR, S. 59.

[866] *Hug*, Substitution im IPR, S. 5.

2.3.2.2 Begriff der Substitution

Substitution im internationalen Privatrecht betrifft das Problem der Ersetzbarkeit bestimmter Vorgänge. Auf dem Gebiet des internationalen Privatrechts geht es um die Austauschbarkeit von Rechtsvorgängen bzw. Rechtsverhältnissen[867] innerhalb verschiedener nationaler Rechtsordnungen.[868] Konkret geht es um die Ersetzbarkeit einer ausländischen Rechtserscheinung durch die vom materiellen Recht an sich gemeinte inländische.[869] Jede Rechtsordnung enthält in ihren Normen bestimmte rechtlich geprägte Tatbestandselemente. Ob sich diese nur auf Rechtsvorgänge im Geltungsbereich des eigenen Rechts beziehen oder auch ausländische Vorgänge umfassen und umfassen wollen und durch diese ersetzt werden können, ist der Problembereich der Substitution. Die Substitution als solche ist somit die Ersetzung eines Tatbestandselements einer anwendbaren Sachnorm durch einen Rechtsvorgang, welcher sich unter einem anderen als dem anwendbaren Recht vollzogen hat, und die Problemstellung der Substitution ist die Frage nach den Voraussetzungen der Ersetzbarkeit.[870] Rechtstechnisch ist Rechtsvergleichung, da es sich im weitesten Sinne um ein Auslegungsproblem handelt,[871] unerlässliches Werkzeug.

2.3.2.3 Technik der Substitution

Hug entwickelt in ihrer Untersuchung eine mehrstufige Methode der „Substitutionsprüfung“. Im ersten Schritt sei zu klären, ob der Wille der infrage stehenden Rechtsnorm dahin geht, nur auf inländische Sachverhalte und Rechtsverhältnisse angewendet zu werden oder ob der Gesetzgeber der *lex causae* auch Auslandstatsachen tatbestandserfüllende Wirkung zuerkennen wollte.[872] Sei ein eindeutiger Wille weder in der einen noch in der anderen Richtung zu ermitteln, dann

---

[867] Zur Abgrenzung von der Vorfrage vgl. *Kropholler*, IPR, § 33 I, S. 231: *„Auch die Vorfrage wird durch einen Rechtsbegriff im materiellen Recht aufgeworfen. Aber bei der Substiution geht es nicht um die erneute Einschaltung einer Kollisionsnorm, sondern nur um materiellrechtliche Auslegung.“*

[868] *Hug*, Substitution im IPR, S. 1; der Begriff der Substitution wurde von *Lewald* geprägt; vgl. zur Substitution insgesamt auch *Jayme*, FS Schurig, 73 ff.; *Mansel*, FS Lorenz, 689 ff.; *Carsten Schulz*, Die Subsumtion ausländischer Rechtstatsachen (1997); Besprechung hierzu durch *Looschelders*, RabelsZ 64 (2000), 420; *van Venrooy*, Internationalprivatrechtliche Substitution.

[869] *Kropholler*, IPR § 33 I.

[870] *Hug*, Substitution im IPR, S. 1, mit dem Hinweis auf die Notwendigkeit der Substitution gerade im Hinblick auf das Adoptionsrecht (Pluralität der Adoptionstypen!).

[871] Vgl. zum engen Bezug der Substitution zur Rechtsvergleichung *Hug*, Substitution im IPR, S. 5.

[872] *Hug*, Substitution im IPR, S. 110 f ; *Bernitt*, Vorfragenanknüpfung, S. 24 f.

gelte der Grundsatz der territorialen Ungebundenheit der Tatbestandsmerkmale inländischer Sachnormen,[873] d. h. in der Regel sei somit die Möglichkeit der Substitution in einer Norm gegeben.[874] Im zweiten Schritt sei zu prüfen, in welchem Umfang das Recht des Hauptstatuts eine „Ersetzung" zulasse: Der rechtliche Begriff der anzuwendenden Norm müsse ausgefüllt werden, d. h. es sei zu klären, welche ausländischen Inhalte in dieser Norm nach dem Willen des Gesetzgebers enthalten sein können.[875] Nachdem nun der Rahmenbegriff des anwendbaren Rechts festgestellt sei, müsse schließlich in einem letzten Schritt geprüft werden, ob die vorliegende ausländische juristische Tatsache diesen Rahmen ausfüllt:[876] Im Wege der Rechtsvergleichung sei zu ermitteln, ob konkretfallbezogen die Rechtsinhalte nach dem Hauptstatut und nach dem fremden Recht funktionell äquivalent seien.[877] Entscheidend ist also die Gleichwertigkeit der ausländischen Rechtserscheinung mit der von der inländischen Sachnorm geforderten. *Jayme* hat in Anlehnung an *Vischer* darauf hingewiesen, dass das Prinzip der Äquivalenz der Schlüssel zur Lösung des Problems der Substitution ist.[878] Es muss im Einzelfall rechtsvergleichend festgestellt werden, ob in- und ausländische Erscheinung auf vergleichbare Weise entstehen und zu ähnlichen Rechtsfolgen führen.[879]

2.3.2.4 Substitution der „Unterhaltspflichtverletzung" im ausländischen Erbunwürdigkeitsrecht

Regelmäßig wird davon auszugehen sein, dass der Gesetzgeber der ausländischen Rechtsordnung im Rahmen der erbunwürdigkeitsrechtlich relevanten Unterhaltspflichtverletzung auch nach ausländischem Recht zu beurteilenden Pflichtverletzungen tatbestandsausfüllende Wirkung zuerkennen will.

Vor diesem Hintergrund kommt dem zweiten Prüfungsschritt entscheidende Bedeutung zu: In welchem Umfang lässt das Recht der *lex causae* eine Substitution zu? Eine Beantwortung dieser Frage erfordert eine eingehende Befassung mit Konzeption und Inhalt des maßgeblichen ausländischen Rechts. Namentlich die Systematik des materiellen Unterhaltsrechts der ausländischen Rechtsord-

---

[873] *Hug*, Substitution im IPR, S. 111 f.

[874] *Hug*, Substitution im IPR, S. 113.

[875] *Hug*, Substitution im IPR, S. 113.

[876] *Hug*, Substitution im IPR, S. 115.

[877] *Hug*, Substitution im IPR, S. 117, 123 ff., 131 ff., 183 f.

[878] *Jayme,* Institut de droit international – Annuaire (Volume 72), Session de Santiago (Chili) 2007, La substitution et le principe d'équivalence en droit international privé, S. 7 ; *ders.*, IPRax 2008, 297, 298.

[879] *Bernitt*, Vorfragenanknüpfung, S. 24 f.

nung spielt hier eine Rolle. Je weiter und umfangreicher diese gegenseitige Unterhaltspflichten statuiert, umso eher wird man erwarten müssen, dass nicht jede – geringfügige – Verletzung einer solchen Pflicht das Verdikt der Erbunwürdigkeit nach sich zieht. Im Rahmen einer Analyse der gesetzgeberischen Motivation bzgl. der Schaffung eines unterhaltsrelevanten Erbunwürdigkeitsgrundes wird man – auch unter Einbeziehung der einschlägigen Rechtsprechung hierzu – vielmehr die Kriterien bzw. (falls solche sich nicht eindeutig herausarbeiten lassen) zumindest die zugrundeliegenden Wertungen eruieren müssen, um auf diese Weise den Rahmen für die Substitution abzustecken.

Probleme bestehen insoweit, als gerade der Unterhaltsbegriff im internationalen Vergleich schillernder Natur ist. So hat *Jayme* bereits auf die gewandelten Funktionen des Unterhaltsrechts hingewiesen, die weit über die Sicherung des Elementarunterhalts hinausgehen können.[880] Der „Wandel der Sachnormen"[881] führt bereits auf nationaler Ebene zu Schwierigkeiten, bei Auslandsfällen führt diese Entwicklung im Hinblick auf häufig unterschiedliche Lebensstandards der Beteiligten zu weiteren Problemen.[882] Welche Maßstäbe sind bei der Bemessung des Unterhalts heranzuziehen? Der Inhalt des Bedürftigkeitsbegriffs wird in den Rechtsordnungen sehr unterschiedlich aufgefasst. Plakativ schreibt *Jayme*[883] im Zusammenhang mit deutsch-türkischen Fällen: *„Reis mit Zwiebeln oder Düsseldorfer Tabelle ist hier die Frage."* Für die Substitutionsfrage ließe sich diese Erkenntnis wie folgt darstellen: Dass die Verweigerung des Elementarunterhalts zur Erbunwürdigkeit führt, bedeutet nicht zwangsläufig, dass auch ein Verstoß gegen weitere Unterhaltsverpflichtungen dieser Rechtsfolge unterliegt. Der Auslegung kommt sonach maßgebliche Bedeutung zu.

Auf der dritten Stufe ist dann im Wege der funktionalen Rechtsvergleichung[884] zu ermitteln, ob die Unterhaltspflichtverletzung nach dem fremden Recht eine Intensität aufweist, die konkret-fallbezogen der von der *lex causae*

---

880 *Jayme*, FS von Overbeck, 529, 533, spricht von neuen Regeln mit « Mischcharakter » (allerdings bezüglich des – vorliegend weniger relevanten – Ehegattenunterhalts). In vorliegendem Kontext interessant ist aber das neuartige Verständnis der Wechselbeziehung der zentralen unterhaltsrechtlichen Begriffe „Bedürftigkeit" und „Leistungsfähigkeit", vgl. *Jayme*, a. a. O., S. 537: *„[...] der Unterhalt wird weniger durch die Leistungsfähigkeit des Schuldners beschränkt; vielmehr wird diese zum Maßstab einer Partizipation des Gläubigers am Lebensstandard des Schuldners, die über die Bedürfnisse des Gläubigers hinausgeht."*

881 *Jayme*, FS von Overbeck, 529, 536.

882 *Jayme*, FS von Overbeck, 529, 537,

883 IPRax 1989, 330 f.

884 Speziell hierzu vgl. *Mansel*, FS Lorenz, S. 689 ff.

(gemeint ist die vom Erbstatut berufene Rechtsordnung) geforderten nicht nachsteht. Unproblematisch dürfte dies in Fällen sein, in denen nach der fremden Rechtsordnung eine Unterhaltspflichtverletzung vorliegt, diese Rechtsordnung aber (generell) in geringerem Umfang gegenseitige Unterhaltsverpflichtungen statuiert als die Rechtsordnung der *lex causae*. Hier kann Substituierbarkeit angenommen werden. Der umgekehrte Fall – wenn also die *lex causae* unter strengeren Voraussetzungen eine Unterhaltspflichtverletzung vorsieht als dies die fremde Rechtsordnung tut – wird man vorsichtig sein müssen. Ein Beispiel möge dies verdeutlichen: Die Erbunwürdigkeit beurteilt sich nach Rechtsordnung A, die einen Tatbestand der Unterhaltspflichtverletzung im Erbunwürdigkeitsrecht vorsieht. Die Unterhaltspflichtverletzung ist nach der Rechtsordnung B zu beurteilen, diese kennt – im Gegensatz zur Rechtsordnung A – weitreichende Unterhaltspflichten (dort sei etwa der Elternunterhalt als rechtliche Pflicht ausgestaltet, denkbar wären auch Unterhaltspflichten in der Seitenlinie). Hier kann nicht jede Form der Unterhaltspflichtverletzung nach der Rechtsordnung B zur Erbunwürdigkeit nach Rechtsordnung A führen. Vielmehr ist die konkrete Unterhaltspflichtverletzung daraufhin zu untersuchen, ob sie nach Umfang, Dauer und Intensität funktional den Anforderungen entspricht, an welche die Rechtsordnung A die Rechtsfolge der Erbunwürdigkeit knüpft. Dies setzt eine, unter Umständen komplexe, rechtsvergleichende Analyse voraus. Doch nur auf diesem Wege ist gewährleistet, dass eine gewisse Kongruenz der Sachrechte erzielt werden kann.

2.3.3 Erbunwürdigkeitsrecht und Datumtheorie

In engem Zusammenhang mit der Substitutionsproblematik, allerdings einem anderen methodischen Ansatz folgend, steht die Datumtheorie. Zur Veranschaulichung sei hier exemplarisch das österreichische Recht angeführt. Dieses kennt den Erbunwürdigkeitsgrund der Verletzung des „Eltern-Kind-Verhältnisses“. Als Tatbestandsmerkmal bedarf es näherer Konkretisierung, die Frage ist, welche Sachverhalte hierunter zu subsumieren sind. Ist dies schon für reine Inlandssachverhalte nicht ganz einfach, erhöhen sich die Schwierigkeiten in grenzüberschreitenden Fällen, wenn also – etwa durch auseinanderfallende Lebensmittelpunkte der Eltern und Kinder – ein Bezug zu einem statutfremden Recht besteht. Diesem Umstand ist bei der Auslegung der Sachnorm Rechnung zu tragen. Fallgestaltungen dieser Art sind es, denen die Datumtheorie Abhilfe zu schaffen bestrebt ist. Indem die Datumtheorie[885] sich zur Entscheidungsfindung an ausländischen rechtlichen Gegebenheiten „orientiert“, über die hinwegzugehen sich

[885] Vgl Nachweise bei *van Venrooy*, Internationalprivatrechtliche Substitution, S. 15, Fn. 48.

nach ihrerer jeweiligen Einschätzung nicht empfiehlt, ist eine gewisse Nähe zur Substitutionsproblematik vorhanden, was die (exkursorische) Behandlung der Datumtheorie in diesem Kontext nahelegt.

2.3.3.1 Methodischer Ansatz der Datumtheorie

Das Anliegen der Datumtheorie und der auf ihr aufbauenden Zweistufigkeit des internationalen Privatrechts ist die gezielte Berücksichtigung eines Rechts, welches aus der Sicht der *lex fori* nicht anwendbar ist, weil das internationale Privatrecht nicht darauf verweist, das indes einen Bezug zum Sachverhalt aufweist.[886] Das klassische internationale Privatrecht geht mittels der Verweisungsmethode vor, indem es einen Sachverhalt mit Auslandsberührung nach gewissen Kriterien einer bestimmten Rechtsordnung zuordnet. In diesem Zusammenhang kann es zu Spannungen kommen, die daraus resultieren, dass Rechtsnormen – wie in der Regel – für reine Inlandsfälle gebildet wurden und dadurch der Internationalität des Sachverhalts mit etwa zu berücksichtigenden Besonderheiten nicht hinreichend Rechnung tragen. Dieses Problem versucht die Datumtheorie zu lösen, indem sie auf einer der Verweisung nachgelagerten Stufe fragt, ob das anzuwendende Sachrecht hinsichtlich grenzüberschreitender Spezifitäten im Einzelfall zu modifizieren ist. Methodisch wird das statutfremde Recht im Rahmen der Auslegung der Sachnorm berücksichtigt. Begrifflich ist daher nicht von einer „Anwendung" des ausländischen Rechts (im Sinne der klassischen Verweisungslehre) zu sprechen, sondern von „Berücksichtigung" der Internationalität (als schwächerer Form) auf der Ebene der Sachnorm.[887] Verweisung und Berücksichtigung erscheinen hier als zwei verschiedene Methoden, der Auslandsbeziehung gerecht zu werden.

Die Datumtheorie basiert auf den Arbeiten von *Albert A. Ehrenzweig*[888] und wurde von *Jayme*[889] zur Theorie der Zweistufigkeit des internationalen Privatrechts weiterentwickelt.[890]

---

[886] *Mansel*, FS Lorenz, 689, 703.

[887] So *Heßler*, Sachrechtliche Generalklausel, S. 148 ff.; dort auch zur besonderen Relevanz der *Datum-Theorie* im Rahmen von Generalklauseln.

[888] Vgl. die Nachweise bei *Heßler*, a. a. O.: *Ehrenzweig*, Local and moral data in the conflict of laws: Terra incognita, Buffalo Law Review 16 (1966/67), 55 ff.; *ders.*, Private international law I: General Part 1967, S. 77 f., 83 ff.

[889] *Jayme*, Ausländische Rechtsregel und Tatbestand inländischer Sachnormen, in: Gedächtnisschrift für *Ehrenzweig* (1976), S. 35 ff.; *ders.*, Ein Internationales Privatrecht für Europa, S. 21 ff. (Notwendigkeit der Anpassung des nationalen Rechts an die Internationalität des Falles als europäisches Modell); *ders.*, Versorgungsausgleich mit Auslandsbe-

2.3.3.2 Kritische Würdigung der Datumtheorie

Die Datumtheorie war von Beginn an heftiger Kritik ausgesetzt. Die ablehnenden Ansichten werfen ihr vor, die Grenze zwischen dem klassischen Verweisungsrecht und der Anwendung des Sachrechts würde verwischt.[891] Soweit sich die kritischen Stimmen an dem Begriff *„Zweistufigkeit des internationalen Privatrechts"* stören, der in der Tat eine Modifikation des Verweisungsrechts suggeriert, ist dem entgegenzuhalten, dass auch die Vertreter der Datumtheorie diese als Auslegungsproblem im Sachnormbereich begreifen.[892] Teilweise wird auch der Erkenntnisgewinn der Datumtheorie angezweifelt.[893] Zuzugeben ist dem, dass die Sachnormmodifikation tatsächlich nichts grundsätzlich Neues darstellt.[894] Das Verdienst der Datumtheorie liegt in methodischer Hinsicht allerdings nicht nur in der Beschreibung eines Problems, sondern auch in der Bereithaltung einer Lösung.[895] Die Datumtheorie bietet sonach eine Rechtfertigung für von den Gerichten oft unbewusst eingeschlagene Lösungswege.[896] Wer der Datumtheorie unterstellt, sie gehe von einer Gleichwertigkeit der Methoden dahingehend aus[897], grenzüberschreitende Sachverhalte entweder durch Verweisung oder durch Manipulation an der Sachnorm zu regeln, verkennt, dass die Datumtheorie die Verweisungsmethode gerade nicht infrage stellt, diese vielmehr voraussetzt.[898] Das Verdienst der Datumtheorie liegt vor allem darin, ein Konzept entwickelt zu haben, mithilfe dessen dem materiellen Recht zuzuordnende Prob-

---

rührung und Theorie des internationalen Privatrechts, S. 422, 424; *ders.*, FS Müller-Freienfels, 341, 367 ff.

[890] Vgl. hierzu auch *Mansel*, FS Lorenz, S. 689, 705, mit Nachweisen zur Rezeption der Lehre in der Folgezeit; zur Datumtheorie in der Rom II-VO vgl. auch (jüngst) *Pfeiffer*, FS Schurig, S. 229, 230 f.

[891] MüKo-*Sonnenberger*, Einl. IPR, Rz. 608 ff.; weitere Nachweise auch bei *Heßler*, Sachrechtliche Generalklausel, S. 151 Fn. 463 und S. 157 Fn. 491.

[892] Vgl. hierzu etwa *Mansel*, FS Lorenz, S. 689, 705; dies verkennt *Sonnenberger*, der das Verhältnis der Datumtheorie zur klassischen Verweisungsmethodik als fragwürdig kritisiert (MüKo, Einl. IPR, Rz. 608).

[893] So *Kegel/Schurig*, IPR, S. 59 f.

[894] Kritisch insofern *Kegel/Schurig*, IPR, S. 59 f.: *„Die seit langem bekannte Tatsache, dass Bezüge zum Ausland auch die Sachrechtsanwendung beeinflussen können, wird mitunter zum Anlass genommen, eine „Zweistufentheorie des IPR" zu propagieren."*

[895] So auch *Mansel*, FS Lorenz, 689, 706.

[896] *Jayme* in: *Serick/Niederländer/Jayme* (Hrsg.), *Albert A. Ehrenzweig* und das internationale Privatrecht, S. 162.

[897] In diese Richtung wohl *Kegel/Schurig*, IPR, S. 59.

[898] Das anwendbare Sachrecht muss eben dennoch immer zunächst kollisionsrechtlich bestimmt werden, und erst anknüpfend hieran kann man gegebenenfalls veränderte Sachinteressen berücksichtigen.

leme auf *Sachnorm*ebene einer Lösung zugeführt werden. Hierdurch wird die Verweisungsmethode auf ihre klassische Funktion zurückgeführt; andernfalls möglicherweise in Betracht zu ziehende Manipulationen am Kollisionsrecht können vermieden werden.[899] Die *„Tendenz zur Materialisierung"*[900] des IPR wird auf diese Weise in geordnete Bahnen gelenkt, die Datumtheorie schafft insoweit auch das theoretische Fundament für eine verbreitete gerichtliche Praxis.[901]

2.3.3.3 Relevanz im Erbunwürdigkeitsrecht

Vorliegend geht es allerdings primär nicht um die Berücksichtigung ausländischen Privatrechts im Spiegel einer inländischen Sachnorm, vielmehr ist die auslegungsbedürftige Norm im ausländischen Sachrecht – Erbunwürdigkeitsrecht – aufgeworfen. Die Ausgangslage ist daher umgekehrt. Allerdings ist die Datumtheorie nicht beschränkt auf die Modifikation inländischer Sachnormen, das zur Anwendung berufene Sachrecht kann daher das inländische oder das ausländische Recht sein.[902] Die Datumtheorie gilt daher auch hinsichtlich der Einflussnahme inländischen Rechts auf die Fallösung nach ausländischem Recht. Konkrete Relevanz könnte die Datumtheorie daher bei offen formulierten, generalklauselartigen Erbunwürdigkeitstatbestäden entfalten, bei denen mangels Möglichkeit einer kollisionsrechtlichen Sonderanknüpfung auch die Vorfragentechnik nicht weiterhilft. Wenn etwa – um im Beispiel des österreichischen Rechts zu bleiben – die Frage einer Verletzung des Eltern-Kind-Verhältnisses in Rede steht, ist bei grenzüberschreitendem Bezug eine auslandsfallbezogene Auslegung vorzunehmen. Im Erbunwürdigkeitsrecht wird als statutfremdes, aber berücksichtigungsfähiges Recht im Regelfall nur eine weitere Rechtsordnung in Betracht kommen, allerdings ist dies nicht zwingend. Eine entscheidende Rolle spielt der kulturelle Hintergrund der beteiligten Personen, dieses Kriterium prägt insbesondere das Familienrecht vergleichsweise stark. Aber auch andere faktische Umstände, wie etwa langjähriger Aufenthalt im Geltungsbereich einer anderen Rechtsordnung, können hier von Bedeutung sein. Letztlich entscheidend ist, dass die verdrängte Rechtsordnung soziale Auswirkungen auf den Fall

[899] Mit Recht daher *Mansel*, FS Lorenz, 689, 705: *„Die Datumtheorie entlastet die Verweisung von materiellrechtlichen Erwägungen, von Sonderanknüpfungen und Ausweichklauseln."*; siehe auch *Jayme*, FS Müller-Freienfels, S. 341, 369 f.; *Heßler*, Sachrechtliche Generalklausel, S. 112 f.; *E. Lorenz*, FamRZ 1987, 645, 646.

[900] *Heßler*, Sachrechtliche Generalklausel, S. 177.

[901] So *E. Lorenz*, FamRZ 1987, 645.

[902] Vgl. *Mansel*, FS Lorenz, S. 689, 703, Fn. 79; auch *E. Lorenz*, FamRZ 1987, 646 f.

zeigt.[903] Die Datumtheorie bietet insofern eine elegante Möglichkeit, offenen Tatbeständen im Erbunwürdigkeitsrecht im Einzelfall gerecht zu werden.

2.3.4 Erbunwürdigkeit und *ordre public*

Bereits die historische Perspektive hat den engen Bezug der Erbunwürdigkeit zum *ordre public* aufgezeigt. Die Tatsache, dass die meisten Rechtsordnungen den Mörder von der Erbfolge des Ermordeten ausgeschlossen sehen möchten, wirft die Frage auf, wie Sachverhalte beurteilt werden sollen, in denen das berufene ausländische Sachrecht eine Erbunwürdigkeit entweder überhaupt oder zumindest im speziellen Fall nicht kennt. Beispielhaft seien hier die sogenannten Ehrenschutzmorde genannt, die in jüngerer Zeit verstärkt die Medien beschäftigten, und in denen sich die Täter häufig auf islamische Wertvorstellungen beriefen.[904] Mit Inkrafttreten der Europäischen Verordnung wird sich die Problematik infolge der Anknüpfung an den gewöhnlichen Aufenthalt zwar entschärfen[905], doch sind dennoch entsprechende Fälle denkbar, etwa wenn eine Rechtswahl getroffen wurde und das Erbstatut sich sonach nach einer „islamischen“ Rechtsordnung richtet. Wenn man nicht bereits die kollisionsrechtlich unbedingte Anwendung der deutschen Erbunwürdigkeitsgründe bejahen will, so stellt sich die Frage, ob nicht über Art. 6 EGBGB eine Korrektur in Frage kommt. Festzuhalten ist zunächst, dass diese Norm auch dann in Betracht zu ziehen ist, wenn sich die offensichtliche Unvereinbarkeit mit wesentlichen Grundsätzen des deutschen Rechts aus dem Fehlen einer gesetzlichen Regelung des ausländischen Sachrechts ergibt.[906] Art. 6 Satz 2 EGBGB stellt einen Bezug zu den deutschen Grundrechten her. In Betracht kommt daher in Fällen des Fehlens einer die Nachlassteilhabe des Erblassermörders ausschließenden Regelung ein Verstoß gegen die grundrechtlich gewährte Erbrechtsgarantie. Auch die erforderliche Inlandsbeziehung[907] wird regelmäßig gegeben sein, zumal die erforderliche Intensität der Inlandsbeziehung in Relation zu dem jeweiligen Gehalt der infrage

---

[903] *Mansel*, FS W. Lorenz, 689, 704; vgl. zur Frage der Bestimmung der zu berücksichtigenden Rechte die Beiträge von *Jayme*, *Hausmann* und *Heßler* in: *Serick/Niederländer/Jayme* (Hrsg.), *Albert A. Ehrenzweig* und das internationale Privatrecht, S. 159 ff.

[904] Auf diese Problematik hat jüngst *Holtmeyer*, ZErb 2010, 6, 10 hingewiesen; vgl. hierzu auch jüngst LG Hagen, Urteil vom 15.07.2013; *Grünewald*, NStZ 2010, 1; zum Ehrenmord als Ausweisungsgrund, NJW 2006, 1385.

[905] Opfer der Ehrenmorde sind meist Frauen, die ihren Lebensmittelpunkt in Deutschland haben.

[906] MüKo-*Sonnenberger*, EGBGB Art. 6, Rz. 48; LG Hannover FamRZ 1969, 668.

[907] Vgl. etwa Palandt-*Thorn*, EGBGB Art. 6, Rz. 6.

stehenden Sachnorm steht.[908] Rechtsfolgentechnisch ist – mangels Alternative – sonach auf die deutsche Sachnorm (§ 2339 Abs. 1 Ziff. 1 BGB) auszuweichen.[909]

Unter Umständen kann es auch vorkommen, dass ein Verstoß gegen den *ordre public* aufgrund dem deutschen Recht fremder Erbunwürdigkeitstatbestände in Betracht kommt. Denkbar ist etwa, dass zur Anwendung berufene ausländische Erbunwürdigkeitsregeln gegen den Gleichbehandlungsgrundsatz oder andere verfassungsrechtlich geschützte Rechtsgüter, wie etwa Religions- oder Meinungsfreiheit, verstoßen. Hier wird man den potenziell Unwürdigen berechtigterweise schützen müssen. Hierbei ist jedoch zu beachten, dass nicht jede Diskrepanz zwischen inländischen und ausländischen Erbunwürdigkeitsgründen einen Verstoß gegen Art. 6 EGBGB bedeutet. Als Ausnahme vom Grundsatz der Anwendung desjenigen fremden Rechts, das die deutsche Kollisionsnorm als maßgebend bezeichnet, ist Art. 6 EGBGB eng auszulegen und mit großer Zurückhaltung anzuwenden.[910]

---

908 Palandt-*Thorn*, EGBGB Art. 6, Rz. 6 (auch m. w. N.): *„Je krasser der Verstoß gegen die deutschenn Gerechtigkeitsvorstellungen, desto schwächer kann die für die Anwendung von Art. 6 notwendige Inlandsbeziehung sein."*

909 So auch *Holtmeyer*, ZErb 2010, 6, 12.

910 Vgl. etwa MüKo-*Sonnenberger*, EGBGB Art. 6, Rz.14.

3. Teil – Verfahrensrechtliche Probleme

Der nun folgende Abschnitt der Untersuchung befasst sich mit Problemen prozessualer Natur. Diese beruhen auf dem Umstand, dass nach deutschem Recht ein – der streitigen Gerichtsbarkeit zugewiesenes – Anfechtungsverfahren zur Geltendmachung der Erbunwürdigkeit vorgesehen ist, ein solches andere Rechtsordnungen aber nicht vorsehen. Deutsche Nachlassgerichte sehen sich daher in Fällen mit Auslandsbezug unter Umständen der Frage ausgesetzt, ob sie die Erbunwürdigkeit selbst feststellen können. Soweit das anwendbare ausländische Recht dem deutschen BGB entsprechende Anfechtungsvorschriften kennt, stellt sich die Frage nicht. Schwierigkeiten bestehen dann, wenn die materiell zur Anwendung berufene ausländische Rechtsordnung die Erbunwürdigkeit *ipso iure* eintreten bzw. weniger formelle Erfordernisse zur Geltendmachung ausreichen lässt. Aus der gerichtlichen Praxis sind zwei Entscheidungen interessant, in denen die Problematik auftaucht.

3.1 Fälle aus der Praxis

3.1.1 OLG Düsseldorf – Beschluss vom 6. Februar 1963

Der Entscheidung[911] lag verkürzt folgender Sachverhalt zugrunde: Der Erblasser war Niederländer, er hatte in einem privatschriftlichen Testament seine Tochter zur alleinigen Erbin eingesetzt. Das Nachlassgericht hat der Tochter auf ihren das Noterbrecht der vier Geschwister berücksichtigenden Antrag einen auf das Inlandsvermögen beschränkten Teilerbschein erteilt. Der Sohn des Erblassers hat unter anderem gegen die Erteilung des Teilerbscheins an seine Schwester Beschwerde eingelegt. Unter Berufung auf die entsprechenden Bestimmungen des niederländischen Rechts machte er im Wesentlichen die Unwirksamkeit des Testaments wegen Verstoßes gegen die guten Sitten, Angabe eines unrichtigen Beweggrundes sowie Errichtung infolge von Zwang, Betrug und Arglist geltend. Insbesondere berief er sich dabei auch auf die Erbunwürdigkeit seiner Schwester.

Das LG hat die Beschwerde zurückgewiesen. Auch die weitere Beschwerde blieb erfolglos. Die Erbfolge richtete sich nach niederländischem Recht, das (damals) an die Staatsangehörigkeit anknüpfte.[912] Nach Auffassung des Gerichts

---

[911] NJW 1963, 2227.

[912] Die Niederlande haben am 27.9.1996 das Haager Abkommen über das auf die Rechtsnachfolge von Todes wegen anzuwendende Recht vom 1.8.1989 ratifiziert (*Rijkswet tot goe-*

ist die Erbunwürdigkeit der Erben des Vaters grundsätzlich nach niederländischem Recht zu beurteilen. Es ließ dahingestellt, ob dies auch dann gelte, wenn einer der Beteiligten – wie dies bei der Tochter (d. h. der potenziellen Erbin!) zutreffe – die deutsche Staatsangehörigkeit besitzt. Denn nach deutschem Recht könne die Erbunwürdigkeit nur im Wege der Anfechtungsklage geltend gemacht werden (§§ 2340 ff. BGB), eine solche habe der Beschwerdeführer aber nicht erhoben. Das Gericht prüfte sodann Erbunwürdigkeitsgründe niederländischen Rechts, kam jedoch zu dem Ergebnis, dass die Erbunwürdigkeitsvorschriften vorliegend nicht einschlägig seien. In diesem Zusammenhang – so das Gericht – bedürfe es deshalb auch keiner Erörterung, *„ob das Vorliegen dieser Voraussetzungen [Erbunwürdigkeitsgründe] ohne weiteres zur Erbunwürdigkeit und zum Ausschluss von der Erbschaft führt, oder ob es hierzu wie im deutschen Recht eines besonderen Verfahrens bedarf.“*[913]

3.1.2 LG Berlin – Entscheidung vom 23. September 1970

In einer Entscheidung[914], die auch das Erbscheinsverfahren betraf, hatte sich das Landgericht Berlin mit der Frage zu befassen, ob das Nachlassgericht selbst die Erbunwürdigkeit feststellen darf, ohne die Antragstellerin auf das Anfechtungsverfahren vor Gerichten der streitigen Gerichtsbarkeit verweisen zu müssen. Der Entscheidung[915] lag folgender Sachverhalt zugrunde: Die Erblasserin war Jugoslawin, die Antragstellerin war ihr einziges Kind aus erster Ehe. Der zweite Ehemann der Erblasserin hatte diese getötet. Das Gericht erteilte einen gegenständlichen Erbschein, wonach das Kind erster Ehe Alleinerbin geworden sei. Hiergegen wandte sich der zweite Ehemann. Er beantragte, den Erbschein einzuziehen und einen neuen Erbschein dahin zu erteilen, dass er und die Tochter

---

dkeuring vom 4.9.1996, S. 456; französischer Text des Abkommens in Rev. crit. d.i.p. 1988, 807; [nicht amtliche] deutsche Übersetzungen in MittRhNotK 1997, 271 und in IPRax 2000, 53). Zwar ist das Abkommen bislang noch nicht in Kraft getreten, da die dazu vorausgesetzten drei Ratifizierungen fehlen, Art. 28 Abs. 1 Haager ErbrechtÜbk. Über die Verweisung in Art 1 des niederländischen Einführungsgesetzes (Wet Conflictenrecht Erfopvolging) vom 1. Oktober 1996 werden die Kollisionsnormen des Abkommens in den Niederlanden aber bereits mittelbar angewandt. Nach Art. 5 dieses Abkommens kann der Erblasser eine Rechtswahl vornehmen (Heimatrecht oder Recht des gewöhnlichen Aufenthaltes), andernfalls die Bestimmung des Erbstatuts anhand einer objektiven Kollisionsleiter erfolgt (Art. 3, vgl. hierzu ausführlich: *van Maas de Bie* in Süß/Haas, Erbrecht in Europa, S. 668).

[913] OLG Düsseldorf, NJW 1963, 2227.

[914] RPfleger 1971, 149; vgl. hierzu auch *Jayme,* Erbunwürdigkeit und IPR, S. 32.

[915] RPfleger 1971, 149, Anmerkung *Hans-Jürgen Bonnet.*

Miterben geworden seien. Das Landgericht gab der Beschwerde statt; der Erbschein sei wegen Unrichtigkeit einzuziehen, da vor Abschluss des Strafverfahrens noch nicht feststehe, ob der Ehemann die Erblasserin vorsätzlich getötet habe. Das Gericht prüfte insoweit jugoslawisches Recht. Danach sei die Erbunwürdigkeit von Amts wegen zu berücksichtigen. Über den weitergehenden Antrag des Ehemannes habe das Amtsgericht zu entscheiden.

Aus diesen Überlegungen des Gerichts lässt sich die Ansicht entnehmen, dass in Fällen, in denen das Vorliegen eines Erbunwürdigkeitsgrundes nach dem ausländischen Erbstatut von Amts wegen zu beachten ist, das deutsche Nachlassgericht die Erbunwürdigkeit prüfen darf, ohne, wie es das deutsche Sachrecht vorschreibt, ein entsprechendes Anfechtungsverfahren vor dem allgemeinen Zivilgericht abwarten zu müssen.

3.1.3 Stellungnahme

Konnte das OLG Düsseldorf eine Entscheidung offen lassen, so verwundert die im zweiten Fall zutage tretende Ansicht insoweit, als das LG Berlin nicht einmal ansatzweise zu der Frage der Verflechtung zwischen materiellem und prozessualem Recht Stellung genommen hat. Letztlich geht es um eine Abgrenzung zwischen materiellem und Verfahrensrecht, genauer, wie die Anfechtungsvorschriften zu qualifizieren sind. Führt die kollisionsrechtliche Verweisung auf die Erbunwürdigkeitsvorschriften einer ausländischen Rechtsordnung dazu, dass den deutschen Anfechtungsvorschriften keine Bedeutung mehr zukommt? Oder sind diese – sofern man sie als verfahrensrechtliche Vorschriften und damit der *lex fori* unterstehend qualifiziert – nicht vom Verweisungsumfang umfasst, d. h. vom deutschen Gericht zwingend anzuwenden?

Im Folgenden soll zunächst die deutsche Regelung, wonach eine Anfechtungsklage notwendige Voraussetzung ist, näher betrachtet werden (3.2). In diesem Zusammenhang ist auch in der gebotenen Kürze auf teilweise geforderte stärkere Einflussmöglichkeiten Dritter einzugehen. Anschließend ist die Frage zu beantworten, ob die inländischen Anfechtungsvorschriften auch für den Fall Geltung beanspruchen, dass das zur Anwendung gelangende ausländische Recht ein solches Verfahren nicht kennt (3.3). Das Zusammenspiel von materiellem und formellem Recht ist klärungsbedürftig. Letztlich könnte der Sinn und Zweck des Anfechtungsverfahrens nach deutschem Recht mit Blick auf den Schutz Dritter dessen Anwendbarkeit auch bei Maßgeblichkeit eines ausländischen Erbstatuts geboten erscheinen lassen.

3.2 Die Anfechtungsklage nach deutschem Recht

Das deutsche Recht lässt die Erbunwürdigkeit im Gegensatz zu anderen europäischen Rechtsordnungen[916] nicht kraft Gesetzes eintreten, sondern erst nach rechtskräftiger Anfechtung, § 2342 Abs. 2 BGB.[917] Gerechtfertigt wird dies mit dem großen Interesse des Rechtsverkehrs an einer Offenlegung der erbrechtlichen Verhältnisse, ferner sind hier in erheblichem Maße Drittinteressen betroffen,[918] insgesamt besteht hier also ein besonderes Bedürfnis nach allgemeinverbindlicher Klarheit.[919] Aus diesem Grunde ist es deutschen Nachlassgerichten grundsätzlich versagt, einen Erben von sich aus für unwürdig zu erklären.[920] Da die rechtsgestaltende Wirkung der Anfechtung gemäß § 2342 Abs. 2 BGB erst mit Rechtskraft des Urteils eintritt, ist nur das rechtskräftige Anfechtungsurteil vom Nachlassgericht zu beachten.[921] Jüngst hatte sich das OLG Rostock[922] mit der Frage der Aussetzung des Erbenfeststellungsverfahrens bei anhängiger Erbunwürdigkeitsklage zu befassen. Im Wesentlichen bestätigt es dort die bisheri-

[916] Hier sind etwa Österreich, Schweiz, Spanien, Belgien und (partiell) auch Frankreich zu nennen, vgl. hierzu den rechtsvergleichenden Überblick oben sub 1.2.1.

[917] In § 2342 Abs. 1 BGB ist explizit die Erhebung einer Anfechtungsklage innerhalb der Jahresfrist der §§ 2340 Abs. 3 i. V. m. 2082 Abs. 1 BGB vorgesehen. Die Frist beginnt mit Kenntnisnahme des Anfechtungsberechtigten vom Anfechtungsgrund (hierzu *Kroiß* in AnwK-BGB, § 2340, Rz.5 ff.). Etwas anderes gilt bei der Vermächtnis- und Pflichtteilsunwürdigkeit: Hier ist eine Anfechtungsklage i. S. d. § 2342 BGB nicht erforderlich, die Anfechtungserklärung kann formlos erfolgen. Dies ist in dem geringeren öffentlichen Interesse an einer möglichst sicheren Klärung der Rechtslage begründet. Anders als bei der Erbunwürdigkeit richtet sich die Vermächtnis- und Pflichtteilsunwürdigkeit nicht gegen eine unmittelbar dinglich wirkende Güterzuordnung, sondern um das Bestreiten einer (schuldrechtlichen) Leistungspflicht; vgl. näher hierzu Staudinger-*Olshausen*, § 2345, Rz. 1.

[918] Ausscheiden des Erbunwürdigen aus seiner Erbenstellung.

[919] Staudinger-*Olshausen*, § 2342, Rz 1; *Mittenzwei* in Damrau-Praxiskommentar Erbrecht, § 2342 Rz. 1.; *Bauer*, Der Erbunwürdigkeitsprozess, S. 8; *v. Lübtow*, Erbrecht, S. 717.

[920] Vgl. etwa BayObLGZ 1973, 257: *„Wird in einem Erbscheinsverfahren – wie hier – die Erbunwürdigkeit [...] geltend gemacht, ist oder wird jedoch während dieses Verfahrens keine Anfechtungsklage nach § 2342 BGB erhoben, die gegebenenfalls die Aussetzung des Erbscheinsverfahrens rechtfertigen könnte [...], so kann die Erbunwürdigkeit des Testamentserben weder verbindlich festgestellt noch verneint werden."*

[921] Vgl. zu den Auswirkungen des Anfechtungsurteils auf das Nachlassverfahren insgesamt *Bauer*, Der Erbunwürdigkeitsprozess, S. 171 ff.; dort m.w.N (Fn. 890) auch zur Bindungswirkung eines *erga omnes* wirkenden Zivilurteils gegenüber den Behörden der Freiwilligen Gerichtsbarkeit und den Verwaltungsbehörden.

[922] Beschluss vom 31.8.2011 – 3 W 58/11, BeckRS 2011, 19178.

ge Rechtsprechung,[923] dass ein mögliches Vorliegen der Erbunwürdigkeitsgründe des § 2339 I BGB nicht automatisch dazu führt, dass der Erbe seine Erbschaftsinhaberschaft verliert; auch eine Anfechtung wegen Erbunwürdigkeit im Erbscheinsverfahren selbst sei nicht möglich. Das Gericht hatte die Frage zu beantworten, wann ein wichtiger Grund im Sinne des § 21 FamFG vorliegt, der zur Aussetzung des Verfahrens führen kann. Es stellte fest, dass dies u.a. dann der Fall ist, wenn eine Entscheidung in einem anderen Verfahren für die Entscheidung des auszusetzenden Verfahrens vorgreiflich ist. Für die Aussetzung genüge es, wenn das weitere Verfahren, dessen Entscheidung vorgreiflich ist, anhängig ist. Rechtshängigkeit sei nicht erforderlich. Im Ergebnis hielt der Senat allerdings in Ausübung seines pflichtgemäßen Ermessens[924] eine Aussetzung für nicht geboten. Der Erbunwürdigkeitsklage fehle es an jedwedem Sachvortrag, der geeignet sein könnte, einen der Erbunwürdigkeitsgründe zu belegen.[925] In die Ermessensentscheidung des Gerichts ist daher die Prognose der Erfolgsaussichten der Erbunwürdigkeitsklage miteinzubeziehen.

3.2.1 Rechtsnatur des Urteils

Gemäß § 2342 Abs. 1 Satz 2 BGB ist die Klage darauf zu richten, den Beklagten für erbunwürdig zu erklären. Ob dieser Antrag Ausdruck eines Feststellungs-[926] oder eines Gestaltungsbegehrens[927] sein sollte, gab lange Zeit Anlass zu Auseinandersetzung.[928] Welcher der beiden Ansichten zu folgen ist, hängt dabei maßgeblich davon ab, ob bereits der klägerische Anfechtungsakt – die Klageerhebung – die Rechtslage gestaltet und das gerichtliche Urteil dies nur deklarato-

---

[923] In der Entscheidung wird auf den Beschluss des BayObLG v. 4.10.1973 verwiesen.

[924] § 21 FamFG begründet für das entscheidende Gericht nur ein Recht zur Aussetzung, jedoch keine Pflicht.

[925] Konkret gab es wohl nur eine pauschale Behauptung, die Miterben seien am Tod der Erblasserin schuld.

[926] *Muscheler*, ZEV 2009, 101, 105: *„Die Fürerbunwürdigerklärung ist der Sache nach eine Feststellung der Erbunwürdigkeit. Wie die heute h. M. angesichts des hier dargestelten Willens der Gesetzesverfasser und angesichts des Wortlauts der einschlägigen Normen zur Annahme kommen kann, es handle sich um eine Gestaltungsklage, bleibt ihr Geheimnis. In Wahrheit liegt natürlich eine Feststellungsklage vor.“* Der Wille des Gesetzgebers kommt in den Motiven, V, S. 522 zum Ausdruck: *„Das Urtheil ist nur deklaratorischer, nicht konstitutiver Natur“*; so jetzt auch Palandt-*Weidlich*, § 2342 Rz. 3 (anders noch die Bearbeitung von *Edenhofer*).

[927] So die h.M., vgl. MüKo-*Helms*, § 2342 Rz. 7 m. w. N.; *Lange*, Erbrecht, Kap. 10, Rz. 83; Staudinger- *Olshausen*, § 2342 Rz. 7.

[928] So *Bauer*, Der Erbunwürdigkeitsprozess, S. 10 m. w. N.

risch feststellt, oder ob die gestaltende Kraft erst dem Urteil innewohnt.[929] Nach § 2344 BGB liegt die Wirkung des Urteils ausdrücklich in der – rückwirkenden – Gestaltung der Rechtslage und nicht in einer bloßen Feststellung. Die Annahme eines ausnahmsweise *erga omnes* wirkenden Feststellungsurteils[930] lässt sich mit dem Wortlaut des Gesetzes kaum vereinbaren.[931] Im Ergebnis wird man mit der herrschenden Auffassung davon ausgehen dürfen, dass erst das Urteil den konstitutiven Akt der Rechtsänderung beinhaltet. Das Erbunwürdigkeitsurteil gehört sonach in die Kategorie der Gestaltungsurteile.

Die Klageerhebung ist nur innerhalb eines Jahres ab Kenntnis vom Erbunwürdigkeitsgrund möglich (§§ 2340 Abs. 3 i. V. m. 2080 Abs. 1 BGB). Auch diese Regelung ist dem Bedürfnis nach schneller allgemeinverbindlicher Klärung der Rechtslage geschuldet, sie dient damit ebenfalls dem Schutz Dritter.[932] In rechtsvergleichender Hinsicht ergibt sich der Befund, dass sämtliche Rechtsordnungen, die ein gerichtliches Erbunwürdigkeitsverfahren kennen, eine Fristenregelung vorsehen.[933]

3.2.2 Zuständigkeit des Gerichts

Die sachliche Zuständigkeit zur Entscheidung der Klage nach § 2342 BGB richtet sich nach den allgemeinen Vorschriften.[934] Die örtliche Zuständigkeit wird

---

[929] Im letztgenannten Sinne die heute herrschende Meinung..

[930] Dies befürwortet *Muscheler*, ZEV 2009, 101, 105, mit der Begründung aus der positiven Anordnung des § 2344 BGB.

[931] *Bauer*, Der Erbunwürdigkeitsprozess, S. 153 m. w. N.; auch zum Problem der Klagerücknahme, wenn man bereits der Klageerhebung rechtsgestaltende Kraft beimisst. Auch die Rückbeziehung der Gestaltungswirkung steht dem nicht entgegen, denn neben *ex nunc* wirkenden Gestaltungsurteilen (etwa Scheidung) kennt das Gesetz auch in anderen Fällen Gestaltungsurteile mit Rückwirkung (Bsp.: Anfechtung von Gesellschafterbeschlüssen, Ehenichtigkeits- und Ehelichkeitsanfechtungsurteile), so *Bauer*, a. a. O. mit Verweis auf *Schlosser*, Gestaltungsklagen, S. 58 ff. (dort unter § 8: Gestaltungsurteile mit und ohne Rückwirkung; das Erbunwürdigkeitsurteil ist explizit genannt, S. 59).

[932] Zu den sich in diesem Zusammenhang stellenden Problemen – Problem der „zuverlässigen" Kenntnis vom Erbunwürdigkeitsgrund als Frage des Fristbeginns, Rechtsnatur der Frist (prozessuale oder materielle Ausschlussfrist – vgl. die Ausführungen bei *Bauer*, Der Erbunwürdigkeitsprozes, S. 33, 86 ff.

[933] Beispielsweise in Frankreich die Sechs-Monatsfrist (Art. 727-1 *Code civil*); in Spanien Feststellungsklage innerhalb der Fünf-Jahres-Frist (Art. 762 *Còdigo civil*); in Portugal Klagefrist zwei Jahre ab Eröffnung der Erbschaft, ein Jahr ab Verurteilung oder u. U. ein Jahr ab Kenntniserlangung.

[934] §§ 71, 23 Nr. 1 GVG.

entweder durch den allgemeinen Gerichtsstand des Beklagten oder aber durch den besonderen Gerichtsstand der Erbschaft bestimmt (§ 27 ZPO).[935]

Verschiedentlich wird in der Literatur eine Reform der §§ 2339 ff. BGB und eine Zuweisung des Erbunwürdigkeitsrechts zum Verfahren der Freiwilligen Gerichtsbarkeit erwogen.[936]

Rechtsgeschichtlich interessant ist die Tatsache, dass zur Zeit des Nationalsozialismus der *Erbrechtsausschuss der Akademie für Deutsches Recht*[937] Überlegungen anstellte, die Anfechtung der Erb-, Pflichtteils-, Auflagen und Vermächtnisunwürdigkeit nicht besser im Wege der Freiwilligen Gerichtsbarkeit vor dem Nachlassgericht durchzusetzen.[938] Die jeweiligen Vor- und Nachteile wurden gegenübergestellt[939], im Ergebnis wurde jedoch von einer entsprechenden Kompetenzverlagerung Abstand genommen.

Diskutiert wird diese Frage vereinzelt auch heutzutage. Als Vorteil des FamFG-Verfahrens gegenüber dem streitigen Verfahren wird dabei vor allem die stärkere Einflussnahmemöglichkeit des Nachlassgerichts und die intensivere Einbeziehung betroffener Dritter empfunden. Anders als im der Dispositionsmaxime unterliegenden streitigen Prozess gilt im Verfahren der Freiwilligen Gerichtsbarkeit der Untersuchungsgrundsatz (§ 26 FamFG). Zumindest teilweise greift daneben auch die Offizialmaxime ein, hat das Gericht das Verfahren also von Amts wegen einzuleiten, ohne dass der Antrag einer Partei erforderlich ist. All dies könnte eine erhöhte Gewähr für ein materiell richtiges Urteil bieten,

---

935 In formeller Hinsicht betrifft die Erbunwürdigkeitsklage zwar nicht die Feststellung des Erbrechts – wie § 27 ZPO voraussetzen würde – materiell hat es diese allerdings zum Gegenstand (Staudinger-*Olshausen*, § 2342, Rz. 5 m.w.N).

936 Vgl. hierzu *Hempel*, Erbunwürdigkeit, S. 108.

937 Die Akademie wurde auf Initiative von Hans Frank im Jahre 1933 gegründet. Nach § 2 des Gesetzes über die Akademie für Deutsches Recht vom 11.7.1934 (RGBl. I 1934, S. 605) sollte es deren Aufgabe sein, *„die Neugestaltung des deutschen Rechtslebens zu fördern und in enger dauernder Verbindung mit den für die Gesetzgebung zuständigen Stellen das nationalsozialistische Programm auf dem gesamten Gebiet des Rechts und der Wirtschaft zu verwirklichen“*. Näher hierzu *Lutz*, Erbunwürdigkeit, S. 115 m. w. N.

938 *Lange*, Denkschrift, S. 11.

939 Als Vorteil des streitigen Verfahrens wurde dessen abschreckende Wirkung gegenüber übereilter Anfechtung oder niederträchtigen Kränkungsversuchen angeführt. Für das Erbunwürdigkeitsverfahren im Rahmen der freiwilligen Gerichtsbarkeit wurde die stärkere Einwirkungsmöglichkeit des Nachlassgerichts (damit zusammenhängend auch die Verhütung unberechtigter Anfechtungen) sowie die „allgemeine Entwicklung“ (damit gemeint ist wohl die Tendenz zu einer Stärkung der freiwilligen Gerichtsbarkeit) hervorgehoben (vgl. hierzu *Lange*, Denkschrift, S. 11).

was bei der Erbunwürdigkeitsklage im Interesse der durch das Urteil betroffenen Dritten, etwa der Nachlassgläubiger zu begrüßen wäre.[940] Diese hätten darüber hinaus unter bestimmten Voraussetzungen nach § 13 FamFG ein Akteneinsichtsrecht sowie nach § 59 FamFG bei eigener Rechtsbeeinträchtigung ein Beschwerderecht und wären somit insgesamt in weit stärkerem Maße in das Verfahren eingebunden als beim streitigen Verfahren.

Dennoch wird letztlich die Entscheidung des Gesetzgebers, das Anfechtungsverfahren der streitigen Gerichtsbarkeit zu unterstellen, durchwegs für richtig gehalten und eine Verlagerung ins FamFG-Verfahren als nicht erforderlich oder nicht zielführend abgelehnt. Allenfalls wird angeregt, die stärkere Richtigkeitsgewähr und den intensiveren Drittschutz durch andere Mechanismen im streitigen Verfahren zu realisieren.[941] Dies leitet über zum nächsten Punkt.

3.2.3 Stärkere Berücksichtigung von Drittinteressen im Erbunwürdigkeitsverfahren?

Das Anfechtungsverfahren nach §§ 2340 ff. BGB ist ein streitiges Verfahren vor den ordentlichen Gerichten im Geltungsbereich der ZPO und untersteht damit grundsätzlich der Herrschaft der Parteien und den allgemeinen zivilprozessualen Verfahrensregeln, namentlich der Dispositionsmaxime und dem Verhandlungsgrundsatz.[942] Allerdings werden Einschränkungen diskutiert. Die Notwendigkeit einer Beschränkung der im Zivilprozess grundsätzlich umfassenden Parteiherrschaft wird vor dem Hintergrund der Gestaltungswirkung des Urteils, des hierauf beruhenden erhöhten Öffentlichkeitsinteresses, des unter Umständen bestehende Bedürfnis nach dem Schutz vom Urteil betroffener Dritter (Nachlassgläubiger) virulent.

Zum Teil wird angeregt, das Erbunwürdigkeitsanfechtungsverfahren der Offizialmaxime zu unterstellen, die Einleitung des Verfahrens also dem Gericht zu überantworten.[943] In diesem Zusammenhang stehen teilweise vorgebrachte Forderungen, die Möglichkeit der Prozessbeendigung durch Anerkenntnis, Prozess-

[940] So *Bauer*, Der Erbunwürdigkeitsprozess, S. 62; *Hempel*, Erbunwürdigkeit, S. 114; *Lutz*, Erbunwürdigkeit, S. 177

[941] Vgl. *Lutz*, Erbunwürdigkeit, S. 175 ff.; auch LG Aachen, NJW-RR 1988, 263 f. (zum Offizial- und Untersuchungsgrundsatz).

[942] *Bauer*, Der Erbunwürdigkeitsprozess, S. 99.

[943] *Lutz*, Erbunwürdigkeit, S. 177 f.; *Hempel*, Erbunwürdigkeit, S. 114; kritisch hierzu *Bauer*, Der Erbunwürdigkeitsprozess, S. 101 f.

vergleich oder Versäumnisurteil zu versagen.[944] Das Gesetz ordnet bei einigen Verfahren (ausnahmsweise) die Geltung der Untersuchungsmaxime, damit einhergehend eine Ermittlungspflicht des Gerichts an. Die objektive Wahrheitsfindung löst den Grundsatz der Parteienherrschaft aus Gründen eines gesteigerten öffentlichen Interesses ab. Zu nennen sind hier Verfahren auf dem Gebiet des Ehe- und Familienrechtes, namentlich des Kindschaftsrechts. Ausgehend hiervon wollen manche Autoren diese Wertungen auf das Erbunwürdigkeitsverfahren übertragen.[945]

Dies ist insbesondere vor dem Hintergrund der *erga-omnes*-Wirkung des Erbunwürdigkeitsurteils und – damit einhergehend – schutzwürdigen Interessen Drittbeteiligter zu sehen. Da der Unwürdige mit Rechtskraft des Anfechtungsuteils rückwirkend zum Nichterben wird, bewirkt dies für die Nachlassgläubiger im Ergebnis eine Nachlassschuldnerauswechslung.[946] Für die Nachlassgläubiger kann dies eine „erhebliche Rechtseinbuße“ darstellen.[947] Teilweise wird daher eine Verbesserung des Schutzes der Nachlassgläubiger vor einem ihre Rechte beeinträchtigenden Erbunwürdigkeitsurteil gefordert.[948] Gegenstand der Diskussion ist weniger die Drittwirkung eines sachlich richtigen Gestaltungsurteils[949], vielmehr wird der unzureichende Schutz Dritter im Falle eines sachlich unrichtigen Gestaltungsurteils beanstandet. *Bauer*[950] hat die verschiedenerorts vorgebrachten Ansatzpunkte zum Schutz der Interessen Dritter nach ihrer Wirkrichtung einzuordnen versucht: Zum einen könnte bereits im Anfechtungsverfahren deren Position gestärkt werden (Einführung des Untersu-

[944] Vgl. insoweit auch LG Aachen, NJW-RR 1988, 263 (Verneinung der Möglichkeit eines Anerkenntnisses mangels Dispositionsbefugnis); a. A. LG Köln, NJW 1977, 1783.

[945] Vgl. hierzu *Bauer*, Der Erbunwürdigkeitsprozess, S. 104: befürwortend *Frank*, Erbrecht, S. 279; *Lübtow*, Erbrecht, 2. Halbband, S. 740.

[946] *Bauer*, Der Erbunwürdigkeitsprozess, S. 182.

[947] So Staudinger-*Olshausen*, § 2344 Rz. 8 mit dem Beispiel der hierdurch u. U. wiederauflebenden Beschränkbarkeit der Erbenhaftung; *Brox*, FamRZ 1963, 392, 396; kritisch hierzu *Bauer*, Der Erbunwürdigkeitsprozess, S. 183, mit dem Hinweis auf die nach wie vor unveränderte Haftungsmasse des Nachlasses.

[948] *Bauer*, Der Erbunwürdigkeitsprozess, S. 182, weist darauf hin, dass dieses Problem sich allgemein bei Gestaltungsurteilen stellt.

[949] Verfassungsrechtliche Bedenken wegen Schmälerung der Rechtsposition des Dritten (Schutz des Eigentums, Art. 14 GG) äußert insoweit – also auch bei sachlich richtigem Urteil – nur *Brox*, FamRZ 1963, 392, 397. Weit überwiegend wird die Drittwirkung von rechtlich nicht zu beanstandenden Gestaltungsurteilen – auch bei fehlender Prozessbeteiligung des Dritten – nicht angezweifelt; vgl. *Hempel*, Erbunwürdigkeit, S. 106; *Bauer*, Der Erbunwürdigkeitsprozess, S. 182 (Fn. 918) m. w. N.

[950] *Bauer*, Der Erbunwürdigkeitsprozess, S. 184 f.

chungsgrundsatzes bzw. Beteiligung der Betroffenen), zum anderen könnte man die Drittwirkung nur bei materiell richtigen Entscheidungen anerkennen. Auch nachprozessualle Schutzmöglichkeiten kommen in Frage.[951] Auf Details soll im Rahmen dieser Untersuchung verzichtet werden, zumal sich *Bauer*[952] in ihrer Monographie intensiv mit den verschiedenen Lösungsansätzen auseinandersetzt.[953]

Was die Diskussion zeigt, ist allerdings die Tatsache, dass das Erbunwürdigkeitsverfahren eben nicht nur die Rechtsbeziehungen zwischen Anfechtendem und Erbunwürdigem betrifft, sondern die Wirkung des Gestaltungsurteils auch Rechte Dritter, namentlich der Nachlassgläubiger zu beeinträchtigen vermag. Ist die Frage nach deren hinreichender Berücksichtigung schon im innerstaatlichen Recht nicht unumstritten, so stellt sich dieses Problem auch bei Fällen mit Auslandsbezug.

3.3 Anfechtungsverfahren auch bei ausländischem Erbunwürdigkeitsstatut?

Richtet sich die Frage der Erbunwürdigkeit nach ausländischem Recht und lässt dieses die Wirkung *ipso iure* eintreten, kann sich für das Nachlassgericht die Frage stellen, ob es nicht dennoch der Durchführung eines Anfechtungsverfahrens nach deutschem Recht bedarf.

Nach allgemeiner Auffassung umfasst die Verweisung nach Art. 25 EGBGB nicht nur die Frage der Erbunwürdigkeitsvorschriften im engeren Sinne, sondern auch hiermit in Zusammenhang stehende Verfahrensvorschriften.[954] Bei ausländischem Erbstatut soll daher ein Anfechtungsverfahren nach deutschem Recht nicht in Betracht kommen. Dass das Erfordernis der Anwendung der deutschen

---

[951] Vgl. hierzu insgesamt den guten Überblick bei *Bauer*, Der Erbunwürdigkeitsprozess, S. 185 ff.; *Brox*, FamRZ 1963, 392 ff.; *Hempel*, Erbunwürdigkeit, S. 108, 114; *Lutz*, Erbunwürdigkeit, S. 178.

[952] a. a. O.

[953] Im Ergebnis lehnt sie einen Schutz Dritter über eine Relativierung der Urteilswirkung ab, auch einen stärkeren Einbezug der Nachlassgläubiger in das Verfahren selbst hält sie – angesichts der bereits *de lege lata* möglichen Nebeninterventionsmöglichkeit (§ 69 ZPO) – nicht für dringend erforderlich. Grundsätzlich sinnvoll erscheint ihr hingegen, durch Einführung einer (nachprozessualen) Anzeigepflicht an das Nachlassgericht sicherzustellen, dass Nachlassgläubiger vom Wechsel der Schuldnerstellung in Kenntnis gesetzt werden (*Bauer*, Der Erbunwürdigkeitsprozess, S. 188, 190; so auch schon *Lutz*, Erbunwürdigkeit, S. 180; *Hempel*, Erbunwürdigkeit, S. 114).

[954] Vgl. die Nachweise bei MüKo-*Birk*, Art. 25 EGBGB, Rz. 212.

Verfahrensvorschriften nicht einmal angedacht wird, mag verwundern, wird doch auf nationaler Eben die Bedeutung eines Anfechtungsverfahrens mit Hinweisen auf Rechtssicherheit und Publizität hervorgehoben. Die hierduch betroffene Interessenlage inländischer Dritter besteht allerdings auch bei Geltung eines ausländischen Erbstatuts. Mit dem Verzicht auf das Anfechtungsverfahren nach innerstaatlichem Recht wird daher unter Umständen ein Gerechtigkeitsgedanke geopfert. Letztlich geht es um die Frage, ob man den Anwendungsbereich der §§ 2342 ff. BGB nicht auch auf internationalprivatrechtlicher Ebene Bedeutung entfalten lassen sollte.[955]

3.3.1 Problemaufriss

Kern des Problems ist die im Erbunwürdigkeitsrecht in besonderem Maße bestehende Verflechtung von materiellem Recht und Verfahrensrecht. Soweit die Erbunwürdigkeit nicht *ipso iure*, sondern durch eine irgendwie geartete gerichtliche Mitwirkung eintritt, stellt sich die Frage, welcher Rechtsordnung etwaige Verfahrensvorschriften zu entnehmen sind.

Methodisch stellt sich das Problem nach dem Verweisungsumfang des Art. 25 EGBGB. Wie bereits dargelegt, folgt das deutsche Kollisionsrecht dem Prinzip der Nachlasseinheit. Der Verweisungsumfang des Art. 25 EGBGB ist unter Berücksichtigung der gesetzgeberischen Richtungsentscheidung vergleichsweise weit zu ziehen. Würde man nun die Vorschriften des Anfechtungsverfahrens nach deutschem Recht auch bei ausländischem Erbstatut in jedem Falle für anwendbar halten, käme dies im Ergebnis einer Aufspaltung des Erbstatuts gleich. Die in Art. 25 EGBGB enthaltene Verweisung („Rechtsnachfolge von Todes wegen“) würde nur die im strengen Sinne materiellen Erbunwürdigkeitsvorschriften zur Anwendung berufen, was eine Einengung des Verweisungsumfangs bedeutete.

Die notwendige Durchführung eines Anfechtungsverfahrens nach den §§ 2342 ff. BGB ließe sich daher mit einer Sonderanknüpfung dieser Regeln recht-

---

[955] Schon *Savigny* hat die Schwierigkeiten bei der Differenzierung zwischen Verhältnissen des materiellen Rechts und Regeln der gerichtlichen Rechtsverfolgung erkannt (*Savigny*, System VIII, S. 131): *„Dahin [zur gerichtlichen Rechtsverfolgung] gehören nicht bloß die für den eigentlichen Prozess geltenden Formen und Regeln, sondern auch teilweise die Regeln des Aktionenrechts. Hierin aber ist die Grenzscheidung oft sehr schwierig, es muss dabei mit großer Vorsicht verfahren, und stets auf die wahre Natur und Bestimmung der einzelnen Rechtsinstitute geachtet werden. Gar manche Regel ist nur scheinbar der Rechtsverfolgung, in der Tat aber dem Rechtsverhältnis selbst angehörig.“*

fertigen. So könnte man etwa die Modalitäten zur Feststellung der Erbunwürdigkeit materiellrechtlich oder verfahrensrechtlich qualifizieren. Im ersten Fall fände die *lex causae* Anwendung, im zweiten Fall liegt die Anwendung der *lex fori* nahe. Das Zusammenspiel rein materiellrechtlicher Erbunwürdigkeitsvorschriften und ihrer verfahrensmäßigen Geltendmachung – so eine solche überhaupt erforderlich ist – bedarf der Koordinierung.[956]

3.3.2 Lösungsmöglichkeiten

Verschiedene Lösungswege bieten sich hier an. Einerseits könnte man bei entsprechend großzügiger Lesart die Verweisung nach Art. 25 EGBGB als nicht nur die Frage der Erbunwürdigkeitsvorschriften im engeren Sinne, sondern auch hiermit in Zusammenhang stehender Verfahrensvorschriften betreffend interpretieren. Eine Aufspaltung würde nicht vorgenommen, vielmehr der gesamte Regelungskomplex der Erbunwürdigkeitsvorschriften (materieller und verfahrensrechtlicher Art) dem Erbstatut unterstellt.

Andererseits ließe sich Art. 25 EGBGB auch dahingehend interpretieren, dass dieser nur materiellrechtliche Vorschriften im strengen Sinn im Blick habe, Normen mit verfahrensrechtlichem Einschlag seien von vornherein nicht zur Anwendung berufen, da das deutsche Recht insoweit entsprechende Vorschriften bereithalte, die – als Verfahrensvorschriften – der *lex fori* unterstünden. Damit ließe sich eine – unabhängig vom Erbstatut – stets zu beachtende Durchführung der Erbunwürdigkeitsanfechtungsvorschriften nach deutschem Recht rechtfertigen.

3.3.3 Stellungnahme

Eine Kategorisierung der Erbunwürdigkeitsregeln in verfahrensrechtliche bzw. materiellrechtliche bereitet in der Praxis Schwierigkeiten. Bereits im deutschen Recht ist die Rechtsnatur einzelner Vorschriften nicht unumstritten.[957] Die Probleme vervielfältigen sich bei Anwendung ausländischen Rechts; um eine sachlich richtige Qualifikation vornehmen zu können, müsste der Richter sich entsprechend intensiv in die Dogmatik ausländischer Rechtsregeln einarbeiten bzw. diese gutachterlich prüfen lassen. Den Bedürfnissen der Praxis würde dies er-

---

[956] Zur Parallelproblematik der sich aus der Verflechtung von Sach- und Verfahrensrecht ergebenden Schwierigkeiten im Hinblick auf die Nachlassabwicklung vgl. *Berenbrok*, Nachlassabwicklung, S. 14 f. et passim.

[957] So wird etwa diskutiert, ob die Klagefrist des § 2340 Abs. 3 BGB prozessual oder materiell zu verstehen ist; entsprechendes gilt im Hinblick auf die Rechtsnatur der Verzeihung (§ 2343 BGB); zum Problem vgl. *Bauer*, Der Erbunwürdigkeitsprozess, S. 32 ff.

sichtlich nicht gerecht. Diese Erwägungen sprächen eher dafür, auch etwaige Vorschriften bezüglich der Durchführung eines „Feststellungsverfahrens“ der Erbunwürdigkeit dem nach Art. 25 EGBGB zur Anwendung berufenen Recht zu unterstellen. Einwenden könnte man indes, die mit der Beurteilung der Erbunwürdigkeit nach ausländischem Recht befassten Nachlassgerichte würden so mitunter gezwungen, fremde Verfahrensregeln anzuwenden, was möglicherweise dem Grundsatz, dass das Verfahren der *lex fori* unterliege, widerspräche. Ohne die Berechtigung dieses (durchaus zweifelhaften) Prinzips[958] hier in Frage stellen zu wollen, verfängt dieser Einwand vorliegend schon deshalb nicht, weil andere Rechtsordnungen ein dem deutschen Recht entsprechendes durchgestaltetes Verfahren so nicht kennen. Die Besonderheit des Erbunwürdigkeitsrechts im internationalen Vergleich liegt gerade in dem Umstand, dass sie teilweise *ipso iure* und damit gänzlich ohne Verfahren auskommen, teilweise eine bloße gerichtliche Feststellung mit Fristenregelung vorsehen. Die Gefahr, dass deutsche Gerichte sonach mit ihnen „wesensfremden“ Aufgaben im Rahmen der Erbunwürdigkeitsfeststellung konfrontiert würden, ist sonach nicht gegeben.

Zudem stellt sich die grundsätzliche Frage, ob eine Verweisung unter Einbezug etwaiger Verfahrensvorschriften betreffend die Geltendmachung der Erbunwürdigkeit den Interessen Dritter tatsächlich in solchem Maße zuwiderläuft, dass eine Abweichung notwendig erscheint. Auszugehen ist hierbei von der Tatsache, dass – wie bereits an anderer Stelle dargelegt – das deutsche Recht dem Grundsatz der Nachlasseinheit vergleichsweise stringent folgt. Es sieht daher mit guten Gründen davon ab, diesen Grundsatz im Erbkollisionsrecht durch Sonderanknüpfungen „aufzuweichen“. Etwaige, dennoch bestehende Sonderanknüpfungen sind daher begründungsbedürftig.[959] Vorliegend ließe sich die entscheidende Frage insoweit wie folgt formulieren: Rechtfertigt der Sinn und Zweck des Anfechtungsverfahrens – rasche Klärung erbrechtlicher Verhältnisse, Rechtssicherheit für Nachlassgläubiger – dessen unbedingte (und damit unabhängig vom anwendbaren Recht bestehende) Anwendung? Nur wenn diesem Interesse dem gegenläufigen Prinzip der Vermeidung unnötiger Sonderanknüpfungen der Vorrang einzuräumen wäre, wäre eine Aufspaltung angezeigt. In diesem Zusammenhang ist von Relevanz, dass schon im innerstaatlichen Recht das

---

[958] Die Anwendbarkeit eng mit dem Sachrecht verbunderer Verfahrensvorschriften ist ein generelles Problem des Internationalen Privatrechts; vgl. etwa zum italienischen Ehetrennungsrecht *Jayme*, RabelsZ 32 (1968), 323, 335 (m. w. N. in Fn 65): *„Obwohl grundsätzlich das Verfahren sich nach der lex fori richtet, ist doch nach Möglichkeit solchen Verfahrensvorschriften der lex causae Rechnung zu tragen, die eng mit dem Sachrecht zusammenhängen“.*

[959] Zu diesem Gedanken vgl. bereits oben 2.1.5.1.

Anfechtungsverfahren – wie die Diskussion um eine stärkere Beteiligung Dritter hieran zeigt – nur bedingt Drittinteressen zu schützen vermag. Es stellt sich schon im Grundsatz die Frage, ob die Gefahr einer Nachlassschuldnerauswechslung[960] allein dafür genügen sollte, die Rechtsposition von Nachlassgläubigern entsprechend zu stärken. Der Nachlass steht ja unverändert als Haftungsmasse zur Verfügung, auch ergibt sich aus der stets möglichen Ausschlagung der Erbschaft, dass ein schutzwürdiges Vertrauen der Nachlassgläubiger in eine bestimmte Person als Schuldner ihrer Ansprüche von Gesetzes wegen nicht besteht.[961] Auch den Materialien des Gesetzgebungsverfahrens ist zu entnehmen, dass der historische Gesetzgeber den Rechtsverlust der Nachlassgläubiger bewusst in Kauf genommen hat.[962]

Insgesamt besteht sonach kein Bedürfnis, den Anfechtungsvorschriften nach deutschem Recht unabhängig vom einschlägigen Erbstatut Geltung zu verschaffen. Auf diesem Wege werden auch die Sachnormzusammenhänge nicht unnötig aufgebrochen.

Im Ergebnis bestehen sonach keine tiefgreifenden Bedenken, den Nachlassgerichten in Fällen, bei denen nach ausländischem Recht die Erbunwürdigkeit *ipso iure* eingetreten ist, die (Inzident-)Feststellung der Erbunwürdigkeit selbst zu überantworten.

3.4 Internationale Zuständigkeit der Nachlassgerichte

Schließlich soll noch ein Blick auf die internationale Zuständigkeit der deutschen Nachlassgerichte geworfen werden. Hier haben sich gerade in neuerer Zeit Änderungen ergeben. Dies gilt zum einen hinsichtlich des am 1. September

---

960 Virulent wird das Problem vor dem Hintergrund, dass eine Haftung des Unwürdigen für Nachlassverbindlichkeiten nach der Grundregel des § 2344 BGB (Rückwirkung!) ausscheidet. Dies gilt auch bei Verwirkung der Möglichkeit der Haftungsbeschränkung durch ein sogenanntes Inventardelikt (§§ 1994 Abs. 1 Satz 2, 2005 BGB) seitens des Erbunwürdigen. Dass diese Verwirkung nicht gegen den wirklichen Erben „durchschlägt“ bedeutet für den Nachlassgläubiger mitunter eine „erhebliche Rechtseinbuße“ (so Staudinger-*Olshausen*, § 2344, Rz. 8).

961 Zu diesen Erwägungen, allerdings in Bezug auf die Rechtfertigung der *erga-omnes*-Wirkung des Gestaltungsurteils, vgl. *Bauer*, Der Erbunwürdigkeitsprozess, S. 183.

962 Vgl. hierzu *Brox*, FamRZ 1963, 392, 396 mit Verweis (in Fn. 33) auf die Motive (V, S. 602): *„Die Erbunwürdigkeit ist praktisch nur von geringer Bedeutung. Eine besondere Vorsorge zum Schutz von Dritten, die sich mit dem Erbunwürdigen eingelassen haben, erscheit daher entbehrlich.“*

2009 in Kraft getretenen FamFG,[963] zum anderen sieht auch die jüngst in Kraft getretene EuErbVO Regelungen der internationalen Zuständigkeit für nachlassgerichtliche Verrichtungen vor.

3.4.1 Rechtslage vor Inkrafttreten des FamFG

Bis zum Inkrafftreten des FamFG galt – als ungeschriebener Grundsatz – das sog. „Gleichlaufprinzip". Hiernach war ein deutsches Nachlassgericht international dann zuständig, wenn auch in materieller Hinsicht deutsches Recht zur Anwendung kam. Auch das IPR-Gesetz vom 25. Juli 1986 nahm von einer ausdrücklichen Regelung der internationalen Zuständigkeit in Nachlasssachen Abstand[964], die weitere Anwendung der Gleichlauftheorie wurde gebilligt.[965] Allerdings nahm auch die Rechtsprechung eine Modifizierung in Härtefällen vor, so erklärten sich deutsche Gerichte hinsichtlich der Anordnung von Nachlasssicherungsmaßnahmen und bei drohender Rechtsverweigerung für zuständig.[966] Für einzelne nachlassgerichtliche Tätigkeiten leitete die Rechtsprechung ihre internationale Zuständigkeit – kraft Sachzusammenhangs – aus § 2369 BGB a. F. her.[967]

---

[963] Gesetz über das Verfahren in Familiensachen und in den Angelegenheiten der freiwilligen Gerichtsbarkeit vom 17.12.2008, BGBl I, S. 2586.

[964] Vgl. insoweit die Begründung zum Regierungsentwurf v. 20.5.1983, BR-Drucks. 222/83 = BT-Drucks. 10/504, 92: *„Wie weit hier mit Rücksicht auf die Besonderheiten des Sachgebietes die bisher überwiegend vertretene Gleichlauftheorie zugunsten einer selbständigen Regelung der internationalen Zuständigkeit aufgegeben werden kann, ist derzeit noch nicht abschließend zu beurteilen."*

[965] Vgl. etwa BayObLG, NJW 1987, 1146: *„Das Gesetz zur Neuregelung des Internationalen Privatrechts [...] regelt die internationale Zuständigkeit in Nachlasssachen nicht. Es bleibt somit bei dem Grundsatz, dass die internationale Zuständigkeit regelmäßig nur gegeben ist, soweit deutsches materielles Erbrecht anwendbar ist [...]"*; zur heftigen Kritik des Gleichlaufgrundsatzes seitens der Literatur vgl. die Nachweise bei *Bachmayer*, BWNotZ 2010, 146, 149, m. w. N. dort in Fn. 22; vorgeschlagen wurde etwa, die internationale Zuständigkeit aus der örtlichen Zuständigkeit (§ 73 FGG) abzuleiten (vgl. hierzu die ausführlichen Nachweise bei *Berenbrok*, Nachlassabwicklung, S. 46 ff.).

[966] *Berenbrok*, Nachlassabwicklung, S. 22 f. spricht in diesem Zusammenhang von Sicherungszuständigkeit und Notzuständigkeit.

[967] So *Berenbrok*, Nachlassabwicklung, S. 21, der beispielhaft folgende Verrichtungen erwähnt: Testamentseröffnung, Entgegennahme der Annahmeerklärung, Einziehung eines in Deutschland erteilten Erbscheins (vgl. dort Fn. 36–38).

3.4.2 Die internationale Zuständigkeit nach dem FamFG

Die seit 1.9.2009 geltenden Bestimmungen im FamFG stellen eine Abkehr vom Gleichlaufgrundsatz dar. Eine Begriffbestimmung für Nachlasssachen findet sich in § 342 FamFG; die örtliche Zuständigkeit des Nachlassgerichts richtet sich nach den §§ 343, 344 FamFG. Hinsichtlich der internationalen Zuständigkeit finden sich zwar in diesem Abschnitt keine Regelungen. Doch hilft hier die Grundsatzregelung des § 105 FamFG,[968] welche für *„andere Verfahren"* [969] die internationale Zuständigkeit mit der örtlichen verknüpft.[970] Da der Abschnitt der Nachlass- und Teilungssachen keine eigenständige Regelung zur internationalen Zuständigkeit vorhält, Nachlasssachen daher *„andere Verfahren"* i. S. d. § 105 FamFG sind, richtet sich die internationale Zuständigkeit nach den §§ 343 ff. FamFG. Diese Bestimmungen enthalten eine Art *„Zuständigkeitsleiter"*[971]: Hauptanknüpfungsmoment ist der Wohnsitz[972] des Erblassers, fehlt es an einem solchen, kommt es auf dessen Aufenthalt[973] an.

§ 343 Abs. 3 FamFG begründet eine Belegenheitszuständigkeit für den Fall, dass der Erblasser weder über einen inländischen Wohnsitz noch über einen inländischen Aufenthalt verfügt und keine deutsche Staatsangehörigkeit besitzt. Hiernach ist jedes Gericht, in dessen Bezirk sich Nachlassgegenstände befinden, örtlich zuständig für alle Nachlassgegenstände.[974] Dies gilt unabhägnig davon, ob bzw. inwieweit der gesamte Nachlass ausländischem Erbstatut unterliegt und das Nachlassgericht ausländisches Recht anzuwenden hat.[975]

---

968 § 105 FamFG statuiert die sog. „Doppelfunktionalität" der Regeln zur örtlichen Zuständigkeit (vgl. insoweit *Hau* in Prütting/Helms-FamFG, § 105, Rz. 1).

969 „Andere Verfahren" bezieht sich auf die voranstehenden §§ 98–104 FamFG

970 Dabei gilt die Norm für Angelegenheiten der freiwilligen wie auch der streitigen Gerichtsbarkeit.

971 *Bachmayer*, BWNotZ 2010, 146, 150.

972 § 343 Abs. 1 Var. 1 FamFG.

973 § 343 Abs. 1 Var. 2 FamFG; die Bestimmung stellt auf den bloßen, nicht etwa den gewöhnlichen Aufenthalt ab; im Unterschied zum Wohnsitz bedarf es bei der Begründung des Aufenthalts keines Willenselements, näher hierzu *Bachmayer*, BWNotZ 2010, 146, 151.

974 *Bachmayer*, BWNotZ 2010, 146, 151

975 *Fröhler* in Prütting/Helms-FamFG, § 343, Rz. 153; sog. „Weltzuständigkeit" (vgl. hierzu sowie zur Frage einer möglicherweise vorzunehmenden einschränkenden Auslegung der Vorschrift *Bachmayer*, BWNotZ 2010, 146, 152.

3.4.3 Die internationale Zuständigkeit nach der EuErbVO

Die durch das FamFG geschaffenen Neuregelungen der internationalen Zuständigkeit werden durch die EuErbVO abgelöst werden. Als unmittelbar geltendes Recht genießt die Verordnung nach Art. 3 Nr. 1 EGBGB gegenüber §§ 105, 343 FamFG Anwendungsvorrang.[976] Art. 4 EuErbVO sieht eine allgemeine Zuständigkeitsregelung vor. Hiernach richtet sich die internationale Zuständigkeit[977] nach dem letzten gewöhnlichen Aufenthalt des Erblassers. Auf diese Weise wird es in der Regel zu einem Gleichlauf zwischen *forum* und *ius* kommen. Flankiert wird die allgemeine Zuständigkeitsregelung durch die nachfolgenden Artikel. So kann mittels einer Gerichtsstandsvereinbarung das Gericht für zuständig erklärte werden, dessen materielles Recht der Erblasser nach Art. 22 EuErbVO gewählt hat.[978] Ferner kann sich das Gericht – mangels Parteivereinbarung – auf Antrag lediglich einer Partei dann für unzuständig erklären, *„wenn seines Erachtens die Gerichte des Mitgliedstaats des gewählten Rechts in der Erbsache besser entscheiden können, wobei es die konkreten Umstände der Erbsache berücksichtigt, wie etwa den gewöhnlichen Aufenthalt der Parteien und den Ort, an dem die Vermögenswerte belegen sind"*.[979]

Unter Rechtsschutzaspekten ist die europäische Regelung begrüßenswert. Da Entscheidungen der Gerichte eines Mitgliedstaats grundsätzlich ohne ein spezielles Verfahren[980] in den anderen Mitgliedstaaten anerkannt werden, kann eine Verfahrenshäufung vermieden werden.[981] Die Identität der Anknüpfungs-

---

976 *Bachmayer*, BWNotZ 2010, 146, 157.

977 Dies gilt gleichermaßen für die streitige wie auch für die freiwillige Gerichtsbarkeit, wie sich aus Art. 3 Abs. 2 EuErbVO ergibt: *„Im Sinne dieser Verordnung bezeichnet der Begriff „Gericht" jedes Gericht und alle sonstigen Behörden und Angehörigen von Rechtsberufen mit Zuständigkeiten in Erbsachen, die gerichtliche Funktionen ausüben oder in Ausübung einer Befugnisübertragung durch ein Gericht oder unter der Aufsicht eines Gerichts handeln, sofern diese anderen Behörden und Angehörigen von Rechtsberufen ihre Unparteilichkeit und das Recht der Parteien auf rechtliches Gehör gewährleisten und ihre Entscheidungen nach dem Recht des Mitgliedstaats, in dem sie tätig sind, a) vor einem Gericht angefochten oder von einem Gericht nachgeprüft werden können und b) vergleichbare Rechtskraft und Rechtswirkungen haben wie eine Entscheidung eines Gerichts in der gleichen Sache. [...]"*; vgl. hierzu *Simon/Buschbaum*, NJW 2012, 2393, 2394.

978 Vgl. Art. 5 EuErbVO.

979 Art. 6 a) EuErbVO im Wortlaut.

980 Art. 39 Abs. 1 EuErbVO; Ausnahmen von diesem Grundsatz finden sich in Art. 40 der Verordnung.

981 Vgl. allgemein zur Zielsetzung „Rechtsschutz" bei Schaffung von Zuständigkeitsregelungen *Bachmayer*, BWNotZ 2010, 146, 147.

momente der internationalen Zuständigkeit und des Sachrechts bewirken einen Gleichlauf auf europäischer Ebene, die auf diesem Wege erzielte Vermeidung von Nachlassspaltung dient der Rechtssicherheit.

Zusammenfassung der Ergebnisse und Schlussbetrachtung

Im Folgenden sollen die wichtigsten Ergebnisse der Untersuchung zusammengefasst werden.

Parallelen von Erb- und Unterhaltsrecht

Der erste, dem Sachnormbereich gewidmete Teil der Arbeit stellte die Erbunwürdigkeit der Unterhaltsverwirkung – dargestellt am praxisrelevanten Beispiel des Elternunterhaltsrechts – gegenüber. Die historische Betrachtung hat hier Gemeinsamkeiten beider Rechtsfiguren offengelegt, die bei isolierter Betrachtung der einzelnen Rechtsgebiete nicht augenfällig werden. Da sind zunächst in der Gesellschaft verwurzelte „Moralvorstellungen" zu nennen, denen das Erb- aber auch das Familienrecht vergleichsweise stark verhaftet sind. Das grundsätzlich jeder Rechtsordnung immanente Misstrauen gegenüber unentgeltlichem Erwerb – dies ein Charakteristikum, was letztlich dem Unterhalts- wie auch dem Erbrecht eignet – führt daher insbesondere in den genannten Rechtsgebieten dazu, dass dort die Frage nach der inneren Rechtfertigung stets aufs Neue zu stellen ist. Dies gilt im Rahmen des Unterhaltsrechts insbesondere für den Elternunterhalt, der sich – anders als der Kindesunterhalt – nicht von selbst versteht.

Auf das Erbrecht bezogen verwundert es nicht, dass jede Rechtsordnung, die sich zu einem Privaterbrecht bekennt, auch Tatbestände vorhält, nach denen dieses Erbrecht – untechnisch gesprochen – wieder entfallen kann. Die Erbunwürdigkeitsregeln, wie sie in nahezu allen kontinentaleuropäischen Rechtsordnungen zu finden sind, haben ihren Ursprung in dem römisch-rechtlichen Institut der Indignität. Einen Bruch mit der noch im gemeinen Recht vorherrschenden relativ weitgefassten Zielrichtung der Erbunwürdigkeit stellt die Konzeption der Erbunwürdigkeit nach dem BGB dar. Diese reduziert (nach Vorbild des sächsischen BGB) den Zweck der Erbunwürdigkeit auf den Schutz der Testierfreiheit. Damit beschreitet das BGB einen „neuen Weg"; vom ursprünglichen Ausgangspunkt, dass nämlich die Erbunwürdigkeit – mit den Worten *Bährs* – *„dem moralischen Ärgernis entgegentreten soll, das darin liegt, wenn jemand, der sich gegen den Lebenden schmählich betragen hat, von dem Toten Wohltaten in Empfang nehmen will"*, ist nichts mehr übriggeblieben. Die Rechtsvergleichung zeigt, dass andere Rechtsordnungen in diesem Punkt der gemeinrechtlichen Vorstellung der Erbunwürdigkeit noch näher stehen und moralische Erwägungen nicht völlig ausblenden. Für das deutsche Recht stellt sich die Frage, ob die in den Vorarbeiten zum BGB getroffene Richtungsentscheidung nicht möglicherweise zu einseitig – zudem mit der bis dahin herrschenden Tradition brechend – auf dem Gedanken des Schutzes der Testierfreiheit beruht. Dessen Berechtigung soll zwar nicht angezweifelt werden, doch erscheint er überbetont. Dem Erbunwürdigkeitsrecht lässt sich ein einziger Schutzzweck nicht entnehmen. Jegliche Versuche zur Klassifizierung der einzelnen Erbunwürdigkeitsgründe (von der Pandektistik bis in die heutige Zeit) legen hiervon Zeugnis ab und bestätigen den Befund, dass die Erbunwürdigkeitsgründe sich letztlich nicht auf einen Nenner bringen lassen. Bereits begrifflich weist der Wortbestandteil „Würde" auf vorrechtliche Wertungen hin, allerdings ist ein objektiver Maßstab dessen, was allgemein als „würdelos" zu gelten habe, nicht gegeben. Trefflich könnte man über die Frage streiten, welcher Intensität das Verhalten eines an sich „Würdigen" bedarf, um ihn – rechtlich, nicht moralisch – der sozialen Rechtfertigung der Erbfolge, ihrer inneren Legitimation, für disqualifiziert zu erachten.

Das Unterhaltsrecht kommt gleichfalls nicht ohne ein Korrektiv bei unwürdigem Verhalten aus. Im deutschen Recht spricht man von „Unterhaltsverwirkung", der in anderen Rechtsordnungen teilweise anzutreffende Begriff der „Unterhaltsunwürdigkeit" würde die Parallele auch sprachlich besser hervorheben. Diese Rechtsfigur kann – wie die historische Perspektive gezeigt hat – auf eine lange Tradition zurückblicken, dies ebenfalls Ausdruck eines wohl zeitlosen Gerechtigkeitsgedankens. Über Jahrhunderte hinweg gab es eine historisch gewachsene Parallele zwischen Unterhaltsverwirkung und „Erbrechtsverwirkung". Das aktuelle deutsche Erbunwürdigkeitsrecht vollzieht eine entsprechende Wertung – abweichend von einigen anderen europäischen Rechtsordnungen – nicht nach, was freilich daran liegen mag, dass ein entsprechender Tatbestand nicht in die Konzeption der Erbunwürdigkeit nach dem Willen des historischen Gesetzgebers passen würde.

Eine Reform des Erbunwürdigkeitsrechts in diesem Punkt schiene eine mögliche Lösung zu sein, um gewissen Missständen der gegenwärtigen Regelung abzuhelfen. Namentlich geht es um die Schaffung eines neuen Erbunwürdigkeitsgrundes bei „unterhaltsunwürdigem" Verhalten. Wer zu Lebzeiten seinen Unterhaltsanspruch verwirkt hätte, soll auch nicht in die Gunst einer erbrechtlichen Vermögensübertragung kommen. Die im Rahmen dieser Untersuchung zu Tage getretenen Parallelen, namentlich das Konzept der familiären Solidarität, das beiden Rechtsbereichen als innere Rechtfertigung dient, legen die Schaffung einer solchen Bestimmung nahe. Der Bezug zum Solidaritätskonzept lässt sich exemplarisch am Elternunterhalt aufzeigen, der in besonderer Weise rechtfertigungsbedürftig erscheint. Der Leitgedanke des § 1618a BGB – systematisch im

Familienrecht verortet – strahlt auf das Erbrecht aus. Bei dem im Rahmen dieser Untersuchung interessierenden Problemkreis der „Verfehlungen innerhalb des Solidaritätskonzepts“ fällt auf, dass das Erbrecht gewisse Wertungen des Unterhaltsrechts nur unzureichend nachvollzieht. Zwar gibt es einen Pflichtteilsentziehungsgrund wegen Unterhaltspflichtverletzung, doch bleibt dies hinter § 1611 BGB zurück. Insgesamt sprechen gute Gründe dafür, im Erbunwürdigkeitsrecht „nachzubessern“, auf diese Weise könnten *de lege lata* bestehende Wertungsunterschiede ausgeglichen werden. Dies würde zu einer gewissen Harmonisierung zwischen den beiden verwandten Rechtsgebieten führen. Auf erbrechtlichem Gebiet würde sonach die lebzeitig eingetretene Unterhaltsverwirkung in einem entsprechenden Erbunwürdigkeitsgrund ihre Fortsetzung finden. Die hiermit verbundenen Nachteile – namentlich umsichtige Öffnung des strengen Erbunwürdigkeitsrechts für Billigkeitserwägungen – sollten nicht überbewertet werden. Auch andere kontinentaleuropäische Rechtsordnungen vollziehen die historisch gewachsene Verbindung zwischen Unterhaltsverwirkung und – untechnisch gesprochen – Erbentzug im Erbunwürdigkeitsrecht nach.

In diesem Zusammenhang ist zudem – als vergleichsweise aktuelle Thematik – das demographische Problem einer alternden Gesellschaft zu nennen, entsprechende Beeinträchtigungen der Testierfreiheit werden künftig häufiger auftreten; das Pflichtteilsentziehungsrecht hilft hier nicht. Aber auch im umgekehrten Fall des Kindesunterhalts böte die Aufnahme eines unterhaltsrelevanten Erbunwürdigkeitsgrundes eine Lösung zum Schutz testierunfähiger Kinder. Aus diesen Gründen empfiehlt sich die Aufnahme eines unterhaltsrechtsrelevanten, flexiblen Erbunwürdigkeitsgrundes. Dies wäre in der Tat ein Novum, wenngleich von einem „Paradigmenwechsel“ nicht gesprochen werden kann, da dem Erbrecht auch bislang unterhaltsrechtliche Bezüge bekannt sind. Dass in das restriktive (deutsche) Erbunwürdigkeitsrecht mit der Orientierung an der Unterhaltsverwirkung (konkret § 1611 Abs. 1 Satz 2 BGB) eine Generalklausel Einzug halten würde, ist zwar begründungsbedürftig, jedoch nicht per se auszuschließen.

Kollisionsrechtliche Probleme des Erbunwürdigkeitsrechts

Qualifikationsproblematik

Am Anfang des zweiten (kollisionsrechtlichen) Teils der Arbeit stand die Frage, nach welchem Recht die Erbunwürdigkeit zu beurteilen ist. Rechtsgeschichtlich interessant ist der im 19. Jahrhundert über diese Frage geführte Diskurs. Aufschlussreich ist die Erkenntnis, wie sehr die kollisionsrechtliche Einordnung von der Konzeption der Sachnormen abhängt. Nicht ohne Grund war es die französische Doktrin, die – ausgehend von der Erbunwürdigkeit als Fall der relativen Erbunfähigkeit – in weiten Teilen eine Anknüpfung an das Personalstatut des Erben favorisierte, im Ergebnis freilich häufig relativiert durch eine kumulative Betrachtung der beteiligten Rechtsordnungen, um im Sinne eines *„favor indignitatis"* der Erbunwürdigkeit weitestmöglich Geltung zu verschaffen. Der Bezug zum *ordre public* ist im Erbunwürdigkeitsrecht – entsprechend der historischen Tradition – stark ausgeprägt.

Dass im geltenden Recht diese Fragen weitgehend nicht mehr diskutiert werden, ist dem kollisionsrechtlichen „Trend" hin zu einem möglichst großen Verweisungsumfang des Erbstatuts geschuldet. Dem Gesamtstatut im Erbrecht als Wertungsprinzip folgte das deutsche Recht schon frühzeitig. Dass nun auch das europäische Kollisionsrecht diesem Prinzip weitestgehend Geltung verschaffen möchte, bestätigt diese Entwicklung. Eine Sonderanknüpfung der Erbunwürdigkeit würde vor diesem Hintergrund die funktionale Einheit des Erbrechts gefährden und ist grundsätzlich abzulehnen. Allerdings wäre eine entsprechende Entscheidung einer ausländischen Rechtsordnung zu respektieren und kann so – im Rahmen der Rückverweisung kraft abweichender Qualifikation – Berücksichtigung finden. Im Übrigen gilt, dass in Einzelfällen mit der Vorbehaltsklausel untragbaren Ergebnissen entgegengewirkt werden kann.

Unterhaltsrelevante Erbunwürdigkeitsvorschriften und Kollisionsrecht

Es wurde gezeigt, dass bei grenzüberschreitendem Bezug im Erbunwürdigkeitsrecht sich eine etwaige Unterhaltsverpflichtung als Vorfragenproblem stellen kann. Die sich in diesem Kontext stellende Frage nach deren Anknüpfung – selbstständig oder unselbstständig – ist insbesondere im Hinblick auf die europäische Kollisionsrechtsvereinheitlichung im erstgenannten Sinn zu entscheiden. Nur so wird man der „europäischen Dimension" gerecht.

Von besonderer Relevanz ist in diesem Zusammenhang auch die Substitutionsproblematik. Lässt eine Rechtsordnung die Erbunwürdigkeit aufgrund von Unterhaltspflichtverletzungen eintreten, so ist zu prüfen, ob auch entsprechende Pflichtverletzungen, die unter ausländischem Recht erfolgt sind, den Tatbestandsanforderungen genügen. Methodisch ist hier die Rechtsvergleichung in besonderer Weise gefragt. Auslegung der fremden Erbunwürdigkeitsvorschrift sowie Analyse der Systematik der entsprechenden unterhaltsrechtlichen Vorschriften wird hier zu praxistauglichen Ergebnissen führen.

Verfahrensrechtliche Probleme bei grenzüberschreitenden Fällen

Die Konzeption des deutschen Erbunwürdigkeitsrechts – materielles Sachrecht auf der einen und hinsichtlich der Geltendmachung bestehender Verfahrensvorschriften – kann bei grenzüberschreitenden Fällen zu Abgrenzungsproblemen führen. Letztlich geht es um die Frage, ob gewisse Ordnungsinteressen – in diesem Fall sind Schutzinteressen Dritter zu nennen – es rechtfertigen, unabhängig vom anwendbaren Sachrecht den deutschen Verfahrensregeln zur Durchsetzung zu verhelfen. Die besseren Gründe sprechen jedoch dafür, diese Frage zu verneinen. Es gilt, die Sachnormzusammenhänge zu wahren, nur auf diese Weise wird dem kollisionsrechtlichen Interesse „Nachlasseinheit" gerecht zu werden sein. Zudem ist der Drittschutz schon auf nationaler Eben nicht besonders stark ausgeprägt. Für eine „Korrektur" an den Kollisionsnormen besteht danach kein Bedürfnis. Es ist nicht ersichtlich, weshalb auf internationaler Ebene die Gläubiger einen stärkeren Schutz erfahren sollten als auf nationaler.

Was schließlich die internationale Zuständigkeit der Nachlassgerichte anbelangt, so wird sich künftig – unter Geltung der EuErbVO – der Gleichlauf von *forum* und *ius* unter Rechtsschutz- und Rechtssicherheitsaspekten positiv auswirken.

Abkürzungsverzeichnis

a. A.	anderer Ansicht
a. a. O.	am angegebenen Ort
a. F.	alte Fassung
a. M.	am Main
ABGB	Allgemeines Bürgerliches Gesetzbuch (Österreich)
ABl EG	Amtsblatt der Europäischen Gemeinschaften
Abs.	Absatz
AcP	Archiv für die civilistische Praxis
AG	Amtsgericht
Anm.	Anmerkung
Art., Artt.	Artikel
Aufl.	Auflage
AUG	Auslandsunterhaltsgesetz
BayObLG	Bayerisches Oberstes Landesgericht
Bd.	Band
Beschl.	Beschluss
BGB	Bürgerliches Gesetzbuch
BGBl	Bundesgesetzblatt
BGH	Bundesgerichtshof
BGHZ	Entscheidungssammlung des Bundesgerichtshofs in Zivilsachen
BT-Drs.	Drucksache des Deutschen Bundestages
BVerfG	Bundesverfassungsgericht
BVerfGE	Entscheidungen des Bundesverfassungsgerichts
BW	Burgerlijk Weltboek (Bürgerliches Gesetzbuch der Niederlande)
bzgl.	bezüglich
bzw.	beziehungsweise
ca.	circa
Cass.	(Cour de) Cassation, (Corte di) Cassazione
Cass. civ.	Cour de Cassation, chambre civile
Clunet	Journal du droit international privé (et de la jurisprudence comparé)
Cod. civ.	Code civil, codice civile, código civil
D.	Digesta
d. h.	das heißt
DänErbG	Dänisches Erbgesetz

ders.	derselbe
dies.	dieselbe
Diss.	Dissertation, dissertatio
Dr.	Doktor
ebd.	ebenda
EG	Europäische Gemeinschaft
EGBGB	Einführungsgesetz zum Bürgerlichen Gesetzbuch
etc.	et cetera
EU	Europäische Union
EuErbVO	Europäische Erbrechtsverordnung
EuGH	Europäischer Gerichtshof
EuUnthVO	Europäische Unterhaltsverordnung
EuZW	Europäische Zeitschrift für Wirtschaftsrecht
evtl.	eventuell
f.	folgende
FamFG	Gesetz über das Verfahren in Familiensachen und in den Angelegenheiten der freiwilligen Gerichtsbarkeit vom 17.12.2008, BGBl I, S. 2586.
FamRZ	Zeitschrift für das gesamte Familienrecht
ff.	fortfolgende
FGG	Gesetz über die Angelegenheiten der freiwilligen Gerichtsbarkeit
Fn.	Fußnote
FPR	Familie, Partnerschaft, Recht
FS	Festschrift
FuR	Familie und Recht
Gaz. Pal.	Gazette du Palais
ggf.	gegebenenfalls
GS	Gedächtnisschrift
h. A.	herrschende Ansicht
h. M.	herrschende Meinung
Hdb	Handbuch
Hrsg.	Herausgeber
i. d. F.	in der Fassung
i. d. R.	in der Regel
i. d. S.	in diesem Sinne
i. e. S.	im engeren Sinne
i. S. d.	im Sinne des
i. V. m.	in Verbindung mit
i. w. S.	im weiteren Sinne

insb.	insbesondere
IPR	Internationales Privatrecht
IPRax	Praxis des Internationalen Privat- und Verfahrensrechts
IPRG	(schweizerisches) Bundesgesetz über das Internationale Privatrecht
IPRspr.	Die deutsche Rechtsprechung auf dem Gebiete des internationalen Privatrechts
JuS	Juristische Schulung
JZ	Juristenzeitung
KG	Kammergericht
krit.	kritisch
LG	Landgericht
LGZ	Landesgericht für Zivilrechtssachen
LMK	Kommentierte BGH-Rechtsprechung Lindenmaier-Möhring
m. E.	meines Erachtens
m. w. N.	mit weiteren Nachweisen
MDR	Monatsschrift für Deutsches Recht
MüKo	Münchener Kommentar
n.	numéro, numero
n. Chr.	nach Christus
n. F.	neue Fassung
NJW	Neue Juristische Wochenschrift
NJW-RR	Neue Juristische Wochenschrift Rechtsprechungsreport
Nr.	Nummer
o. Ä.	oder Ähnliches
OGH	Oberster Gerichtshof (Österreich)
ÖJZ	Österreichische Juristen-Zeitung
OLG	Oberlandesgericht
p.	page, pagina
PK	Perintökaari (finn. Erbrechtsgesetz)
PrALR	Allgemeines Landrecht für die preußischen Staaten
RabelsZ	Rabels Zeitschrift für ausländisches und internationales Privatrecht
RdC	Recueil des Cours de l'Académie de Droit International de La Haye
Rev. crit. dr. int. priv.	Revue critique de droit international privé
RG	Reichsgericht

Rom II-VO	Verordnung (EG) Nr. 864/2007 des europäischen Parlaments und des Rates vom 11. Juli 2007 über das auf außervertragliche Schuldverhältnisse anzuwendende Recht
Rom I-VO	Verordnung (EG) Nr. 593/2008 des europäischen Parlaments und des Rates vom 17. Juni 2008 über das auf vertragliche Schuldverhältnisse anzuwendende Recht
Rz.	Randziffer
S.	Seite
SC	Senatus Consultum
SDHI	Studia et documenta historiae et iuris
Sächs. BGB	Sächsisches Bürgerliches Gesetzbuch
sog.	so genannt
ss.	suivants, seguenti
u. a.	unter anderem
u. U.	unter Umständen
UnthProt	Haager Protokoll über das auf Unterhaltspflichten anzuwendende Recht vom 23.11.2007
Urt.	Urteil
usw.	und so weiter
v.	vom
vgl.	vergleiche
VO	Verordnung
Vol.	Volume
z. T.	zum Teil
ZEuP	Zeitschrift für Europäisches Privatrecht
ZfRV	Zeitschrift für Rechtsvergleichung, internationales Privatrecht und Europarecht
ZGB	Zivilgesetzbuch
zit.	zitiert
ZPO	Zivilprozessordnung
zust.	zustimmend
ZVglRWiss	Zeitschrift für vergleichende Rechtswissenschaft

Literaturverzeichnis*

Accursius
Corpus iuris civilis Iustinianei, Lugduni 1627
(zit.: *Accursius*, Corpus iuris civilis Iustinianei)

Adomeit, Klaus / Frühbeck Guillermo
Einführung in das spanische Recht – Das Verfassungs-, Zivil-, Wirtschafts- und Arbeitsrecht des Königreichs Spanien, 2. Aufl. München 2001

Andrae, Marianne
Das neue Auslandsunterhaltsgesetz, in: NJW 2011, 2545–2551

Andrae, Marianne
Zum Verhältnis der Haager Unterhaltskonvention 2007 und des Haager Protokolls zur geplanten EU-Unterhaltsverordnung, in: FPR 2008, 196 ff.

Arndts von Arnesberg, Karl Ludwig
Lehrbuch der Pandekten, 9. Aufl., Stuttgart 1877
(zit.: *Arndts von Arnesberg*, Pandekten)

Astolfi, Riccardo
La Lex Iulia et Papia, 2. Ed., Padua 1986

Audinet, Eugène
Principes élémentaires du droit international privé, 2ème édition, Paris 1906,

Audit, Bernard
Droit international privé, 5ème édition, Paris 2008

Azo
Summa aurea, Lugduni 1557, Ndr. Frankfurt 1968
(zit.: *Azo*, Summa aurea)

Azo
Commentarius et magnus apparatus ad singulas leges XII liberorum Codicis Iustinianei, Parisiis 1596
(zit.: *Azo*, Commentarius)

---

* Zitate im Text sind in der Regel dem heutigen Sprachgebrauch angepasst.

Bachmayer, Christian
Ausgewählte Problemfelder bei Nachlasssachen mit Auslandsberührung, in: BWNotZ 2010, 146–178

Bähr, Otto
Gegenentwurf zu dem Entwurfe eines Bürgerlichen Gesetzbuches für das Deutsche Reich, Kassel 1892

Bajons, Ena-Marlis
Internationale Zuständigkeit und anwendbares Recht in grenzüberschreitenden Erbrechtsfällen innerhalb des europäischen Justizraums, in: Festschrift für Andreas Heldrich zum 70. Geburtstag, München 2005, S. 495–510
(zit.: *Bajons*, FS Heldrich)

Baldus, Christian
Gesetzesbindung, Auslegung und Analogie: Römische Grundlagen und Bedeutung des 19. Jahrhunderts, in: Riesenhuber (Hrsg.), Europäische Methodenlehre – Handbuch für Ausbildung und Praxis, 2. Auflage, Berlin 2010, S. 26–111

Baldus, Christian / Stremnitzer, Johanna
Zur Vormerkungsfähigkeit künftiger Vermächtnisansprüche bei dauerhafter Testier- und Geschäftsunfähigkeit des Erblassers, in: DNotZ 2006, 598–620

Baldus, Christian
Die Auslegung nach dem Willen: und eine Heidelberger These von Otto ‚Gradenwitz, in: *Baldus/Kronke/Mager*, Heidelberger Thesen zu Recht und Gerechtigkeit. Ringvorlesung der Juristischen Fakultät anlässlich der 625-Jahr-Feier 2011, Tübingen 2013, S. 207–225

Bamberger, Georg / Roth, Herbert (Hrsg.)
Beck'scher Online-Kommentar
Stand 1.5.2012, Edition 22
(zit.: *Bearbeiter* in BeckOK)

Baron, Julius
Pandekten, 9. Aufl., Leipzig 1896

Bartin, Étienne
De l'impossibilité d'arriver à la suppression définitive des conflits de lois, in: Journal de Droit international privé (Clunet) 1897, 181–228

Bartolus de Saxoferrato
Tractatus de alimentis, Lipsiae 1597

Bauer, Stefanie
Der Erbunwürdigkeitsprozess, Angelbachtal 2007

Baumann, Anke
Gesetzliche Erbfolge und Möglichkeiten testamentarischer Erbeinsetzung im französischen Code Civil, Detmold 1996

Beckert, Jens
Unverdientes Vermögen – Soziologie des Erbrechts, Frankfurt a. M. 2004
(zit.: *Beckert*, Unverdientes Vermögen)

Berenbrok, Marius
Internationale Nachlassabwicklung – Zuständigkeit und Verfahren
Berlin 1989
(zit.: *Berenbrok*, Nachlassabwicklung)

Bernitt, Carmen Christina
Die Anknüpfung von Vorfragen im europäischen Kollisionsrecht, Tübingen 2010
(zit.: *Bernitt*, Vorfragenanknüpfung)

Bingler, Theo
Studien zum Elternrecht bei den Naturrechtsphilosophen des 16. und 17. Jahrhunderts, Diss. Freiburg i.Br. 1960

Biondi, Biondo
Successione testamentaria e donazioni, 2. ed., Milano 1955

Boele-Woelki, Katharina / Mom, Andreas
Vereinheitlichung des internationalen Unterhaltsrechts in der Europäischen Union – ein historischer Schritt, in: FPR 2010, 485–489

Bonomi, Andrea
Successions internationales : Conflits de Lois et de Juridictions, in : RdC 350 (2010), 75–418

Bonomi, Andrea
The Hague Protocol of 23 November 2007 on the Law Applicable to Maintenance Obligations, in: Yearbook of Private International Law, 2008, München 2009, S. 333–358

Bonomi, Andrea / Schmid, Christina
Successions internationales – Réflexions autour du futur règlement européen et de son impact pour la Suisse, Actes de la 22ème Journée de droit international privé du 19 mars 2010 à Lausanne, Zürich 2010
(zit.: *Bearbeiter* in Bonomi/Schmid, Successions)

Born, Winfried
Anspruchsübergang beim Elternunterhalt bei psychischer Erkrankung des Elternteils, Anmerkung zu BGH, Urt. v. 15.09.2010, in: LMK 2010, 311021

Bosch, Friedrich Wilhelm
Rückblick und Ausblick oder: De legibus ad familiam pertinentibus – reformatis et reformandis? (Familienrechtsreform in Vergangenheit, Gegenwart und Zukunft), in: FamRZ 1980, 739–752

Brox, Hans
Der Schutz der Rechte Dritter bei zivilgerichtlichen Gestaltungsurteilen, in: FamRZ 1963, 392–398

Brox, Hans / Walker, Wolf-Dietrich
Erbrecht, 24. Auflage, Köln 2010
(zit.: *Brox/Walker*, Erbrecht)

Brudermüller, Gerd
Elternunterhalt – Neue Entwicklungen in der Rechtsprechung des BGH, in: NJW 2004, 633–640

Bucher, Andreas
Grundfragen der Anknüpfungsgerechtigkeit im internationalen Privatrecht (aus kontinentaleuropäischer Sicht), Basel/Stuttgart 1975
(zit.: *Bucher*, Grundfragen der Anknüpfungsgerechtigkeit)

Casabona, Salvatore
Il dovere di assistenza verso il genitore in stato di bisogno – Una indagine di diritto comparato, Neapel/Rom 2008

Centola, Donato Antonio
A proposito del contenuto dell'obbligazione alimentare. Riflessioni storiche, in: SDHI 72 (2006), 157–195

Coing, Helmut
Europäisches Privatrecht, Band II: 19. Jahrhundert, München 1989

Coing, Helmut
Empfiehlt es sich, das gesetzliche Erbrecht und Pflichtteilsrecht neu zu regeln?, Gutachten zum 49. Deutschen Juristentag 1972, in: Verhandlungen des 49. Deutschen Juristentags, Band I, A 1–55, München 1972
(zit.: *Coing*, Gutachten A)

Coing, Helmut (Hrsg.)
Handbuch der Quellen und Literatur der neueren Europäischen Privatrechtsgeschichte, Bd. III (Teilband 1 und 2): Das 19. Jahrhundert, München 1982
(zit.: *Bearbeiter* in Coing, Handbuch)

Corbo, Chiara
Genitori e figli: L'affidamento e le sue origini nell'esperienza giuridica romana, in: SDHI 77 (2011), 55–103

Cuena Boy, Francicso
„Nota di lettura" zu *Das Ideal der Rhetorik bei Cicero und das „ius civile in artem redigere"* (Übersetzung von *Christian Baldus* und *Massimo Miglietta*), in: Rivista di Diritto Romano VI (2006), 1–13

Damrau, Jürgen (Hrsg.)
Praxiskommentar Erbrecht, 2. Aufl., Bonn 2011
(zit.: *Bearbeiter* in Damrau – Praxiskommentar Erbrecht)

Das Bürgerliche Gesetzbuch
mit besonderer Berücksichtigung der Rechtsprechung des Reichsgerichts und des Bundesgerichtshofes – Kommentar, herausgegeben von Mitgliedern des Bundesgerichtshofes, Band V, 2. Teil (§§ 2147 bis 2385), 12. Aufl., Berlin/New York 1975
(zit.: *Bearbeiter* in: BGB-RGRK)

Dauner-Lieb, Barbara
Bedarf es einer Reform des Pflichtteilsrechts?, in: DNotZ 2001, 460–465

Dauner-Lieb, Barbara / Heidel, Thomas / Ring, Gerhard (Hrsg.)
Anwaltkommentar BGB, Band 5 – Erbrecht, 2. Aufl., Bonn 2007
(zit.: *Bearbeiter* in AnwK-BGB)

Dernburg, Heinrich
Pandekten, 6. Aufl., Bd. 3: Familien- und Erbrecht, Berlin 1903

Dernburg, Heinrich
Lehrbuch des Preußischen Privatrechts und der Privatrechtsnormen des Reiches, Halle a. S. 1880
(zit.: *Dernburg*, Lehrbuch des Preußischen Privatrechts)

Dietz, Andreas
„Ehrenmord“ als Ausweisungsgrund, in: NJW 2006, 1385–1389

Donnier, Jean-Baptiste
Juris Classeur Civil, Art. 725 à 729-1, Stand: 9. September 2010
(zit.: *Donnier*, JClCiv)

Dörner, Heinrich
Der Entwurf einer europäischen Verordnung zum Internationalen Erb- und Erbverfahrensrecht – Überblick und ausgewählte Probleme, in: ZEV 2010, 221–228

Dörner, Heinrich / Hertel, Christian / Lagarde, Paul / Riering, Wolfgang
Auf dem Weg zu einem europäischen Internationalen Erb- und Erbverfahrensrecht, in: IPRax 2005, 1–8

Dutta, Anatol
Die Rechtswahlfreiheit im künftigen internationalen Erbrecht der Europäischen Union, in: Gerte Reichelt / Walter H. Rechberger (Hrsg.), Europäisches Erbrecht, Zum Verordnungsvorschlag der Europäischen Kommission zum Erb- und Testamentsrecht, Wien 2011, S. 57–84
(zit.: *Dutta*, Rechtswahlfreiheit)

Duve, Thomas
Von der Europäischen Rechtsgeschichte zu einer Rechtsgeschichte Europas in globahistorischer Perspektive, Max Planck Institute for European Legal History No. 2012-01; Text herunterzuladen unter http://ssrn.com/abstract=2139312

Ebert, Ina
Pönale Elemente im deutschen Privatrecht, Tübingen 2004

Eck, Walther
Indignität und Enterbung, Berlin 1894

Ferid, Murad
Im Ausland erfüllte Tatbestandsmerkmale inländischer Sachnormen – Ein Ansatz, in: GRUR Int. 1973, 472–478

Ferid, Murad
Bedeutung eines ausländischen Erbunwürdigkeitsurteils für die Vererbung des Inlandsvermögens eines deutschen Staatsangehörigen – Eine kollisionsrechtliche Moritat, in: Festschrift für Günther Beitzke zum 70. Geburtstag am 26. April 1979, Berlin/New York, 1979, S. 479–489
(zit.: *Ferid*, FS Beitzke)

Ferid, Murad / Firsching, Karl / Dörner, Heinrich / Hausmann, Rainer
Internationales Erbrecht, Loseblattsammlung, München, Stand: Februar 2012
(zit.: *Ferid/Firsching/Dörner/Hausmann*, Länderbericht)

Fraga, Francisco Jordano
Indignidad sucesoria y desheredación (Algunos aspectos conflictivos de su recíproca interrelación), Granada 2004
(zit.: *Fraga*, Indignidad)

Frank, Rainer
Erbrecht, 4. Aufl., München 2007

Frankenstein, Ernst
Internationales Privatrecht (Grenzrecht), 4. Band, Berlin-Grunewald 1935

Füllemann-Kuhn, Verena
Die Vorfrage im Internationalen Privatrecht, Zürich 1977
(zit.: *Füllemann-Kuhn*, Vorfrage)

Geimer, Reinhold
Die geplante Europäische Erbrechtsverordnung, in: Gerte Reichelt / Walter H. Rechberger (Hrsg.), Europäisches Erbrecht, Zum Verordnungsvorschlag der Europäischen Kommission zum Erb- und Testamentsrecht, Wien 2011, S. 1–26
(zit.: *Geimer*, Europäische Erbrechtsverordnung)

Gerken, Ulrich
Pflichtteilsrecht zwischen Testierfreiheit und Familienerbfolge, in: RPfleger 1989, 45–52

Griesche, Gerhard
Verwandtenunterhaltsrecht, in: FPR 2005, 335–340

Groß, Johannes
Das Pflichtteilsentziehungsrecht, Mängel der gegenwärtigen Regelung und Vorschläge für eine Reform, Gießen 1985
(zit.: *Groß*, Pflichtteilsentziehungsrecht)

Grotius, Hugo
De iure belli ac pacis: libri tres, Marburg 1734

Gruber, Michael / Kalss, Susanne / Müller, Katharina / Schauer, Martin (Hrsg.)
Erbrecht und Vermögensnachfolge, Wien 2010
(zit.: *Bearbeiter* in Gruber/Kalss/Müller/Schauer, Erbrecht und Vermögensnachfolge)

Grünewald, Anette
Tötungen aus Gründen der Ehre, in: NStZ 2010, 1–9

Haas, Ulrich
Ist das Pflichtteilsrecht verfassungswidrig?, in: ZEV 2000, 249–260

Hattenhauer, Christian
Johannes Althusius, Petrus Ramus und die Systematisierung der kaufrechtlichen Sachmängelhaftung, in: *Christoph Strohm / Heinrich de Wall (Hg.)*, Konfessionalität und Jurisprudenz in der frühen Neuzeit, Berlin 2009, S. 239–261

Hempel, Ingeborg
Erbunwürdigkeit – Historische Entwicklung und geltendes Recht, Köln 1969
(zit.: *Hempel*, Erbunwürdigkeit)

Henrich, Dieter
Die Vorfrage im Internationalen Privatrecht, München 1956
(zit.: *Henrich*, Vorfrage)

Henrich, Dieter
Abschied vom Staatsangehörigkeitsprinzip, in: Festschrift für Hans Stoll zum 75. Geburtstag, Tübingen 2001, S. 437–449
(zit.: *Henrich*, FS Stoll)

Henrich, Dieter / Schwab, Dieter
Familienerbrecht und Testierfreiheit im europäischen Vergleich, Bielefeld 2001
(zit.: *Bearbeiter* in Henrich/Schwab, Familienerbrecht und Testierfreiheit)

Hering, Wolfgang
Die gesetzlichen Rechte des überlebenden Ehegatten in deutsch-kanadischen Erbfällen, München 1984

Heßler, Hans-Joachim
Sachrechtliche Generalklausel und internationales Familienrecht – Zu einer zweistufigen Theorie des internationalen Privatrechts, München 1985
(zit.: *Heßler*, Sachrechtliche Generalklausel)

Hirse, Thomas
Die Ausweichklausel im Internationalen Privatrecht, Tübingen 2006

Hoch, Hans
Forschungsbefunde zur Praxis der Sozialämter bei der Regulation des Elternunterhalts, in: FPR 1999, 20–27

Hoffmann, Bernd von /Thorn, Karsten
Internationales Privatrecht, 9. Aufl., München 2007
(zit.: *v. Hoffmann/Thorn*, IPR)

Höland Armin / Sethe, Rolf / Notarkammer Sachsen-Anhalt (Hrsg.)
Elternunterhalt, Baden-Baden 2011
auch online abrufbar unter:
http://www.rwi.uzh.ch/lehreforschung/alphabetisch/sethe/HoelandSetheElternunterhalt2011.pdf
(zit.: *Höland/Sethe*, Elternunterhalt)

Hollmann, Claus-Henning
Pflichtteilsrecht und Familienzusammenhang, Baden-Baden 2007

Holtmeyer, Jan
Aktuelle Probleme des Erbunwürdigkeitsrechts, in: ZErB 2010, 6–12

Holzschuher, Rudolph Freiherr von
Theorie und Casuistik des gemeinen Civilrechts, Bd. 1, 3. Aufl., Leipzig 1863

Horsch, Andreas
Familiensolidarität als Begriff und Rechtsprinzip in der Rechtsprechung des BVerfG zur Erbrechtsgarantie, in: NVwZ 2010, 232–236

Huber, Hans Christian
Das Pflichtteilsrecht aus positivrechtlicher, rechtsvergleichender und rechtspolitischer Sicht, Aachen 1998
(zit.: *Huber*, Pflichtteilsrecht)

Hug, Sabine
Die Substitution im Internationalen Privatrecht – anhand von Beispielen aus dem internationalen Familienrecht, München 1983
(zit.: *Hug*, Substitution im IPR)

Hußmann, Wolfram
Verwirkung und unbillige Härte beim Elternunterhalt bei gestörtem Eltern-Kind-Verhältnis, in: NJW 2010, 3695–3698

Jakobs, Horst Heinrich / Schubert, Werner (Hrsg.)
Die Beratung des Bürgerlichen Gesetzbuchs: in systematischer Zusammenstellung der unveröffentlichten Quellen, Erbrecht (§§ 1922–2385), 2. Teilband, Berlin/New York 2002
(zit.: *Jakobs/Schubert*, Die Beratung des BGB)

Janzen, Ulrike
Die EU-Erbrechtsverordnung, in: DNotZ 2012, 484–493

Janzen, Ulrike
Die neuen Haager Übereinkünfte zum Unterhaltsrecht und die Arbeiten an einer EG-Unterhaltsverordnung, in: FPR 2008, 218 ff.

Jayme, Erik
Einverständliche Ehescheidung und Internationales Privatrecht, in: Liber Amicorum Klaus Schurig zum 70. Geburtstag, München 2012, S. 73–80
(zit.: *Jayme*, FS Schurig)

Jayme, Erik
Ausländische Rechtsregeln und Tatbestand inländischer Sachnormen, in: Gedächtnisschrift für Albert A. Ehrenzweig, Karlsruhe/Heidelberg 1976, S. 35–49

Jayme, Erik
Versorgungsausgleich mit Auslandsberührung und Theorie des internationalen Privatrechts, in: Zacher (Hrsg.), Versorgungsausgleich im internationalen Vergleich und in der zwischenstaatlichen Praxis (1985), S. 423–425

Jayme, Erik
Kulturelle Identität und Internationales Privatrecht, in: Jayme (Hrsg.), Kulturelle Identität und Internationales Privatrecht, Heidelberg 2002, S. 5–14

Jayme, Erik
Die Entwicklung des europäischen Familienrechts, Eine rechtsvergleichende Betrachtung, in: FamRZ 1981, 221–226

Jayme, Erik
Gesammelte Schriften, Band 2, Rechtsvergleichung – Ideengeschichte und Grundlagen, Von Emerico Amari zur Postmoderne, Vorträge – Aufsätze – Rezensionen, Heidelberg 2000
(zit.: *Jayme*, Rechtsvergleichung)

Jayme, Erik
Zur Anwendung kroatischen Erbrechts durch deutsche Gerichte, in: Liber Amicorum Krešimir Sajko, Zagreb 2012
(zit.: *Jayme*, Zur Anwendung kroatischen Erbrechts)

Jayme, Erik
Zur Reichweite des Erbstatuts, in: Gerte Reichelt / Walter H. Rechberger (Hrsg.), Europäisches Erbrecht, Zum Verordnungsvorschlag der Europäischen Kommission zum Erb- und Testamentsrecht, Wien 2011, S. 27–40
(zit.: *Jayme*, Zur Reichweite des Erbstatuts)

Jayme, Erik
Cours général de droit international privé : Identité culturelle et intégration : le droit international privé postmoderne, in : RdC 251 (1995), 13–267

Jayme, Erik
Die Familie im Recht der unerlaubten Handlungen, Frankfurt a. M./Berlin 1971
(zit.: *Jayme*, Familie)

Jayme, Erik
Institut de droit international – Annuaire (Volume 72), Session de Santiago (Chili) 2007, La substitution et le principe d'équivalence en droit international privé, Paris 2007

Jayme, Erik
Betrachtungen zur „dépeçage" im IPR, in: Festschrift für Gerhard Kegel zum 75. Geburtstag, Stuttgart 1987, S. 253–268
(zit.: *Jayme*, FS Kegel)

Jayme, Erik
Erbunwürdigkeit und Internationales Privatrecht, in: Henrich/Jayme/Sturm, Familie, Erbe, Name – Entwicklungen im internationalen und nationalen Privatrecht, Frankfurt a. M. / Berlin 2010, 23–35
(zit.: *Jayme*, Erbunwürdigkeit und IPR)

Jayme, Erik
Anmerkungen zu BGH, Urt. V. 22.3.1967, in: RabelsZ 32 (1968), 323–341

Jayme, Erik
Grundfragen des internationalen Erbrechts – dargestellt an deutsch-österreichischen Nachlassfällen, in: ZfRVgl 1983, 162–179

Jayme, Erik
Internationales Familienrecht heute, in: Festschrift für Müller-Freienfels, Baden-Baden 1986, S. 341–376

Jayme, Erik
Ein Internationales Privatrecht für Europa, Heidelberg 1991

Jayme, Erik
Gesammelte Schriften, Band 4, Internationales Privatrecht – Ideengeschichte von Mancini und Ehrenzweig zum Europäischen Kollisionsrecht, Heidelberg 2008
(zit.: *Jayme*, Internationales Privatrecht)

Jayme, Erik
Substitution und Äquivalenz im Internationalen Privatrecht, 73. Tagung des Institut de Droit international in Santiago de Chile, in: IPRax 2008, 298

Jayme, Erik
Institut de Droit International - Première Commission - Résolution - La substitution et l'équivalence en droit international privé, in: IPRax 2008, 297

Jayme, Erik / Hausmann, Rainer
Internationales Privat- und Verfahrensrecht (Textausgabe), 16. Aufl., München 2012
(zit.: *Jayme/Hausmann*)

Jayme, Erik / Kohler, Christian
Europäisches Kollisionsrecht 2007: Windstille im Erntefeld der Integration, in: IPRax 2007, 493–506

Jörs, Paul / Kunkel, Wolfgang / Wenger, Leopold
Römisches Privatrecht, 3. Aufl., Berlin u. a. 1949

Jung, Eberhard
Solidarität im Familien- und Erbrecht, in: Festschrift des Fachbereichs Rechtswissenschaft zum 400jährigen Gründungsjubiläum der Universität Gießen, Tübingen 2001, S. 181–190
(zit.: *Jung*, Solidarität, FS Universität Gießen)

Kaser, Max
Das römische Privatrecht, Erster Abschnitt – Das altrömische, das vorklassische und klassische Recht, 2. Aufl., München 1971
(zit.: *Kaser*, Das römische Privatrecht, Erster Abschnitt)

Kaser, Max
Das römische Privatrecht, Zweiter Abschnitt – Die nachklassischen Entwicklungen, 2. Aufl., München 1975
(zit.: *Kaser*, Das römische Privatrecht, Zweiter Abschnitt)

Kaser, Max / Knütel, Rolf
Römisches Privatrecht, 18. Aufl., München 2005

Kegel, Gerhard / Schurig, Klaus
Internationales Privatrecht, 9. Auflage, München 2004
(zit.: *Kegel/Schurig*, IPR)

Kindler, Peter
Vom Staatsangehörigkeits- zum Domizilprinzip: das künftige internationale Erbrecht der Europäischen Union, in: IPRax 2010, 44–50

Kipp, Theodor / Coing, Helmut
Erbrecht, Ein Lehrbuch, 14. Aufl., Tübingen 1990

Klinck, Fabian
Der Zuwendungsverzicht zulasten Dritter: Fortschritt durch das Gesetz zur Änderung des Erb- und Verjährungsrechts?, in: ZEV 2009, 533–537

Kluge, Alfred
Pflichtteilsentziehung gegenüber Abkömmlingen, in: ZRP 1976, 285–286

Knöpfel, Gottfried
Beistand und Rücksicht zwischen Eltern und Kindern (§ 1618a BGB), in: FamRZ 1985, 554–565

Koeniger, Albert Michael
Die Sendgerichte in Deutschland, Band 1, München 1907

Köppen, Karl Friedrich Albert
System des heutigen römischen Erbrechts, Jena 1864
Krause, Engelbert
Die gegenseitigen Unterhaltsansprüche zwischen Eltern und Kindern in der deutschen Privatrechtsgeschichte, Köln 1982
(zit.: *Krause*, Unterhaltsansprüche)

Krauß, Hans-Frieder
Elternunterhalt, in: DNotZ 2004, 502–524

Kropholler, Jan
Internationales Privatrecht, 6. Auflage, Tübingen 2006
(zit.: *Kropholler*, IPR)

Krüger, Gustav
Indignität und Erbunwürdigkeit, Diss. Heidelberg 1906

Kühne, Gunther
Zur Reform des gesetzlichen Erb- und Pflichtteilsrechts, in: JR 1972, 221–226

Kunkel, Wolfgang / Thieme, Hans (Hrsg.)
Beyerle, Franz (Bearb.)
Quellen zur neueren Privatrechtsgeschichte Deutschlands,
Band 1.1 – Ältere Stadtrechtsreformationen, Weimar 1936
Band 1.2 – Landrechte des 16. Jahrhunderts, Weimar 1938

Kunz, Karl-Heinz
Internationales Privatrecht, 4. Aufl., Köln 1998

Lagarde, Paul
La règle de conflit applicable aux questions préalables, in: Rev. crit. 1960, 459–484

Lange, Heinrich
Erwerb, Sicherung und Abwicklung der Erbschaft,
4. Denkschrift des Erbrechtsausschusses der Akademie für Deutsches Recht, Tübingen 1940
(zit.: *Lange*, Denkschrift)

Lange, Knut Werner
Die Pflichtteilsentziehung gegenüber Abkömmlingen de lege lata und de lege ferenda, in: AcP 204 (2004), 804–831

Lange, Knut Werner
Das Gesetz zur Reform des Erb- und Verjährungsrechts, in: DNotZ 2009, 732–743

Lange, Knut Werner
Die Pflichtteilsentziehung im Spiegel der neueren Rechtsprechung, in: ZErbR 2008, 59–63

Lange, Knut-Werner
Erbrecht, Lehrbuch für Studium und Praxis, München 2011

Langenfeld, Gerrit
Das Gesetz zur Änderung des Erb- und Verjährungsrechts – Inhalt und Praxisfolgen, in: NJW 2009, 3121–3125

Laurent, François
Le droit civil international, tome 6ème, Bruxelles/Paris 1881

Leipold, Dieter
Wandlungen in den Grundlagen des Erbrechts?, in: AcP 180 (1980), 160–237

Leipold, Dieter
Europa und das Erbrecht, in: Europas universale rechtsordnungspolitische Aufgabe im Recht des dritten Jahrtausends: Festschrift für Alfred Söllner zum 70. Geburtstag, München 2000, S. 647–668
(zit.: *Leipold*, FS Söllner)

Leisner, Walter
Pflichtteilsentziehungsgründe nach §§ 2333 ff. BGB verfassungswidrig? – BVerfG lässt eine wichtige Frage offen, in: NJW 2001, 126–127

Lewald, Hans
Das deutsche internationale Privatrecht auf Grundlage der Rechtsprechung, Leipzig 1930

Lipp, Volker
Finanzielle Solidarität zwischen Verwandten im Privat- und Sozialrecht, in: NJW 2002, 2201–2207

Lipp, Volker
Solidarität und Status im Unterhaltsrecht, in: Lipp/Röthel/Windel, Familienrechtlicher Status und Solidarität, Tübingen 2008, S. 53–83
(zit.: *Lipp*, Solidarität)

Looschelders, Dirk
Rezension der Schrift von Schulz, Carsten, Die Subsumtion ausländischer Rechtstatsachen – unter besonderer Berücksichtigung der Erfüllbarkeit der deutschen Geschäftsform im Ausland sowie der Substitution gerichtlicher Rechtsverfolgungsmaßnahmen und Erbscheine bei deutscher lex causae (Berlin 1997), in: RabelsZ 64 (2000), 420–429

Lorenz, Egon
Zur Zweistufentheorie des IPR und zu ihrer Bedeutung für das neue internationale Versorgungsausgleichsrecht, in: FamRZ 1987, 645–653

Lübtow, Ulrich von
Erbrecht, Eine systematische Darstellung, 2. Halbband, Berlin 1971

Lübtow, Ulrich von
Erbrecht, Eine systematische Darstellung, 1. Halbband, Berlin 1971

Lucas, André (Hrsg.)
Code Civil 2010, 29ème édition
(zit.: *Lucas*, Code Civil)

Lüderitz, Alexander
§§ 1611, 1618a BGB: Plädoyer für eine Kooperation zwischen Eltern und Kindern, in: Festschrift für Hans Friedhelm Gaul zum 70. Geburtstag, Bielefeld 1997
(zit.: *Lüderitz*, FS Gaul)

Lüscher, Kurt / Hoch, Hans
Der Elternunterhalt: Pragmatisch akzeptiertes Recht, in: FPR 2003, 648–652

Lutz, Marion Irene
Ist das Rechtsinstitut der Erb-, Vermächtnis- und Pflichtteilsunwürdigkeit reformbedürftig? Sinn und Zweck der Unwürdigkeitsgründe, Rechtsvergleichung und Reformvorschläge, Frankfurt a. M. 2005
(zit.: *Lutz*, Erbunwürdigkeit)

Mampel, Siegfried
Das Erbrecht im neuen Zivilrecht der DDR, in: NJW 1976, 593–604

Mandry, Gustav von
Das gemeine Familiengüterrecht mit Ausschluss des ehelichen Güterrechtes, Bd. 1, Tübingen 1871

Mankowski, Peter
Warenübereignung durch Dokumentenübertragung und Internationales Privatrecht, in: Seehandelsrecht und Seerecht, Festschrift für Rolf Herber zum 70. Geburtstag, Hamburg 1999, S. 147–186
(zit.: *Mankowski*, FS Herber)

Mansel, Heinz-Peter
Das Staatsangehörigkeitsprinzip im deutsschen und gemeinschaftsrechtlichen Internationalen Privatrecht: Schutz der kulturellen Identität oder Diskriminierung der Person?, in: Jayme (Hrsg.), Kulturelle Identität und Internationales Privatrecht, Heidelberg 2002, S. 119–154

Mansel, Heinz-Peter
Zum Verhältnis von Vorfrage und Substitution. Am Beispiel einer unterhaltsrechtlichen Vorfrage des iranischen Scheidungsrechts, in: Festschrift für Jan Kropholler zum 70. Geburtstag, Tübingen 2008, S. 353–372
(zit.: *Mansel*, FS Kropholler)

Mansel, Heinz-Peter
Substitution im deutschen Zwangsvollstreckungsrecht, Zur funktionellen Rechtsvergleichung bei der Sachrechtsauslegung, in: Festschrift für Werner Lorenz zum siebzigsten Geburtstag, Tübingen 1991
(zit.: *Mansel*, FS Lorenz)

Mansel, Heinz-Peter
Vereinheitlichung des Internationalen Erbrechts in der Europäischen Gemeinschaft – Kompetenzfragen und Regelungsgrundsätze, in: Festschrift für Prof. Dr. Tuğrul Ansay'a Armağan, Ankara 2006, S. 185–226
(zit.: *Mansel*, FS Ansay'a)

Martiny, Dieter
Reformbedürftigkeit des Elternunterhalts im europäischen Rechtsvergleich, in: FPR 1999, 7–12

Martiny, Dieter
Empfiehlt es sich, die rechtliche Ordnung finanzieller Solidarität zwischen Verwandten in den Bereichen des Unterhaltsrechts, des Pflichtteilsrechts, des Sozialhilferechts und des Sozialversicherungsrechts neu zu gestalten?
Unterhalts- und erbrechtliches Teilgutachten (Gutachten A) für den 64. Deutschen Juristentag, in: Verhandlungen des 64. Deutschen Juristentages (Berlin 2002), München 2002 (Hrsg.: Ständige Deputation des Deutschen Juristentages) – Band I
(zit.: *Martiny*, Gutachten A)

Meili, Friedrich
Das internationale Civil- und Handelsrecht auf Grund der Theorie, Gesetzgebung und Praxis – Ein Handbuch, Band II, Zürich 1902

Melchior, George
Die Grundlagen des deutschen internationalen Privatrechts, Leipzig 1932
(zit.: *Melchior*, Grundlagen des IPR)

Mette-Dittmann, Angelika
Die Ehegesetze des Augustus – Eine Untersuchung im Rahmen der Gesellschaftspolitik des Princeps, Stuttgart 1991

Miaja de la Muela, Adolfo
Derecho internacional privado, Parte especial – Tomo II, Madrid 1963

Migliazza, Alessandro
L'indegnità a succedere nel diritto internazionale privato italiano, in: Comunicazioni e studi – volume terzo, Milano 1950, S. 197–220

Mittermaier, Karl
Die Lehre von der Collision der Gesetz mit einer Darstellung der Ergebnisse der neuesten wissenschaftlichen Forschungen darüber, in: Kritische Zeitschrift für Rechtswissenschaft und Gesetzgebung des Auslandes 11 (1839), S. 267–289

Motive
zu dem Entwurfe eines Bürgerlichen Gesetzbuches für das Deutsche Reich, Band IV, Familienrecht, 2. Aufl., Berlin 1896

Motive
zu dem Entwurfe eines Bürgerlichen Gesetzbuches für das Deutsche Reich, Band V, Erbrecht, Berlin, Leipzig 1888

Mugdan, B.
Protokolle der Kommission für die zweite Lesung des Entwurfs des Bürgerlichen Gesetzbuchs

Mühlenbruch, Christian Friedrich
Lehrbuch des Pandekten-Rechts nach der Doctrina Pandectarum deutsch bearbeitet, Bd. 1, 4. Aufl., Halle 1844

Müller-Bromley, Stephanie
Portugiesisches Zivilrecht, Band 2: Familien- und Erbrecht, Baden-Baden 2011
(zit.: *Müller-Bromley*, Portugiesisches Zivilrecht, Band 2)

Müller-Eiselt, Klaus-Peter
Divus Pius constituit: Kaiserliches Erbrecht, Berlin 1982

Münchener Kommentar zum BGB: Kommentar zum Bürgerlichen Gesetzbuch
Band 8, Familienrecht II (§§ 1589–1921), 6. Auflage, München 2012
Band 9, Erbrecht (§§ 1922–2385), 5. Aufl., München 2010
Band 10, Internationales Privatrecht, Einführungsgesetz zum Bürgerlichen Gesetzbuche (Art. 1–46), 4. Auflage, München 2006
Band 11, Internationales Privatrecht, Internationales Wirtschaftsrecht, Einführungsgesetz zum Bürgerlichen Gesetzbuche (Art. 25–248), 5. Aufl., München 2010
(zit.: *MüKo*-Bearbeiter)

Muscheler, Karlheinz
Erbrecht, Band II, Tübingen 2010

Muscheler, Karlheinz
Grundlagen der Erbunwürdigkeit, in: ZEV 2009, 58–62

Muscheler, Karlheinz
Erbunwürdigkeitsgründe und Erbunwürdigkeitsklage, in: ZEV 2009, 101–107

Muscheler, Karlheinz
Die geplanten Änderungen im Erbrecht, Verjährungsrecht und Nachlassverfahrensrecht, in: ZEV 2008, 105–112

Nardi, Enzo
I Casi di Indegnità nel Diritto Successorio Romano, Milano 1937
(zit.: *Nardi*, I Casi di Indegnità)

Neuhaus, Paul Heinrich
Die Grundbegriffe des internationalen Privatrechts, 2. Aufl., Tübingen 1976
(zit.: *Neuhaus*, Grundbegriffe)

Neumayer, Karl H.
Einheit in der Vielfalt – Bewegung und Bewahrung im Erbrecht der Nationen, in: Konflikt und Ordnung: Festschrift für Murad Ferid zum 70. Geburtstag, München 1978, S. 659–686
(zit.: *Neumayer*, FS Ferid)

Neuner, Georg Karl
Wesen und Arten der Privatrechtsverhältnisse, Kiel 1866

Nimmerrichter, Clemens
Das Haager Unterhaltsübereinkommen 2007, Wien 2010

Omodei-Salè, Riccardo
Indegnità a succedere, in: Digesto delle Discipline Privatistiche, Sezione Civile, Aggiornamento III, Band 2, 2007
(zit.: *Omodei-Salè*, Indegnità a succedere)

Palandt, Otto (Begr.)
Bürgerliches Gesetzbuch, 71. Aufl., München 2012
(zit.: Palandt-*Bearbeiter*)

Pfeiffer, Thomas
Datumtheorie und „local data“ in der Rom II-VO – am Beispiel von Straßenverkehrsunfällen, in: Liber Amicorum Klaus Schurig zum 70. Geburtstag, München 2012, S. 229–236
(zit.: *Pfeiffer*, FS Schurig)

Pintens, Walter
Europäisierung des Erbrechts, in: ZeuP 2001, 628–648

Planck, Gottlieb
Familienrecht – Teil 2, Beendigung der Ehe, Recht der Abkömmlinge, Vormundschaftsrecht in: Werner Schubert (Hrsg.), Die Vorlagen der Redaktoren für die erste Kommission zur Ausarbeitung des Entwurfs eines Bürgerlichen Gesetzbuches, Berlin 1983
(zit.: *Planck*, Entwurf eines Familienrechts für das Deutsche Reich)

Pothier, Robert Joseph
Oeuvres – Tome sixième, Traité du contrat de mariage, Paris 1846

Prütting, Hanns / Helms, Tobias (Hrsg.)
FamFG – Kommentar, 2. Aufl., Köln 2011
(zit.: *Bearbeiter* in Prütting/Helms-FamFG)

Prütting, Hanns / Wegen, Gerhard / Weinreich, Gerd (Hrsg.)
BGB Kommentar, 5. Auflage, Köln 2010
(zit.: *Bearbeiter* in Prütting/Wegen/Weinreich)

Puchta, Georg Friedrich
Lehrbuch der Pandekten, 9. verm. Aufl. Leipzig 1863

Pufendorf, Samuel, Freiherr von
De iure naturae et gentium libri octo, Francofurti ad Moenum 1706

Pufendorf, Samuel, Freiherr von
De officio hominis et civis iuxta legem naturalem libri duo, London 1708

Raape, Leo
Internationales Privatrecht, 5. Aufl., Berlin und Frankfurt a. M. 1961

Raape, Leo / Sturm, Fritz
Internationales Privatrecht, Band 1: Allgemeine Lehren, 6. Aufl., München 1977
(zit.: *Raape/Sturm*, IPR, Bd. I)

Ranieri, Filippo
Das Europäische Privatrecht des 19. und 20. Jahrhunderts – Studien zur Rechtsgeschichte und Rechtsvergleichung, Berlin 2007
(zit.: *Ranieri*, Europäisches Privatrecht)

Rauscher, Thomas
Reformfragen des gesetzlichen Erb- und Pflichtteilsrechts
Band I – Grundlagen des Erbrechts, Regensburg 1993
Band II, 1. Teilband – Reformvorschläge, gesetzliches Erbrecht, Regensburg 1993
Band II, 2. Teilband – Reformvorschläge Pflichtteilsrecht, Regensburg 1993
(zit.: *Rauscher*, Reformfragen)

Reichelt, Gerte
Gesamtstatut und Einzelstatut im IPR – Ein Beitrag zu den allgemeinen Lehren des Kollisionsrechts, Wien 1985
(zit.: *Reichelt*, Gesamtstatut und Einzelstatut im IPR)

Reinken, Werner
Die Rechtsprechung der Oberlandesgerichte zum Unterhaltsrecht in 2010, in: FPR 2011, 125– 129

Remde, Julia
Die Europäische Erbrechtsverordnung nach dem Vorschlag der Kommission vom 14. Oktober 2009, in: RNotZ 2012, 65–85

Rheinstein, Max
Ernst Rabels vergleichende Studie des internationalen Privatrechts – Zu seinem 10. Todestag, in: RabelsZ 29 (1965), 457–472

Roth, Markus
Elder Law und Elder Law Attorney als Vorbild für das deutsche Recht? – Vorbild USA: Der Fachanwalt für das „Recht der Älteren“, in: Anwaltsblatt 2011, 671–675

Röthel, Anne
Pflichtteil und Stiftungen: Generationengerechtigkeit versus Gemeinwohl? in: ZEV 2006, 8–12

Röthel, Anne
Normkonkretisierung im Privatrecht, Tübingen 2004

Röthel, Anne
Gutachten A zum 68. Deutschen Juristentag, Ist unser Erbrecht noch zeitgemäß?, München 2010
(zit.: *Röthel*, Gutachten A)

Röthel, Anne
Solidaritätskonzept und Statusorientierung des Erbrechts, in: Lipp/Röthel/Windel, Familienrechtlicher Status und Solidarität, Tübingen 2008, S. 85–120
(zit.: *Röthel*, Solidaritätskonzept)

Röthel, Anne
Familiäre Vermögensteilhabe im englischen Recht: Entwicklungen und Erklärungsversuche, in: RabelsZ 76 (2012), 131–160

Ruland, Franz
Generationensolidarität im Unterhaltsrecht – Die Entscheidung des BVerfG zum Elternunterhalt, BVerfG, NJW 2005, 1927, in: JuS 2005, 973–975

Rummel, Peter (Hrsg.)
Kommentar zum Allgemeinen bürgerlichen Gesetzbuch, 1. Band, 3. Aufl., Wien 2000
(zit.: *Bearbeiter* in Rummel-ABGB)

Sachers, Erich
Das Recht auf Unterhalt in der römischen Familie, in: Festschrift Fritz Schulz, Bd. 1, 1951, S. 310–363
(zit.: *Sachers*, FS Schulz)

Savigny, Friedrich Carl von
System des heutigen Römischen Rechts, Bd. VIII, Berlin 1849
(zit.: *Savigny*, System VIII)

Schaal, Daniel
Aktuelles im IPR/aus dem Ausland, in: BWNotZ 2011, 142–147

Schaer, Walter
Ist das Pflichtteilsrecht ein erhaltenswertes Institut? – Eine rechtspolitische Betrachtung zum schweizerischen Pflichtteilsrecht mit rechtsvergleichenden Hinweisen, Zürich 1976
(zit.: *Schaer*, Pflichtteilsrecht)

Schlitt, Gerhard / Müller, Gabriele (Hrsg.)
Handbuch Pflichtteilsrecht, München 2010
(zit.: *Bearbeiter*, in Schlitt/Müller, Handbuch Pflichtteilsrecht)

Schlosser, Peter
Gestaltungsklagen und Gestaltungsurteile, Bielefeld 1966
(zit.: *Schlosser*, Gestaltungsklagen)

Schlosser, Hans
Grundzüge der Neueren Privatrechtsgeschichte – Rechtsentwicklungen im europäischen Kontext, 10. Auflage, Heidelberg 2005
(zit.: *Schlosser*, Privatrechtsgeschichte)

Schmitt, Gottfried von
Erbrecht, in: Werner Schubert (Hrsg.), Die Vorlagen der Redaktoren für die erste Kommission zur Ausarbeitung des Entwurfs eines Bürgerlichen Gesetzbuches, Berlin / New York 1984
(zit.: *v. Schmitt*, Erbrecht)

Schnur, Hansjuergen
Die Pflichtteilsentziehung, Köln 1982

Schömmer, Hans-Peter / Reiß, Jürgen
Internationales Erbrecht Italien, 2. Aufl., München 2005

Schöpflein, Martin
Verfassungsmäßigkeit des Pflichtteilsrechts und Pflichtteilsentziehung, in: FamRZ 2005, 2025–2030

Schröder, Rainer
Pflichtteilsrecht, in: DNotZ 2001, 465–473

Schulz, Carsten
Die Subsumtion ausländischer Rechtstatsachen, Berlin 1997

Schurig, Klaus
Die Struktur des kollisionsrechtlichen Vorfragenproblems, in: Festschrift für Gerhard Kegel zum 75. Geburtstag, Stuttgart 1987, S. 549–598
(zit.: *Schurig*, FS Kegel)

Schurig, Klaus
Kollisionsnorm und Sachrecht: zu Struktur, Standort und Methode des internationalen Privatrechts, Berlin 1981
(zit.: *Schurig*, Kollisionsnorm)

Schwab, Dieter
Familiäre Solidarität, in: FamRZ 1997, 521–528

Schwab, Dieter / Henrich, Dieter
Familiäre Solidarität – Die Begründung und die Grenzen der Unterhaltspflicht unter Verwandten im europäischen Vergleich, Bielefeld 1997
(zit.: *Bearbeiter* in Schwab/Henrich, Familiäre Solidarität)

Schwabenspiegel
übertragen in heutiges Deutsch mit Illustrationen aus alten Handschriften von Harald Rainer Derschka, München 2002

Schwimann, Michael
Grundriss des internationalen Privatrechts, Wien 1982

Schwind, Fritz
Handbuch des Österreichischen Internationales Privatrechts, Wien 1975

Schwind, Fritz
Von der Zersplitterung des Privatrechts durch das internationale Privatrecht und ihrer Bekämpfung, in: RabelsZ 23 (1958), 449–465

Serick, Rolf / Niederländer, Hubert / Jayme, Erik (Hrsg.)
Albert A. Ehrenzweig und das internationale Privatrecht, Symposium veranstaltet vom Institut für ausländisches und internationales Privat- und Wirtschaftsrecht der Universität Heidelberg am 17. Juli 1984

Seuffert, Johann Adam / Seuffert, Ernst August (Hrsg.)
Archiv für Entscheidungen der obersten Gerichte in den deutschen Staaten

Siegel, Heinrich
Das deutsche Erbrecht nach den Rechtsquellen des Mittelalters in seinem inneren Zusammenhang dargestellt, Neudruck der Ausgabe Heidelberg 1853, Aalen 1969
(zit.: *Siegel*, Das deutsche Erbrecht)

Siehr, Kurt
Inernationales Privatrecht, Deutsches und europäisches Kollisionsrecht für Studium und Praxis, Heidelberg 2001
(zit.: *Siehr*, IPR)

Simon, Ulrich / Buschbaum, Markus
Die neue EU-Erbrechtsverordnung, in: NJW 2012, 2393–2398

Sintenis, Carl Friedrich Ferdinand
Anleitung zum Studium des Bürgerlichen Gesetzbuches für das Königreich Sachsen, Leipzig 1864

Sintenis, Carl Friedrich Ferdinand
Das praktische gemeine Civilrecht, Band 3, Leipzig 1869

Soergel, Hans Theodor (Begr.)
Bürgerliches Gesetzbuch mit Einführungsgesetz und Nebengesetzen, 13. Aufl., Stuttgart, 2000/2002
(zit.: Soergel-*Bearbeiter*)

Staudinger, Julius von
Kommentar zum Bürgerlichen Gesetzbuch mit Einführungsgesetz und Nebengesetzen
– Band: Buch 5, Erbrecht, §§ 2265–2238,
Berlin 2006
– Band: Buch 5, Erbrecht, §§ 2339–2385,
Berlin 2004
– Band: EGBGB/IPR, Einleitung zum IPR, Art 2–6 EGBGB,
Berlin 2003
– Band: EGBGB/IPR, Art 25, 26 EGBGB
Berlin 2007
(zit.: Staudinger-*Bearbeiter*)

Steinmetz, Udo
Die Sozialhilfepraxis beim Elternunterhalt am Beispiel der Sozialhilferichtlinien des Landes Baden-Württemberg, in: FPR 1999, 13–17

Stobbe, Otto
Handbuch des deutschen Privatrechts, Band 5, 1. und 2. Aufl., Berlin, 1885

Strätz, Hans-Wolfgang
Rechtspolitische Gesichtspunkte des gesetzlichen Erbrechts und Pflichtteilsrechts nach 100 Jahren BGB, in: FamRZ 1998, 1553–1567

Stumpf, Cordula
Europäisierung des Erbrechts: Das Grünbuch zum Erb- und Testamentsrecht, in: EuZW 2006, 587–592

Stumpf, Cordula
Das Erbrecht als Objekt differenzierter Integrationsschritte, in: Jung, Peter / Baldus, Christian (Hrsg.), Differenzierte Integration im Gemeinschaftsprivatrecht, München 2007, S. 217–253

Süß, Rembert / Haas, Ulrich (Hrsg.)
Erbrecht in Europa, Angelbachtal 2004
(zit.: *Süß/Haas*, Erbrecht)

Thibaut, Anton Friedrich Justus
System des Pandektenrechts, 9. Ausg. Band 2, Jena 1846

Thomasius, Christian
Fundamenta Juris naturae et gentium, 4. Aufl., Halle 1718
(zit.: *Thomasius*, Fundamenta)

Thomasius, Christian
Institutiones iurisprudentiae divinae, 7. Aufl., Halle 1730
(zit.: *Thomasius*, Institutiones)

Trulsen, Marion
Pflichtteilsrecht und englische family provision im Vergleich, Tübingen 2004
(zit.: *Trulsen*, Pflichtteilsrecht und family provision)

Unterholzner, Karl August Dominik
Quellenmäßige Zusammenstellung der Lehre des römischen Rechts von den Schuldverhältnissen mit Berücksichtigung der heutigen Anwendung, Bd. 2, Leipzig 1840

v. Bar, Christian / Mankowski, Peter
Internationales Privatrecht, Band I – Allgemeine Lehren, München 2003
(zit.: *v. Bar/Mankowski*, IPR I)

v. Bar, Ludwig
Theorie und Praxis des internationalen Privatrechts, Band II, 2. Auflage, Hannover 1889

Valery, Jules
Manuel de droit international privé, Paris 1914

van Venrooy, Gerd J.
Internationalprivatrechtliche Substitution, Konstanz 1999

Vesque von Püttlingen, Johann Freiherr
Handbuch des in Österreich-Ungarn geltenden Internationalen Privatrechts mit besonderer Berücksichtigung des Staats- und Völkerrechts, 2. Auflage, Wien 1878
(zit.: *Vesque von Püttlingen*, Handbuch IPR)

Vischer, Frank
Die rechtsvergleichenden Tatbestände im internationalen Privatrecht: die Übereinstimmung der materiellen Rechtsinhalte als Voraussetzung des internationalen Privatrechtes; die Bedeutung des Begriffes der Äquivalenz, Basel 1953

Voci, Pasquale,
Diritto Ereditario Romano, Volume Primo – Introduzione Parte Generale, seconda edizione, Milano 1967

Wächter, Karl Joseph Georg Sigismund von
Die neuesten Fortschritte der Civilgesetzgebung in Württemberg, mit legislativen Bemerkungen und vergleichender Rücksicht auf das gemeine Recht, in: AcP 23 (1840), 33–111

Wagner, Rolf
Der Wettstreit um neue kollisionsrechtliche Vorschriften im Unterhaltsrecht, in: FamRZ 2006, 979–987

Waldstein, Wolfgang / Rainer, J. Michael
Römische Rechtsgeschichte, 10. Auflage, München 2005

Weber, Helmut
Die Theorie der Qualifikation: Franz Kahn, Etienne Bartin und die Entwicklung ihrer Lehre bis zur universalen Anerkennung der Qualifikation als allgemeines Problem des internationalen Privatrechts (1890–1945), Tübingen 1986
(zit.: *Weber*, Die Theorie der Qualifikation)

Wedemann, Frauke
Rückforderung wegen Verarmung des Schenkers versus Elternunterhalt, in: NJW 2011, 571–575

Weimar, Wilhelm
Für den juristischen Nachwuchs: Die Erbunwürdigkeit, in: MDR 1962, 633–634

Weiss, André
Traité théorique et pratique de droit international privé, tome 4ème (Le conflit des lois), 2ème édition, Paris 1912

Welser, Rudolf
Die Reform des österreichischen Erbrechts, in: ÖstNotZ 2012, 1–7

Wengler, Wilhelm
Alternative Zuweisung von Vorfragen und hinkende Ehe, in: IPRax 1984, 68–72

Wengler, Wilhelm
Die Vorfrage im Kollisionsrecht, in: RabelsZ 8 (1934), 148–251

Werkmüller, Sandra
Rechtspolitische und rechtsvergleichende Aspekte des geltenden Pflichtteilsrechts, Frankfurt a. M./Berlin u. a. 2002
(zit.: *Werkmüller*, Pflichtteilsrecht)

Wesenberg, Gerhard / Wesener, Gunter
Neuere deutsche Privatrechtsgeschichte im Rahmen der europäischen Rechtsentwicklung, 4. Auflage, Wien u. a. 1985
(zit.: *Wesenberg/Wesener*, Neuere deutsche Privatrechtsgeschichte)

Wieacker, Franz
Privatrechtsgeschichte der Neuzeit – Unter besonderer Berücksichtigung der deutschen Entwicklung, 2. Aufl., Göttingen 1967

Windscheid, Bernhard
Lehrbuch des Pandektenrechts, Band 2 und Band 3, 6. Aufl., Frankfurt a. M. 1887

Wolf, Joseph Georg
Das Senatusconsultum Silanianum und die Senatsrede des C. Cassius Longinus aus dem Jahre 61 n.Chr., Heidelberg 1988
(zit.: *Wolf*, Senatusconsultum Silanianum)

Wolff, Martin
Das internationale Privatrecht Deutschlands, 2. Auflage, Berlin/Göttingen/Heidelberg 1949

Zachariä von Lingenthal, Karl Salomo / Crome, Carl
Handbuch des Französischen Civilrechts, Band IV, 8. Aufl. Freiburg i.Br. 1895

Zachariä, Karl Salomo
Handbuch des französischen Civilrechts, Bd. III, 4. Aufl., Heidelberg 1837

Zemen, Herbert
Zum Statut der gesetzlichen Erbfolge nach dem Österreichischen IPR-Gesetz, in: ZfRVgl 1983, 67–77

Zimmermann, Friedrich
Zur Revision der Lehre von der Indignität, in: Archiv für praktische Rechtswissenschaft aus dem Gebiete des Zivilrechts, des Zivilprozesses und des Kriminalrechts 1880, S. 355–390

Zimmermann, Reinhard
„De bloedige hand en neemt geen erffenis", Erbunwürdigkeit aufgrund Tötung des Erblassers: Römisches und römisch-holländisches Recht, in: Festschrift für Rolf Knütel zum 70. Geburtstag, Heidelberg 2009, S. 1469–1492
(zit.: *Zimmermann*, FS Knütel)

Zimmermann, Reinhard
„Nemo ex suo delicto meliorem suam condicionem facere potest", Kränkungen der Testierfreiheit des Erblassers – englisches im Vergleich zum kontinentaleuropäischen Recht, in: Unternehmen, Markt und Verantwortung: Festschrift für Klaus J. Hopt zum 70. Geburtstag am 24. August 2010, Band 1, S. 269–304
(zit.: *Zimmermann*, FS Hopt)

Zimmermann, Reinhard
Erbunwürdigkeit – Die Entwicklung eines Rechtsinstituts im Spiegel europäischer Kodifikationen, in: Festschrift für Helmut Koziol zum 70. Geburtstag, 2010, S. 463–511
(zit.: *Zimmermann*, FS Koziol)

Zitelmann, Ernst
Internationales Privatrecht, Band II, München/Leipzig 1912
(zit.: *Zitelmann*, Internationales Privatrecht)

Zweigert, Konrad / Kötz, Hein
Einführung in die Rechtsvergleichung auf dem Gebiete des Privatrechts, 3. Auflage, Tübingen 1996
(zit.: *Zweigert/Kötz*, Rechtsvergleichung)

Zweigert, Konrad / Puttfarken, Hans-Jürgen (Hrsg.)
Rechtsvergleichung, Darmstadt 1978
(zit.: *Bearbeiter* in Zweigert/Puttfarken, Rechtsvergleichung)

STUDIEN ZUM VERGLEICHENDEN UND INTERNATIONALEN RECHT

Herausgeber: Bernd von Hoffmann (†), Erik Jayme und Heinz-Peter Mansel

Band 1 Ferdinand Henke: Die Datenschutzkonvention des Europarates. 1986.

Band 2 Peter Czermak: Der express trust im internationalen Privatrecht. 1986.

Band 3 Peter Kindler: Der Ausgleichsanspruch des Handelsvertreters im deutsch-italienischen Warenverkehr. Eine rechtsvergleichende und kollisionsrechtliche Untersuchung. 1987.

Band 4 Wilhelm Denzer: Stellung und Bedeutung des Engineers in den FIDIC-Bauvertragsbedingungen. 1988.

Band 5 Marijan-Maximilian Lederer: Die internationale Enteignung von Mitgliedschaftsrechten unter besonderer Berücksichtigung der französischen Enteignungen 1982. 1989.

Band 6 Rainer Esser: Klagen gegen ausländische Staaten. 1990.

Band 7 Chang Jae-Ok: Auf dem Weg zu einer Materialisierung des Immateriellen? Personen-, Persönlichkeitsschutz und Geldersatz des immateriellen Schadens in rechtsvergleichender Hinsicht am Beispiel des koreanischen und japanischen Zivilrechts unter besonderer Berücksichtigung des deutschen Rechts. 1990.

Band 8 Paul-Frank Weise: Lex mercatoria. Materielles Recht vor der internationalen Handelsschiedsgerichtbarkeit.1990.

Band 9 Werner Born: Der Auftrittsvertrag für Musikgruppen im Bereich der Rock- und Popmusik. 1990.

Band 10 Ralf Erich Jürgens: IPR und Verfassung in Italien und in der Bundesrepublik Deutschland. 1990.

Band 11 Rainer Gildeggen: Internationale Schieds- und Schiedsverfahrensvereinbarungen in Allgemeinen Geschäftsbedingungen vor deutschen Gerichten. 1991.

Band 12 Klaus Grabinski: Die kollisionsrechtliche Behandlung des Durchgriffs bei rechtlich verselbständigten Unternehmen in privater oder öffentlicher Hand. 1991.

Band 13 Dieter Stummel: Konkurs und Integration. Konventionsrechtliche Wege zur Bewältigung grenzüberschreitender Insolvenzverfahren. 1991.

Band 14 Joachim Güntzer: Die Rechtsstellung des Geschäftsführers im spanischen Aktienrecht. Die Neuregelung des spanischen Aktienrechts nach dem Beitritt Spaniens zur EG. 1991.

Band 15 Sabine Isenburg-Epple: Die Berücksichtigung ausländischer Rechtshängigkeit nach dem Europäischen Gerichtsstands- und Vollstreckungsübereinkommen vom 27.9.1968. Untersuchungen zum Anwendungsbereich von Art. 21 EuGVÜ unter schwerpunktmäßiger Behandlung der Frage nach der Bestimmung eines europäischen Streitgegenstandsbegriffs. 1992.

Band 16 Ulrich Nickl: Die Qualifikation der culpa in contrahendo im Internationalen Privatrecht. 1992.

Band 17 Theo Rauh: Leistungserschwerungen im Schuldvertrag. Eine rechtsvergleichende Untersuchung des englischen, US-amerikanischen, französischen und deutschen Rechts unter besonderer Berücksichtigung der gerichtlichen Praxis. 1992.

Band 18 Bernadette Chaussade-Klein: Vorvertragliche "obligation de renseignements" im französischen Recht. 1992.

Band 19 Josef Sievers: Verbraucherschutz gegen unlautere Vertragsbedingungen im französischen Recht. Vom Code civil zum "Code de la consommation" – die Entstehung eines Sonderprivatrechts für Verbraucher. 1993.

Band 20 Achim Schäfer: Grenzüberschreitende Kreditsicherung an Grundstücken, unter besonderer Berücksichtigung des deutschen und italienischen Rechts. 1993.

Band 21 Eugenio Hernández-Breton: Internationale Gerichtsstandsklauseln in Allgemeinen Geschäftsbedingungen. Unter besonderer Berücksichtigung des deutsch-südamerikanischen Rechtsverkehrs (dargestellt am Beispiel Argentinien, Brasilien und Venezuela). 1993.

Band 22 Ingo Reng: Unterhaltsansprüche aufgrund nichtehelicher Lebensgemeinschaft – Internationales Privatrecht und ausländisches materielles Recht. 1994.

Band 23 Stefanie Roloff: Die Geltendmachung ausländischer öffentlicher Ansprüche im Inland. 1994.

Band 24 Katharina Ludwig: Der Vertragsschluß nach UN-Kaufrecht im Spannungsverhältnis von Common Law und Civil Law. Dargestellt auf der Grundlage der Rechtsordnungen Englands und Deutschlands. 1994.

Band 25 Malte Diesselhorst: Mehrparteienschiedsverfahren. Internationale Schiedsverfahren unter Beteiligung von mehr als zwei Parteien. 1994.

Band 26 Manfred Kost: Konsensprobleme im internationalen Schuldvertragsrecht. 1995.

Band 27 Wolff-Heinrich Fleischer: Das italienische Wettbewerbsrecht und die Probleme des selektiven Parfümvertriebs unter Berücksichtigung der Rechtslage in Frankreich und Deutschland. 1995.

Band 28 Angelika Fuchs: Lateinamerikanische Devisenkontrollen in der internationalen Schuldenkrise und Art. VIII Abschn. 2 b) IWF-Abkommen. 1995.

Band 29 Jacques Matthias Aull: Der Geltungsanspruch des EuGVÜ: "Binnensachverhalte" und Internationales Zivilverfahrensrecht in der Europäischen Union. Zur Auslegung von Art. 17 Abs. 1 S. 1 EuGVÜ. 1996.

Band 30 Hartmut Ost: EVÜ und fact doctrine. Konflikte zwischen europäischer IPR-Vereinheitlichung und der Stellung ausländischen Rechts im angelsächsischen Zivilprozeß. 1996.

Band 31 Stefan Wagner: Die Testierfähigkeit im Internationalen Privatrecht. 1996.

Band 32 Wolfgang Jakob Hau: Positive Kompetenzkonflikte im Internationalen Zivilprozeßrecht. Überlegungen zur Bewältigung von *multi-fora disputes*. 1996.

Band 33 Markus Schütz: UN-Kaufrecht und *Culpa in contrahendo*. 1996.

Band 34 Volker Geyrhalter: Das Lösungsrecht des gutgläubigen Erwerbers. Ein "vergessener" Kompromiß und die Auswirkungen auf das heutige deutsche Recht unter besonderer Berücksichtigung des internationalen Sachenrechts. 1996.

Band 35 Andreas Kramer: Abwicklungsstörungen bei Kaufverträgen. Die Lieferung vertragswidriger Sachen im deutschen und italienischen Recht. 1996.

Band 36 Petra Krings: Erfüllungsmodalitäten im internationalen Schuldvertragsrecht. 1997.

Band 37 Tonja Gaibler: Der rechtsgeschäftliche Irrtum im französischen Recht. 1997.

Band 38 Dirk Otto: Rechtsspaltung im indischen Erbrecht. Bedeutung und Auswirkungen auf deutsch-indische Nachlaßfälle. 1997.

Band 39 Gregor W. Decku: Zwischen Vertrag und Delikt. Grenzfälle vertraglicher und deliktischer Haftung dargestellt am Beispiel der Berufs- und Expertenhaftung zum Schutze des Vermögens Dritter im deutschen und englischen Recht. 1997.

Band 40 Gregor W. Decku: Zwischen Vertrag und Delikt. Grenzfälle vertraglicher und deliktischer Haftung dargestellt am Beispiel der Berufs- und Expertenhaftung zum Schutze des Vermögens Dritter im deutschen und englischen Recht. 1997.

Band 41 Ulrike Höpping: Auswirkungen der Warenverkehrsfreiheit auf das IPR unter besonderer Berücksichtigung des Internationalen Produkthaftungsrechts und des Internationalen Vertragsrechts. 1997.

Band 42 Helene Boriths Müller: Die Umsetzung der europäischen Übereinkommen von Rom und Brüssel in das Recht der Mitgliedstaaten. Dargestellt am Beispiel Deutschlands und Dänemarks. 1997.

Band 43 Bernd von Hoffmann / Myong-Chang Hwang (eds.): The Public Concept of Land Ownership. Reports and Discussions of a German-Korean Symposium held in Seoul on October 7-9, 1996. 1997.

Band 44 Oliver Heeder: Fraus legis. Eine rechtsvergleichende Untersuchung über den Vorbehalt der Gesetzesumgehung in Deutschland, Österreich, der Schweiz, Frankreich und Belgien unter besonderer Berücksichtigung des Internationalen Privatrechts. 1998.

Band 45 Heinrich Schütt: Deliktstyp und Internationales Privatrecht. Dargestellt an grenzüberschreitenden Problemen der Arzthaftung. 1998.

Band 46 Axel Steiner: Die stillschweigende Rechtswahl im Prozeß im System der subjektiven Anknüpfungen im deutschen Internationalen Privatrecht. 1998.

Band 47 Martina Schulz: Der Eigentumsvorbehalt in europäischen Rechtsordnungen. Rechtsvergleichende Untersuchung des deutschen, englischen und französischen Rechts unter besonderer Berücksichtigung von Erweiterungen und Verlängerungen. 1998.

Band 48 Karin Dreher: Die Rechtswahl im internationalen Erbrecht. Unter besonderer Berücksichtigung des italienischen IPR-Reformgesetzes N. 218 vom 31. Mai 1995. 1999.

Band 49 Giuliano Gabrielli: Das Verhältnis zwischen der Anfechtung wegen Eigenschaftsirrtums und den Gewährleistungsansprüchen im deutschen, österreichischen und italienischen Recht. 1999.

Band 50 Bernd von Hoffmann / Myong-Chan Hwang (eds.): Developments in Land Law. Reports and Discussions of a German-Korean Symposium held in Berlin and Trier on July 21-24, 1997. 1999.

Band 51 Volker Heidbüchel: Das UNCITRAL-Übereinkommen über unabhängige Garantien und Standby Letters of Credit. Vergleiche mit den Richtlinien der Internationalen Handelskammer, dem deutschen, englischen und US-amerikanischen Recht. 1999.

Band 52 Jan Christoph Nordmeyer: Pflichtteilsansprüche und Wiedervereinigung. Eine systematische Analyse der Ausgleichsansprüche nach BGB-Pflichtteilsrecht unter besonderer Berücksichtigung der durch den Wiedervereinigungsprozeß eingetretenen Wertveränderungen. 1999.

Band 53 Bettina Linder: Vertragsabschluß beim grenzüberschreitenden Verbraucherleasing. 1999.

Band 54 Almontasser Fetih: Die zivilrechtliche Haftung bei Vertragsverhandlungen. Eine rechtsvergleichende Studie zum deutschen, französischen, ägyptischen und islamischen Recht. 2000.

Band 55 Sona Rajani: Die Geltung und Anwendung des Gemeinschaftsrechts im Vereinigten Königreich von Großbritannien und Nordirland. Der Grundsatz der Parlamentssouveränität im Wandel. 2000.

Band 56 Joachim Kayser: Gegenmaßnahmen im Außenwirtschaftsrecht und das System des europäischen Kollisionsrechts. Eine Analyse der EU-Abwehrverordnung gegen die Auswirkungen extraterritorialer Rechtserstreckung eines Drittlandes. 2001.

Band 57 Albrecht Conrad: Qualifikationsfragen des Trust im Europäischen Zivilprozeßrecht. 2001.

Band 58 Bernd Borgmann: Die Entsendung von Arbeitnehmern in der Europäischen Gemeinschaft. Wechselwirkungen zwischen Kollisionsrecht, Grundfreiheiten und Spezialgesetzen. 2001.

Band 59 Aleksandar Jaksic: Arbitration and Human Rights. 2002.

Band 60 Islamisches und arabisches Recht als Problem der Rechtsanwendung. Symposium zu Ehren von Professor Emeritus Dr. iur. Omaia Elwan. Veranstaltet vom Institut für ausländisches und internationales Privat- und Wirtschaftsrecht der Universität Heidelberg und der Gesellschaft für Arabisches und Islamisches Recht e.V. Herausgegeben von Herbert Kronke, Gert Reinhart und Nika Witteborg. 2001.

Band 61 Patrick Fiedler: Stabilisierungsklauseln und materielle Verweisung im internationalen Vertragsrecht. 2001.

Band 62 Werner Mangold: Die Abtretung im Europäischen Kollisionsrecht. Unter besonderer Berücksichtigung des spanischen Rechts. 2001.

Band 63 Eike Dirk Eschenfelder: Beweiserhebung im Ausland und ihre Verwertung im inländischen Zivilprozess. Zur Bedeutung des US-amerikanischen discovery-Verfahrens für das deutsche Erkenntnisverfahren. 2002.

Band 64 Bernd Ehle: Wege zu einer Kohärenz der Rechtsquellen im Europäischen Kollisionsrecht der Verbraucherverträge. 2002.

Band 65 Heiko Lehmkuhl: Das Nacherfüllungsrecht des Verkäufers im UN-Kaufrecht. 2002.

Band 66 Jochen Nikolaus Schlotter: Erbrechtliche Probleme in der Société Privée Européenne. IPR-Harmonisierung im einheitlichen Europäischen Rechtsraum. 2002.

Band 67 Konrad Ost: Doppelrelevante Tatsachen im Internationalen Zivilverfahrensrecht. Zur Prüfung der internationalen Zuständigkeit bei den Gerichtsständen des Erfüllungsortes und der unerlaubten Handlung. 2002.

Band 68 Tobias Bosch: Die Durchbrechungen des Gesamtstatuts im internationalen Ehegüterrecht. Unter besonderer Berücksichtigung deutsch-französischer Rechtsfälle. 2002.

Band 69 Ursula Philipp: Form im amerikanischen Erbrecht. Zwischen Formalismus und harmless error. 2002.

Band 70 Christian Stefan Wolf: Der Begriff der wesentlich engeren Verbindung im Internationalen Sachenrecht. 2002.

Band 71 André Fomferek: Der Schutz des Vermögens Minderjähriger. Ein Vergleich des deutschen und des englischen Rechts unter Berücksichtigung des schottischen und irischen Rechts. 2002.

Band 72 nicht erschienen

Band 73 Markus Dreißigacker: Sprachenfreiheit im Verbrauchervertragsrecht. Der Verbraucher im Spannungsfeld zwischen kultureller Identität und Privatautonomie. 2002.

Band 74 Vassiliki Myller-Igknay: Auskunftsansprüche im griechischen Zivilrecht. Auswirkungen im deutsch-griechischen Rechtsverkehr sowie im deutschen internationalen Privat- und Verfahrensrecht. 2003.

Band 75 Stefan Bruinier: Der Einfluss der Grundfreiheiten auf das Internationale Privatrecht. 2003.

Band 76 Nika Witteborg: Das gemeinsame Sorgerecht nichtverheirateter Eltern. Eine Untersuchung im soziologischen, rechtsgeschichtlichen, verfassungsrechtlichen, rechtsvergleichenden und internationalen Kontext. 2003.

Band 77 Peter Stankewitsch: Entscheidungsnormen im IPR als Wirksamkeitsvoraussetzungen der Rechtswahl. 2003.

Band 78 Jan Wilhelm Ritter: Euro-Einführung und IPR unter besonderer Berücksichtigung nachehelicher Unterhaltsverträge. Eine Untersuchung mit Blick auf das deutsche, französische und schweizerische Recht. 2003.

Band 79 Wolf Richard Herkner: Die Grenzen der Rechtswahl im internationalen Deliktsrecht. 2003.

Band 80 Ira Ditandy: Internationale Zuständigkeit. Neuregelung durch die LOPJ 1985. Vergleich mit dem europäischen Vorbild und Auswirkungen auf das spanische internationale Zivilverfahrensrecht. 2003.

Band 81 Andrea Verena Schefold: Werbung im Internet und das deutsche Internationale Privatrecht. 2004.

Band 82 Klaus Herkenrath: Die Umsetzung der Richtlinie 93/13/EWG über missbräuliche Klauseln in Verbraucherverträgen in Deutschland, dem Vereinigten Königreich, Frankreich und Italien. Auswirkungen nationaler Umsetzungstechniken auf dem Harmonisierungserfolg. 2003.

Band 83 Alexander Thünken: Das kollisionsrechtliche Herkunftslandprinzip. 2003.

Band 84 Barbara v. Daumiller: Die Rechtswahl im italienischen internationalen Erbrecht: und ihre Auswirkungen im deutsch-italienischen Rechtsverkehr. 2003.

Band 85 Robert Mödl: Macht, Verantwortlichkeit und Zurechnung im Konzern. Eine rechtsvergleichende Untersuchung auf der Grundlage des deutschen, spanischen und US-amerikanischen Rechts. 2003.

Band 86 Ursula Kerpen: Das Internationale Privatrecht der Persönlichkeitsrechtsverletzungen. Eine Untersuchung auf rechtsvergleichender Grundlage. 2003.

Band 87 Barbara Ploeckl: Umgangsrechtsstreitigkeiten im deutsch-französischen Rechtsverkehr. Bestehende internationale und nationale Regelungen und der geplante *europäische Besuchstitel*. 2003.

Band 88 Katrin Wannemacher: Die Außenkompetenzen der EG im Bereich des Internationalen Zivilverfahrensrechts. Der räumliche Anwendungsbereich des Art. 65 EGV am Beispiel der EuGVO und der EheVO. 2003.

Band 89 Maren B. Eilinghoff: Das Kollisionsrecht der ungerechtfertigten Bereicherung nach dem IPR-Reformgesetz von 1999. 2004.

Band 90 Patrick Niehr: Die zivilprozessuale Dokumentenvorlegung im deutsch-englischen Rechtshilfeverkehr nach der deutschen und der englischen Prozessrechtsreform. 2004.

Band 91 Anna Christina Gördes: Internationale Zuständigkeit, Anerkennung und Vollstreckung von Entscheidungen über die elterliche Verantwortung. Die VO(EG) Nr. 1347/2000, ihre geplanten Änderungen und das Verhältnis beider zum Minderjährigen- und Kinderschutzabkommen. 2004.

Band 92 Martin Rädler: Rechtsbehelfe des Käufers eines Unternehmens oder einer unternehmerischen Beteiligung gegen den Verkäufer im deutschen und französischen Recht. 2004.

Band 93 Marc-Yngve Dietrich: Rechtsstellung und Beteiligung der Gläubiger im französischen Insolvenzverfahren. 2004.

Band 94 Katia Niemann: Die rechtsgeschäftliche und organschaftliche Stellvertretung und deren kollisionsrechtliche Einordnung. Deutschland und England im Vergleich. 2004.

Band 95 Daniel Ludwig: Neuregelungen des deutschen Internationalen Insolvenzverfahrensrechts. Eine Untersuchung unter vergleichender Heranziehung der Europäischen Insolvenzverordnung. 2004.

Band 96 Cordelia Faulenbach: Der gemeinschaftsrechtliche Vorbehalt im europäischen Wettbewerbsrecht. Die Herkunftslandanknüpfung der E-Commerce-Richtlinie unter dem Einfluss der Grundfreiheiten. 2004.

Band 97 Ulf Dörner: Der Vertragsgerichtsstand nach dem Protokoll von Buenos Aires. 2004.

Band 98 Martin Schmidhuber: Verhaltenskodizes im nationalen und grenzüberschreitenden elektronischen Geschäftsverkehr. Zur Frage der Integration der Selbstregulierung durch Private in die staatliche Rechtsordnung. 2004.

Band 99 Florian Kienle: Die fehlerhafte Banküberweisung im internationalen Rechtsverkehr. Unter besonderer Berücksichtigung des Artikels 4A US Uniform Commercial Code. 2004.

Band 100 Thomas Alexander Brandt: Die Adoption durch eingetragene Lebenspartner im internationalen Privat- und Verfahrensrecht. 2004.

Band 101 Florian Pulkowski: Subunternehmer und Internationales Privatrecht. Der Subunternehmer als Quasi-Verbraucher im Europäischen Kollisionsrecht. 2004.

Band 102 Ulrich Becker: Grundrechtsschutz bei der Anerkennung und Vollstreckbarerklärung im europäischen Zivilverfahrensrecht. Bestimmung der Grenzen für die Einführung eines europäischen Vollstreckungstitels. 2004.

Band 103 Thomas Badelt: Aufrechnung und internationale Zuständigkeit unter besonderer Berücksichtigung des deutsch-spanischen Rechtsverkehrs. 2005.

Band 104 Florian D. Wagner: Vorvertragliche Aufklärungspflichten im internationalen Franchising. Zur Harmonisierung von Delikts- und Vertragsstatut im internationalen Privatrecht unter besonderer Berücksichtigung der Franchise-Gesetzgebung des US-Bundesstaates Kalifornien. 2005.

Band 105 Vera Heine: Die Umsetzung der *EG-Richtlinie über missbräuchliche Klauseln in Verbraucherverträgen* im englischen und deutschen Recht. 2005.

Band 106 Alexander Franz: Überregionale Effektentransaktionen und anwendbares Recht. Eine kollisionsrechtliche Untersuchung unter besonderer Berücksichtigung der Vorschrift des § 17 a DepotG. 2005.

Band 107 Hanna-Maria Uhlenbrock: Gesetzliche Regelungen für nichteheliche Lebensgemeinschaften in Deutschland und Frankreich. Ein Vergleich des Unterhaltsrechts bei der eingetragenen Lebenspartnerschaft und beim Pacte civil de Solidarité. 2005.

Band 108 Katrin Stieß: Anknüpfungen im internationalen Urheberrecht unter Berücksichtigung der neuen Informationstechnologien. 2005.

Band 109 Hendrik Otto: Der gesetzliche Abschlussprüfer im italienischen Recht. Eine rechtsvergleichende Untersuchung unter besonderer Berücksichtigung der zivilrechtlichen Haftung. 2005.

Band 110 Frauke Stuphorn: Bankhaftung für Kreditauskünfte im deutschen und französischen Recht. 2005.

Band 111 Nina Fürer: Die zivilrechtliche Haftung für Raucherschäden. 2005.

Band 112 Giovanni B. Barillà: *Contratto autonomo di garanzia* e *Garantievertrag*. Categorie civilistiche e prassi del commercio. 2005.

Band 113 Timo Torz: Gerichtsstände im Internationalen Insolvenzrecht zur Eröffnung von Partikularinsolvenzverfahren. 2005.

Band 114 Martina Schmid: Die Grenzen der Auslegungskompetenz des EuGH im Vorabentscheidungsverfahren nach Art. 234 EG. Dargestellt am Beispiel der überschießenden Richtlinienumsetzung. 2005.

Band 115 Stephan Lesage-Mathieu: Dispositives Kollisionsrecht im prozessualen Kontext. 2005.

Band 116 Jürgen Görtz: Die subjektiven Grenzen der Rechtskraft US-amerikanischer Urteile. 2005.

Band 117 Vera Hoppe: Die Einbeziehung ausländischer Beteiligter in US-amerikanische class actions. Unter Berücksichtigung des Class Action Fairness Act 2005. 2005.

Band 118 Silke Pütz: Parteiautonomie im internationalen Urhebervertragsrecht – Eine rechtsdogmatische und rechtspolitische Betrachtung der Grenzen freier Rechtswahl im internationalen Urhebervertragsrecht unter besonderer Berücksichtigung des neuen deutschen Urhebervertragsrechts. 2005.

Band 119 Alice Nieroba: Die europäische Rechtshängigkeit nach der EuGVVO (Verordnung (EG) Nr. 44/2001) an der Schnittstelle zum nationalen Zivilprozessrecht. 2006.

Band 120 Jan Kayser: Alternative Formen gerichtlicher und außergerichtlicher Streitbeilegung im deutschen und französischen Zivilprozess. Les modes alternatifs judiciaires et extrajudiciaires de résolution des conflits en procédure civile allemande et française. 2006.

Band 121 Mirko Ehrich: Der internationale Anwendungsbereich des deutschen und französischen Rechts gegen irreführende Werbung. Freie Wahl von Form und Mittel, Rom II und Herkunftslandprinzip. 2006.

Band 122 Daniel Thelen: Die Haftung des Sekundärschädigers für Gewalttaten anderer im US-amerikanischen Deliktsrecht ausgehend von dem Problem rechtsextremistisch motivierter Gewalttaten. 2006.

Band 123 Anne Winterling: Die Entscheidungszuständigkeit in Arbeitssachen im europäischen Zivilverfahrensrecht. 2006.

Band 124 Sarah Gerling: Die Gleichstellung ausländischer mit inländischen Vollstreckungstiteln durch die Verordnung zur Einführung eines Europäischen Vollstreckungstitels für unbestrittene Forderungen. Im Vergleich zum bisherigen Recht und zur Rechtslage in den USA. 2006.

Band 125 Christian Bank: Präventivmaßnahmen börsennotierter Gesellschaften zur Abwehr feindlicher Übernahmeversuche in Deutschland und Großbritannien. Eine rechtsvergleichende Untersuchung des deutschen und britischen Rechts unter Berücksichtigung der Europäischen Übernahmerichtlinie. 2006.

Band 126 Christian Weis: Kaufrechtliche Gewährleistung und Garantievergabe in Deutschland und Spanien. Unter besonderer Berücksichtigung des Unternehmenskaufs. 2006.

Band 127 Emilio Maus Ratz: Der Nacherfüllungsanspruch nach UN-Kaufrecht. Im Lichte der deutschen, spanisch-mexikanischen und US-amerikanischen Rechtswissenschaft. 2006.

Band 128 Constanze Jacobs: Die Sachmängelgewähr im deutschen und belgischen Kaufrecht nach Umsetzung der Verbrauchsgüterkauf-Richtlinie. 2006.

Band 129 Ulrike Teichert: Lückenfüllung im CISG mittels UNIDROIT-Prinzipien – Zugleich ein Beitrag zur Wählbarkeit nichtstaatlichen Rechts. 2007.

Band 130 Sascha Reichardt: Internationale Zuständigkeit im Gerichtsstand der unerlaubten Handlung bei Verletzung europäischer Patente. 2006.

Band 131 Bilgehan Cetiner: Die Sachmängelhaftung des Verkäufers im UN-Kaufrecht und im neuen deutschen Schuldrecht. Eine rechtsvergleichende Studie. 2006.

Band 132 Jan Streer: Die Umsetzung der Verbrauchsgüterkaufrichtlinie im englischen Recht durch die Sale and Supply of Goods to Consumer Regulations 2002. 2007.

Band 133 Kathrin Wannenmacher: Einstweilige Maßnahmen im Anwendungsbereich von Art. 31 EuGVVO in Frankreich und Deutschland: Eine Betrachtung ausgesuchter Verfahren des einstweiligen Rechtsschutzes im internationalen Zivilverfahrensrecht – gerichtliche Zuständigkeit, Anerkennung und Vollstreckung. 2007.

Band 134 Wim Kreytenberg: Die individuelle Schwerpunktbestimmung internationaler Schuldverträge nach der Ausweichklausel des Artikel 4 Absatz 5 Satz 2 EVÜ. Ein Beitrag zur Förderung von Rechtssicherheit und Einzelfallgerechtigkeit im europäischen Kollisionsrecht der Schuldverträge. 2007.

Band 135 Nikolaus Geiben: Der Vorvertrag im Internationalen Privatrecht. Unter besonderer Berücksichtigung des Immobilienerwerbs im portugiesischen und brasilianischen Recht. 2007.

Band 136 Predrag Maksimovic: Der Kapitalschutz im europäischen, serbischen und deutschen Recht der Gesellschaft mit beschränkter Haftung. 2007.

Band 137 Alexander Rathenau: Die Anwendung des EuGVÜ durch portugiesische Gerichte unter Berücksichtigung des autonomen internationalen Zivilverfahrensrechts. 2007.

Band 138 Matthias Creydt: Die Besicherung von Weltraumvermögenswerten. Ein neues einheitliches internationales Sicherungsrecht und dessen Vergleich zum US-amerikanischen Mobiliarsicherungsrecht. 2007.

Band 139 Oliver Borkhardt: Registerpublizität und Kollisionsrecht besitzloser Mobiliarsicherheiten nach dem neuen Art. 9 UCC. 2007.

Band 140 Jens Engelmann-Pilger: Deliktische Haftung für das Fehlverhalten Dritter im Common Law. 2007.

Band 141 Bastian Rotmann: Der Schutz des Dritten in der europäischen Mobiliarzwangsvollstreckung. Eine rechtsvergleichende Untersuchung vor dem Hintergrund der Verordnung (EG) Nr. 805/2004 zur Einführung eines Europäischen Vollstreckungstitels für unbestrittene Forderungen. 2007.

Band 142 Oliver Ratzel: Die Präklusion isolierter Unterhaltsverfahren durch den ausländischen Scheidungsverbund. Zugleich ein Beitrag zur internationalen Verbundszuständigkeit im Lichte der Quellenveränderung. 2007.

Band 143 Bettina Maria Stade: Die Konstitutionalisierung des Zivilprozessrechts in Spanien und Deutschland vor dem Hintergrund der Europäisierung des Zivilprozessrechts. 2007.

Band 144 Julia El-Bitar: Der deutsche und der französische Kulturgüterschutz nach der Umsetzung der Kulturgüterrückgaberichtlinie. Eine materiellrechtliche und kollisionsrechtliche Untersuchung. 2007.

Band 145 Aris Kaschefi: Sachmängelhaftung im französischen Kaufrecht vor und nach Umsetzung der Verbrauchsgüterkaufrichtlinie. Mit rechtsvergleichenden Hinweisen zum deutschen Recht unter besonderer Berücksichtigung von Weiterfressersachverhalten. 2007.

Band 146 Isabel Roth: Die internationale Zuständigkeit deutscher Gerichte bei Persönlichkeitsrechtsverletzungen im Internet. 2007.

Band 147 Theresa Wilhelmi: Das Weltrechtsprinzip im internationalen Privat- und Strafrecht. Zugleich eine Untersuchung zu Parallelitäten, Divergenzen und Interdependenzen von internationalem Privatrecht und internationalem Strafrecht. 2007.

Band 148 Alice Halsdorfer: Privat- und kollisionsrechtliche Folgen der Verletzung von Kulturgüterschutznormen auf der Grundlage des UNESCO-Kulturgutübereinkommens 1970. 2008.

Band 149 Thomas Müller-Froelich: Der Gerichtsstand der Niederlassung im deutsch-amerikanischen Rechtsverkehr. Eine Untersuchung zu Fragen der Entscheidungs- und Anerkennungszuständigkeit. 2008.

Band 150 Christopher Luhn: Privatautonomie und Inhaltskontrolle von Eheverträgen. Ein kritischer Vergleich des deutschen und des australischen Rechts mit Bezügen zum Internationalen Privatrecht. 2008.

Band 151 Kristin Kohler: Die grenzüberschreitende Verbraucherverbandsklage nach dem Unterlassungsklagengesetz im Binnenmarkt. 2008.

Band 152 Dorothee Maria Kaulen: Die Anerkennung von Gesellschaften unter Artikel XXV Abs. 5 S. 2 des deutsch-US-amerikanischen Freundschafts-, Handels- und Schifffahrtsvertrags von 1954. 2008.

Band 153 Birka Vanessa Stroschein: Parteizustellung im Ausland. Eine systemvergleichende Untersuchung des Gemeinschafts- und Staatsvertragsrechts unter Einbeziehung des deutschen, französischen, englischen und US-amerikanischen Zustellungsrechts. 2008.

Band 154 Nancy Gruschinkse: Das europäische Kollisionsrecht der Aufrechnung unter besonderer Beachtung des Insolvenzfalles. 2008.

Band 155 Hans-Christian Frick: Sprachrisiko im Zeitalter des Ethnomarketings. US-amerikanische Erfahrungen und europäische Rechtsentwicklung. 2009.

Band 156 Stephan Mangold: Verbraucherschutz und Kunstkauf im deutschen und europäischen Recht. 2009.

Band 157 Robert Beier: Die gesetzlichen Rechte des überlebenden Ehegatten nach dem deutschen und spanischen Kollisionsrecht. Unter besonderer Berücksichtigung der *viudedad aragonesa*. 2009.

Band 158 Julia-Marie Oppermann: Internationale Handelsschiedsgerichtsbarkeit und Verjährung. 2009.

Band 159 Stephan Boese: Strukturprinzipien im Gläubigerschutz. Eine rechtsvergleichende Untersuchung zur GmbH und zur englischen Limited Company. 2009.

Band 160 Thomas Rosa: Das Kaufrecht nach dem Zivilgesetzbuch der Tschechischen und Slowakischen Republik. Eine rechtsvergleichende Darstellung im Lichte des deutschen Bürgerlichen Gesetzbuches. 2009.

Band 161 Roland Weis: Rechnungslegungspflichten von EU-Scheinauslandsgesellschaften im Land ihrer tatsächlichen wirtschaftlichen Betätigung. Insbesondere im Hinblick auf in Deutschland tätige englische Limiteds. 2009.

Band 162 Henning Frase: "Leoninische Vereinbarungen" und Ergebnisbeteiligungspflicht im deutschen und italienischen Gesellschaftsrecht. Zum *patto leonino* des italienischen Rechts und möglichen Entsprechungen im deutschen Recht. 2010.

Band 163 Christiane Tödter: Europäisches Kindschaftsrecht. Nach der Verordnung (EG) Nr. 2201/ 2003. 2010.

Band 164 Edda Gampp: *Perpetuatio fori internationalis* im Zivilprozeß und im Verfahren der freiwilligen Gerichtsbarkeit. 2010.

Band 165 Mei Wu: Die Reform des chinesischen Beweisrechts vor dem Hintergrund deutscher und US-amerikanischer Regelungsmodelle. 2010.

Band 166 Corina Leimert: Stand und Entwicklung des italienischen Rechts der Unternehmenszusammenschlüsse (gruppi di società / gruppi di imprese). 2010.

Band 167 Kasim Özen: Die Scheidungsgründe im türkischen Zivilgesetzbuch. 2010.

Band 168 Helena Isabel Maier: Marktortanknüpfung im internationalen Kartelldeliktsrecht. Eine internationalzuständigkeits- und kollisionsrechtliche Untersuchung unter Einbeziehung rechtsvergleichender Überlegungen zum englischen Recht. 2011.

Band 169 Thomas Spernat: Die gleichgeschlechtliche Ehe im Internationalen Privatrecht. Unter besonderer Berücksichtigung des Einflusses des EG-Vertrags. 2011.

Band 170 Max Johann Lipsky: Statutenwechsel im italienischen Sachenrecht – Auswirkungen auf den Im- und Export von Mobiliarsicherheiten. Eine Untersuchung der rechtlichen Beständigkeit dinglicher Kreditsicherheiten im deutsch-italienischen Rechtsverkehr. 2011.

Band 171 Silvia Karolina Seilstorfer: Die Umsetzung der Verbrauchsgüterkaufrichtlinie in Portugal mit rechtsvergleichenden Hinweisen zum deutschen Recht. 2011.

Band 172 Stephan Georg Knöchel: Anerkennung französischer Urteile mit Drittbeteiligung. Eine Untersuchung der Anerkennung von Drittbindungswirkungen nach der EuGVVO und autonomem deutschem Recht. 2011.

Band 173 Kristina Menzel: Vollstreckungsschutz zugunsten privater Altersvorsorge. Eine rechtsvergleichende Untersuchung zum deutschen und schweizerischen Recht. 2011.

Band 174 Manuela Krach: Scheidung auf Mexikanisch. Das materielle Recht der Scheidung im Mehrrechtsstaat Mexiko unter Berücksichtigung von Eheschließung und Ehewirkungen. 2011.

Band 175 Vanessa Sofia Wagner: Verkehrsschutz beim redlichen Erwerb von GmbH-Geschäftsanteilen. Ein Vergleich des Rechts für Gesellschaften mit beschränkter Haftung in Deutschland, England und Italien. 2011.

Band 176 Alexander Swienty: Der Statutenwechsel im deutschen und englischen internationalen Sachenrecht unter besonderer Betrachtung der Kreditsicherungsrechte. 2011.

Band 177 Kathrin Süß: Streitbeilegungsmechanismen im Verbraucherrecht. Unter besonderer Berücksichtigung der australischen Rechtsordnung. 2011.

Band 178 Efe Direnisa: Die materielle Rechtskraft im deutschen und türkischen Zivilverfahrensrecht. 2012.

Band 179 Julia Faenger: Leistungsunabhängige Nebenpflichten zum Schutz des Integritätsinteresses im deutschen und französischen Recht. Eine rechtsvergleichende Betrachtung ausgehend von den Rücksichtspflichten des § 241 Abs. 2 BGB. 2012.

Band 180 Dorothea Heine: Das Kollisionsrecht der Forderungsabtretung. UNCITRAL-Abtretungskonvention und Rom I-Verordnung. 2012.

Band 181 Lisa B. Möll: Kollidierende Rechtswahlklauseln in Allgemeinen Geschäftsbedingungen im internationalen Vertragsrecht. 2012.

Band 182 Jutta Jasmin Uusitalo: Einbeziehung von AGB im unternehmerischen Geschäftsverkehr zwischen Deutschland und Finnland. 2012.

Band 183 Darya Alikhani Chamgardani: Der Allgemeine Teil des iranischen Schuldvertragsrechts. Im Spannungsverhältnis zwischen rezipiertem französischen und traditionellem islamischen Recht. 2013.

Band 184 Volker Anton: Aktuelle Entwicklungen des Bankgeheimnisses im Rechtsvergleich unter besonderer Berücksichtigung seiner exterritorialen Wirkungen. Deutschland, Luxemburg, Österreich, Schweiz und Liechtenstein. 2013.

Band 185 Charlotte Wilhelm: Die Regelung der Geld- und Warenkreditsicherheiten nach dem deutschen Recht im Vergleich zum Draft Common Frame of Reference (DCFR). 2013.

Band 186 Michael Nehmer: Erbunwürdigkeit und Elternunterhalt im Internationalen Privatrecht. Eine historisch-rechtspolitische Betrachtung. 2013.

www.peterlang.com